REVISTA
TRIMESTRAL DE
DIREITO PÚBLICO

16/1996

MALHEIROS EDITORES

Revista Trimestral de Direito Público

Órgão do

INSTITUTO GERALDO ATALIBA —
IDEPE — INSTITUTO INTERNACIONAL
DE DIREITO PÚBLICO E EMPRESARIAL

INSTITUTO DE DIREITO ADMINISTRATIVO PAULISTA
IDAP

REVISTA TRIMESTRAL
DE DIREITO PÚBLICO
publicação trimestral de
MALHEIROS EDITORES LTDA.
Rua Paes de Araújo, 29, cj. 171
CEP 04531-940
São Paulo, SP - Brasil - Tel. 822-9205
Fax: 829-2495

Assinaturas e comercialização:
CATAVENTO DISTRIBUIDORA DE LIVROS S.A.
Rua Conselheiro Ramalho, 928
CEP 01325-000
São Paulo, SP - Brasil - Tel. 289-0811
Fax: 251-3756

Diretor Responsável: Álvaro Malheiros
Diretora: Suzana Fleury Malheiros
Supervisão Gráfica: Vânia Lúcia Amato

Composição: PC Editorial Ltda.

SUMÁRIO

DOUTRINA

VARIAÇÕES SOBRE O CONCEITO DE POVO NO REGIME DEMOCRÁTICO
Fábio Konder Comparato 5

AÇÃO CIVIL PÚBLICA. AÇÃO POPULAR. A DEFESA DOS INTERESSES DIFUSOS E COLETIVOS. POSIÇÃO DO MINISTÉRIO PÚBLICO
Lucia Valle Figueiredo 15

SOBRE A PRODUÇÃO LEGISLATIVA E SOBRE A PRODUÇÃO NORMATIVA DO DIREITO OFICIAL: O CHAMADO "EFEITO VINCULANTE"
Eros Roberto Grau 31

O CONSTITUCIONALISMO CONTEMPORÂNEO E A INSTRUMENTALIZAÇÃO PARA A EFICÁCIA DOS DIREITOS FUNDAMENTAIS
Cármen Lúcia Antunes Rocha 39

CONSIDERAÇÕES SOBRE A AÇÃO POPULAR
Celso Antônio Bandeira de Mello 59

PARECERES

CONCESSÃO DE SERVIÇO DE TRANSPORTE AÉREO – EQUILÍBRIO FINANCEIRO
Caio Tácito 67

COMPETÊNCIA DO MINISTÉRIO PÚBLICO PARA A DEFESA DO CONSUMIDOR DE SERVIÇOS BANCÁRIOS
Paulo Brossard 71

CONCESSÃO DE SERVIÇO PÚBLICO – GARANTIAS EXIGÍVEIS DOS PROPONENTES – LEGISLAÇÃO APLICÁVEL
Adilson Abreu Dallari 84

ESTUDOS E COMENTÁRIOS

A EFICÁCIA DOS PRECATÓRIOS
Marco Aurélio 97

CIDADANIA E *RES PUBLICA*: A EMERGÊNCIA DOS DIREITOS REPUBLICANOS
Luiz Carlos Bresser Pereira 100

LEGITIMIDADE PROCESSUAL DOS PODERES DO ESTADO – REFLEXÕES
Bernardo Olavo Gomes de Souza 130

MEDIDA PROVISÓRIA: PANORAMA DOUTRINÁRIO E JURISPRUDENCIAL
Vera Cristina Caspari Monteiro 141

CONFERÊNCIAS E DEBATES

REFORMA ADMINISTRATIVA E MARCO LEGAL DAS ORGANIZAÇÕES SOCIAIS NO BRASIL – As Dúvidas dos Juristas sobre o Modelo das Organizações Sociais
Paulo Modesto 178

O MUNDO SOLIDÁRIO DA CORRUPÇÃO
João Féder 200

JURISPRUDÊNCIA 214

DOUTRINA

VARIAÇÕES SOBRE O CONCEITO DE POVO NO REGIME DEMOCRÁTICO*

FÁBIO KONDER COMPARATO

Professor Titular da Faculdade de Direito da Universidade de São Paulo
– Doutor em Direito da Universidade de Paris

Do rejuvenescimento do direito pela filosofia

1. Um dos paradoxos mais salientes da história do direito é a influência negativa que um corpo bem sucedido de normas exerce sobre a teoria jurídica. Diante dele, os juristas tendem a se tornar simples glosadores, e o pensamento jurídico reduz-se a pobres comentários, quando não a mera paráfrase do texto normativo.

O extraordinário êxito do Código Napoleão é o exemplo mais marcante dessa tendência histórica. O *Code Civil* foi um dos fatores que mais contribuíram para o assentamento da civilização burguesa no Ocidente, servindo de modelo legislativo em vários países da Europa continental e em quase toda a América Latina, no decurso do século XIX. Mas durante décadas, a partir de 1804, o pensamento jurídico francês ficou confinado à exegese literal dos artigos do Código. Foi preciso que a expansão do maquinismo na vida quotidiana ao final do século, suscitando a produção de danos materiais e pessoais de toda sorte, levasse autores e tribunais a construir, muito além das parcas normas sobre responsabilidade civil do art. 1.382, um conjunto de princípios, capazes de resolver os novos conflitos de interesse, típicos de uma sociedade industrial.

Em contraste com esse marasmo doutrinário, a pandectística alemã, dispensada de comentar as leis em vigor, desenvolveu, durante todo o século XIX, um dos trabalhos criativos mais notáveis de toda a história do pensamento jurídico. Foi graças à obra dessa plêiade de grandes pensadores do direito privado que o BGB, promulgado ao final do século e consubstanciando o riquíssimo trabalho doutrinário até então acumulado, pôde ser interpretado e aplicado, por juristas e tribunais, sem o menor servilismo exegético.

Pois um fenômeno análogo ao sucedido com o Código Napoleão esteve prestes a ocorrer na República Federal Alemã, após a promulgação da Lei Fundamental, criadora do novo Estado. Os constituintes de

* Introdução à edição brasileira do ensaio do Professor Friedrich Müller, da Universidade de Heidelberg, *Wer ist das Volk? Die Grundfrage der Demakratie – Elemente einer Verfassugstheorie VI.*

Bonn abstiveram-se, intencionalmente, de denominá-la *Constituição*, pois a seus olhos tratava-se apenas de uma organização política provisória, que prepararia a futura unificação do Estado alemão. Ora, a Lei Fundamental de 1949, pela ênfase dada à proteção jurídica da pessoa humana, bem como pela harmoniosa organização dos Poderes Públicos no seio de uma estrutura federal muito bem balanceada, revelou-se, desde logo, como uma das melhores Constituições já elaboradas na Europa, em todos os tempos.

A excepcional qualidade do sistema normativo instaurado por aquela Carta Política ameaçou sufocar, seriamente, a capacidade criadora dos juristas alemães. A tentação foi grande, desde os primeiros anos, de reduzir o pensamento jurídico à condição de mera ilustração do texto constitucional, transformando os juristas numa espécie de reencarnação dos glosadores medievais: *verbosi in re facili, in difficili muti, in angusta diffusi*, como sentenciou duramente Cujácio.

Era inútil esperar que o *Bundesverfassungsgericht*, sempre tão celebrado pelos constitucionalistas alemães, pudesse substituir-se à doutrina no cumprimento dessa tarefa. A soma das decisões individuais desse elevado tribunal, ainda que de superior qualidade, como de fato tem acontecido, não chega a compor um sistema jurídico harmônico e bem travejado nos princípios. O *espírito* dos diferentes direitos nacionais do continente europeu, sobretudo do direito germânico (que já foi justamente caracterizado como um *Professorenrecht*) é a sistematicidade. É possível construir o direito constitucional norte-americano a partir dos julgados da Suprema Corte, dentro do espírito casuístico da *Common Law.* Mas esse método é inegavelmente fadado ao insucesso, quando aplicado no quadro da cultura jurídica alemã.

Vale a pena lembrar, a esse respeito, que antes mesmo da primeira unificação alemã, no século passado, Carl Friedrich von Gerber pode perfazer, servindo-se do método da "construção jurídica", que desenvolvera com Jhering, a sistematização de um autêntico direito público, comum a todos os países de cultura alemã.[1]

2. Pode-se dizer, sem exagero, que a produção literária e a atividade docente do Professor Friedrich Müller, na Universidade de Heidelberg, foram decisivas para impedir o direito constitucional alemão, posterior à Lei Fundamental de Bonn, de repetir a lamentável esqualidez da *École de l'Exegèse.*

Para o êxito desse empreendimento, muito contribuiu a sua formação filosófica pessoal. Acompanhando com interesse e espírito crítico os desenvolvimentos da chamada filosofia hermenêutica, a partir da obra seminal de Gadamer,[2] o Professor Müller percebeu desde logo a necessidade de se fundar, preliminarmente, todo o esforço de análise e compreensão do fenômeno jurídico na solidez de um *método*. A reflexão sobre o método, como bem mostrou Descartes ao inaugurar a filosofia moderna, é a condição de possibilidade de toda ortodoxia racional.

As obras intituladas *Normstruktur und Normativität* e *Juristische Methodik* – esta última em sua 6ª edição (Berlim, Duncker & Humblot), e com uma tradução francesa sob o sugestivo título *Discours de la méthode juridique* (Presses Universitaires de France) – introduziram no ambiente jurídico alemão um modo renovador de se considerar o direito em sua *vigência*, ou seja, em seu efetivo vigor, muito além da expressão textual das normas. O novo método foi integralmente adotado pelo Professor Konrad Hesse, ex-juiz do Tribunal

1. A sua obra *Grundzüge des deutschen Staatsrechts* foi publicada em 1865, portanto, seis anos antes da fundação do Império Alemão.

2. *Wahrheit und Methode. Grundzüge einer philosophischen Hermeneutik,* cuja primeira edição é de 1960.

Constitucional de Karlsruhe, em sua conhecida exposição dos lineamentos do direito constitucional alemão.[3]

Foi ainda graças a esse novo método de pensar o direito que o Professor Müller pôde superar a estreiteza de uma visão positivista, que conduz inelutavelmente ao nacionalismo jurídico. Numa época em que são levantadas, em toda parte, as fronteiras nacionais, e num país que tem sido, desde a celebração do Tratado de Roma, um dos baluartes da construção européia, é lamentável verificar que o positivismo de superfície tem conduzido ao abandono dos princípios – necessariamente gerais – como base de toda teoria jurídica duradoura. O nacional-positivismo representa, de certo modo, a negação da ciência jurídica, pois repudia aquele princípio de explicação unitária da realidade, que constitui a meta de todo conhecimento científico.

Dessa miúda consideração do ordenamento nacional como sendo todo o universo da ciência jurídica, o Professor Müller sempre soube afastar-se, o que ensejou a irradiação de seu pensamento, não apenas nos países cultos do Ocidente, como também – o que é muito raro em matéria de escritos jurídicos – no Extremo Oriente, notadamente no Japão[4] e em Taiwan.[5]

O ensaio que ora se publica, com agudas observações sobre o direito constitucional brasileiro, é a demonstração desse seu salutar universalismo jurídico.

3. *Grundzüge des Verfassungsrechts der Bundesrepublik Deutschland*, 20ª ed., Heidelberg (cf. *Müller Verlag*), n. 60 e ss.

4. Cf. a edição em japonês de sua coletânea de ensaios, intitulada *Entfremdung. Schriftem zur Rechstheorie: Sogai to kokka*, em tradução de Masanori Shimizu e Michio Yamamoto, Tóquio (Fukumura Shuppansha), 1974.

5. Tradução chinesa de *Recht – Sprache – Gewalt*, por Sen-rong Lin, Taipé, 1986. Essa mesma obra foi editada no Brasil, sob o título *Direito, Linguagem, Violência*, Porto Alegre (Sérgio Antonio Fabris Editor), 1995, com tradução de Peter Naumann e revisão dos Professores Paulo Bonavides e Willis Santiago Guerra Filho.

Variações sobre o tema "o povo como titular da soberania política"

3. Como forma de homenagear o Professor Müller, que, além de jurista-filósofo, é também um distinto melômano, pareceu-me que não seria fora de propósito oferecer aqui ao leitor brasileiro, segundo o modelo do gênero musical *tema com variações*, algumas reflexões sobre o assunto de seu ensaio.

Na teoria política e constitucional, *povo* não é um conceito descritivo, mas claramente operacional. Não se trata de designar, com esse termo, uma realidade definida e inconfundível da vida social, para efeito de classificação sociológica, por exemplo, mas sim de encontrar um sujeito para a atribuição de certas prerrogativas e responsabilidades coletivas, no universo jurídico-político.

A noção de povo, como se sabe, já era conhecida e utilizada na antigüidade clássica em matéria de teoria política e de direito público. Mas não tinha a importância decisiva que adquiriu na era moderna, com o ressurgimento da idéia democrática. A partir do século XVIII, já não se pode eludir a questão fundamental, ligada à própria essência desse regime político: – Se o poder supremo numa democracia, como a própria etimologia nos indica, pertence ao povo, como definir este conceito, de modo a torná-lo o mais operacional possível e evitar as usurpações de soberania?

Essa indagação central, na verdade, pode ser desdobrada em duas outras: – A definição de povo, como sujeito da soberania democrática, diz respeito ao titular ou ao exercente dela? – A soberania popular é um poder absoluto?

O esforço definitório nessa matéria, como mostra convincentemente o Professor Müller, é indispensável, se se quiser superar a condenável utilização atual dessa palavra como *idolum mentis*, verdadeiro ícone ou imagem sagrada, que suscita veneração declamatória, mas nunca respeito prático e submissão política. Na América Latina, em particular, a invocação do povo exerce, atualmente, a mesma função hierática que representava, nos tempos coloniais, a invocação da figura do rei. "As ordenações de Sua Majestade", diziam sem ironia os chefes locais ibero-americanos, "acatam-se, mas não se cumprem". Havia aí, talvez, a aplicação em matéria política do elegante *distinguo* teológico entre o conselho e o preceito, com o qual foram sistematicamente esvaziadas todas as exigências éticas do Evangelho.

4. A primeira utilização conseqüente do conceito de povo como titular da soberania democrática, nos tempos modernos, aparece com os norte-americanos. Antes mesmo da declaração de independência que, por "respeito decente pelas opiniões do gênero humano", principiava dando as razões pelas quais "um povo vê-se na necessidade de romper os laços políticos que o ligaram a outro", Thomas Jefferson atribuía ao povo um papel preeminente na constitucionalização do país. Ao redigir o projeto de Constituição para a Virgínia,[6] no primeiro semestre de 1776, propôs que essa lei suprema, após declarar caduca a realeza britânica, fosse promulgada "pela autoridade do povo" (*Be it therefore enacted by the authority of the people that...*).

Quando se tornou patente a inadequação da forma confederativa para a organização política dos diferentes Estados americanos, o recurso à idéia de povo como titular da soberania, mesmo num Estado federal e não unitário, tornou-se inevitável.

Na Convenção de Filadélfia, no entanto, essa questão foi debatida de forma indireta, por ocasião das discussões a respeito do Poder Legislativo.

Na sessão de 12 de junho de 1787, ao se deliberar sobre a legislatura na Câmara dos Representantes, Elbridge Gerry, representante do Massachusetts, declarou que "o povo da Nova Inglaterra jamais abrirá mão das eleições anuais. Ele está a par da passagem, feita na Inglaterra, das eleições trienais para setenais, mas consideraria uma inovação dessas, aqui, como o prelúdio de uma usurpação".[7] Em réplica, Madison observou que, se as opiniões do povo devessem servir como guia para os convencionais, haveria dificuldade em saber qual o caminho a tomar. "Nenhum membro da Convenção poderia dizer quais seriam as opiniões dos seus constituintes naquele momento; muito menos poderia ele dizer o que pensariam seus eleitores, se tivessem as informações e as luzes que nós, convencionais, possuímos; e ainda menos qual seria a maneira de pensar de seus constituintes daqui a 6 ou 12 meses".

Em 25 de junho, quando entrou em discussão a criação do Senado, Charles Pinckney, representante da Carolina do Sul, em longo discurso, insistiu sobre o fato de que "o povo dos Estados Unidos é, talvez, o mais singular de quantos conhecemos. No seio do povo há poucas diferenças de fortuna e, menos ainda, de posição social (*rank*)". Observou que havia poucos homens ricos entre os americanos do norte, esclarecendo: "por homens ricos eu entendo aqueles cujas riquezas podem exercer uma perigosa influência, como acontece com os que são considerados ricos na Europa – talvez não haja nem uma centena deles neste Continente; e é improvável que

6. "A Bill for new-modelling the form of Government and for establishing the Fundamental principles there of in future". Jefferson acrescentou, em nota ao projeto, a seguinte observação: "It is proposed that this bill, after correction by the Convention, shall be refered by them to the people to be assembled in their respective counties and that the suffrages of two thirds of the counties shall be requisite to establish it". Cf. *The Portable Jefferson*, edited by Merrill D. Peterson (Penguin Books), pp. 242 e ss.

7. As citações que se seguem são extraídas das anotações de James Madison sobre os debates na Convenção de Filadélfia, *apud* Page Smith, *The Constituion – A documentary and narrative history*, Nova York (Morrow Quill Paperbacks), 1980.

esse número aumente muito no futuro". Segundo ele, o povo norte-americano dividir-se-ia em três classes: os profissionais liberais ("que, devido às suas atividades, devem sempre ter um grande peso no Governo, enquanto este permanecer popular"), os comerciantes e os proprietários rurais. "Estas três classes", concluiu, "embora distintas quanto às suas atividades, são individualmente iguais na escala política, podendo ser facilmente provado que elas têm um só interesse".

Sintomaticamente, nenhuma referência foi feita, nessa ocasião, à numerosa escravaria que povoava os Estados do sul. O assunto só veio à baila em 11 de julho, quando se cuidou de fixar o número de representantes de cada Estado na Câmara Federal. Como o critério adotado foi o da população de cada Estado, os sulistas, bem entendido, quiseram que os escravos contassem como membros do "povo" representado. Ou seja, que eles servissem como massa de manobra política, além de instrumentos materiais de produção.

Seja como for, é um fato óbvio que a ausência, na sociedade norte-americana, de uma tradicional divisão de estamentos sociais e, notadamente, de fundos vínculos aristocráticos, tornava mais fácil a aceitação do povo como titular da soberania. A existência da escravidão legal não representava nenhum obstáculo teórico a esse empreendimento político, pois o precedente prestigioso da democracia ateniense – em que não apenas os escravos, mas também os metecos e as mulheres eram excluídos do rol dos cidadãos – apresentava-se como o modelo para o qual todos se voltavam com respeito.

5. O mesmo não ocorria, claro está, na sociedade francesa daquele final de século.

No verbete da *Encyclopédie* dedicado a *peuple*, Louis de Jaucourt principia pelo reconhecimento de que se trata de um "nome coletivo de difícil definição, pois dele se têm idéias diferentes em diversos lugares, em variados tempos, conforme a natureza dos governos". Observa, em seguida, que a palavra designava outrora o "estamento geral da nação" (*l'état général de la nation*), oposto ao estamento dos grandes personagens e dos nobres. Mas que, na época em que escrevia, o termo *povo* compreendia apenas os operários e os lavradores.

Nas sessões introdutórias dos *États Généraux du Royaume*, em 1789, essa ambigüidade essencial da noção de povo acabou vindo à tona, quando os dois primeiros estamentos do reino – os clérigos e os nobres – recusaram-se a comparecer, em protesto contra a decisão de se adotar o voto individual dos representantes, e não o voto coletivo por estamento. Na sessão de 15 de junho, Sieyès, fiel às idéias expostas em sua obra famosa,[8] propôs que o *Tiers-État*, diante da defecção das duas outras ordens, se intitulasse "Assemblée des représentants connus et vérifiés de la nation française". Mirabeau contrapropôs com a fórmula sintética: "Representantes do *povo* francês", observando que essa palavra era elástica e podia, conforme as circunstâncias, significar muito ou pouco. Foi esta, justamente, a crítica que os "legistas" Target e Thouret dirigiram de imediato ao grande tribuno. Indagaram eles se o termo *povo*, naquela proposta, deveria ser tomado no sentido de *plebs* ou de *populus*. A maioria convenceu-se, afinal, do perigo de o termo ser considerado no primeiro sentido, de modo a anular o caráter representativo da assembléia, quando Malouet, ami-

8. "Dans toute nation libre, et toute nation doit être libre, il n'y a qu'une manière de terminer les différends qui s'télèvent tonchant la constitution. Ce n'est pas à des notables qu'il faut avoir recours c'est à la nation elle-même. Si nous manquons de constitution, il faut en foire une; la nation seule en a le droit". E pouco mais adiante: "La nation existe avant tout, elle est l'origine de tout. Sa volonté est toujours légale, elle est la loi elle-meme" (*Qu'est-ce que le Tiers état?*, cap. V, Genebra, Librairie Droz, 1970, pp. 177 e 180).

go de Necker, aceitou a proposta de Mirabeau.[9]

A Declaração dos Direitos do Homem e do Cidadão, votada em 26 de agosto, embora assinada "pelos representantes do povo francês", contém no entanto, em seu art. 3º, a disposição inequívoca: "O princípio de toda soberania reside essencialmente na Nação (com maiúscula). Nenhum corpo, nenhum indivíduo pode exercer autoridade que dela não emane expressamente".

A ironia da história é patente. Para afastar a ambigüidade do termo *povo*, os revolucionários franceses acabaram entronizando, em lugar do rei, um dos mais notáveis ícones políticos dos tempos modernos: a nação, à cuja sombra têm-se abrigado comodamente, desde então, os mais variados regimes antidemocráticos.

Os jacobinos, é verdade, não se conformaram com essa orientação idealizante e reagiram, após a queda da monarquia, com a Constituição do Ano I. A nova Declaração dos Direitos do Homem e do Cidadão apresentou-se então como sendo feita diretamente em nome do "povo francês", e não de seus representantes. O art. 25 proclamava, incisivamente: "A soberania reside no povo; ela é una e indivisível, imprescritível e inalienável". E o art. 7 do "Ato Constitucional" esclarecia: "O povo soberano é a universalidade dos cidadãos franceses". "Ele nomeia imediatamente seus deputados" (art. 8); "delega a eleitores a escolha dos administradores, árbitros públicos, juízes criminais e de cassação" (art. 9); e, sobretudo, "delibera sobre as leis" (art. 10).

A influência de Robespierre transparecia aí muito clara. Em seu projeto de declaração de direitos, apresentado à Convenção em 23 de abril de 1793, propôs sem rebuços: "O povo é soberano: o governo é sua obra e sua propriedade, os funcionários públicos são seus empregados. O povo pode, a seu talante, mudar o governo e destituir seus mandatários" (*Le peuple est sou ve rain: le gouvernement est son ouvrage et sa propriété, les fonctionnaires publics sont ses commis. Le peuple peut, quand il lui plaît, changer son gouvernement, et révoquer ses mandataires*).[10]

É óbvio que essa transposição semântica da *plets* em *populus* correspondia a uma revolução política por exclusão: os nobres, clérigos e burgueses não faziam parte do povo.[11] O marxismo voltou a trilhar o mesmo caminho no século seguinte, ao atribuir a qualidade política de povo unicamente à classe operária.

6. Não é difícil perceber que todas essas ambigüidades e exclusivismos reducionistas provêm da falta de uma adequada análise conceitual. *Povo*, como bem salienta o Professor Müller, não é um conceito unívoco, mas plurívoco.

Tomemos, por exemplo, o povo em sua função de titular da soberania, no regime democrático. Dele emanam todos os poderes, segundo a fórmula consagrada.[12] Tratando-se, como se trata, de um sujeito coletivo, seria puro antropomorfismo reduzir politicamente o povo a um só entendimento, uma só opinião e uma só vontade. O recurso ao princípio do voto majoritário é, portanto, inevitável. Ora, uma coisa é a totalidade do povo, como centro de imputação das decisões coletivas (a *Zure-*

9. Sobre esse episódio, cf. Michelet, *Histoire de la Révolution Française,* ed. Gallimard (*Bibliothèque de la Pléiade*), v. I, pp. 101 e ss.

10. *Discours et rapports à la Convention,* Paris (Union Générale d'Éditeurs), 1965, pp. 124-125.

11. "Le despotisme a produit la corruption des moeurs, et la corruption, des moeurs a soutenu le despotisme. (...) Alors on a des rois, des prêtres, des nobles, des bourgeois, de la canaille: mais, point de peuple et point d'hommes" (ob. cit., p. 135).

12. A Constituição Federal de 1988 distingue, corretamente, entre titularidade e exercício do poder político, ao dispor que "todo poder emana do povo, que o exerce por meio de representantes eleitos ou diretamente" (art. 1º, § 1º).

chnungsinstanz de que fala o Professor Müller). Outra coisa é a fração dominante do povo, cuja vontade efetivamente predomina nas eleições, referendos e plebiscitos. Essa fração dominante do povo é, sem dúvida, formalmente majoritária. Mas a maioria de sufrágios corresponde sempre à vontade e ao interesse próprio dos votantes, enquanto classe ou grupo social? Quem é, concretamente falando, a maioria votante que se pronuncia em nome do povo?

Numa das passagens mais lúcidas de sua *Política*,[13] Aristóteles enfrenta o problema e estabelece distinções importantes, que não se limitam à classificação das aparências.

Começa lembrando a tripartição tradicional dos regimes políticos, em função da titularidade do poder supremo (*kyrion*):[14] monarquia, aristocracia e *politéia*[15] – quando o poder político é exercido em benefício da comunidade como um todo; tirania, oligarquia e democracia – quando a finalidade perseguida pelos governantes é a sua vantagem particular. Observa então que se, formalmente (e de acordo com a própria etimologia), o critério distintivo entre esses regimes é o do número de pessoas que exercem o poder supremo, na realidade o que distingue os dominadores entre si é a sua respectiva situação sócio-economica: oligarquia é o governo dos ricos; democracia, o governo dos pobres (*aporoi*) e não, abstratamente falando, o governo da multidão (*plethos*). Assim, prossegue, se por hipótese os ricos fossem majoritários e detivessem o poder supremo, o regime seria, apesar de tudo, oligárquico e não democrático; da mesma forma que, caso os pobres constituíssem a minoria, mas estivessem no poder, o regime deveria ser chamado democrático e não oligárquico. O fato de que a justificativa própria desses regimes, aos olhos dos detentores do poder, é a posse e conservação da riqueza (oligarquia), ou a posse e conservação da liberdade (democracia), mostra bem que a distinção meramente numérica é um *acidente* e não a *substância* dos regimes políticos.

Importa salientar a importância dessa análise aristotélica, pois ela constitui a chave interpretativa da natureza aparentemente bizarra de vários regimes políticos da atualidade. O estagirita não teria, assim, nenhuma dificuldade em reconhecer no regime político brasileiro, em que a esmagadora maioria pobre vota regularmente segundo o interesse e sob a influência dominante dos ricos, uma autêntica oligarquia, em que pese à aparência democrática com que se desenrolam os rituais da nossa vida política.

Na verdade, os juspublicistas teriam muito a aprender com o direito das sociedades privadas. Os empresários – mais realistas (ou menos cínicos) que os políticos – reconhecem de há muito, nas grandes sociedades anônimas, a figura do acionista ou acionistas controladores, que exercem de fato o poder de dirigir as atividades sociais e orientar o funcionamento dos órgãos da companhia.[16] E isto, ainda que esses controladores não possuam a maioria

13. III; 1.279*a*, 25 e ss. O filósofo volta à mesma idéia em vários outros passos da obra (1.281*a*, 12-19; 1.289*b*, 29-32; 1.290*a*, 30 e *b*, 20; 1.291*b*, 2-13; 1.296*a*, 22-32; 1.296*b*, 24-34; 1.315*a*, 31-33; 1.317*b*, 2-10; 1.318*a*, 31-32); o que demonstra que se trata de um elemento central de sua filosofia política.

14. É importante observar que Aristóteles distinguia esse poder supremo, correspondente à noção moderna de soberania, do poder da magistratura suprema, ao qual dava o nome de *politeuma* (cf. *Politica* III; 1.278*b*, 10).

15. Não se sabe se, à época de Aristóteles, o regime em que a multidão exerce o poder supremo em função do bem comum carecia, de fato, de uma denominação própria. Em outra passagem da *Política* (IV; 1.293*a*, 40-43), o filósofo esclarece que essa denominação comum é dada a esse regime, porque ele é raramente encontrado.

16. São as expressões empregadas pela lei brasileira de sociedades por ações (Lei 6.404, de 15.12.1976, art. 116), para definir o "acionista controlador". Sobre o assunto, permito-me indicar ao leitor minha obra *O Poder de Controle na Sociedade Anônima*, 3ª ed., Rio de Janeiro (Forense), 1983.

das ações em que se divide o capital social, nem mesmo, como ocorre normalmente nas grandes *corporations* norte-americanas, a maioria das ações votantes. O que conta – para efeito de responsabilidade por abuso de poder, ou de responsabilidade subsidiária por dívidas sociais perante terceiros credores, em caso de insolvência da companhia – é o exercício de uma *influência dominante* sobre a assembléia geral.[17]

Assim, a assembléia geral de acionistas – analogamente ao povo na sociedade política – tem a titularidade formal do poder supremo. A lei brasileira de sociedades por ações (art. 121) declara que "a assembléia geral, convocada e instalada de acordo com a lei e o estatuto, tem poderes para decidir todos os negócios relativos ao objeto da sociedade e tomar as resoluções que julgar convenientes à sua defesa e desenvolvimento". O exercício do controle – o *kyrion* de Aristóteles – manifesta-se através dos poderes decisórios da assembléia geral, como necessária legitimação de seu exercício. Mas essa legitimação é meramente formal ou procedimental. Quando há abuso de controle, não é a sociedade que responde perante o acionista prejudicado, e sim unicamente o controlador (art. 117).

7. Tudo isso me permite observar que, nos países de grande desigualdade social – dos quais o Brasil é, por assim dizer, o modelo perverso – o aperfeiçoamento democrático não passa necessariamente, tal como sucede em países igualitários (*rectius*, de forte classe média), pela atribuição de maiores poderes decisórios ao povo, através da ampliação do uso obrigatório de referendos e consultas populares. É que, justamente, esses poderes acrescidos não serão de fato exercidos pelo povo, enquanto corpo coletivo unitário, mas sim pelos detentores do verdadeiro *kyrion* ou poder supremo efetivo, no seio do povo. Em suma, pelos oligarcas de sempre. São eles – e unicamente eles – que constituem na realidade o *Aktivvolk*, segundo a terminologia adotada pelo Professor Müller.

Aristóteles, de resto, já havia observado, agudamente, que a idéia de se atribuir a soberania à lei (*nomos*), e não a homens determinados, não muda substancialmente os termos do problema, pois as leis participam da natureza do regime político no qual são adotadas.[18] Uma oligarquia só pode produzir leis oligárquicas e não democráticas.

A democratização substancial das sociedades inigualitárias não decorre, pois, mecanicamente, da simples ampliação do sufrágio popular. É mister, antes de mais nada, atacar as fontes do poder oligárquico, as quais se encontram na própria estrutura das relações econômicas e sociais, notadamente as restrições práticas à educação popular e o monopólio dos meios de comunicação de massa em mãos da minoria dominante.

Não é improvável, aliás, que a esse resultado de progressiva igualdade se chegue por via de um certo "despotismo esclarecido", em cujo quadro o povo surgirá como mero destinatário das ações governamentais (o *Adressatenvolk* a que se refere o Professor Müller), de modo análogo à situação de um *beneficiary* diante do *trustee*, no direito anglo-saxônico. Entre o povo e seus governantes haveria então,

17. A expressão *beherrschender Einfluss* foi usada, pela primeira vez, na lei acionária alemã de 1937, e retomada pela vigente lei de 1965 (§ 17), em matéria de grupos de empresas (*Konzerne*): "Abhängige und herrschende Unternehmen (1) Abhängige Unternehmen sind rechtlich selbständige Unternehmen, auf die ein anderes Unternehmen (herrschenden Unternehmen) unmittelbar oder mittelbar einen beherrschenden Einfluss ausüben kann". O controlador, aliás, pode não ser acionista, mas exercer essa influência dominante *ab extra*. É o que ocorre, não raramente, com os bancos, quando são os maiores credores de uma empresa prestes a falir; ou com as grandes empresas de televisão, perante as empresas retransmissoras de seus programas.

18. *Política* III, 1.281*a*, 35.

apenas, uma *fiduciary relationship*, que se encontra, de resto, na essência da democracia representativa tradicional: o povo confia todos os poderes ativos aos governantes, para que estes os exerçam em benefício dele, povo.

8. Chegamos, com isto, à segunda indagação formulada acima (n. 3). Admitindo-se que a maioria do povo exerça, efetivamente, o poder político supremo, é de se perguntar: – A soberania popular da democracia é tão absoluta quanto a soberania monárquica do *ancien régime*? É justo que assim seja?

Para os adeptos da concepção exclusivista de povo, como sinônimo de *plebs*, a resposta afirmativa não faz a menor dúvida. A soberania, segundo essa visão política, é substancialmente um *poder contra*. Para os jacobinos, o povo devia arrebatar o poder político dos reis, nobres e clérigos e passar a exercê-lo contra estes, assim como, na tosca visão política de Marx, nada e ninguém teria legitimidade para se opor à classe operária, pois ela *é o povo*, embrião da futura sociedade sem classes.

A ideologia subjacente a essas opiniões é, obviamente, a superioridade moral incontestável do povo-*plebs* sobre todos os demais grupos e classes sociais. Robespierre chegou a propor que a Convenção adotasse, na Declaração de Direitos que iria votar, a seguinte máxima: "Toda instituição que não supõe o povo bom, e o magistrado corruptível, é viciosa".[19]

A idéia de que o povo é bom e que ele, por conseguinte, deve ser o titular da soberania política provém, sem dúvida, de Rousseau. Mas o pensamento do grande genebrino, sobre este ponto, era muito mais complexo e profundo do que os exaltados *montagnards* podiam supor.

19. Ob. cit., p. 125. Não deixa de ser irônico que o terrível revolucionário aceitasse ser chamado, pelos seus seguidores, "o incorruptível".

Do fato de que o homem é sempre bom, e que a sociedade o corrompe, não se seguia, logicamente, no pensamento de Rousseau, a conclusão de que as deliberações do povo fossem sempre boas. "On veut toujours son bien, mais on ne le voit pas toujours. Jamais on ne corrompt le peuple, mais souvent on le trompe, et c'est alors seulement qu'il paroît vouloir ce qui est mal".[20] É aí que se insere a sua famosa distinção entre a *vontade geral* e a *vontade de todos*. Aquela "só diz respeito ao interesse comum; a outra, ao interesse privado, sendo apenas a soma de vontades particulares". E, em outra passagem: "Deve-se considerar que o que generaliza a vontade é menos o número de votos que o interesse comum que os une; pois, nessa instituição, cada qual submete-se necessariamente às condições que impõe aos outros".[21]

No fundo, é a distinção, já feita por Aristóteles,[22] entre os regimes políticos retos e os corrompidos. Nos primeiros, o titular do poder supremo age no interesse comum, enquanto que nos outros o soberano – mesmo em se tratando das democracias, onde a multidão (*plethos*) governa – age no seu interesse próprio. O que é próprio opõe-se ao que é comum. A propriedade exclui,[23] ao passo que a comunidade reúne.

Ora, para Rousseau, nada garantiria que a vontade geral predominasse sempre sobre as vontades particulares. Ao contrário, ele tinha mesmo da vida em sociedade uma visão essencialmente pessimista. Sustentava que os povos são virtuosos apenas

20. *Du Contrat Social*, livro II, cap. III. Seja-me permitido citar no original um dos escritores que mais elegantemente souberam exprimir-se na língua francesa.

21. Ibidem, livro II, cap. IV.

22. *Política* III; 1.279*a* 30-40.

23. Como dispõe lapidarmente o BGB, em seu § 903, "der Eigentümer einer Sache kann, soweit das Gesetz oder Rechte Dritter entgegenstehen, mit der Sache nach Belieben verfahren *und andere von jeder Einwirkung ausschliessen*".

na sua infância e juventude. Depois, corrompem-se irremediavelmente.[24] Ou seja, uma visão muito semelhante à dos epígonos do romantismo alemão, como Oswald Spengler: as sociedades jovens desabrocham-se em cultura, para se cristalizarem, quando chega a senectude, em civilização.

Não há, pois, maior contra-senso interpretativo do que afirmar, como se faz comumente, que o princípio da soberania absoluta do povo tem origem em Rousseau. Na verdade, ele, que sempre foi um moralista, preocupado antes de tudo com a reforma dos costumes, descria completamente de qualquer remédio jurídico para os males da humanidade.

9. Acontece que nós outros, povos de um século que conheceu os extremos do totalitarismo político; de um século que inventou a comunicação de massa, a demagogia científica e o "Estado-espetáculo", já não podemos aceitar a soberania absoluta de ninguém, nem confiar nos simples processos de educação moral para evitar a prática de crimes contra a humanidade. Nós comemos do fruto proibido e adquirimos, com isto, a terrível ciência do bem e do mal. Sabemos que a maioria do povo é capaz de esmagar "democraticamente" a minoria, em nome do interesse nacional. Ou – o que é pior – que a minoria, detentora do poder de controle social, pode se utilizar periodicamente do voto majoritário popular, para legitimar todas as exclusões sociais, em nome da democracia. Sabemos que uma febre fundamentalista, habilmente instilada, pode levar a legião dos "eleitos" a esmagar os infiéis, em nome da lei divina.

Não, a soberania popular não pode ser absoluta. Ou melhor, não existe soberania inocente, porque a própria idéia de um poder supremo e incontrastável representa aquela *hybris*, que a sabedoria grega sempre considerou a matriz da tragédia humana.

Voltamos, assim, à velha distinção aristotélica entre a democracia pura e simples – em que a maioria do povo exerce o poder supremo no seu próprio interesse – e o regime político moderado, a democracia justa, em que o bem comum predomina sobre todos os interesses particulares. Ora, o bem comum, hoje, tem um nome: são os direitos humanos, cujo fundamento é, justamente, a igualdade absoluta de todos os homens, em sua comum dignidade de pessoas.

Os grandes juristas do presente, entretanto, a começar pelo Professor Müller, não desconhecem que, posta a questão nestes termos, nem por isso se pode dar por resolvido o dilema de se reconhecer a efetiva *vigência* dos direitos humanos, fora do positivismo estatal e do jusnaturalismo abstrato.

Reencontramos, aí, o problema jurídico-político mais crucial de todos os tempos, o problema que representa bem aquela *crux* escatológica, diante da qual se decide a perdição ou a salvação da humanidade: – *Como pôr o Direito acima da vontade dos homens?*

24. "La plupart des Peuples, ainsi que des hommes, ne sont dociles que dans leur jeunesse; ils deviennent incorrigibles en viellissant. Quand une fois les coutumes sont établies et les préjugés enracinés, c'est une entreprise dangereuse et vaine de vouloir les réformer; le peuple ne peut pas même souffrir qu'on touche à ses maux pour les détruire semblables à ces malades stupides et sans courage qui frémissent à l'aspect du médecin" (*Du Contrat Social,* livro II, cap. VIII).

DOUTRINA

AÇÃO CIVIL PÚBLICA. AÇÃO POPULAR. A DEFESA DOS INTERESSES DIFUSOS E COLETIVOS. POSIÇÃO DO MINISTÉRIO PÚBLICO

LUCIA VALLE FIGUEIREDO

Professora Titular de Direito Administrativo da Pontifícia Universidade Católica de São Paulo – Juíza do Tribunal Regional Federal da 3ª Região

1. Direitos coletivos e difusos. 2. Breve escorço histórico. O art. 6º do Código de Processo Civil. 3. A ação civil pública. 4. Legitimidade para agir na ação civil pública. 5. Da concessão da medida liminar. 6. O artigo 14 da Lei da Ação Civil Pública. 7. A tutela antecipada. 8. Responsabilidade na ação civil pública. 9. O Ministério Público na ação civil pública. 10. Conceito de patrimônio público e social – Eventuais desbordamentos da ação civil pública. 11. A ação popular: breves considerações gerais. 12. A legitimidade para agir. 13. Atos ilegais ou lesivos. 14. O patrimônio público defendido pela ação popular.

1. Direitos coletivos e difusos

Distinguem-se direito coletivo e difuso. Ambos, sem dúvida, transcendem ao direito individual. São metaindividuais. Concernem aos indivíduos, mas também à coletividade à qual se integram. O direito coletivo é o que tem como suporte certa relação-base, relação de determinada categoria.

Já averbamos em trabalho anterior[1] que o direito coletivo, como o próprio nome está a indicar, refere-se à série de "interesses" ou direitos de determinada classe. Demos, como exemplo, os interesses dos advogados, defendidos, tutelados pelas associações de classe. Ainda, em linha de exemplo, os direitos de determinadas categorias profissionais, reunidas em associações ou sindicatos.

Estes são os direitos coletivos pertencentes a determinadas classes sociais, em seu conjunto. Doutra parte, difusos, como também já dissemos, são aqueles direitos mais esmaecidos, mais diluídos, cujos titulares não se podem identificar desde logo.

Direito difuso é o de cada um e de todos. De todos e de cada um. A indeterminação, como diz Rodolfo de Camargo Mancuso,[2] a indivisibilidade, a conflituosidade são suas características.

1. *Direitos Coletivos e Difusos,* Coleção Primeira Leitura da Constituição de 1988, São Paulo, Ed. RT, 1988.

2. Camargo Mancuso, Rodolfo de, *Interesses Difusos – Conceito e Legitimação para Agir,* São Paulo, Ed. RT, 1988, pp. 58 a 61.

Os direitos difusos, enfatizamos nós, são aqueles que transcendem a esfera do indivíduo. Por isso mesmo são chamados de "metaindividuais" ou "supra-individuais".

Nossa Constituição anterior traduzia, de maneira enfática, o que denominamos de garantismo individual. Em face disso, como iríamos, então, extrair a garantia para o direito difuso e/ou coletivo?

O processo civil foi a grande amarra, o grande cerceamento para o desenvolvimento da proteção do direito difuso e/ou coletivo, antes da atual Constituição.

Lembraríamos observação muito interessante do Professor Geraldo Ataliba, ao referir que o juiz pode sufocar o direito material pelos tecnicismos processuais. Entretanto, afirmamos nós, que, embora o tecnicismo exagerado deva ser proscrito, se não tivermos a adequada vestimenta processual, realmente não poderemos levar ao Judiciário direitos violados ou ameaçados.

A vestimenta processual acaba sendo de transcendental importância, como, também é – sem dúvida – o *alargamento dessa vestimenta*, aquela vista larga, aquela abertura, que se deve ter para compreensão dos institutos novos do direito processual.[3] Sobretudo dos que se ligam às garantias fundamentais, sejam elas individuais ou coletivas.

A mentalidade acanhada, a interpretação mesquinha do Direito Processual trouxe, deveras, durante longos anos, sério problema de tutela aos interesses difusos. Se os interesses coletivos, a lume da Constituição anterior, já eram difíceis de ser tutelados, o que se diria dos difusos?

Na verdade, como afirmado, o direito difuso é de todos, não obstante seu reflexo individual. Não se pode dizer que o direito difuso, exatamente porque se encontra esmaecido, não seja palpável e concreto desde logo, e que a ninguém pertença. Muito pelo contrário. A característica do direito difuso é abrigar o interesse de todos, pelo menos da coletividade como um todo. *Esta a característica fundamental do direito difuso.* Não obstante possa haver direito individual.

Deveras, grande foi o esforço doutrinário, por se não ter construção sólida, para vencer a estrutura clássica processual garantidora apenas do direito individual, e sobretudo, vencer as amarras do art. 6º, do Código de Processo Civil.[4]

2. Breve escorço histórico. O art. 6º do Código de Processo Civil

O art. 6º do Código de Processo Civil, que dispõe sobre a substituição processual, trouxe sérios entraves, antes da Constituição de 1988, à tutela dos direitos difusos, pois estaria a vedar postulações de direitos que não próprios, a não ser em casos específicos e determinados pela lei.

Os sindicatos, mercê de legislação específica (art. 513 da CLT) estariam legitimados para postulações trabalhistas. Porém, a jurisprudência tergiversava em admitir discussões outras. Aqui e acolá, todavia, encontravam-se decisões jurisprudenciais mais avançadas.

Dessarte, partindo-se do princípio que a todo direito deve existir, em contrapartida, dever, constituía-se em verdadeiro absurdo o juiz não conseguir extrair do contexto sistemático a tutela imprescindível ao direito difuso. Se o direito individual é tutelável, o direito que transcende às classes, que atinge a coletividade, não poderia

3. Sirva de exemplo o novo agravo de instrumento, em que algumas perplexidades são sentidas ainda pela doutrina e jurisprudência, emperrando, assim, a finalidade essencial de agilização para a qual foi criado.

4. Art. 6º. Ninguém poderá pleitear, em nome próprio, direito alheio, salvo quando autorizado por lei.

também deixar de ser por mesquinha questão processual.

Assim, se sempre tivesse havido tal preocupação, saberíamos extrair a tutela. Não seria possível que a Constituição enunciasse direitos, e não se encontrasse forma de garanti-los, por impedimento concernente à legitimidade para agir, estabelecido pelo Código de Processo Civil.

Já, em 1977, Barbosa Moreira,[5] com a sua acuidade peculiar, lançou mão das obrigações indivisíveis do Direito Civil para extrair a tutela dos direitos difusos. Observe-se a genialidade do processualista aberto, que não vê o processo como instrumental acanhado, mas como arma necessária para vestir o direito material, para fazer com que possa esse ficar protegido.

De conseguinte, em 1977, quando ainda nem se antevia a Ação civil pública, quando ainda não tinham acontecido os Seminários,[6] em que Ada Pellegrini Grinover, Kazuo Watanabe, Mariz de Oliveira, dentre outros, pontificaram em trabalhos, que correspondiam a subsídios inestimáveis para o tema atual, já vislumbrava o emérito Barbosa Moreira a forma de tutela. Foram, realmente, os trabalhos desses ilustres autores mencionados, o embrião, a matriz da Lei da Ação Civil Pública, progresso inestimável para a tutela dos direitos difusos.

O problema da legitimidade ativa, como já enfatizado, foi o grande problema da tutela do direito difuso e/ou coletivo. Ainda, muito mais facilmente poderíamos encontrar legitimidade para agir quando estivéssemos diante do direito coletivo do que do difuso. No direito coletivo tínhamos os sindicatos legitimados, as associações de classe.

A Constituição de 1988, em seu artigo 129, inciso III, traz, de maneira clara e precisa, a competência do Ministério Público para promover a ação civil pública para a proteção do patrimônio público e social, do meio ambiente e de outros interesses *difusos* e coletivos.

Ainda, admitiu, concorrente e disjuntivamente, a legitimidade das associações bem como dos sindicatos.[7]

As ações, popular e civil pública (esta última a partir da Constituição de 1988), têm embasamento constitucional. Diríamos mesmo que a ação civil pública, na nossa Constituição, pode ser encontrada, de maneira clara, como embrião do garantismo social, que se pretendeu ver implantado.

Hermann Benjamin, a propósito da ação civil pública, averbou acerca do conceito de interesse público:[8]

"É a unanimidade social, pois, que dá ao interesse público uma de suas mais marcantes características: a sua rejeição à idéia de *contraprincípios ou contra-interesses,* tão comuns no campo dos outros interesses tipicamente supra-individuais (difusos e coletivos *stricto sensu).*

"(...)

"Nesse sentido moderno e *macro* que se pretende agregar ao tema e sem que isso signifique excluir a intervenção judicial,[8A] pode-se dizer que o campo *ideal* de conformação, manifestação e implementação

5. Barbosa Moreira, José Carlos, *A ação popular do direito brasileiro como instrumento de tutela jurisdicional dos chamados interesses difusos,* em "Temas de Direito Processual", Saraiva, 1977.

6. Grinover, Ada Pellegrini, coordenadora, *A tutela dos interesses difusos,* Editora Max Limonad, 1984.

7. O § 1º do art. 129 dispõe: "A legitimação do Ministério Público para as ações civis previstas neste artigo não impede a de terceiros, nas mesmas hipóteses, segundo o disposto nesta Constituição e na lei".

8. Benjamin Hermann, "A insureição da aldeia global contra o processo civil clássico. Apontamentos sobre a opressão e libertação judiciais do meio ambiente e do consumidor", in *Ação Civil Pública,* coordenação de Édis Milaré, pp. 70-151.

8A. Nota de rodapé da citação: tanto não se pode afastar a intervenção do Poder Judiciário que um dos fundamentos para a intervenção do Ministério Público no processo civil clássico é exatamente o interesse público (CPC, art. 82, inc. III).

do interesse público é o universo das *políticas públicas*. Protegê-lo não depende, fatalmente, da organização de seus titulares, já que, presume-se, os formuladores de políticas públicas estão conscientes da sua importância; aliás, toda a atividade legislativa, administrativa e judicial orienta-se e legítima-se pela pregação da defesa do interesse público.

"Em síntese, o interesse público, para que se lhe dê algum sentido no cotejo com os outros interesses supra-individuais, não pode ser uma simples realidade quantitativa, dependente do número de indivíduos (= condôminos sociais) que o partilham; ao revés, por pairar solitário, inconteste e sem costuras ou rachaduras no meio ambiente social, tem raízes mais profundas, que lhe conferem uma *natureza jurídica diversa* na família da metaindividualidade. Quem deixar de compreender essa sua faceta, não estará habilitado a distingui-lo, adequadamente, das outras categorias que lhe fazem sombra."[8B]

Vejamos, agora, as características essenciais da ação civil pública.

3. A ação civil pública

Felizmente a atual Constituição bem resolveu o problema da legitimação em seus artigos 5º, inciso XXI, e 8º, inciso III (legitimação por substituição processual para as associações e para os sindicatos), como já dissemos.

De qualquer sorte, ainda remanesceria a questão de se saber se a competência do sindicato, quanto à legitimidade para defesa do direito coletivo, estender-se-ia somente a seus associados ou, também, a qualquer componente da classe. Pensamos que seja realmente para toda categoria, pois que essa a função essencial dos sindicatos, tal seja, esse o resultado do associativismo voluntário.

4. Legitimidade para agir na ação civil pública

O alargamento da tutela dos direitos difusos tem que, necessariamente, estar atrelado ao alargamento da legitimidade para agir. Na medida em que a Lei da Ação Civil Pública amplia a legitimidade para agir, estendendo-a a terceiros (art. 129, § 1º da Constituição da República), e dá tal legitimidade, já de início, ao Ministério Público, vemos que não subsiste mais a necessidade do difícil enfrentamento da questão da possibilidade de tutela de certos direitos fundamentais arrolados na carta constitucional, tais sejam, direito do consumidor, do meio ambiente, do patrimônio histórico, da moralidade administrativa etc.

O art. 1º, da Lei 7.347/85, diz o seguinte:

"Regem-se pelas disposições desta lei, sem prejuízo da ação popular, as ações de responsabilidade por danos morais e patrimoniais causados:

I – ao meio ambiente:

II – ao consumidor;

III – a bens e direitos de valor artístico, estético, histórico, turístico e paisagístico;

IV – a qualquer outro interesse difuso ou coletivo;

V – por infração da ordem econômica."

A titularidade está presente no art. 5º, cujo teor de seu *caput* e incisos, é o seguinte:

"Art. 5º. A ação principal e a cautelar poderão ser propostas pelo Ministério Público, pela União, pelos Estados e Municípios. Poderão também ser propostas por

8B. Continuando com nota de rodapé da citação: Em sentido diverso, alguns administrativistas vêem, como única diferença entre interesses individuais e interesse público, o dado quantitativo, sendo este "o resultado da somatória de um número majoritário de interesses individuais coincidentes" (Héctor Jorge Escola, ob. cit., p. 242); trata-se de conceito, equivocado, que no caldo da processualística moderna, muito pouco deferiria dos interesses individuais homogêneos.

autarquia, empresa pública, fundação, sociedade de economia mista ou por associação que:

I – esteja constituída há pelo menos um ano, nos termos da lei civil;

II – inclua entre suas finalidades institucionais a proteção ao meio ambiente, ao consumidor, à ordem econômica, à livre concorrência, ou ao patrimônio artístico, estético, histórico, turístico e paisagístico."

Verifique-se que, na medida em que o Ministério Público é autor da ação, e também podem ser autores da ação, a União, Estados, Municípios, a tutela ficou muito mais facilitada.

A ação popular não é facilmente utilizada, por não termos conceito tão arraigado de cidadania. Outorgar-se, pois, legitimidade à pessoa física, como se faz, por exemplo, na ação popular, empobrece o espectro dessa importante garantia.

Seria necessária e elementar a conscientização da cidadania para se possibilitar à pessoa física a tutela real e efetiva dos direitos de todos.

Não podemos esperar e cobrar que a União, Estados, Municípios, e mesmo o Ministério Público, associações de classe, façam por nós tudo aquilo que nos omitirmos de fazer enquanto cidadãos.

Considero muito importante a conscientização de que todos devam ter de trabalhar em defesa dos direitos coletivos e difusos conquistados nesta Constituição.

Assinalemos alguns pontos tópicos da ação civil pública, que entendemos importantes e que já foram por nós mencionados em outro trabalho.[9]

5. *Da concessão da medida liminar*

Na *Lei da Ação Civil Pública*, encontramos a possibilidade da concessão da medida liminar. O *art. 12* faculta ao juiz a concessão da medida, a maioria das vezes indispensável à preservação do próprio bem de vida.

De outra parte, as custas e honorários advocatícios não são devidos, a não ser nas hipóteses de litigância de má-fé. Mas, de qualquer jeito, ficam para final.

6. *O art. 14 da Lei da Ação Civil Pública*

Temos, também, na ação civil pública, o art. 14, que, acreditamos ser o que mais possibilita a evolução da tutela do direito difuso, do direito urbanístico, do direito ambiental quando afirma o seguinte:

"O juiz *poderá* conferir efeito suspensivo aos recursos, para evitar dano irreparável à parte".

Comentemos um pouco esse artigo.

Note-se a dicção do artigo. Afirma: "*o juiz poderá conferir efeito suspensivo ao recurso*". Vejam sua importância, pois a Lei da Ação Civil Pública diz que, na hipótese de lacuna, enfim, no que não for expressa a Lei, rege-se a ação civil pública pelo Código de Processo Civil.

A praxe é de que os recursos tenham duplo efeito, devolutivo e suspensivo, salvo as exceções contidas no próprio Código.[10]

Verifique-se que, na *Ação Civil Pública, o art. 14*, precisa ser utilizado como na sua previsão. É dizer: dar-se-á efeito suspensivo à apelação *enquanto o bem de vida e, não seu sucedâneo, a indenização*, ainda possa ser preservado.

9. Já abordamos o tema no estudo já citado, ao qual, para evitarmos a repetição, remetemos o leitor ao trabalho "Ação civil pública -- Considerações sobre a discricionariedade na outorga e no pedido de suspensão da liminar, na concessão de efeito suspensivo aos recursos e na tutela antecipatória", in *Ação civil pública*, coord. por Édis Milaré, São Paulo, Ed. RT, pp. 329-351.

10. Consulte-se topicamente o opúsculo do Professor Clóvis Beznos, *Ação Popular e Ação civil pública*, Coleção Constituição de 1988, Primeira Leitura, v. 2, Ed. RT.

No caso, pretende-se a volta ao *statu quo ante*. Em qualquer ação civil pública teremos, em regra, a mesma situação e, dificilmente, poder-se-á entender ter havido dano irreparável à parte, que está provocando dano ambiental, por hipótese, ou a saúde pública etc. Esta, a parte, via de regra, somente terá ônus econômico.

Então, raras vezes poder-se-ia atribuir efeito suspensivo à apelação, protraindo-se a execução. Na verdade, com isso, esvaziar-se-ia o sentido da ação civil pública. Entendemos que o art. 14, que possibilita ao juiz aferir a existência de dano irreparável à parte, e lhe faculta, de conseguinte, sopesar qual interesse em jogo é prevalente, constitui evolução do Direito Público sobre o Direito Privado, e, muito significativa.

Aliás, o juiz exerce na ação civil pública papel diferente. Não nos parece que a inércia possa se dar exatamente da mesma forma em que ocorre em outras ações.

7. *A tutela antecipada*

Em trabalho anterior[11] já abordamos a possibilidade de concessão da tutela antecipada na ação civil pública. Reproduzimos parcialmente o que já averbamos:

"Note-se que a tutela antecipatória pode ser deferida pelo magistrado singular como também pelo Tribunal, quando for o caso.

"Consoante Arruda Alvim, no estudo mencionado:

"... *nomem iuris* do instituto, Tutela Antecipatória, revela que poderá ser concedida a própria tutela, tal como constante do pedido, acolhendo-o totalmente ou em parte e, que, essa poderá ser concedida antes do momento normal para a sua concessão. Referimo-nos a 'momento normal', pois que, se concedida antecipadamente a tutela, nem por isto o processo deixará de prosseguir e vir a comportar sentença (art. 273, § 5º). O legislador assume o risco mínimo – de que a decisão concessiva da tutela possa vir a ser alterada, e, o faz sopesando os valores em jogo.

"Na verdade, a tutela antecipatória difere da medida liminar. Por meio dela *antecipa-se o provimento final*, sem que com isso a composição da lide seja interrompida.

"Porém, repito, é o próprio bem da vida pretendido que é antecipado, sem prejuízo de que, a final, venha a ser decidido de forma diferente. Antecipa-se a própria execução.

"Não se há de falar também na satisfatoriedade da tutela, o que implicaria na impossibilidade de desfazimento.

"Tenho dito, e reiteradamente, que a satisfatividade pode ser de fato, porém nunca de direito. Esta (a de direito) somente será obtida com o trânsito em julgado da sentença.[12]

"Vejamos os pressupostos da antecipação. E, para isso, trazemos à colação o artigo 273:

"Art. 273. O juiz poderá, a requerimento da parte, antecipar, total ou parcialmente, os efeitos da tutela pretendida no pedido inicial, desde que, existindo prova inequívoca, se convença da verossimilhança da alegação e:

I – haja fundado receio de dano irreparável ou de difícil reparação; ou

II – fique caracterizado o abuso de direito de defesa ou o manifesto propósito protelatório do réu.

§ 1º. Na decisão que antecipar, o juiz indicará, de modo claro e preciso, as razões do seu convencimento.

11. "Ação civil pública – Considerações sobre a discricionariedade na outorga e no pedido de suspensão da liminar, na concessão de efeito suspensivo aos recursos na tutela antecipatória", in *Ação civil pública*, coordenação de Édis Milaré, pp. 329-351.

12. No mesmo sentido José Manoel Arruda Alvim, no trabalho mencionado, fls. 7, nota de rodapé n. 5.

§ 2º. Não se concederá a antecipação da tutela quando houver perigo de irreversibilidade do provimento antecipado. (...)"

"O magistrado deverá inicialmente convencer-se: a) da *verossimilhança* da alegação; b) de haver fundado receio de *dano irreparável* ou de difícil reparação; c) *ou* que fique caracterizado o abuso do direito de defesa ou o propósito protelatório do réu.

"Vejamos a questão da verossimilhança.

"Deverá o magistrado pela prova já trazida aos autos, no momento da concessão da tutela, estar convencido de que – ao que tudo indica – o autor tem razão e a procrastinação do feito ou sua delonga normal poderia pôr em risco o bem de vida pretendido – dano irreparável ou de difícil reparação.

"A *irreparabilidade do dano* na ação civil pública é manifesta, na hipótese de procedência da ação.

"A volta ao *statu quo ante* é praticamente impossível e o *fundo a que se refere o art. 13 da Lei n. 7.347/85,* não será suficiente a elidir o dano.

"Mister também salientar que os valores envolvidos na ação civil pública têm abrigo constitucional. A lesão a ditos valores será sempre irreparável (danos ao meio ambiente, ao consumidor, a bens e direitos de valores histórico, turístico e paisagístico).

"O artigo 461 do Código de Processo Civil, em seu § 3º, com a redação que lhe foi dada pela Lei n. 8.952, de 13.12.94, possibilita a concessão da tutela liminarmente, caso seja relevante o fundamento da demanda e houver justificado receio de ineficácia do provimento final.

"Verifica-se que se pretendeu não o ressarcimento que, insista-se, na ação civil pública não ressarce efetivamente, porém apenas minora o dano. Porém, pretende-se, isso sim, a tutela específica, que, muita vez, ou a maioria das vezes na ACP somente será alcançada com a medida liminar, ou a própria antecipação da tutela se for o caso.

"Na verdade, somente com a casuística, que se colocará aos magistrados, será possível de se verificar a altíssima contribuição dada à agilização da prestação jurisdicional.

"Todavia, ao conceder a tutela antecipatória, porque presentes seus pressupostos, tais sejam, a verossimilhança do dano irreparável ou de difícil reparação, *deverá* o juiz *motivar* devidamente.

Aliás, a motivação se não fosse expressa garantia constitucional seria, sem sombra de dúvida, de inegável necessidade diante do inciso LV do artigo 5º do texto constitucional (devido processo legal), como também do inciso XXXV do mesmo artigo (amplo acesso à jurisdição). Ademais, a motivação encontra-se implícita nos direitos e garantias constitucionais e explícita no art. 93, IX da Lei das Leis. Anote-se que os direitos e garantias constitucionais, individuais e coletivos, fazem parte do cerne fixo da Constituição.

"Como se tudo isso não fora suficiente, o § 1º do artigo 273 determina que o juiz indique, de modo claro e preciso, as razões do seu convencimento.

"Todavia, ao enfatizarmos a motivação é bom deixarmos devidamente claro que a fundamentação legal, tal seja, a remissão ao artigo e incisos da lei não se constitui em motivação para a finalidade postulada pelo texto constitucional e pelo parágrafo 1º do artigo 273 do Código de Processo Civil.

"A motivação deverá traduzir a indicação, *de modo claro e preciso*, das razões que formaram o convencimento do magistrado.

"Em outro falar: é necessário que o magistrado aponte claramente o porquê da *verossimilhança* (conceito indeterminado).

"Enfim, é necessário que motive devidamente.

"Aduz-se, como reforço, que a necessidade de motivação é expressa no texto constitucional, mesmo para decisões administrativas. É o que se colhe do art. 93, inciso X, que obriga sejam as decisões administrativas do Judiciário motivadas."

8. Responsabilidade na ação civil pública

Passamos ao tópico da responsabilidade na ação civil pública. É objetiva. Todavia, a recomposição do patrimônio nunca se dá de maneira perfeita ou completa. A recuperação do patrimônio, na verdade, não é total. É dizer, a indenização, poderíamos afirmar ser mais ou menos assemelhada à indenização por dano moral.

Deveras, a indenização tem muito mais a chancela de sanção do que propriamente de recomposição, por impossibilidade fática, no mais das vezes. Todavia, não vamos dizer que a indenização seja inútil, até porque se houver agressão ao ordenamento jurídico, recomposição tem de haver, seja qual for. Por isso também fomos fervorosos adeptos da indenização por dano moral, em boa hora acolhida pela Constituição de 1988 (art. 5º, V).[13]

9. O Ministério Público na ação civil pública

No texto constitucional, vê-se que a tutela dos direitos difusos foi cometida expressamente ao Ministério Público. Portanto o Ministério Público tem o dever de velar por sua tutela.

Por força dessa legitimidade ativa, a nosso ver, tem o dever de propor a ação civil pública, todas as vezes que essa se coloque como possível. É direito *indisponível* do Ministério Público, pois que a competência deve sempre ser exercitada. Toda competência é dever, relembramos.

Todavia, com isso não se quer afirmar que, sempre, seja o M.P. obrigado a propor a ação civil pública. O juízo de necessidade, possibilidade e tipicidade, certamente é da Instituição, até mesmo porque, devemos relembrar, a legitimidade constitucional é disjuntiva e concorrente.

Ampliou-se, posteriormente, com a modificação do Código do Consumidor e da Lei Orgânica do Ministério Público, o objeto possível da ação civil pública.

Assim, por força do CC com a modificação introduzida no art. 82 passou a competência do Ministério Público estender-se também ao parágrafo único do art. 81 do mesmo código.

De outro turno, a Lei Orgânica do Ministério Público, ver letras "a" e "b" do art. 25, IV, dispõe:

"Art. 25, IV:

(...)

a) para a proteção, prevenção e reparação dos danos causados ao meio ambiente, ao consumidor, aos bens e direitos de valor artístico, estético, histórico, turístico e paisagístico, e a outros interesses difusos, coletivos e individuais indisponíveis e homogêneos;

b) para anulação ou declaração de nulidade de atos lesivos ao patrimônio público ou à moralidade administrativa do Estado."

Assinala Ada Grinover[14] que, na verdade, criou-se uma ação popular em que a legitimidade ativa teria sido ampliada, no que tange à letra "b", afirmando que se propostas ação popular e ação civil pública haveria verdadeira conexão e continência.

13. A jurisprudência quase não mais tergiversa ao admitir o dano moral, até mesmo cumulado com o material.

14. Grinover, Ada Pellegrini, "Uma nova modalidade de legitimação à ação popular. Possibilidade de conexão. Continência e Litispendência", in *Ação civil pública,* coord. Édis Milaré, São Paulo, Ed. RT, 1995, pp. 23-27.

Em sua palavras, examinando hipótese concreta ocorrida:

"O fato de, na causa de pedir da ação popular constitucional, terem os Autores acrescentado a ilegalidade do objeto e o desvio de finalidade do ato de nomeação só se deve a que, segundo a doutrina, para a ação popular não basta a lesividade, devendo também argüir-se a ilegalidade do ato. Mas, na verdade, no conceito de imoralidade administrativa estão compreendidos a ilegalidade do objeto e o desvio de finalidade.

"6. A prática mostra, portanto, que pode existir tríplice identidade entre a ação popular constitucional e a ação civil pública.

"A conseqüência processual da litispendência é a extinção do processo, a teor do disposto no art. 267, V, CPC.

"E é evidente que a ação civil pública e a ação popular constitucional não podem, ambas, prosseguir, pois de seu julgamento poderiam surgir decisões contraditórias, com coisas julgadas não só logicamente inconciliáveis, mas praticamente incompatíveis.[14A] Como poderiam, autores e réus, atender a dois julgados, quando um acolhesse o pedido de declaração de nulidade do ato de nomeação e o outro considerasse válido o mesmo ato?

"Trata-se de verificar qual dos dois processos deve ser extinto, em fase da litispendência. Pelo disposto no art. 219, CPC, é a citação válida que induz litispendência. A lei processual não toma em consideração, para a litispendência, a data do despacho da inicial, mas única e exclusivamente a ocorrência de citação."[15]

Todavia, embora considere-se o que de comum têm as duas ações, não posso todavia entender que essa ação civil pública seja a mesma ação popular constitucional, apenas com legitimidade ampliada.

E, assim não posso entender porque lei não poderia estar a modificar a Constituição. Parece-nos, pois, que a ampliação da competência do Ministério Público decorre de norma constitucional, norma de eficácia limitada (art. 129, III), por admitir legislação ordinária.

Doutra parte, também se me afigura que a competência do Ministério Público para a interposição da ação civil pública tenha de ser bem avaliada, porque, se é verdade que a Instituição vem prestando valiosíssimos serviços à sociedade, não menos verdadeira é a assertiva que, no referente aos direitos individuais homogêneos, ocorre algumas vezes desbordamento da atuação do Ministério Público.

Deveras, necessário é estar-se sempre atento ao texto constitucional, às competências estabelecidas no prefalado art. 129, sobretudo no que tange ao patrimônio social, que, mais adiante, se versará.

Demais disso, necessário dizer-se que, em face da textura aberta da linguagem constitucional, dependendo do momento histórico, poderá se justificar a atuação do Ministério Público.

10. Conceito de patrimônio público e social – Eventuais desbordamentos da ação civil pública

Cumpre conceituar patrimônio público e social, uma vez que constituem objeto de defesa do Ministério Público.

O ilustre Procurador do Estado, Dr. Elival da Silva Ramos, toma como sinônimo as expressões "bens públicos" e "patrimônio público".[16] Dessarte, também des-

14A. Nota de rodapé da citação: sobre inconciliabilidade lógica – aceitável – e incompatibilidade prática – inaceitável – entre coisas julgadas, v. Ada Pellegrini Grinover, *Eficácia e autoridade da sentença penal*, São Paulo, Ed. RT, 1978, pp. 12-13.

15. Idem, ibid. I, p. 27.

16. *Apud* Figueiredo, Lucia Valle, *Curso de Direito Administrativo*, 2ª ed., Malheiros Editores, 1995.

carta a inclusão de Hely Lopes Meirelles dos bens das entidades paraestatais como bens públicos.

Assim, pontua:

"Nos termos em que estão situados perante a nossa lei civil, os bens públicos pressupõem sempre a titularidade de uma pessoa jurídica de direito público. Ora, as sociedades de economia mista, as empresas públicas e as fundações governamentais são entidades com personalidade jurídica de direito privado, sujeitando-se ao regime jurídico privatístico em suas relações com terceiros (artigo 173, § 1º, da Constituição). Por outro lado, embora muitos dos bens que a elas pertencem sejam oriundos da Administração Centralizada, sendo usual a cláusula estatutária de reversão de seu patrimônio à entidade-mãe, na hipótese de sua extinção (cláusula essa que se pode entender implícita), o fato é que, enquanto existente a empresa ou fundação não se confunde o seu patrimônio com o da Administração-geradora".[16A]

E, conclui, em arremate à exposição que vinha desenvolvendo:

"O quarto elemento, sim, é de extrema importância: toda conceituação de bem patrimonial público ou de bem dominial público está vinculada a um determinado ordenamento jurídico. Não há nem pode haver um conceito universal de bem público, refletindo as variações terminológicas exatamente a variedade dos regimes jurídicos a eles aplicáveis".

Conceituamos nós patrimônio público:

"Bens públicos são todos aqueles, quer corpóreos, quer incorpóreos, portanto, imóveis, móveis, semoventes, créditos, direitos e ações, que pertençam, a qualquer título, a União, Estados, Municípios, respectivas autarquias e fundações de direito público. Configuram esses bens o patrimônio público e se encontram sob o regime de direito público".[17]

De seu turno, por *patrimônio social* dever-se-á entender, dentro do próprio contexto sistemático da Constituição, o conjunto de bens jurídicos, concebidos em face dos valores adotados pelo texto constitucional.

Assim, a moralidade administrativa integra o patrimônio social e, ao mesmo tempo, constitui valor tão importante para a sociedade, que passou a constar expressamente do texto constitucional e não mais, apenas, implicitamente.

De outra parte, a proteção ao idoso, à criança e ao adolescente, por exemplo, constituem, sem dúvida, parte desse patrimônio social, dentre outros valores priorizados pelo texto constitucional, que apenas estudo exaustivo poderia indicar.

Portanto, na defesa de direitos individuais, ainda que homogêneos, tem o Ministério Público legitimidade ativa, quando se tratar de direitos, de tal ordem, de tal relevância, que integrem o patrimônio social. Assim, esses direitos serão, na verdade, também indisponíveis.

Doutra parte, quando os direitos individuais homogêneos não tiverem repercussão no patrimônio social, não caberá ao Ministério Público defendê-los, pena de infringência ao art. 133 da Constituição (o advogado é indispensável à administração da Justiça).

A respeito, colacionamos a jurisprudência que se segue:

"Constitucional. Processual Civil. Ação Civil Pública. Direitos Individuais Homogêneos. Ilegitimidade do Ministério Público. Constituição Federal, art. 129, III e leis 7.347/85, art. 21, 8.078/90, art. 81 e 117 –

16A. Notas de rodapé da obra citada: Ramos, Elival da Silva, "Aspectos gerais do patrimônio imobiliário do Poder Público", in *Cadernos FUNDAP*, n. 17, São Paulo, 1989, pp. 16-31.

17. Idem, ibidem, p. 341.

Extinção do processo sem julgamento do mérito.

1. Objetivando a Ação Civil Pública cobrar responsabilidade por danos causados ao meio ambiente, bens e direitos de valor artístico, estético, histórico, turístico e paisagístico, ou proteger qualquer outro interesse difuso e coletivo – Lei 7.347 art. 1º, incisos I, II e IV, nos termos do art. 129, inciso III, da CF, é competente para o seu ajuizamento, dentro de suas funções institucionais, o Ministério Público;

... omissis ...

Direitos individuais que, mesmo homogêneos, transcendem a individualidade de seus titulares;

3. Cuidando a espécie dos autos de participação em concurso público para o cargo de Fiscal de Trabalho de portador de diploma de título universitário de qualquer carreira, direitos individuais homogêneos, não coletivos nem difusos, pois, e não dizendo respeito tais direitos à proteção de consumidores, imperioso concluir-se pela *ilegimatio ad causam* do Ministério Público;

4. Extingue-se o processo sem julgamento do mérito com base no art. 267, IV do CPC.

(AC-79.813/95-CE, TRF 5ª R., 2ª T; Rel. Juiz Petrucio Ferreira; j. 19/09/95; *DJU* 20/10/95, pp. 72.144/5)."[18]

Por outro lado, importante questão acerca da competência do Ministério Público é assinalada por Arruda Alvim,[19] tal seja, que a declaração de inconstitucionalidade na forma concentrada é privativa do Supremo Tribunal Federal, o que poderia vir a representar um dique à atuação do Ministério Público.

Averba, a respeito:

"4. Declarada que seja a norma inconstitucional, no âmbito de ação direta do STF, não poderá mais ela ser aplicada em todo o território nacional, precisamente porque a eficácia de uma tal decisão é *erga omnes*.

"(...)

"5. Disto se segue que se encontram em pauta os seguinte valores fundamentais: a) controle da constitucionalidade das leis, com vistas a assegurar, neste particular, o primado da Constituição sobre todo o ordenamento, o qual nessa encontra seus pressupostos de validade; b) a necessária compatibilidade de uma lei com a Constituição; c) a lei que for assim declarada, exige que uma tal decisão tenha validade e eficácia em todo o território do país, *não podendo haver fratura desse território;* d) isto é assim porque ou a lei vale ou não vale, e, se era preordenada a valer em todo o território, no território todo haverá de ser aplicada, desde que ocorrentes os respectivos pressupostos de incidência; e) se se admitisse a inconstitucionalidade decretada, para parte do território, infringidos estariam os princípios da própria igualdade jurídica, como ainda, isto envolveria *insuperável contradição,* pois que a lei valeria para parte do território e para outra seria nula; f) há, no caso, exclusividade da competência do Supremo Tribunal Federal."

Todavia, não entendemos possa a previsão constitucional significar inviabilização da competência do Ministério Público. O que é necessário – absolutamente necessário –, é que o Juiz limite exclusivamente à relação *sub judice* a declaração incidental de constitucionalidade.

Dessarte, concordamos com a primeira parte da afirmação do ilustre autor, que se reproduz:

"A declaração incidental, restrita que é às partes, gera, apenas, ineficácia da lei, para um dado caso, e é exatamente por isso que se faz imprescindível identificar *fati-*

18. In *Repertório IOB de Jurisprudência* n. 4/96, 2ª quinzena de fevereiro/96, p.67.

19. Alvim, Arruda, "A declaração concentrada de inconstitucionalidade pelo STF impõe limites à ação civil pública e ao Código de proteção ao consumidor", in *Ação Civil Pública,* coordenação de Édis Milaré, SP, Ed. RT, 1995, pp. 155-156.

camente qual é esse caso.[20] Na declaração incidental, uma vez declarada, há uma relação jurídica a ser *fulminada, concretamente, mas a lei continua inteiramente em vigor.*[21] No caso de que estamos a tratar, isso inocorrerá: 1º) porque inexiste qualquer relação jurídica *substancial* a ser 'fulminada'; 2º) como também, as normas que poderiam ser havidas como inconstitucionais, *prática ou pragmaticamente, virão a perder a vigência apenas numa deteriorada parcela da Federação; ou, então, se o juiz entender-se com 'competência nacional' a evidência de colisão com o que possa decidir o Supremo Tribunal Federal será curialmente maior"* (grifos do autor).

Na conseqüente conclusão[22] é que reside nossa parcial divergência, tal seja, a competência jurisdicional não estaria inviabilizada, a nosso ver, apenas deveria confinar-se dentro dos limites precisos da jurisdição e não poderia, evidentemente, extrapolar como em casos concretos vêm acontecendo.

Porém, erros dos magistrados não poderão acarretar a conseqüência extrema de se entender manietada a competência. Todavia, o alerta do eminente mestre é de suma importância para que cautelas extremas sejam tomadas no que tange à eficácia das decisões.

Entretanto, não endossamos e, efetivamente não entendemos haver desbordamento da atuação do *parquet,* quando se trata de constranger a municipalidade a não poluir, autêntica obrigação de não fazer, muito embora a jurisprudência ainda seja, em sua maioria, no sentido de que se estaria a invadir, pelo Judiciário, a atuação discricionária da Administração Pública.

Deveras, recentemente, no M. P. E., tivemos possibilidade de abordar a matéria e concluímos a respeito:

"Questão que, nos últimos tempos, principalmente após a promulgação da Constituição de 1988, vem suscitando controvérsia é saber se cabe ao Poder Judiciário impor à Administração, no terreno do saneamento básico, obrigação de fa-

20. Nota de rodapé da citação: Cf. Regina Maria Macedo Nery Ferrari, *Efeitos da Declaração de Inconstitucionalidade,* São Paulo, cit., p. 107, com apoio de Marcelo Caetano.

21. Idem: Cf. Regina Maria Macedo Nery Ferrari, *Efeitos da Declaração de Inconstitucionalidade,* São Paulo, cit., p. 108 e José Afonso da Silva, *Curso de Direito Constitucional Positivo,* São Paulo, 1976, Ed. RT, vol. 1, p. 23.

22. Ob., cit. p. 158: "7.6. Em caso de ações civis públicas propostas, nas condições aqui descritas, *diante de uma inicial 'confeccionada em tais condições,* não leva a que se possa, sequer, vislumbrar *propriamente* um litígio, senão que, real, ontológica e exclusivamente, a pretensão à declaração de inconstitucionalidade de determinados textos legais, porque havidos como inconstitucionais... Isto configura uma utilização distorcida da ação civil pública, o que já tem sido objeto de estudos, *precisamente,* na linha do que aqui se sustenta, e, bem assim, a jurisprudência já se tem negativamente manifestado", V. Arnoldo Wald, "Usos e abuso da ação civil pública (análise de sua patologia)", in *Revista Ajuris* (Associação dos Juízes do Rio Grande do Sul, vol. 6, pp. 175-98, especialmente pp. 84-89): o ilustre constitucionalista, Prof. Dr. Gilmar Ferreira Mendes, em mais de uma oportunidade, manifestou-se pela impossibilidade de argüição de inconstitucionalidade, no bojo de ação civil pública (v. Arnoldo Wald, *op. ult. cit.*, p. 87); os nossos Tribunais assim já se têm manifestado, *v.g.*, o Tribunal de Alçada do Rio Grande do Sul, pela sua 1ª Câmara, apel. civ. 191130194, j. em 10/12-1991, constando da ementa do acórdão: "Ação civil pública. Ação direta de inconstitucionalidade de tributo travestida de ação civil pública. Descabimento" (Julgados do Tribunal de Alçada do Rio Grande do Sul, vol. 81, pp. 216-217); Em hipótese análoga a de que aqui teoricamente se cogita – ação civil pública promovida pelo Ministério Público Federal contra a Caixa Econômica Federal, com o objetivo de que, se acolhesse pretensão de inconstitucionalidade do art. 6º, § 1º, da Lei federal 8.162/91, "que seja atualizado o saldo das contas vinculadas (ao FGTS) nos mesmos percentuais praticados para a caderneta de poupança –, decidiu o então Presidente do Tribunal Regional Federal, da 3ª Região, Dr. Homar Cais, inovando, como fundamento a própria circunstância da eficácia *erga omnes* da ação civil pública, e nesse caso concreto, como *ratio decidendi* vislumbrou grave lesão à ordem, se executada fosse a liminar, mesmo porque, a mesma lei cuja inconstitucionalidade foi admitida pela decisão concessiva da liminar, estava sendo objeto de ação direta de inconstitucionalidade, pendente perante o Colendo Supremo Tribunal Federal.

zer consistente na realização de obras, prestação de serviços ou implantação de políticas públicas, quando a omissão administrativa esteja causando ou possa causar dano à saúde dos cidadãos e ao meio ambiente.

"Em síntese, trata-se de perquirir se, ao determinar comportamentos positivos ao Poder Público, não estaria o juiz invadindo a esfera discricionária da Administração, substituindo-se a esta na tarefa de examinar a conveniência e oportunidade na implementação ou não de medidas de saneamento básico.

"Por primeiro, é bom lembrar que a matéria é hoje constitucionalmente regrada. De fato, a Constituição Federal, após conferir a todos um 'direito ao meio ambiente ecologicamente equilibrado' (art. 225, *caput),* impõe ao Poder Público o dever de 'preservar e restaurar os processos ecológicos essenciais' (art. 225, par. 1, I).

"A água é, segundo os especialistas, o elemento chave para o equilíbrio ecológico e para a manutenção da vida no planeta, inclusive a humana.

"Mais especificamente, a Constituição do Estado de São Paulo, no seu art. 208, estabelece que 'Fica vedado o lançamento de efluentes e esgotos urbanos e industriais, sem o devido tratamento, em qualquer 'corpo de água'.

"Tal norma, sem dúvida, é de eficácia completa; traz consigo um não-fazer objetivo, retirando do administrador qualquer possibilidade de optar entre tratar ou não tratar os efluentes urbanos. Bem se percebe que os dois dispositivos criam uma vinculação absoluta para o administrador: não lançar dejetos sem tratamento em "corpo d'água", isto é, em qualquer aquático, mesmo no pequeno córrego.

"(...)

"Essa a razão que fez com que o constituinte estadual não se limitasse a apenas 'recomendar' ao administrador que encetasse seus melhores esforços visando impedir ou mitigar os danos causados por esgoto não-tratado.

"Foi mais longe, impondo um dever inafastável por simples critérios de conveniência ou oportunidade, negado à Administração o argumento de que, para atuar, haveria que se guiar pelos seus próprios juízos de valor.

"Por conseguinte, eventual recusa do Poder Público em cumprir a determinação constitucional pode – e deve – ser repreendida pela via de ação civil pública.

"(...)

"A observação tem grande importância em matéria orçamentária. O orçamento não é uma peça livre para o Administrador. Há valores que são priorizados pelas Constituições Federal e Estadual. Aqui, também, por vezes, o administrador não tem qualquer discricionariedade, pois, do contrário, seria lhe dar o poder de negar, pela via transversa, a escala de prioridades e de urgência que, no Brasil e no Estado de São Paulo, foi constitucionalmente fixada.

"Nessa linha de raciocínio, vejo como possível acumulação de pedidos em ação civil pública, um referente a obrigação de não-fazer (deixar de lançar efluentes não tratados) e outro pertinente à inclusão da respectiva despesa no orçamento do ano seguinte.

"Trata-se de uma sofisticação do conceito de controle dos atos administrativos: se a Administração tem um dever-negativo e o descumpre, é razoável requerer que, junto com a determinação judicial do não-fazer, sejam viabilizados os recursos que permitam a realização do objetivo pretendido.

"Sob outro aspecto, quero dizer que, se de um lado o Poder Público não tem como fugir da obrigação de não lançar efluentes 'in natura' nos cursos d'água (dever de não fazer esse passível de cobrança pela via de ação civil pública e que, indiretamente, acaba por transformar-se numa obrigação de fazer, isto é, de tratar), não me parece que se possa, com o mesmo instrumento, impor à municipalidade a forma exata de tratamento, na hipótese de existirem várias tecnologias em condições de dar cumprimento integral e razoável ao mandamento constitucional e legal.

"Finalmente, há o problema do momento em que a tutela de urgência, nesses casos, passa a ser exigível. Tenho para mim que, mesmo no caso de proibições peremptórias como as que temos em matéria de recursos hídricos e saneamento básico, o cumprimento do judicialmente determinado atrela-se ao princípio da razoabilidade, sob pena de se ter imposições de execução impossível, com o que não compactua o Direito. Parece ser tecnicamente impossível a uma municipalidade ou órgão público, por mais poderoso que seja, estancar, de imediato, o lançamento de esgoto não-tratado, construindo, em passe de mágica, rede coletora e estações de tratamento. Não é recomendável, pois, que sejam deduzidos pedidos de obediência imediata, mas, diversamente, que levem à fixação de cronograma, dividido em fases e metas trimestrais e anuais bem caracterizadas, permitindo-se, assim, sua fiscalização com imposição de "astreintes", que devem ser usadas não só para o caso de descumprimento do objetivo maior, mas também para as metas intermediárias."[22]

11. A ação popular: breves considerações gerais

Terminado este breve esboço da ação civil pública, passemos à *ação popular*, último tópico deste estudo.

No Projeto II, da Constituição, tivemos a ação popular com a legitimidade ativa ampliada. Entretanto, por força de modificação posterior, nitidamente involuiu-se, voltando-se à Carta de 1969. Apenas *o cidadão* pode interpor a ação popular.

Passamos, de conseguinte, para breve exame da Lei da Ação Popular, bem como do art. 5º, inciso LXXIII do Texto Constitucional.

A Lei n. 4.717, de 1965, apresenta a seguinte contextura, em modesta síntese: há restrição quanto à legitimidade ativa, afeta somente ao cidadão, o que torna reduzida a possibilidade da ação popular.

Deveras, as ações populares, que ainda são movidas, vingam em cidades grandes; em cidades menores não, pois não se pode pensar no autor popular, como cidadão, a enfrentar a "Toda Poderosa Administração Pública".

De outra parte, a ação popular foi alargada constitucionalmente para abrigar também os atos lesivos praticados contra o patrimônio histórico e cultural, ao meio ambiente, à moralidade administrativa, bem como contra o patrimônio de entidades de que o Estado participe.

12. A legitimidade para agir

O texto da Lei da Ação Popular contém evoluções grandes, mas, de qualquer sorte, restringe-se à legitimidade ativa ao *cidadão*. Na medida em que só o cidadão puder acionar, puder ser autor popular, claro está que a ação popular perde muito de sua força e tem de perder. É difícil para o cidadão entrar em confronto com a Administração Pública, como já assinalado.

A legitimidade para agir, atribuída somente ao cidadão, é algo que acanha a ação popular, desvirtuando medida de ouro para controle da ilegalidade da administração, para controle da lesividade que a administração possa produzir ao patrimônio público, para controle da moralidade administrativa.

Realmente subtrai a grandeza da ação popular. Pensem, por exemplo, se a legiti-

22. Excertos da palestra proferida na Procuradoria Geral de Justiça, em 10.10.96, por ocasião da 4ª Reunião Ordinária do "Grupo Especial de Recursos Hídricos do Ministério Público de São Paulo", in *Boletim MP Ambiental* n. 1, out./dez.1996.

midade fosse dada às associações de classe, à Ordem dos Advogados, que se tem manifestado tão atuante ao longo desses anos. É claro que a ação popular teria muito mais condições. De conseguinte, a restrição quanto à legitimidade para agir é algo que precisaria ser modificada.

Todavia, com possibilidade da promoção da ação civil pública, que tem por objeto a moralidade administrativa e a anulação ou declaração de nulidade de atos lesivos ao patrimônio público, atribuída ao Ministério Público,[23] temos que, em grande parte, encontra-se sanado o problema.

Acreditamos que, para efetivamente vingar a ação popular, está faltando, realmente, vivência efetiva de cidadania, de sentimento arraigado do *status civitatis*, necessário a postulações não apenas individuais, mas em benefício da coletividade.

Devemos tomar, como parâmetro, nosso grande e saudoso mestre, Seabra Fagundes. Em todas as horas de sua vida, o ilustre professor de todos nós, foi cidadão exemplar.

Todavia, embora a ação popular esteja restrita em sua legitimidade ao cidadão, depois de proposta, se houver desistência da ação, o Ministério Público deverá suceder o autor popular.

13. Atos ilegais ou lesivos

Não mais temos, na ação popular, restrição no tocante à necessidade de que o ato seja ilegal *e* lesivo. Não se trata mais de "e", mas sim de "ou" lesivo.

Aliás no Texto Constitucional de 1967, e posterior Emenda n. 1 de 1969, temos referência somente a atos lesivos. O texto constitucional anterior dispunha da seguinte forma, no § 31, do artigo 153:

"Qualquer cidadão será parte legítima para propor Ação Popular, que vise anular atos lesivos ao patrimônio de entidade pública".

A Lei da Ação Popular, entretanto, prescreveu que os atos deveriam ser ilegais e lesivos. O texto constitucional atual, felizmente, traz, apenas, o pressuposto da lesividade e não mais, também, da ilegalidade.

14. O patrimônio público defendido pela ação popular

No tocante ao conceito de patrimônio público, houve sua ampliação, albergando-se, também, atos lesivos ao patrimônio das empresas estatais. Isto já estava na Lei da Ação Popular, no § 1º, do art. 1º, porém não havia previsão constitucional.

Estendeu-se, ainda, ao patrimônio estético, artístico, histórico ou paisagístico. E, sobretudo, ao controle da moralidade.

Atente-se, agora, ao art. 4º da Lei da Ação Popular, que dispõe:

"Art. 4º. São também nulos os seguintes atos ou contratos, praticados ou celebrados por quaisquer das pessoas ou entidades referidas não art. 1º:

(...)."

Há, nessa hipótese, presunção de lesividade *juris et de jure*. Vale dizer, se algum contrato for pactuado sem licitação, quando esta for exigível, teremos ato nulo (embora não costumemos utilizar a nomenclatura "ato nulo", ora empregada por estar assinalada na Lei da Ação Popular), pois, *por presunção*, já seria lesivo e, de conseguinte, deveria merecer sanção.

Na atual Ação Popular Constitucional, temos, como remarcado, abertura com relação a que os atos lesivos não se referem apenas ao patrimônio público, mas também à *moralidade* administrativa. É dizer, a moralidade administrativa, encartada como princípio, como se verifica no artigo 37 da Constituição da República, deve também poder contar com instrumental jurídico hábil a controlá-la.

23. L.O.M.P., art. 25, IV, "b" (Lei 8.625/93).

Pretende-se, é óbvio, que o patrimônio público não seja malbaratado. Que o administrador sirva à comunidade e não se sirva desta.

Então, vejamos: na Ação Popular existe nitidamente a defesa de direito difuso, a *res omnium*, de todos. O patrimônio público não é *res nullius*, mas é *res omnium*, coisa de todos e, por ser coisa de todos, tem de ser interpretado com largueza o instituto para que se possa, porventura, dar solução compatível.[24]

Não nos cumpria trazer minúcias do regime jurídico dessas ações, mas, tão-somente, trazê-las a contexto como *garantias coletivas dos administrados*, ao lado do mandado de segurança coletivo, que não foi versado por desbordante do tema. Ademais disso, as ricas questões processuais inerentes a ambos os temas tiveram de quedar-se ao largo, por se tratar, apenas, de exposição tópica.

24. Versou a matéria, de maneira sucinta, pois apenas enfrentava a Constituição de 1988, o Professor Clóvis Beznos, na obra *Ação popular e ação civil pública*; na coleção Constituição de 1988, Primeira Leitura, Ed. RT, 1988. Deve-se consultar, para ampliação, a preciosa monografia de José Afonso da Silva, *Ação Popular, Constitucional, Doutrina e Processo*, São Paulo, Ed. RT 1988. Também Rodolfo de Camargo Mancuso, *Ação Popular*, São Paulo, Ed. RT, 1994.

SOBRE A PRODUÇÃO LEGISLATIVA E SOBRE A PRODUÇÃO NORMATIVA DO DIREITO OFICIAL: O CHAMADO "EFEITO VINCULANTE"

EROS ROBERTO GRAU
Professor Titular da Faculdade de Direito da Universidade de São Paulo
e Professor Visitante da Faculdade de Direito da Universidade
de Montpellier I – França (1995-1996)

1. Embora voltando minha atenção não diretamente ao tema dos limites do direito oficial – a respeito do qual devem versar muitos dos trabalhos produzidos para o 13º Colóquio Internacional da *International Association for the Semiotics of Law* (IASL/AISI) – suponho possa ter alguma relevância a breve exposição que segue, a propósito da produção legislativa e da produção normativa do direito oficial e do chamado "efeito vinculante".

A circunstância de a Constituição do Brasil assegurar a todos o acesso ao Poder Judiciário tem importado em que seja extremamente grande o número de ações judiciais em curso perante os nossos tribunais.

É bem verdade que esse volume de questões encontra sua origem fundamentalmente no fato de o Executivo federal não se conter nos quadrantes da constitucionalidade e da legalidade. Bastaria, para que se desafogassem os tribunais, que a União passasse a proceder naqueles quadrantes. Esse, no entanto, é aspecto sistematicamente desconsiderado nas análises produzidas a respeito da crise do Judiciário.

O fato é que o acúmulo de ações judiciais a serem apreciadas pelos tribunais brasileiros faz com que as instituições jurídicas sejam olhadas com desconfiança e o Estado de direito seja tido como um entrave às excelências da desregulação neo-liberal.

O chamado "efeito vinculante" das decisões do Supremo Tribunal Federal, que se pretende instituir mediante emenda à Constituição do Brasil, prestar-se-ia a corrigir aquele mal.

2. O que se entende como "direito oficial" pode ser também designado pela expressão *direito moderno/direito formal*.[1]

Formal, no sentido sob o qual o vocábulo integra a expressão "direito formal", é um *modo de aplicação do direito*. "Formal" refere, aqui, uma *teoria formal da interpretação jurídica*.

Logo adiante veremos que a interpretação é atividade que se presta a transfor-

1. Vide meus *La doppia destrutturazione del diritto*, Edizioni Unicopli, Milano, 1996, pp. 12 e ss. e *O direito posto e o direito pressuposto*, Malheiros Editores, São Paulo, 1996, pp. 64 e ss.

mar disposições (textos, enunciados) em normas; as normas resultam da interpretação, dizendo o que os intérpretes dizem que elas dizem. O intérprete dotado de poder suficiente para *criar* as normas jurídicas é o juiz.

Nenhum direito positivo é, em si, definitivamente "direito formal". Como, no entanto, as normas são "criadas" pelos juízes, estes tomam o direito positivo (sistema de disposições, de enunciados; de "textos") e, a partir dele, produzem "direito formal". E assim o fazem, os juízes, porque esta é a sua função, enquanto agentes estatais.

Direito formal, portanto, é o direito produzido pelos juízes oficiais, isto é, pelos juízes agentes estatais, vale dizer, funcionários públicos. Dizendo-o de outro modo: o *direito formal* é o *direito oficial.*[2]

3. Direito moderno, por outro lado, é expressão que conota o direito (*positivo*) produzido pelo chamado *Estado moderno,* datado da Revolução Francesa.

Objeto a partir e em torno do qual os juristas desenvolvem uma *atividade técnica* – e não *política* – (Tarello 1991/15-18), esse modelo de direito é o *modelo de direito do modo de produção capitalista.*

Seu requisito único de validade repousa na *representação popular* (expressão da *volonté générale*) associada à *maioria legislativa.* Os pressupostos que fundamentam a sua legitimidade encontram-se na *separação dos poderes* e na *vinculação do juiz à lei* (Wieacker 1980/646-647).

Esse, contudo, é precisamente o *direito oficial*, que pode ser portanto referido tanto como *direito formal*, quanto como *direito moderno*.

Dos processos de produção legislativa e de produção normativa do *direito oficial* ou *direito moderno/direito formal* é que passo a cogitar.

4. Refiro-me a *processos de produção legislativa e de produção normativa* porque a positivação do direito não se completa na atuação do Poder Legislativo, demandando – como passarei a demonstrar – além dos *produtos legislativos,* a *produção de normas,* tarefa que incumbe ao Poder Judiciário.

A demonstração que pretendo produzir consta de texto que preparei anteriormente e que, porquanto me pareça claro, entendo não deva retocar ou modificar. Assim, permito-me reproduzi-lo sem qualquer preocupação em alterar a sua compostura original.

5. Interpretar é, essencialmente, *compreender.*

De outra parte, a interpretação é uma relação entre duas expressões; a primeira (que porta uma *significação),* expressão original, é o *objeto da interpretação;* a segunda, designada "a interpretação", cumpre, em relação à outra, a função de *interpretante* (Ortigues 1987/219). A interpretação aporta à primeira expressão (*objeto da interpretação*) uma *nova forma de expressão,* que não é necessariamente verbal – como ocorre no caso das artes *alográficas* (música e teatro). Assim, interpretar é *compreender + reformular ou reexprimir sob forma nova.*

O que pretendo sustentar é o caráter *alográfico* da interpretação do direito.

6. Podemos distinguir dois tipos de expressão artística: o das artes *alográficas* e o das artes *autográficas.* Nas artes *alográficas* (música e teatro), a obra apenas se completa com o concurso de dois personagens, o autor e o intérprete; nas artes *autográficas* (pintura e romance), o autor contribui sozinho para a realização da obra (Ortigues 1987/221).

Em ambas (artes *alográficas* e artes *autográficas*) há *interpretação,* mas são distintas, uma e outra.

2. Há evidente relação, é óbvio, entre *formalismo* – no sentido indicado – e *positivismo jurídico.*

A interpretação da pintura e do romance importa *compreensão* (a obra, *objeto da interpretação,* é completada apenas pelo seu autor; a *compreensão* visa à *contemplação estética,* independentemente da mediação de um *intérprete*).

A interpretação musical e teatral importa *compreensão + reprodução* (a obra, *objeto da interpretação,* para que possa ser *compreendida,* tendo em vista a *contemplação estética,* reclama um *intérprete;* o *primeiro intérprete compreende e reproduz* e o *segundo intérprete compreende* através da *compreensão/reprodução* do *primeiro intérprete*).

7. O *texto, preceito, enunciado normativo é alográfico.* Não se completa no sentido nele impresso pelo legislador. A "completude" do texto somente é realizada quando o *sentido por ele expressado* é produzido, como *nova forma de expressão,* pelo intérprete.

Mas o "sentido *expressado* pelo texto" já é algo novo, distinto do *texto.* É a *norma.*

Isso significa que o *texto* normativo, visando à solução de conflitos (isto é, uma decisão *normativamente fundada* para problemas práticos, e não a *contemplação estética*) reclama um *intérprete* (*primeiro intérprete*) que *compreenda* e *reproduza,* não para que um *segundo intérprete* possa *compreender,* mas a fim de que um determinado conflito seja decidido.

8. A interpretação do direito opera a mediação entre o caráter geral do *texto* normativo e sua aplicação particular: isto é, opera a sua *inserção na vida.*

A interpretação, pois, é um processo intelectivo através do qual, partindo de *fórmulas lingüísticas* contidas nos *textos, enunciados, preceitos, disposições,* alcançamos a determinação de um *conteúdo normativo.* É atividade voltada ao discernimento de enunciados semânticos veiculados por *preceitos* (*enunciados, disposições, textos*): o intérprete desvencilha a *norma* do seu invólucro (o *texto*). Neste sentido, o intérprete "*produz a norma*".

Diremos, então, que a *interpretação* é meio de expressão dos *conteúdos normativos* das *disposições,* meio através do qual o intérprete desvenda as *normas* contidas nas *disposições.*

9. Aparecem de modo bem distinto, neste ponto de minha exposição, o *texto* (*enunciado, disposição*) e a *norma. Texto* e *norma* não se identificam: o *texto* é o *sinal lingüístico;* a *norma* é o que se *revela, designa* (Canotilho 1991/225).

Daí podermos sustentar, seguindo Zagrebelsky (1990/68-69), que o *ato normativo,* como ponto de expressão final de um poder normativo, concretiza-se em uma *disposição* (*texto* ou *enunciado*).

A interpretação, destarte, é meio de expressão dos *conteúdos normativos* das *disposições,* meio através do qual pesquisamos as *normas* contidas nas *disposições.* Do que diremos ser, a *interpretação,* uma atividade *que se presta a transformar disposições* (*textos, enunciados*) *em normas.*

10. As *normas,* portanto, resultam da interpretação. E o ordenamento, no seu valor histórico-concreto, é *um conjunto de interpretações,* isto é, *conjunto de normas.* O conjunto das *disposições* (*textos, enunciados*) é apenas *ordenamento em potência,* um *conjunto de possibilidades de interpretação,* um *conjunto de normas potenciais.* O *significado* (isto é, a *norma*) é o resultado da tarefa interpretativa. Vale dizer: o *significado da norma é produzido pelo intérprete.*

Isso contudo – note-se bem – não significa que o intérprete, literalmente, *crie* a norma; o intérprete a *expressa.* O produto da interpretação é a norma expressada como tal. Mas ela (a *norma*) *preexiste,* potencialmente, no invólucro do *texto,* invólucro do *enunciado.*

Vale dizer: a *norma* encontra-se, *em estado de potência,* involucrada no *enun-*

ciado (*texto* ou *disposição*); o intérprete a desnuda. Neste sentido – isto é, no sentido de desvencilhamento da *norma* de seu invólucro: no sentido de fazê-la brotar do *texto,* do *enunciado* – é que afirmo que o intérprete "*produz a norma*". O intérprete compreende o sentido originário do texto e o mantém (deve manter) como referência de sua interpretação (Gadamer 1991/381).

11. Suponha-se a entrega, a três escultores, de três blocos de mármore iguais entre si, encomendando-se, a eles, três Vênus de Milo. Ao final do trabalho desses três escultores teremos três Vênus de Milo, perfeitamente identificáveis como tal, embora distintas entre si: em uma a curva do ombro aparece mais acentuada; n'outra, as maçãs do rosto despontam; na terceira, os seios estão túrgidos. Não obstante, são, definidamente, três Vênus de Milo – nenhuma Vitória de Samotrácia.

Esses três escultores "*produziram*" três Vênus de Milo. Não gozaram de liberdade para, cada um ao seu gosto e estilo, esculpir as figuras ou símbolos que a inspiração de cada qual aspirava – o princípio de existência dessas três Vênus de Milo não está neles.

Tratando-se de três escultores experimentados – como, na metáfora de que lanço mão, se trata – dirão que, em verdade, não *criaram* as três Vênus de Milo. Porque lhes fora determinada a *produção* de três Vênus de Milo (e não de três Vitórias de Samotrácia; ou outra imagem qualquer) e, na verdade, cada uma dessas três Vênus de Milo *já se encontrava em cada um dos blocos de mármore*, eles – dirão – apenas desbastaram o mármore, para que elas brotassem, tal como se encontravam, ocultas, no seu cerne.

O que pretendo, também, além de sustentar o caráter *alográfico* da interpretação do direito, é afirmar que diferentes intérpretes – qual diferentes escultores "*produzem*" distintas Vênus de Milo – "*produzem*", a partir do mesmo *texto, enunciado* ou *preceito,* distintas *normas jurídicas.* Parafraseando Kelsen (1979/467), afirmo que *dizer que uma dessas Vênus de Milo é fundada na obra grega, não significa, na verdade, senão que ela se contém dentro da moldura ou quadro que a obra grega representa – não significa que ela é* a *Vênus de Milo, mas apenas que é* uma *das Vênus de Milo que podem ser produzidas dentro da moldura da obra grega.*

12. A esta altura, contudo, convém deixarmos perfeitamente esclarecido que – assim como apenas um autêntico escultor terá condições de trabalhar adequadamente mármore, discernindo os seus veios e as proporções da obra – o intérprete dotado de poder suficiente para *criar* as normas é o "intérprete *autêntico*", no sentido conferido a essa expressão por Kelsen (1979/469 e ss.).

Aqui se coloca um grave problema, pois a *norma* é uma manifestação de *poder.* Quem *produz* uma *norma* exerce um ato de poder. E é certo que não apenas o intérprete autêntico interpreta. Também o fazem os advogados, os juristas, o administrador público – e os cidadãos. Ora, se as normas nascem da interpretação, também esses intérpretes, não *autênticos, produziriam* normas.

No exemplo, que atribuo a Carnelutti, o homem faminto que, sem nenhuma moeda, ao passar por uma barraca de frutas não arrebata uma maçã interpreta um texto de direito – que coíbe o furto – *produzindo norma.* Porque a interpretação do direito consiste em *concretar a lei* em cada caso, isto é, na sua *aplicação* (Gadamer 1991/401), o homem faminto, então, ao interpretar a lei, desde o seu caso concreto, a *aplica.*

13. Interpretação e *aplicação* não se realizam autonomamente. O intérprete discerne o sentido do texto a partir e em virtude de um determinado caso dado (Gadamer

1991/397); a interpretação do direito consiste em *concretar a lei* em cada caso, isto é, na sua *aplicação* (Gadamer 1991/401). Assim, existe uma equação entre interpretação e aplicação: não estamos, aqui, diante de dois momentos distintos, porém frente a uma só operação (Marí 1991/236). *Interpretação* e *aplicação* se superpõem.

A interpretação (aplicação) do texto de lei, no caso do homem faminto que passa por uma barraca de frutas, não visa, no entanto, à decisão de um conflito – como a que seria procedida pelo intérprete autêntico – porém introduz um conflito (se descumprida a norma) ou impede o conflito (se observada a norma). Vale dizer: esta, como a interpretação operada pelo advogado, pelo jurista, pelo administrador público, não vincula terceiros; compõe-se no *discurso jurídico* – apenas o intérprete autêntico pronuncia o *discurso do direito*.

14. Kelsen (1979/469 e ss.) distingue a "interpretação autêntica", feita pelo órgão estatal aplicador do direito, de qualquer outra interpretação, especialmente a levada a cabo pela ciência jurídica.

A interpretação cognoscitiva (obtida por uma operação de conhecimento) do direito a aplicar combina-se com um ato de vontade em que o órgão aplicador do direito efetua uma escolha entre as possibilidades reveladas através daquela mesma interpretação cognoscitiva. É este ato *de vontade* (a escolha) que peculiariza a *interpretação autêntica*. Ela "*cria direito*", tanto quando assuma a forma de uma lei ou decreto, dotada de caráter geral, quanto quando, feita por um órgão aplicador do direito, crie direito para um caso concreto ou execute uma sanção.

As demais interpretações *não criam direito*. Quando os indivíduos querem observar uma norma que regule sua conduta, devem *fazer uma escolha;* mas essa escolha *não é autêntica,* isto é, *não cria direito* – não é vinculante para o órgão que aplica[3] essa norma jurídica. Também a interpretação feita pela ciência jurídica é distinta daquela feita pelos órgãos jurídicos; a interpretação feita pela ciência jurídica *não é autêntica;* é pura *determinação cognoscitiva do sentido das normas jurídicas;* não é criação jurídica. A interpretação *jurídico-científica* (*dicção* de Kelsen) apenas pode estabelecer as possíveis significações de uma norma jurídica – o jurista tem de deixar a decisão pela escolha das interpretações possíveis de uma norma jurídica ao órgão que, segundo a ordem jurídica, é o competente para aplicar[4] o direito; assim, quando o advogado indica uma determinada interpretação como "acertada", está tentando influir sobre a criação do direito – não exerce *função jurídico-científica,* porém *função jurídico-política.*

Apenas o *intérprete autêntico,* concluo, é revestido *do poder de criar* as normas jurídicas. E esse poder, o *intérprete autêntico* o exerce mediante a prática de uma *prudência* – não de uma *ciência.*[5]

15. O que imediatamente importa ainda considerarmos é contudo o fato de a *interpretação* – que é concomitantemente *aplicação* do direito – dever ser entendida como *produção prática do direito,* precisamente como a toma Friedrich Müller (1993/145-146), para quem inexiste tensão entre *direito* e *realidade.* Vale dizer: não existe um terreno composto de elementos *normativos,* de um lado, e de elementos *reais* ou *empíricos,* do outro. Por isso a articulação *ser e dever-ser* (a relação *norma-fato*) é mais do que uma questão da filosofia do direito; é uma questão da estrutura da norma jurídica tomada na sua transposição prática e, por conseqüência, ao mesmo

3. Dicção de Kelsen; não obstante, inexiste separação entre *interpretação* e *aplicação*.

4. Vide nota 3.

5. Vide meus *La doppia destrutturazione del diritto*, cit., pp. 65 e ss. e *O direito posto e o direito pressuposto*, cit., pp. 153 e ss.

tempo uma questão da estrutura deste processo de transposição.

Isso significa que a *norma* é produzida, pelo intérprete, não apenas a partir de elementos que se despreendem do *texto* (mundo do dever-ser), mas também a partir de elementos do caso ao qual será ela aplicada, isto é, a partir de elementos da realidade (mundo do ser).[6]

O que incisivamente deve aqui ser afirmado, a partir da metáfora de Kelsen (1979/467), é o fato de a "*moldura da norma*" ser, diversamente, moldura do *texto,* mas não apenas dele; ela é, concomitantemente, moldura do *texto* e moldura do *caso.* O intérprete interpreta também o *caso,* necessariamente, além dos *textos,* ao empreender a produção prática do direito.

16. A exposição até este ponto desenvolvida me permite deixar bem enfatizado o seguinte:

(i) o *texto normativo* é *alográfico; texto* e *norma* não se identificam;

(ii) o processo de *produção legislativa* – que incumbe ao Poder Judiciário – resulta na geração de *textos* (*enunciados, preceitos, disposições*)*;* o processo de *produção normativa* – que incumbe ao Poder Judiciário – resulta na geração de *normas;*

(iii) a interpretação do direito opera a mediação entre o caráter geral do *texto* normativo e sua aplicação particular: isto é, opera a sua *inserção na vida;*

(iv) *interpretação* e *aplicação* não se realizam autonomamente; a interpretação do direito consiste em *concretar a lei* em cada caso, isto é, na sua *aplicação*; *interpretação* e *aplicação* se superpõem;

(v) a *norma* é produzida, pelo intérprete autêntico, não apenas a partir de elementos que se despreendem do *texto* (mundo do dever-ser), mas também a partir de elementos do caso ao qual será aplicada, isto é, a partir de elementos da realidade (mundo do ser); assim, a "*moldura da norma*" (Kelsen) é, diversamente, moldura do *texto,* mas não apenas dele – ela é, concomitantemente, moldura do *texto* e moldura do *caso;* o intérprete interpreta também o *caso,* necessariamente, além dos *textos,* ao empreender a produção prática do direito.

17. A Proposta de Emenda à Constituição n. 54, de 1995, dá nova redação ao § 2º do art. 102 da Constituição do Brasil, atribuindo "eficácia contra todos e efeito vinculante, relativamente aos demais órgãos do Poder Judiciário e da Administração direta e indireta da União, dos Estados, do Distrito Federal e Municípios, às decisões proferidas pelo Supremo Tribunal Federal nas ações diretas de inconstitucionalidade e nas ações declaratórias de constitucionalidade de lei ou ato normativo, e nas definitivas de mérito, se o Supremo Tribunal Federal assim o declarar, pelo fato de dois terços de seus membros".

Deixando à margem de minhas cogitações as decisões proferidas pelo Supremo Tribunal Federal nas ações diretas de inconstitucionalidade e nas ações declaratórias de constitucionalidade de lei ou ato normativo, cumpre considerarmos, à luz do quanto acima enfatizado, essa atribuição de eficácia contra todos e de efeito vinculante, relativamente aos demais órgãos do Poder Judiciário e da Administração direta e indireta da União, dos Estados, do Distrito Federal e Municípios, às suas *decisões definitivas de mérito, se o Supremo Tribunal Federal assim o declarar, pelo fato de dois terços de seus membros.*

Insisto, portanto, em que as conclusões que passo a enunciar não se amoldam inteiramente às decisões proferidas pelo STF nas ações diretas de inconstitucionalidade e nas ações declaratórias de constitucionalidade de lei ou ato normativo. Elas respeitam especificamente às decisões definitivas de mérito do STF, se este declarar, pelo voto de dois terços de seus mem-

6. Vide Cristiane Derani, *Direito Ambiental Econômico*, Max Limonad, São Paulo, 1997, pp. 40-44.

bros, a atribuição, à decisão, daquela eficácia e efeito.

18. Após ter suficientemente ressaltado o quanto cabia ressaltar, tenho como necessariamente decorrente de minha exposição a seguinte verificação: a Proposta de Emenda à Constituição n. 54, de 1995, atribui ao Supremo Tribunal Federal a capacidade de vincular os demais órgãos do Poder Judiciário e da Administração direta e indireta da União, dos Estados, do Distrito Federal e Municípios aos *textos* suas decisões definitivas de mérito.

Note-se bem que essas "decisões" do STF são o resultado de sua *produção normativa,* atividade que envolve *interpretação/aplicação* e, pois, é desempenhada não apenas a partir de elementos que se despreendem do *texto* (mundo do dever-ser), mas também a partir de elementos do caso ao qual será ela aplicada, isto é, a partir de elementos da realidade (mundo do ser).

Essas decisões são *normas*. Mas essas *normas* são transformadas em textos no momento em que assumem *eficácia contra todos e efeito vinculante em relação* aos demais órgãos do Poder Judiciário e da Administração direta e indireta da União, dos Estados, do Distrito Federal e Municípios.

As *normas* – não será demasiada a repetição – são produzidas pelo intérprete autêntico, o juiz, no quadro de um determinado caso; ao realizar a função que lhe incumbe, de *interpretação/aplicação* do direito, o intérprete autêntico opera a transformação do *texto* em *norma*.

Assim, a ampliação da eficácia da decisão, ao ponto de alcançar quem não tenha participação no caso ao qual o direito foi aplicado/interpretado, apenas se pode dar na medida em que se expresse como eficácia do *texto,* não da *norma* contida na decisão. Da mesma forma, o efeito vinculante que transcende os limites do caso objeto da decisão é efeito do *texto,* não daquela mesma *norma.*

19. A circunstância dessas decisões funcionarem como *textos* em relação aos órgãos da Administração direta e indireta da União, dos Estados, do Distrito Federal e Municípios é inescondível.

Em outros termos: a atribuição de eficácia contra todos e de efeitos vinculantes às decisões de que se trata importa em atribuir-se ao Supremo Tribunal Federal *função legislativa.*

O mesmo se dá em relação aos *demais órgãos do Poder Judiciário:* as decisões do STF os vinculam não enquanto *normas,* mas sim enquanto *textos,* textos que se qualificam como *legislativos* porque próprios à *função legislativa* (função de inovar o ordenamento jurídico mediante a produção de leis, textos legislativos).

Sendo assim, essas decisões (*textos,* repita-se) deverão ser interpretadas, o que há de necessariamente envolver a consideração de cada caso ao qual se pretenda aplicá-las (isto é, aplicar o *texto*) e, além de tudo, a indispensável ponderação do *texto* de cada decisão no quadro da totalidade do direito, dado que não se interpretam textos isolados de direito, mas – sempre – o todo que o direito é.[7]

Não se sustenta, destarte, o entendimento segundo o qual o pretendido efeito vinculante das decisões do STF não importa em aplicação (ou não aplicação) da lei a casos concretos. É evidente que sim, mesmo porque, como vimos acima, a interpretação do direito consiste em *concretar a lei* em cada caso, isto é, na sua *aplicação.*

E também não prospera a afirmação de que a decisão dotada de eficácia contra todos e de efeito vinculante não é *ato legis-*

7. Vide meus *La doppia destrutturazione del diritto*, cit., p. 80 e *A ordem econômica na Constituição de 1988*, 3ª ed., Malheiros Editores, São Paulo, 1997, pp. 176-177.

lativo. Ela apenas não assume a compostura de *ato legislativo* enquanto *norma* (= decisão de um determinado caso, alcançada mediante a prática da interpretação do texto no quadro de um caso determinado). Para além desse caso, no bojo do qual a *norma* foi produzida, há *texto,* francamente expressivo de *ato legislativo,* na medida em que inova o ordenamento jurídico, vinculando a Administração e o próprio Poder Judiciário.

20. A atribuição de efeito vinculante às decisões de que se trata implica a imposição de uma espécie de censura ou limitação ao exercício, pelos "demais órgãos do Poder Judiciário", da função de intérprete autêntico do direito. Pois não é outro, senão o seguinte, o conteúdo dessa imposição: fica proibido aos "demais órgãos do Poder Judiciário" o exercício de sua função (função de interpretar/aplicar o direito) com relação às matérias que o STF, por maioria de dois terços, indicar.

Nenhuma razão ou pretexto se presta a justificar essa manifestação de totalitarismo, que também nenhuma lógica pode sustentar, e que, afinal, há de agravar ainda mais a crise do direito oficial, em nada contribuindo à restauração da sua eficácia.[8]

8. Aliás, se o Executivo já habitualmente não procede de acordo com a lei, por que razão haverá de se curvar ao efeito vinculante das decisões do STF?

Bibliografia

CANOTILHO, José Joaquim Gomes. *Direito Constitucional,* 5ª ed., Almedina, Coimbra, 1991.

DERANI, Cristiane. *Direito Ambiental Econômico,* Max Limonad, São Paulo, 1997.

GADAMER, Hans-Georg. *Verdad y método,* 4ª ed., trad. de Ana Agud Aparicio y Rafael de Agapito, Ediciones Sígueme, Salamanca, 1991.

GRAU, Eros Roberto. *A ordem econômica na Constituição de 1988.* 3ª ed., Malheiros Editores, São Paulo, 1997.

________. *La doppia destrutturazione del diritto,* Edizioni Unicopli, Milano, 1996.

________. *O direito posto e o direito pressuposto.* Malheiros Editores, São Paulo, 1996.

KELSEN, Hans. *Teoria pura do direito,* trad. de João Baptista Machado, 4ª ed., Arménio Amado Editor, Coimbra, 1979.

MARÍ, Enrique E. "La interpretación de la ley. Análisis histórico de la escuela exegética y su nexo con el processo codificatorio de la modernidad". In *Materiales para una teoría crítica del derecho,* Enrique E. Marí *et alii,* Abeledo-Perrot, Buenos Aires, 1991.

MÜLLER, Friedrich. *Juristische Methodik,* 5ª ed., Duncker & Humblot, Berlin, 1993.

ORTIGUES, Edmond. "Interpretação", in *Enciclopédia Einaudi,* v. 11, trad. de Conceição País, Imprensa Nacional-Casa da Moeda, Lisboa, 1987.

TARELLO, Giovanni. *Storia della cultura giuridica moderna,* Il Mulino, Bologna, 1991.

WIEACKER, Franz. *História do direito privado moderno,* trad. de A. M. Botelho Hespanha, Fundação Calouste Gulbenkian, Lisboa, 1980.

ZAGREBELSKY, Gustavo. *Manuale di Diritto Costituzionale,* UTET, ristampa aggiornata, Torino, 1990.

DOUTRINA

O CONSTITUCIONALISMO CONTEMPORÂNEO E A INSTRUMENTALIZAÇÃO PARA A EFICÁCIA DOS DIREITOS FUNDAMENTAIS

CÁRMEN LÚCIA ANTUNES ROCHA
Advogada

Estas notas são dedicadas a Zuzu Angel,
Antigona Moderna
de um Estado destes tristes trópicos,
onde Creonte bate a nossa porta a cada manhã
fazendo-nos buscar, além da vida, como uma luta permanente,
a garantia da morte abençoada.
E onde mesmo Herodes mostra-se eterno
em cada mão estendida com que o pivete esfomeado nos assalta
mais a consciência que a bolsa.

"Este é tempo de partido,
Tempo de homens partidos.
Em vão percorremos volumes,
Viajamos e nos colorimos.
A hora pressentida esmigalha-se em pó na rua,
Os homens pedem carne. Fogo. Sapatos.
As leis não bastam. Os lírios não nascem
da lei. Meu nome é tumulto e escreve-se
na pedra".
Carlos Drummond de Andrade
"Nosso Tempo"

Introdução. I. O constitucionalismo contemporâneo e os direitos humanos. II. O constitucionalismo e os direitos fundamentais no Brasil. III. A eficácia jurídica das normas constitucionais de direitos fundamentais. IV. A instrumentalização para a eficácia jurídica das normas constitucionais de direitos fundamentais. V. A instrumentalização para a eficácia social das normas constitucionais de direitos fundamentais.

Introdução

Não acredito no "fins dos tempos"; menos ainda no "fim da história". Mas acho que se pode crer estar-se no "final de um tempo" na travessia deste final de ano, final de década, final de século, final de milênio. Mais, no entanto, que no "final de qualquer coisa", acredito firmemente no "começo de um novo tempo", começo de um novo século, começo de um milênio que seja novo, que traga o novo, que se faça novo para o homem de sempre, mas que continua querendo, desde sempre, o novo.

O Direito não se põe longe nem do que se acaba, como modelo ultrapassado ou em fase de traspasse, nem do que desponta como paradigmas novos que se anunciam ou, pelo menos, se prenunciam, ainda num véu que mal deixa vislumbrar com nitidez os contornos do que se põe a nascer.

Nenhum ramo do Direito se ressente mais depressa das mudanças que o mundo e o homem no mundo atravessam que o Constitucional. O Direito Constitucional é o direito do homem no seu tempo, no tempo de sua vida, no tempo presente, em qualquer tempo que se apresente, na hora presente, no mundo presente. Como o mundo muda, o constitucionalismo estreita e alarga o seu caminho para se encostar nas transformações havidas.

Não vivemos num tempo de reações, mas, principalmente, de criações. Não vivemos num tempo apenas de revoluções, mas de mutações.

Se for certo que a modernidade já acabou e o pós-moderno precisa ser extraído da turbulência em que se converteram as relações humanas nestes últimos anos do século XX, é de se encarecer que o homem não acabou, que as necessidades humanas fundamentais, os direitos humanos tão necessariamente fundamentais, os desejos humanos também tidos como fundamentais não se apagaram. Sequer se transformaram em sua essência, vez que a eterna busca de liberdade incita à realização da igualdade jurídica e social de todos para assegurar que as desigualdades criadoras e criativas da individualidade não sejam anuladas numa totalização do poder sobre todos, degradador e degradante, a dispensar o homem para o outro. A busca plena de liberdade individual e social também e ainda conduz, como antes, à dignidade da pessoa humana, que se precisa assegurar e que somente será obtida pela juridicização eficaz do princípio político da solidariedade social.

O Direito Constitucional contemporâneo põe-se no turbilhão das mutações, oferece-se ao destino das transformações dos homens, desde que não se perca o seu centro e a sua razão maior: o valor homem e os valores dos homens, leal aos quais se persiste a buscá-los no traçado dos novos caminhos, seguindo-se as novas vertentes.

Talvez se devesse questionar se, sendo a sociedade dinâmica – como dinâmica é a própria vida – não seria o Direito um processo de mutação permanente. E tanto se põe à reflexão pela circunstância de o Direito conter em si mesmo a idéia de movimento que se traduz pelo menos na possibilidade de "ser em transformação permanente". Assim se chegaria, então, a vislumbrar, preambularmente, o motivo de, no momento histórico atual, estar-se a considerar a experiência humana na sociedade – e, paralela e necessariamente, o Direito nela adotado – como uma fase demonstrativa de uma *crise*. É que o movimento – na política como no Direito, cujo modelo adotado é a estratificação da escolha afeita naquela primeira instância – constrói-se conduzindo e reconduzindo padrões sociais, formando e reformando idéias, passos e compassos históricos, conciliando e reconciliando mudanças, cujos paradigmas essenciais, contudo, mantêm-se íntegros e aplicados em sua fundamentalidade.

Diversamente desse movimento permanente equilibrado – conquanto permeado de continuidades e descontinuidades históricas – o que se põe à mostra, ainda de forma pouco definida, é uma ruptura de modelos ou de sistemas até aqui adotados e a sua *substituição* por outros, cujos paradigmas não guardam mais identidade de significado com aqueles que informaram os figurinos jurídicos e políticos que se tinham como certos até aqui.

A "pós-modernidade" constitucional, expressão que se ensaia empregar no discurso jurídico, não se distancia demasiado, aqui, do sentido a ela outorgado na obra de Lyotard,[1] que se referia a uma mudança dos paradigmas culturais, determinada e determinante de uma transformação social.

É num contexto jurídico, pois, em que o constitucionalismo contemporâneo não tem sequer uma expressão definida, tido ora como o moderno, ora como o da pós-modernidade, mais perdido que encontrado nas incertezas e ambigüidades do momento que se atravessa, ou que nos atravessa, que se repensa o seu norte e o seu traço pelo menos em relação ao que tem sido a sua alma no modelo embasado na valoração kantiana da racionalidade, da dignidade da pessoa humana e do respeito à liberdade de cada um e de todos no espaço político: os direitos fundamentais do homem. E é convivendo com os perigos e os riscos havidos nessa dimensão rotulada de "pós-moderna" que se busca encarecer a função constitucional na sociedade contemporânea e a sua contextualização nos processos de mutação sócio-políticas observados. Essa "pós-modernidade" propagada traz em si o germe negador (ou mesmo destruidor nos sistemas) dos valores fundamentais e dos princípios determinantes da organização social e política voltada para o homem, para a eficácia universal dos direitos que lhe são assegurados pelos sistemas baseados na ética e na conjugação dos elementos retirados dela para a legitimação do Direito e, mesmo, da política.[2] Direito não é o que se nega, mas o que se afirma. Direito Constitucional nada mais é que a afirmação do homem no seu tempo. Um tempo de homens de todos os tempos, de todos os mundos e para todos os homens.

I. O constitucionalismo contemporâneo e os direitos fundamentais

1. O constitucionalismo reflete o profundo debate que se põe em todos os aspectos da vida política, social e econômica que domina as relações na atualidade. Mais que respostas, este é um final de século de muitas e tormentosas indagações. O Direito não foge a esta contingência. Mas a sua função – especialmente na seara do Direito Constitucional – impõe a oferta de alternativas, ainda que depois de experimentadas algumas precisem ser superadas e outras aperfeiçoadas. Nada mais que o processo histórico da experiência humana, que prova, comprova ou reprova, aprova ou desaprova e recomeça com uma outra proposta. O Direito Constitucional vê-se às voltas com a sua função de positivar sistemas que confiram segurança num mundo em que a insegurança não está nos sistemas, mas no próprio homem, incerto

1. Lyotard, Jean François – *La condition post-moderno.* Paris: Minuit, 1972.

2. Nesse sentido é a lição de Antonio-Enrique Pérez Luño, segundo o qual "la posmodernidad constituye un marco convencional de referencia a la irrupción de un conjunto de signos que entrañan una ruptura respecto a los valores culturales de la modernidad. En el ámbito jurídico, moral y político se repiten com asiduidad las tesis de quienes propugnan abolir los grandes valores ilustrados: racionalidad, universalidad, cosmopolitismo, igualdad, que consideran caducos, y propugnar reemplazarlos por una exaltación – muchas vezes simplificadora y acrítica – de la diferencia, la diseminación, la deconstrución, asi como la vuela a un nacionalismo tribal y excludente. Las normas jurídicas generales y abstractas, corolario de exigencias éticas universales, están siendo hoy cuestionadas en nombre de las preferencias particularistas fragmentarias; la propia legitimación ética del Derecho y de la Política, basada en principios consensuales universalizables, se considera un ideal vacío y sospechoso.... Estamos asistiendo, en definitiva, a un nuveno asalto a la teoría postuladora de la integración de la Moral, la Política y el Derecho, en la medida en que dicha teoría formaba parte del aparato legitimador de los Estados de Derecho". (*Derechos Humanos y Constitucionalismo en el tercer milenio.* Madrid: Marcial Pons, Ediciones Jurídicas y Sociales, 1996, p. 13).

quanto ao que quer, e, principalmente, como quer para si cada coisa.

A Constituição muda a sua forma, muda o seu conteúdo, que se adensa no curso dos últimos dois séculos em seu texto e em seu contexto, mas segue sendo – como antes – uma Lei, que alicerça e preside o processo de juridicização de um projeto político eleito como realizador da idéia de Justiça prevalente em determinada sociedade estatal e dada, então, à concretização pela organização e dinâmica estatais.

A Constituição tem alma de Direito e forma de Lei, formulando-se como seu coração – órgão dominante e diretor de suas ações – os direitos fundamentais do homem. Direitos que são fundamentais em duplo sentido jurídico: de um lado, são eles essenciais aos homens em sua vivência com os outros, fundando-se neles, em seu respeito e acatamento, as relações de uns com os outros homens e com o próprio Estado; de outro lado, são eles que dão os fundamentos da organização estatal, dando as bases sobre as quais as ações da entidade estatal se desenvolvem, em cujos limites se legitimam (determinantes de limites negativos) e para a concretização dos quais se determinam comportamentos positivos do Estado (determinantes positivos).

O constitucionalismo moderno afirma-se na garantia a que ele se entrega quanto aos direitos humanos. Daí a dicção do art. 16, da Declaração dos Direitos do Homem e do Cidadão, de 1789, segundo a qual "toute societé dans laquelle la garantie des droits n'est pas assurée, ni la séparation des pouvoirs determinée n'a point de constitution". O próprio constitucionalismo trazia, em si, o signo da garantia dos direitos como identificador de sua existência. Instrumento limitador do exercício do poder estatal, a Constituição cumpria, assim, na garantia dos princípios assecuratórios dos direitos fundamentais e da separação de poderes o condão de reformular o Estado: estava criado o Estado de Direito. Se a sociedade realizava ou tinha concretizados os direitos fundamentais constitucionalmente declarados e garantidos isso seria objeto de outras indagações, que conduziriam a outras fases históricas do constitucionalismo.

2. O reconhecimento e a positivação jurídica dos direitos humanos conquistam-se, historicamente, por movimentos circundantes que se projetam em épuras desdobradas, conexas e coordenadas. As conquistas históricas dos direitos dos homens, como a conquista cadenciada e sucessiva que o ser humano realiza em sua própria aventura de viver, aperfeiçoam-se no que se convencionou denominar "gerações de direitos fundamentais".

O germe de todos os direitos assenta-se, em algumas de suas manifestações, na identidade que dignifica o homem: a sua busca de mais e mais liberdade (ou de alguma quando ela lhe foi retirada em sua inteireza) vem de sempre, desde o começo da vida com o outro, quando os espaços se fizeram restringir e se soube que viver exigia conviver. A convivência exigiu o conhecimento e a prática do sentido da liberdade. A solidão não quer, não requer, não sabe, nem desconhece a liberdade. A liberdade faz-se no encontro.

O reconhecimento da natureza de direitos havidos na fundamentalidade de um processo político histórico específico põe-se a ser em declaração contida em norma formulada sob os auspícios das idéias iluministas, que se geraram e se fizeram aceitas no Estado Moderno. Esse criou a Constituição escrita, impressa e democraticamente divulgada entre os cidadãos (pela primeira vez na história, a impressão do texto constitucional adensava-se na experiência política como fator de democratização efetiva, pois o Direito dava-se a conhecer a todos e, nesse sentido, fazia-se inédita a condição constitucional de norma divulgada e de ciência do grupo, ultrapassando a reserva de poder que a detenção da informação resguarda). Com a criação da Lei Constitucional, com o modelo que se adota universalmente ainda hoje, teve-se uma mudança de conteúdo dos direitos. O constitucionalismo assim formulado e formalizado deu os contornos do Estado de Direito. O homem criou o Estado de Direito. Os burgueses o fizeram liberal. Como a estes autores liberalizantes do modelo interessava o individualismo, foi com esta conotação que os direitos ditos humanos se entronizaram nos sistemas constitucionais modernos.

Essa nova concepção de Direito que a fórmula do constitucionalismo moderno consagrou teve em seu pólo central a entronização dos direitos fundamentais como o grande diferencial de tudo quanto até então se concebera e se positivara como ordem jurídica. É que os direitos humanos (direitos da pessoa humana) concebem-se gemeamente com a dupla marca que se mescla e se torna um novo e único signo: o homem e o direito, diversos em si, passam a integrar uma unidade dotada de vida própria, alterando-se os dois elementos que se tornam uma realidade a se fazer centro não apenas da prática de idéias, mas do espírito que deve dominar todas as práticas. O homem tem o sentido do absoluto na experiência de vida no planeta: tudo se pensa, se realiza e se põe a partir dele e a se voltar para ele. O direito tem o sentido relativo que a experiência histórica lhe vota. Por isso alguns referem-se ao sentido absoluto dos direitos humanos, afirmando a sua condição de dado da natureza (e fazendo-se a sua ligação com o direito natural), porque se enfatiza a condição do homem. Outros, diversamente, preferem salientar o sentido relativo que a historicidade desses direitos projeta e afirma nos diversos sistemas adotados nas variadas fases da experiência humana. É que o significado do homem para o Direito é absoluto. O sentido do Direito para o homem é relativo. Mas como se pensar relativo e histórico o cabedal de direitos denominados "humanos", quando se tem, na Antigüidade, a tragédia de Sófocles, na qual se põe Antígona a lutar para ter o direito "eterno", de que se acha titular, de dar enterro digno a seu irmão Polinice e se depara, vinte e cinco séculos depois, com uma outra mulher, Zuzu Angel, a lutar contra o Creonte de ocasião, para dar enterro digno a seu filho morto e sem direito ao caixão, alegando esta, tal como a primeira, que a luta se fazia em nome de leis eternas ainda que contra aquelas postas pelo Estado? Como se ter como relativos os direitos humanos, quando Sócrates volta a viver e a morrer, sob o manto de uma igual e mesma tragédia, em Herzog, em Rubens de Paiva, em milhares de homens sem o apanágio da sabedoria e sem o título daquele sábio? Mas como não se pensar na relatividade dos direitos humanos, quando se tem por certo ser próprio do Direito a historicidade dos elementos que o compõem e, ainda, que os sistemas jurídicos não guardam o condão de absolutos?

3. Os direitos fundamentais concebem-se, antes, nas idéias, nas lutas, nos movimentos sociais, nos atos heróicos individuais, nas tensões políticas e sociais que antecedem as mudanças, como o ar pesado que prevê a tempestade. Os direitos humanos foram, primeiro, crimes ditos políticos pelos quais muitas cabeças rolaram. Só depois vem o Direito. Muito depois vêm os direitos. A humanidade caminha a passos largos. O direito a conquistá-la arrasta-se em cadência muito mais lenta.

3.1 Coube aos fautores da Declaração de Independência dos Estados Unidos da América, em 1776, a expressão primeira dos direitos que seriam, posteriormente (já no século XX), divulgados com a alcunha de "direitos humanos". E aos revolucionários franceses, com o caráter cosmopolita que dominou os seus atos políticos, a proclamação desses direitos em elenco que se divulgou e se fez fonte de sua adoção nos sistemas jurídicos e nas organizações políticas que a partir de então se estabeleceram.

Algumas observações cabem, aqui, quanto a estas primeiras declarações de direitos fundamentais: preliminarmente, é de se relevar serem elas documentos de valor normativo, impositivo portanto, mas externos às Constituições (tanto os artigos da Confederação, dos norte-americanos, que continham as normas da organização fundamental dos Estados Unidos, quanto a Constituição Francesa, de 1791, não incluíam aquele rol de direitos declarados em seus textos, conquanto o considerassem de cumprimento obrigatório e, inclusive, de valor supraconstitucional); em segundo lugar, é de se salientar que os direitos declarados traziam a conotação (ou se divulgava com o sentido) de "direitos naturais" dos homens, não expressando, assim, a idéia que hoje domina e que historiciza e engaja tais direitos à realidade da experiência política e jurídica do homem na sociedade estatal; um terceiro ponto é que tais direitos ainda se concebiam como privilégios (tais como os seus antecedentes, havidos, por exemplo, em documentos como a Carta Magna adotada, na Inglaterra, em 1215, por João Sem Terra); nem tinham eles caráter universal em sua aplicação, nem a preocupação dominante das concepções burguesas colocava-os a salvo das investidas não apenas do poder estatal, mas dos poderes particularistas havidos na sociedade de uns contra outros homens; em quarto lugar, é de se atentar que os direitos declarados tisna-se pela conotação individualista, como acima lembrado, porque o Estado então estruturado era "Liberal de Direito", pelo que os interesses individuais e o individualismo predominavam sobre todas as formas de organização e o Direito não se ausentava desta natureza com que se geravam as idéias, as instituições e as suas práticas; em quinto lugar, acentue-se que esses direitos, referentes à vida, à liberdade individual, à segurança, à igualdade e à propriedade são, já então no curso deste século XX, denominados "de primeira geração".

À Constituição do Império do Brasil de 1824 coube ser a primeira a introduzir a declaração de direitos fundamentais individuais no corpo permanente de suas normas, como parte nuclear do sistema nela positivado.[3] Note-se que, em explanações sobre o texto constitucional imperial, lecionava Pimenta Bueno que "os principais direitos individuais são, como o art. 179, da constituição e seus parágrafos reconhecem, os de liberdade, igualdade, propriedade e segurança, mas não só cada um deles se divide em diversos ramos, mas também eles se combinam entre si, e formam outros direitos igualmente essenciais".[4] Referindo-se aquele eminente constitucionalista por exemplo à liberdade de trabalho como um dos direitos fundamentais que se extraía do subsistema constitucional a eles relativos, transpunha-se ele para um momento futuro, em que a expressão que iriam traduzir numa nova geração de direitos.

3.2 Como o homem é um ser que se torna, se estende e se amplia em sua dimensão pessoal, também os direitos, que são uma de suas principais projeções, dota-se de igual natureza: pelo que a formalização daqueles direitos não estancou a febre que estimula à conquista do novo e que traduz maior e melhor possibilidade de realização dos homens. A constatação de que a dicção jurídica declaratória dos direitos fundamentais era necessária, conquanto não suficiente, e que o próprio elenco daqueles que se haviam declarados ampliava-se nas novas conquistas sociais, conduziu a outros movimentos que conduziram a no-

3. Não obstante haja referência em algumas obras de Direito Constitucional quanto a ter sido a Constituição Suíça a primeira a integrar-se por normas declaratórias de direitos fundamentais em seu texto, essa data de 1835, enquanto o texto constitucional do Império do Brasil é de 1824.

4. Bueno, José Antônio Pimenta – *Direito Público Brasileiro e Análise da Constituição do Império*. Rio de Janeiro: Ministério da Justiça e Negócios Interiores, 1958, p. 381.

vas formulações jurídicas: surgem os direitos sociais, culturais e econômicos, havidos como os de "segunda geração", a se acrescerem e mesmo a redimensionarem o sentido daqueles que compunham os de "primeira geração". As declarações cresceram e viram-se a tocar um homem antes não contemplado, aquele que se encontra na fábrica, no trabalho, no parque, na praça, aquele que come, dorme e sonha o mesmo sonho de todos sem perder-se de seus próprios e únicos devaneios. Mas não apenas os direitos foram acrescidos nas declarações que projetaram e expressaram os direitos fundamentais ditos de "segunda geração" senão que as normas que os contemplaram traziam mensagens jurídicas novas para o Estado e para os outros homens, de tal maneira que a sociedade estatal passou a ser concebida com um diferente fundamento e uma forma inédita: os direitos sociais reconheceram o homem em sua dimensão criadora de trabalhos, projetos juntamente com os outros: a praça fez-se Direito e o Estado fez-se Social de Direito. Os direitos sociais fecundaram a Justiça social e o bem-estar fez-se nome próprio do Estado. Superou-se o homem isolado em seu individualismo egoísta, vigiado policialesca e timidamente pelo Estado Liberal. O homem fez-se também o outro. O Estado fez-se a sociedade incontida, diversa, colorida espalhada na festa, no fisco, na fé.

Faz-se mister, aqui, encarecerem-se, alguns dados de relevo imperioso, especialmente no momento atual quanto ao constitucionalismo e aos direitos fundamentais do homem. Tem-se afirmado ser a passagem dos direitos fundamentais de primeira para os de segunda geração uma substituição, o que não corresponde à natureza do processo. Os direitos ampliam-se, estendem-se, adicionam-se, adensam-se nos que se seguem e que se põem como *plus* em relação ao que se tinha anteriormente. Não há antinomia entre eles, mas uma relação de complementariedade. Assim, a igualdade jurídica que se aprofunda na lista dos direitos sociais, culturais e econômicos adquiridos no curso dos últimos anos do século XIX e no curso deste século que se esvai, rebaliza a concepção constitucional da igualdade pensada nos albores do Estado Moderno, sob o influxo do individualismo exacerbado. A liberdade que antes somente se pensava no plano individual projeta-se no espaço público e a participação política efetiva e eficaz recompõe o seu conteúdo e refaz todos os sinais balizadores do constitucionalismo. Não há, assim, a superação de uma por outra "geração de direitos"; antes o que se tem é uma soma de liberdades conquistadas e que se amalgamam compondo um novo subsistema constitucional de direitos fundamentais e um novo sistema jurídico informado por eles, que lhe são o embasamento essencial.

De outra parte, releva observar que mesmo quando se assevera que os direitos fundamentais de "primeira geração" eram formais e que o Estado organizado sob tal base individualista não se dotava de instrumentos suficientes para lhes dar eficácia, é de se atentar a que a dicção jurídico-normativa não se fazia, então – como, de resto, não se faz hoje –, desnecessária, sequer que haja contrariedade ou alternatividade entre a retórica jurídico-normativa e a prática que se impõe para a concretização dos direitos fundamentais. Se não houver a expressão jurídico-constitucional dos direitos fundamentais a sua busca, concretamente e em caso de violação, faz-se difícil e, não poucas vezes, quase impossível. Os instrumentos jurídicos e mesmo a instrumentalização social que lhes assegura a eficácia põem-se a partir da expressão normativa, pelo que se não suficiente a sua elaboração normativa, é certo que imprescindível é ela.

Se, a partir dos anos 30, principalmente, e com as feridas abertas pelos horrores da Segunda Guerra Mundial, os homens souberam certo definir os direitos sociais de segunda geração em documentos jurídico-normativos, não é certo que se lhes tenham conferido, com igual presteza e desembaraço, a normatividade, sem a qual a sua eficácia resultava comprometida. Cunhou-se, então, a teoria da "norma programática", espécie de limbo constitucional, no qual permaneciam as normas contenedoras de expressões de direitos para as quais a impositividade do cumprimento ficava a depender de providências supervenientes, sem limite temporal para a sua adoção e sem sanção específica para o seu não cumprimento. Cassava-se, por aquela teoria, a palavra de ordem pela conquista de direitos fundamentais: contemplados, tinha-se-os como conquistados, cessada, pois, a luta; sem eficácia plena, tinha-se-os como inaplicáveis até que se adotassem as medidas em cujos termos se conteriam a sua eficácia: estas, contudo, não vinham. Os direitos sociais de segunda geração passam a ser instrumentalizados constitucionalmente e tornam-se justiciáveis com as novas Constituições, adotadas em períodos mais recentes (e quase três quartos daquelas que hoje vigoram no mundo datam do período pós-68), fase que se deve considerar como uma etapa complementar necessária de sua conquista efetiva.

3.3 Se a liberdade (especialmente a individual) marcou o primeiro momento histórico moderno da conquista dos direitos fundamentais (dominando a própria concepção dos direitos de primeira geração) e a igualdade jurídica fecundou a segunda etapa (direitos de segunda geração), coube ao terceiro mote da trilogia revolucionária setecentista, refeito e rebatizado, assinalar a conquista dos direitos denominados de "terceira geração": a solidariedade social juridicamente concebida e exigida colore o constitucionalismo e tinge com novas tintas o princípio da dignidade humana. Agora, não mais apenas o homem e o Estado, ou o homem e o outro, mas, principalmente, o homem *com o* outro. Como direitos fundamentais da solidariedade social constitucionalmente positivada foram reconhecidos o direito ao desenvolvimento, o direito à paz, o direito ao meio ambiente saudável, o direito de informação e comunicação e o direito ao patrimônio comum da humanidade. Reivindicados sob o influxo de uma nova ordem mundial, na qual pobres e ricos, homens ou Estados, possam ter acesso e gozo aos direitos fundamentais que lhes assegurem a condição mínima à qual já chegaram algumas sociedades, muitas vezes às custas dos bens jurídicos de outras, foram aqueles direitos contemplados, inicialmente, na Carta de Banjul, nos termos seguintes:

"Art. 22.1 – 1. Todos os povos têm direito ao desenvolvimento econômico, social e cultural, compatível com o respeito adequado de sua liberdade e de sua identidade, assim como a uma participação igual no patrimônio comum da humanidade.

2. Os Estados são obrigados a garantir, individual ou coletivamente, o exercício do direito ao desenvolvimento.

Art. 23.1 – Todos os povos têm direito à paz nacional e internacional. As relações entre os Estados são presididas pelos princípios da solidariedade e amizade que foram afirmados implicitamente pela Carta da ONU.

Art. 24 – Todos os povos têm direito a um meio ambiente que seja ao mesmo tempo satisfatório e favorável para o seu desenvolvimento".[5]

O surgimento destes direitos fundamentais de terceira geração põe-se em geral como o fruto de uma reivindicação social para a justiça social universal e não uma condição jurídica privilegiadora de alguns povos e de algumas poucas sociedades e pessoas e como uma resposta ao

5. Coube a Karel Vasak, diretor do departamento jurídico da UNESCO para a defesa dos direitos do homem e da paz, a reflexão sobre estes novos princípios, contribuindo para a reflexão sobre essa terceira geração de direitos.

fenômeno da *liberties pollution* referida pela teoria anglo-saxônica como a "erosão e degradação que atinge os direitos fundamentais ante determinados usos das novas tecnologias".[6]

No Brasil, Paulo Bonavides faz, hoje, a defesa da existência de uma quarta geração de direitos, que compreenderia, segundo ele, "o direito à democracia, o direito à informação e o direito ao pluralismo. Deles depende a concretização da sociedade aberta do futuro, em sua dimensão de máxima universalidade, para a qual parece o mundo inclinar-se no plano de todas as relações de convivência".[7]

4. Constitucionalismo, globalização, neoliberalismo e direitos humanos

Toma ares de verdade ou de uma ideologia sem ideais e com poucas idéias que não a do lucro a qualquer custo uma onda que se propaga sob o título de "globalização" e de "neoliberalismo", a dominar comportamentos estatais e a propor modelos de governos e de atuações governamentais e sociais muito pouco afeitas e quase nada asseguradoras dos direitos cujas conquistas se fizeram ao longo do último século e meio.

Nem a globalização, nem o neoliberalismo têm algo de neo. A globalização é o mesmo imperialismo que desde os romanos intentam as sociedades dotadas de maior poder de inserção e domínio sobre os outros, dos quais se pretendem aproveitar para o seu próprio e exclusivo benefício. O imperialismo que colonizou, matou, trucidou e cometeu genocídio de índios nos continentes ditos "colonizados" mata agora com novas armas. O selvagem de ontem é o excluído social de hoje. O liberalismo mais não pretende que retomar a fórmula velha e que se acreditava superada do *laissez faire, laissez passer...*. O mundo, já se viu antes, não vai por ele mesmo. Os mais frágeis, especialmente os mais fracos economicamente, tornam-se os neoescravos, sem direitos e sem razões que a razão do mais forte não possa comprar segundo a percentagem de lucro que lhe aprouver.

Na base de todo esse movimento se tem o momento de um mundo sem ideologias que se contritam para daí fazer nascer um consenso baseado num mínimo de alteridade e de interesses que atendam os dois lados. O mundo hoje tem apenas um lado: o do capital, o do lucro, o do ganho. O utilitarismo lucrativo passou a ser a única "ética" prezada e reverenciada. De escravo a servo, de servo a súdito, de súdito a cidadão, de cidadão a... consumidor. Quem não consome não tem direitos, porque deixa de ser útil a um sistema em que a utilidade voltada ao lucro, e nenhuma outra coisa, é o critério "moral" aceitável. O não consumidor é um excluído. E o excluído tem direitos? Se ele está fora da sociedade – a exclusão apelida-se "social" – e o direito é, essencialmente, um conjunto de normas que se põe para a vida em sociedade, quem dela se ausenta do direito se aparta? Quer-se inaugurar (ou já se iniciou) um processo de escravização branca de populações inteiras às quais se nega mesmo o direito de existir na sociedade, pois a esta não seria útil. As legiões que perambulam desempregadas, famintas e envergonhadas de sua "não utilidade" trazem o estigma dos que não se respeitam porque o respeito é próprio do homem digno e a sua condição os projeta em situação de indignidade e de carência de qualquer direito.

6. Luño, Antonio-Enrique Pérez. Ob. cit., p. 14.

7. Bonavides, Paulo, *Curso de Direito Constitucional*. São Paulo: Malheiros Editores, 1996, p. 525. Segundo o mestre brasileiro, "os direitos da quarta geração não somente culminam a objetividade dos direitos das duas gerações antecedentes, como absorvem – sem, todavia, removê-la – a subjetividade dos direitos individuais, a saber, os direitos da primeira geração. Tais direitos sobrevivem, e não apenas sobrevivem, senão que ficam opulentados em sua dimensão principal, objetiva e axiológica, podendo, doravante, irradiar-se com a mais subida eficácia normativa a todos os direitos da sociedade e do ordenamento jurídico" (*idem, ibidem*).

Minguam-se os serviços que competiam até há pouco aos Estados exatamente para que as condições materiais de todos os homens fossem obedecidas: fala-se em Estado Mínimo. A desregulamentação é o *slogan* do momento. A desconstitucionalização, dos direitos fundamentais um de seus consectários necessários. A desumanização das relações sociais, uma de suas conseqüências inafastáveis. O Estado do Bem Estar e da Justiça Social fez-se intervencionista na sociedade e na economia nela praticada para que os direitos sociais e coletivos fossem universalmente assegurados. O Estado fez-se empresário no período do pós-guerra. Nestas últimas duas décadas, tem-se a revanche do empresário contra o Estado. Do Estado absenteísta ao Estado empresário pretendem, muitos, agora, passar do Estado empresário ao Empresário Estado. Afinal, os governantes dependem dele para o financiamento de suas campanhas: o resgate desta nota promissória é pago em empregos retirados e que a tecnologia não mais permitirá retornar. Mas como o trabalho esteve na base das conquistas dos direitos fundamentais de segunda geração e a sua ausência não atinge a categoria daqueles que elaboram e positivam as normas jurídicas, o trabalho continua a ser pensado como algo que voltará em outra onda, mesmo se o seu objeto se perdeu e se sabe bem, como referido por Eric Hobsbawn, que se está a conhecer um período de atividades que deixaram de ser trabalho dos homens e os empregos nos quais eles eram desenvolvidos não mais voltarão. E os direitos dos desempregados-excluídos sociais voltarão? E o Estado que se pretende "moderno e modesto" prestará algum dia, verdadeiramente, atenção àqueles que vivem nas sombras dos viadutos como nas sombras dos direitos? A quem interessa, nesta perversa colocação de uma globalização de ganhos e de um liberalismo tão velho e desumano, o retorno à sociedades destas hordas humanas para as quais os direitos humanos deixaram de valer, até porque rebaixados no desnível dos que não são humanos úteis e lucrativos? E se as sombras que escondem os vãos das pontes e os guetos das favelas não se mostram, e se de tanto não se ver, nem se pensar estas massas desaparecerem com o amanhecer como as próprias sombras que os contêm? E se a insensibilidade banaliza a crueldade da situação social destas pessoas desvestidas não apenas de roupas mas, principalmente, de direitos, como considerar a Constituição a Lei que permite a libertação de todos pela garantia das liberdades? E como produzir um constitucionalismo que obrigue o holofote projetado sob os pilares soturnos nos quais não mais se recolhem ratos, mas homens? Apenas a adesão plena dos cidadãos de todos os cantos, recantos, encantos e desencantos do mundo será capaz de assegurar que a Constituição faça-se viva nos povos e os direitos humanos ativos para todos os homens.

Daí porque o constitucionalismo contribui decisivamente para a universalização dos direitos fundamentais para tanto contando com a internacionalização do direito que contemple e garanta os direitos humanos. A integração entre os sistemas constitucionais e o direito internacional faz-se inexorável nessa fase, particularmente para o aperfeiçoamento e garantia eficaz e eficiente dos direitos fundamentais. A única universalização possível de ser pensada e posta à conquista, a única mundialização buscada como ética e necessária no atual estágio da humanidade não é, primeiramente, a econômica, que produz novos feudos e velhos vassalos, novos senhores para os mesmos e velhos escravos, mas a dos direitos fundamentais, que produz a solidariedade jurídica e faz espraiar a humanidade sobre todos os pontos do planeta. Todos os sinos repicam por ti. Não perguntes por quem eles dobram...

De outra parte, a "ética" do lucro e do abandono humano não é ética, é imoralidade de luxo; não é direito, é arbítrio emoldurado pelo discurso estéril de uma razão sem humanidade.

Por isso, não apenas se deseja que as conquistas se projetem no direito internacional para que estes alicercem, fortaleçam e protejam os direitos humanos nos diferentes Estados, mas, igualmente, deseja-se que as conquistas que os povos dos diferentes Estados realizem no espaço regional reflitam-se no cenário internacional, de tal modo que haja uma conjugação de valores, princípios e experiências jurídicas que se complementem e se aprofundem para a melhoria do ser humano em qualquer parte do planeta.

II. O constitucionalismo e os direitos fundamentais no Brasil

O Brasil tem tão boa tradição de textos constitucionais de qualidade elevada e de retórica avançada quanto nenhuma tradição de práticas constitucionais coerentes com o quanto posto nas normas jurídicas.

Primeiro Estado a inserir em seu corpo permanente de normas uma declaração de direitos individuais, como antes lembrado, foi um dos últimos Estados do mundo a extinguir de sua prática a terrível experiência da escravidão. A liberdade preconizada e garantida no *caput* do art. 179, da Carta de Lei de 25 de março de 1824, não era universal e nem se baseava na natureza, a despeito do quanto sobre o dispositivo se expendia. Fosse tanto verdade e não seria possível haver lógica na manutenção de escravos, a sustentarem uma economia que se baseava exatamente em sua força de trabalho.

Todavia, o texto constitucional imperial então adotado no Brasil chegava a conter normas que não eram próprias do modelo liberal, senão que prenunciavam e mesmo antecipavam o que somente um século depois voltaria a freqüentar os direitos fundamentais constitucionais assegurados sob o título de direitos sociais de segunda geração, a saber, os direitos sociais especialmente aqueles relativos à educação.[8]

A Constituição Republicana de 1891 estabeleceu, em título relativo aos "cidadãos brasileiros", uma "declaração de direitos", que estendia por trinta e um incisos a garantia da "inviolabilidade dos direitos concernentes à liberdade, à segurança individual e à propriedade".

No tratamento oferecido à matéria em 1891, estendem-se os direitos fundamentais quanto aos sujeitos: enquanto na Carta Imperial a "inviolabilidade dos direitos civis e políticos *dos cidadãos brasileiros*" era declarada e assegurada, na Constituição Republicana a declaração de direitos assegurava "a brasileiros e estrangeiros residentes no país" aquela mesma inviolabilidade. Mas enquanto a primeira referia-se, no título, expressamente às *garantias* dos direitos civis e políticos dos cidadãos brasileiros, esta mencionava apenas *direitos*.

Neste rol de direitos a igualdade "perante a lei" foi contemplada e os demais

8. Consta do inciso 32, do art. 179, da Carta Imperial, que "a instrução primária é gratuita a todos os cidadãos". Somente a Constituição brasileira de 1988 voltaria a contemplar esse direito social fundamental e a obrigar o Estado com esse dever que lhe é conferido pela norma magna (art. 205, da Constituição da República de 1988).

Em escólios sobre o tema explanava o grande constitucionalista do Império, José Antônio Pimenta Bueno que "a instrução primária é uma necessidade, não desta ou daquela classe, sim de todas, ou de todos os indivíduos, o operário, o artífice mais humilde, o pobre precisa saber ler, escrever, e pelo menos as primeiras operações aritméticas, aliás ele depende de outro, que o acaso lhe ministre, e não oferece a si mesmo a garantia mais indispensável. A par dessa necessidade é também essencial que o povo tenha pelo menos as noções fundamentais da moral, e da crença religiosa, para que cada indivíduo possua germes de virtude, e idéias dos seus deveres como homem e como cidadão. *É pois uma necessidade geral, e conseqüentemente uma dívida da sociedade,* pois que para as necessidades gerais é que se criam e recebem as contribuições públicas; acresce ainda que a satisfação desta obrigação reverte em proveito da própria associação, que por esse meio conseguem lhe tornar mais úteis e moralizados os seus membros em geral" (ob. cit., p. 430).

direitos, mesmo aqueles que se continham no rol da Carta Monárquica decaída com o advento da nova forma de governo e da nova etapa constitucional, foram reelaborados, sob a ótica com que os vislumbrava o grande Rui Barbosa. Mas foi o maior advogado brasileiro de todos os tempos o principal esteio na luta pela sua eficácia, pois menos de um ano após a promulgação da Lei Magna de 1891 reinstalava-se no Brasil o autoritarismo, inimigo de todas as liberdades e desafeto de todos os direitos, mormente aqueles rotulados de "fundamentais" e que asseguram as expressões de divergências e de anteparo à ação arbitrária do Poder.

Dos questionados atos do Marechal Deodoro, ainda em novembro de 1891, à ditadura de Floriano Peixoto, da campanha civilista de Rui, em 1910, até o quatriênio em estado de sítio determinado por Arthur Bernardes, a primeira fase constitucional (ou muito pouco constitucional e quase nada republicana) da nomeada República brasileira viu-se o coronelismo florescer, as eleições se viciarem sob o cabresto dos donos dos votos antecipados e cerceados, a corrupção prevalecer e as liberdades públicas depauperarem.

A Revolução de 30 fez-se em nome da reconstitucionalização do Estado brasileiro. A chegada de Vargas ao poder teve como saldo imediato quatro anos de desconstitucionalização do país, o que prevaleceu pelo período de quatro anos.

O advento da Constituição de 1934 – após uma Revolução que teve o título de "constitucionalista" (a de 1932) – trouxe um novo fundamento e um novo desenho constitucional na matéria dos direitos fundamentais: o título III – "Da Declaração de Direitos" – separava o capítulo I, "Dos Direitos Políticos", do capítulo II, "Dos *Direitos e Garantias* Individuais". A distinção entre "direitos" e "garantias" que Rui Barbosa elaborara, ainda sob a égide da Constituição que se elaborara sob a sua inspiração e com o seu trabalho, passava, então, a titular o capítulo específico da matéria.[9]

O art. 113 desdobra-se em 38 incisos, acrescentando-se, assim, muitos àqueles que inicialmente se conceberam quando do advento da primeira Carta Magna brasileira, aquela do Império Monárquico.

Naquele art. 113, da Constituição de 1934, a igualdade jurídica sobrepunha-se, na topografia constitucional, à definição da juridicidade, único princípio legitimador da obrigação restritiva da liberdade.

A propriedade passa a ser um direito garantido desde que não seja "exercido contra o interesse social ou coletivo, na forma que a lei determinar" (art. 113, inciso 17).

Criam-se novas garantias constitucionais, das quais a mais celebrada e a que melhor se converte em instrumento dotado de confiança e, portanto, de efetividade social é a do mandado de segurança.

Mais ainda, o art. 114, desse documento fundamental, expressa que "a especificação dos direitos e garantias expressos nesta Constituição não exclui outros, resultantes do regime dos princípios que ela adota".

A Constituição de 1934 guarda a condição de ter sido a primeira a cuidar de direitos sociais: os direitos dos trabalhadores, dos servidores públicos (trabalhadores do setor público) e a sua situação em face de uma ordem econômica definida vem traçada em termos específicos (Título IV – "Da Ordem Econômica e social", Título V – "Da Família, da Educação e da Cultura" e Título VII – "Dos Funcionários Públicos").

Uma Constituição assim democrática e protetora de direitos fundamentais não en-

9. Para Rui Barbosa as normas contenedoras de direitos são meramente declaratórias, enquanto aquelas referentes às garantias são assecuratórias. Estas instrumentalizam a justicialidade quando houver violação de direitos. Cf. Barbosa, Rui. *República: teoria e prática*, p. 124.

controu guarida nos palácios, acostumados "a escrever em papel sem pauta", como afirmou expressamente Getúlio Vargas ao receber o primeiro exemplar das mãos de Oswaldo Aranha, presidente da Assembléia Constituinte.

Em 1936 se anunciava a morte desta Constituição, que foi enterrada, formalmente, em 10 de novembro de 1937, com o golpe de Vargas e a implantação do Estado Novo. Outorgada nesta data uma nova Carta a ela não se dedica qualquer palavra porque ditadura não rima com Direito, menos ainda com Constituição. Os direitos fundamentais teriam que ser então conhecidos a partir das *Memórias do Cárcere* de Graciliano Ramos, não em livros de Teoria do Direito, porque até a teoria podia acabar em prisão naquele período.

1946 busca o resgate do constitucionalismo perdido em 37, tentando recompor, no que concerne aos direitos fundamentais, o modelo de subsistema acolhido na Constituição de 1934. Sob a égide desta Lei Fundamental o Brasil viveu talvez um de seus únicos períodos de ensaio de uma democracia. Mesmo com as turbulências sociais, políticas e econômicas que dominaram a década de 50, a sociedade floresceu cultural, social e juridicamente nesta fase. O golpe de Estado de 1964 veio liquidar a fase constitucional estabelecida naquela ocasião e determinar o comprometimento gravíssimo dos direitos humanos. Os direitos fundamentais não gozavam desta condição que os nomeia sequer no texto, pois o advento de documentos normativos como os Atos Institucionais, de que fica na memória o de n. 5, que "suspende os direitos e garantias individuais" e torna todos vulneráveis à ação do Estado, o Decreto n. 477, que faz com estudantes armados de suas idéias possam ser considerados subversivos, o processo é um luxo e a vida um desafio diário para cada um e uma peleja sem garantia para todos, não se há de falar em Estado de Direito, menos ainda de Democracia, muito menos de Constituição e Direitos Fundamentais.

A Constituição de 1988 inaugura nova fase do constitucionalismo brasileiro e não apenas nova como "mais uma", mas principalmente uma fase que não encontra paralelo no quanto anteriormente experimentado social e politicamente.

Como acentuado por Ulysses Guimarães "diferentemente das sete Constituições anteriores, começa com o homem. Graficamente testemunha a primazia do homem, que foi escrita para o homem, que o homem é seu fim e sua esperança. É a Constituição Cidadã.... O homem é o problema da sociedade brasileira: sem salário, analfabeto, sem casa, portanto sem cidadania".

Os direitos e garantias fundamentais compõem o título II da Constituição da República brasileira de 1988, subseqüente apenas ao título que traça os princípios fundamentais do próprio Estado. Esse título divide-se em cinco capítulos, dos quais apenas o último, a tratar dos partidos políticos, não se refere diretamente ao homem, mas a um dos caminhos a ser por ele utilizado para o exercício de sua cidadania.

O capítulo I daquele título também inova o constitucionalismo brasileiro ao cuidar "dos direitos *e deveres* individuais *e coletivos*". Crescem esses direitos e deveres que se põem como fundamento da organização social e estrutura do Estado brasileiro e inova-se a matéria referente às garantias constitucionais fundamentais, renovando-se o mandado de segurança, introduzindo-se o *habeas data* e o mandado de injunção, reestruturando-se a ação popular e reforçando-se o direito de petição aos poderes públicos.

A Constituição tem um capítulo específico sobre os "direitos sociais" definidos como "a educação, a saúde, o trabalho, o lazer, a segurança, a previdência social, a proteção à maternidade e à infância, a assistência aos desamparados" tudo em forma estabelecida pela própria Lei Fundamental (art. 6 e seguintes).

Com um documento fundamental do Direito estabelecendo um sistema tão completo de direitos e garantias do homem e do cidadão é de se perguntar como vão esses direitos fundamentais no Brasil.

Não vão bem. Nada a ver, contudo, com a Constituição. Afinal, Constituição não faz milagres, já repeti antes. Lei alguma os faz. Milagre faz o cidadão ativo e participativo a torná-la viva e respeitada. O Brasil não carece de Constituição, mas tem enorme carência de cidadania.

O poder no Brasil sempre se estruturou à margem do cidadão. Na verdade, não é que o povo seja marginal ao poder estatal brasileiro. Esse é que nunca quis "se misturar" com o povo e faz a sua própria história à margem daquele. Planos, projetos, órgãos estatais, nada funciona em termos de direitos fundamentais enquanto a adesão do povo ao projeto político cidadão, respeitador e respeitante aos direitos fundamentais dos brasileiros, de todos os brasileiros. O poder público no Brasil tem sido, tradicional e infelizmente, muito pouco público, muito pouco do povo. Ele é exercido não pelo povo ou em seu nome e interesse, mas por uns poucos grupos que o dominam desde os primórdios, em seu nome e em seu próprio e único interesse. Desde o "descobrimento" de um Brasil que não estava, aliás, "encoberto", mas que foi colonizado por um poder exercido no interesse do colonizador, cujo grupo compunha o núcleo do comando que os portões dos palácios não sabem daqueles que não têm teto. Quem joga caviar fora não pode imaginar a fome dos que não têm sequer um naco de pão velho com que se alimentar. Quem pisa em tapetes persas custa a saber da inglória dos que lutam por um pedaço de chão onde pisar sem medo e sem se esconder.

O fantástico descompasso entre uma Constituição contra a qual alguns insurgem ao argumento exatamente de que "reconhece e assegura" direitos "demais" e uma sociedade na qual se reconhecem violações constantes e gravíssimas dos direitos humanos tem causas diversas e uma história comum: a história de um Estado no qual o autoritarismo dominou e continua a porejar nas mais diferentes estruturas do poder. Do "guarda da esquina" ao ocupante do mais alto cargo político da organização, a distância do cidadão comum e a condição de um poder sem controle e acima de tudo – inclusive do Direito – todos os quadrantes da organização social e política brasileira são tocados por um arbítrio que não conhece ou faz por desconhecer os limites negativos e positivos que os direitos fundamentais do homem impõem.

Mudam-se as leis, mas quem as cumprem têm nas veias – de seu próprio corpo e dos corpos e órgãos de que participam – o mesmo sangue com que se alimentavam antes do seu advento. As estruturas autoritárias não mudam. Sem o conhecimento e a certeza de seus direitos, as pessoas – especialmente aquelas de classes sociais mais pobres – desconfiam mais que confiam nos seus direitos fundamentais, os quais, aliás, consideram mais favor quando se lhes reconhecem que prerrogativas que lhes são devidas. A lerdeza das instituições e dos institutos em assegurar ao cidadão punição dos que ameaçam ou violam direitos torna-o perigosamente cúmplice pelo silêncio com que prefere se haver quando atingido.

É certo que nos últimos dez anos algumas iniciativas governamentais deflagraram movimentos e adotaram medidas voltadas para a tutela e garantia dos direitos fundamentais. As Organizações Não Governamentais – ONGs voltadas aos direitos humanos têm contribuído para a tomada de consciência de direitos. No entanto, a insegurança que domina a sociedade brasileira quanto ao que lhe é fundamental em termos de direitos faz refletir mais e mais sobre o diagnóstico e a busca de um prognóstico para os gravíssimos problemas que atolam os homens desta sociedade numa desigualdade de direitos e em direitos e numa carência de dignidade que o põe abaixo da linha dos direitos de primeira geração. Em São Paulo, nos últimos anos, há uma média de quinze homicídios por mês praticados, em grande parte, pelo próprio aparato policial, organizado para proteger e não para matar. O Carandiru não está enterrado. Chico Mendes ainda não foi suficientemente velado. A Candelária – órfã de suas crianças – reza pelo presente e pelo passado. Cumpre lutar por um outro futuro. Quase meio milhão de crianças brasileiras (entre cinco e nove anos de idade) são expostas ao trabalho escravo, enquanto seus país sequer encontram trabalho e persistam escravos de um sistema sem leis a ampará-los e sem que aquelas que existem lhes garanta a dignidade que afirmam. A Constituição precisa ser promulgada todos os dias em todos os pontos do país. Ela apenas começou no dia 5 de outubro de 1988, mas compete a cada cidadão fazê-la vigorar cada dia de cada ano para que os direitos sejam conquistados todos os minutos. Cultivar o direito – especialmente aqueles considerados fundamentais aos homens – é como cultivar a própria natureza: qualquer descaso ou negligência pode ser fatal.

III. A eficácia jurídica das normas constitucionais de direitos fundamentais

As normas constitucionais de direitos fundamentais são, nos expressos termos do direito positivo constitucional brasileiro, de aplicação imediata. O que poderia, entretanto, ensejar a certeza de que são eficazes em sua plenitude não pode ser tão singelamente posto, em face dos ditames do próprio texto constitucional brasileiro por conta da formulação em que se tem esses direitos.

Anote-se, pois, primeiramente, que a "aplicação imediata das normas definidoras dos direitos e garantias fundamentais", expressa no parágrafo I do art. 5, da Constituição da República do Brasil, significa que a sua exigibilidade não pode diferir por alegações de condicionamentos a situações adotáveis apenas mediatamente.

Todavia, a produção dos efeitos próprios e plenos das normas definidoras de direitos e garantias fundamentais pode apresentar dificuldades em razão da dependência de esclarecimento ou integração da mesma por norma infraconstitucional assim avocada pelo próprio constituinte (são múltiplos os exemplos havidos nesse modelo no texto constitucional, especialmente no que se refere aos direitos fundamentais sociais – cf. nesse sentido o art. 7º, da Constituição).

A solução parece vir, independentemente de qualquer indagação ou argumentação filosófica ou teórica, no próprio texto constitucional, no qual se incluiu uma nova garantia processual fundamental, qual seja, o mandado de injunção. Esse instrumento processual constitucional tem como objeto a "falta de norma regulamentadora (que) torne inviável o exercício dos direitos e liberdades constitucionais e das prerrogativas inerentes à nacionalidade, à soberania e à cidadania" (art. 5º, inciso LXXI).

A Constituição é Lei e Lei é feita para se aplicar, para se respeitar, para se cumprir, imponha ela uma abstenção ou um comportamento comissivo do Estado ou mesmo de outra pessoa. Constituição não sugere, determina e o que ela ordena é para se cumprir, mais ainda no que se refere a condutas das quais dependam a viabilidade do exercício de direitos fundamentais por ela declarados e assegurados.

Como a sua aplicação é imediata, inexistente lei infraconstitucional pela qual aguarde o titular do direito garantido constitucionalmente sem que ela seja elaborada e trace os termos integradores do direito assegurado, impõe-se o uso do instrumento constitucional criado exatamente para que os "direitos e liberdades constitucionais e as prerrogativas inerentes à nacionalidade, à soberania e à cidadania" não fiquem baldos de certeza e viabilidade. Assim, a solução para que os direitos e liberdades constitucionais e as prerrogativas arroladas acima tenham eficácia plena é oferecida pela própria Constituição. Não se quer, por certo, que o juiz competente para conhecer e julgar o mandado de injunção substitua o legislador. O que se quer, à evidência, é que o cidadão não tenha frustrado o seu direito por ardil institucional havido na inércia de órgãos públicos competentes para agir e que, não o fazendo, falseiam e agridem a Constituição. O legislador não terá, por força de mandado de injunção impetrado e concedido, minguada ou comprometida a sua competência, que se mantém íntegra e de exercício obrigatório. Mas nem por isso se elimina o direito constitucionalmente assegurado a seu titular, enquanto o dever que nela se contém não é atendido a contento para a produção dos efeitos próprios e plenos da norma constitucional.

Nem se poderia pensar de outra forma, especialmente se o que se quer com o Direito é resolver as questões que nascem na sociedade, mormente em razão de sua aplicação. Teorias não garantem por si só os direitos. Teorias que induzem à não aplicação da Constituição (ou de qualquer norma jurídica) mais atrapalham que ajudam o atingimento dos fins que nele se hospedam. O constituinte brasileiro deu a solução justa e equilibrada para a questão da eficácia jurídica dos direitos fundamentais. Aos poderes constituídos incumbe cumpri-la e, se for o caso, propor o seu aperfeiçoamento. Julgar a norma constitucional ou indispor de vontade política para fazê-lo é adversar a própria Constituição, pelo que se deve singelamente responsabilizar quem o fizer.

Note-se que sendo o Estado um dos maiores agressores aos direitos fundamentais haveria uma antinomia em deixar que apenas ele definisse quando e como cumprir as normas constitucionais nas quais eles são declarados e segundo as quais têm que ser assegurados.

Vem, então, a pêlo cuidar-se de um dos pontos proeminentes da eficácia jurídica das normas constitucionais de direitos fundamentais: o papel que desempenha nesse tema o Poder Judiciário como "guarda da Constituição".

Os sistemas constitucionais deste final de século encarecem o papel do Poder Judiciário como aquele que se dota de melhores condições para assegurar a eficácia jurídica dos direitos fundamentais, especialmente quando se apresentar quadro de ameaça ou violação dos mesmos.

A jurisdição é, em si, um direito fundamental expresso tanto no plano internacional (art. 10, da Declaração dos Direitos do Homem, da ONU, de 1948) quanto no plano interno dos diferentes Estados (art. 5º, inciso XXXV, da Constituição da República do Brasil).

Se não houver jurisdição constitucional eficiente e mesmo, e cada vez mais, jurisdição internacional efetiva, todos os outros direitos fundamentais tornam-se vulneráveis e, grandemente, dependentes das eventuais condições das sociedades, dos governos e dos governantes. Então não se terão direitos fundamentais garantidos, mas eventuais situações políticas experimentadas.

O Poder Judiciário passou a desempenhar um papel relevantíssimo na garantia efetiva e eficiente dos direitos fundamentais, pois esses – diversamente de outros que são havidos nos diferentes sistemas aos particulares – não se põem a ressarcimento posterior ou reparação, mas são indisponíveis e inadiáveis em seu exercício: garante-se o direito à vida ou nada haverá, um dia vindouro, a se garantir; garante-se a liberdade, porque se tal segurança não se impuser de pronto estará ela perdida naquele momento e não se lhe poderá repor; garante-se a segurança ou a insegurança já se terá instalado no futuro e reparação não é reposição de direitos fundamentais.

Ao Poder Judiciário cabe, no constitucionalismo contemporâneo, a tarefa mais elevada de impedir afrontas e desfazer, com eficácia e eficiência imprescindíveis, os desmandos que acometem, ameaçam e agridem os direitos fundamentais.

Por isso compete a ele fazer-se pronto na dimensão desta competência sem o exercício da qual os direitos fundamentais são atingidos irremediavelmente e as agressões lesam todo o sistema jurídico, botando abaixo a própria jurisdição como um direito. No exercício desta competência ademais, compete ao Poder Judiciário fazer-se alerta para interpretar os direitos fundamentais considerando o texto e o contexto constitucional, a sede e a afluência dos direitos sobre os quais se questionam, estender-se tão amplamente quanto seja necessário e possível para que ele realize uma tarefa de Justiça social e não de injustiças menores. Ao Judiciário a tarefa de oferecer respostas concretas e historicamente engajadas às questões que lhe são postas em condições históricas definidas e experimentadas. Não se há prender ele mais às elaborações filosóficas e retóricas que às situações determinadas e determinantes da vida que corre num contexto social determinado e apurável pelos juízes que vivam o seu tempo de Direito com o Direito do seu tempo.

IV. A instrumentalização para a eficácia jurídica das normas constitucionais de direitos fundamentais

A Constituição inclui em seu sistema instrumentos garantidores das instituições que conduzem ao aperfeiçoamento dos direitos que são por ela declarados, constituídos e cuja inviolabilidade ela assegura.

As normas garantidoras de uma Constituição estendem-se por todo o sistema normativo e nem sempre assim se rotulam porque muitas vezes elas se contêm na própria base da organização e em seus princípios que se expressam ou ficam implícitos no ordenamento.

As garantias constitucionais dos direitos fundamentais estão, pois, a) no conjunto de instituições concebidas no sistema para realizar as condições sócio-econômicas e políticas aptas ao exercício daqueles direitos; b) no conjunto de instituições que ordenam o poder e definem o seu limite a fim de que eles sejam resguardados de desbordamentos praticados pelos detentores dos cargos que o compõe; ou c) no conjunto de procedimentos e institutos concebidos para que, em casos específicos, violações por abstenção ou por cometimento ocorridas contra aqueles direitos tenham os seus titulares vias próprias, constitucionalmente estabelecidas, para a pronta restauração do seu respeito.[10]

a) As garantias constitucionais dos direitos fundamentais contidas nas instituições que conformam a organização sócio-econômica, política e cultural são postas quer nos princípios formulados constitucionalmente (arts. 1º, 3º, 4º, 170, dentre outros, da Constituição da República Brasileira), quer nos princípios que organizam o próprio poder e assim conformam uma sociedade democrática e o modelo de democracia social.

10. José Afonso da Silva classifica em dois grupos as garantias dos direitos fundamentais: as garantias gerais "destinadas a assegurar a existência e a efetividade (eficácia social) daqueles direitos, as quais 'se referem à organização da comunidade política e que poderíamos chamar condições econômico-sociais, culturais e políticas que favorecem o exercício dos direitos fundamentais'" e as garantias constitucionais, "que consistem nas instituições, determinações e procedimentos mediante os quais a própria Constituição tutela a observância, em caso de inobservância, a reintegração dos direitos fundamentais". (*Curso de Direito Constitucional Positivo.* São Paulo: Malheiros Editores, 1997, p. 185)

b) As garantias constitucionais dos direitos fundamentais que ordenam o poder e definem os limites do seu exercício para a realização dos princípios democráticos são as que se contêm, no sistema positivo brasileiro, por exemplo, no parágrafo único, do art. 1º, no art. 2º, no art. 37, nos arts. 85, 93 e ss., dentre outros.

c) As garantias constitucionais contidas em procedimentos específicos e institutos concebidos para assegurar, em casos concretos e quando houver ameaça ou lesão aos direitos fundamentais, que se restabeleça, plena e eficazmente, os direitos comprometidos. São desta natureza o princípio da juridicidade que informa, limita e legítima todos os atos do Estado; o da jurisdição, ele mesmo um dos direitos fundamentais por excelência, pelo exercício garantido do qual se manifestam outros como o princípio da segurança jurídica e de cuja eficiência depende, grandemente, o da garantia das liberdades, os que processualizam institutos voltados à garantia específica dos direitos fundamentais, tais como, o *habeas corpus*, o mandado de segurança e o mandado de injunção, o *habeas data* e a ação popular e o direito de petição. Estas garantias são postas como instrumentos específicos, típicos do sistema constitucional brasileiro, assecuratórios do que é apregoado como direito fundamental mesmo no plano universal (o acesso à jurisdição imparcial e eficiente tem, no princípio do devido processo legal e nos institutos dos mandados e dos demais instrumentos processuais constitucionais a sua especificação no direito positivo brasileiro, por exemplo).

Estas garantias instrumentais ou processuais específicas de cada sistema jurídico têm sido reelaboradas para se adensarem no conteúdo permissivo de prevenção mais que ao mero restabelecimento ou restauração dos direitos violados.

É que, diversamente do que ocorre com outros direitos ou, principalmente, com outras agressões que ao direito impende resolver, os direitos fundamentais, pela sua própria natureza, não podem esperar para um deslinde que somente sobrevenha quando o bem jurídico é a vida, a liberdade ou a segurança, por exemplo, seja em suas manifestações diretas, seja em suas apresentações mediatas (o trabalhador que não receba o seu salário e fique sem condições de se alimentar é lesado no próprio direito à vida digna). Assim, as Constituições, como as normas de direito internacional relativas aos direitos fundamentais, enfatizam, na atualidade, a necessidade de se terem resguardados tais direitos no plano mesmo da ameaça. A prevenção é o melhor cuidado a se tomar, juridicamente, em caso de direitos fundamentais. Quanto mais eficientes forem os sistemas em dotarem os indivíduos e as instituições de instrumentos acautelatórios a fim de que ameaças sejam sustadas ou desfeitas antes mesmo da prática prejudicial aos direitos tanto melhor atendidos estarão os objetivos dos ordenamentos jurídicos. A Constituição da República brasileira aperfeiçoou a qualidade dos instrumentos garantidores daqueles direitos ao estabelecer, no art. 5º, inciso XXXV, que "a lei não poderá excluir da apreciação do Poder Judiciário lesão ou *ameaça a direitos*". A ameaça – anteriormente tratamento de nível infraconstitucional e que se incluía apenas no cuidado legal de alguns institutos – passou a compor, no sistema de direito positivo brasileiro, o direito à jurisdição, que somente pode ser considerada eficiente quando, acionado o Poder Judiciário, não permitir a concretização da lesão de cuja ameaça teve notícia e buscou evitar.

Nesta matéria se deve atentar a uma eficiência maior que se deve procurar no âmbito das instituições internacionais, que, até mesmo de maneira justificada, somente podem ser acionadas *a posteriori*, a dizer, quando as lesões aos direitos fundamentais individuais ou coletivos já se concretizaram. Ocorre que, para os lesados, a atuação posterior à prática agressiva já não tem como ser desfeitas, mas apenas reparadas, o que não é o objetivo das garantias aos direitos fundamentais.

De outra parte, a universalização dos direitos fundamentais deve conduzir a uma conjugação melhor das garantias que se adotam nos planos nacionais e internacionais, projetando-se o avanço de umas sobre as demais ordens, numa reciprocidade de influências que devem conduzir a um permanente aperfeiçoamento em benefício de todos os sistemas.

Importante é salientar, contudo, que os sistemas de direito constitucional positivo não se podem despojar de garantias constitucionais instrumentalizadoras da atuação jurídica dos indivíduos, pois os direitos fundamentais põem-se no dia-a-dia das pessoas e delas não podem, então, estar distantes aqueles meios pelo uso dos quais adversam e questionam as ameaças e lesões.

V. A instrumentalização para a eficácia social das normas constitucionais de direitos fundamentais

A efetividade ou a produção de efeitos sociais das normas jurídicas depende, fundamentalmente, da atuação dos cidadãos.

Já não há como cuidar de cada geração de direitos fundamentais isoladamente, pois a certeza e eficácia de uns depende da eficácia dos demais. De uma maneira muito particular a eficácia social destes direitos depende da atuação dos cidadãos.

A cidadania, erigida como princípio ao lado da dignidade da pessoa humana (art. 1º, II e III, da Constituição da República brasileira). Mas a cidadania que se irrompe nestes últimos suspiros de século XX não tem o mesmo sentido que ostentou anteriormente. Ela, agora, se reporta ao princípio da solidariedade e passa a se constituir num direito-dever do homem para si mesmo e para o outro.

Sem o conhecimento dos direitos fundamentais pelos cidadãos e o seu exercício por eles, a zelar pelo seu patrimônio jurídico e pelo patrimônio de todos, não há como se dotar de eficácia social aquele elenco de direitos. Leciona Luño que "sólo cuando los derechos humanos se hallan inscritos en la consciencia cívica de los hombres y de los pueblos actuán como instancias para la conducta a las que se puede recurrir. Las normas, las instituciones y los jueces son condiciones necesarias, pero no suficientes, para el efectivo disfrute de las libertades. Esa necesidad de adhesión social es también del todo predicable respecto al constitucionalismo".[11]

Mais que a "adesão social" incumbe ao cidadão o papel de agente promotor da eficácia social dos direitos fundamentais, a fim de que todos possam contar, efetivamente, com eles.

Para tanto, não apenas cada cidadão isoladamente, mas a organização dos cidadãos na sociedade podem formular propostas novas para o exercício do princípio da solidariedade social.

A fé na "comunhão dos santos", que ainda me domina, leva-me a acreditar que duas condições se impõem para que a cidadania se exerça não egoisticamente, mas solidariamente por e para todos: a partilha política do conhecimento dos direitos fundamentais, nessa mesma condição essencial e de faculdade que é assegurada a cada um e a todos. Ao cidadão deve-se toda a educação, especialmente aquela que concerne ao seu cabedal de bens jurídicos que o dignifica e o faz livre; educado na matéria dos direitos fundamentais a ele compete repartir a sua certeza dos direitos e a sua esperança no outro com todos; a organização social dos cidadãos domina todas as realizações efetivas e legítimas, pelo que daquela organização pode nascer as grandes transformações políticas, do que decorre ser essa organização para uma participação política efetiva um dever consigo mesmo e com os outros.

11. Luño, Antonio-Enrique Peréz. Ob. cit., p. 45.

Quanto à educação não é nova a crença de que este é um direito sem cujo exercício todos os demais remanescerão como se fossem meras concessões ou exercícios acanhados numa sociedade política a que aportamos meio por favor e nela nos mantemos como estrangeiros da própria terra. A Victor Hugo coube o brado de que "todos os crimes do homem começam na vagabundagem da criança. ... O garoto de Paris atual, como antigamente, é o povo criança, tendo na frente a ruga do Velho Mundo. É uma graça para a nação e, ao mesmo tempo, uma doença; doença que é preciso curar. Como? Por meio da luz. A luz dá saúde. Todas as irradiações sociais se projetam da ciência, das letras, das artes e do ensino. Fazei homens, fazei homens! Iluminai-os para que eles vos aqueçam. Mais cedo ou mais tarde, estabelecer-se-á, com a irresistível autoridade[12] da verdade absoluta, a esplêndida questão da instrução universal. Todas as conquistas sublimes são mais ou menos prêmios da ousadia. Para que a Revolução se efetue, não basta que Montesquieu a pressinta, que Diderot a pregue, que Beaumarchais a anuncie, que Condorcet a calcule, que Arouet a prepare, e que Rousseau a premedite; é necessário que Danton a insufle. ... Repitamos o grito: luz! Mas repitamo-lo obstinadamente! Luz! Luz! Não são as revoluções transfiguracões? Caminhai, filósofos, ensinai, esclarecei, iluminai, pensai alto, falai alto, correi alegres para o sol, confraternizai nas praças públicas, anunciai as boas novas, prodigalizai o alfabetismo, proclamai os direitos, cantais as 'Marselhesas'. Fazei das idéias um turbilhão. Essa multidão pode ser sublime. Esses pés descalços, esses braços nus, esses farrapos, essas ignorâncias, essas abjeções e essas trevas podem ser empregados na conquista do ideal. Lançai-a na fornalha, essa vil areia que calcais aos pés, deixai-a fundir a ferver e tornar-se-á cristal esplêndido: é graças a ela que Galileu e Newton descobriram os astros".

No Brasil, um único cidadão, modelo maior de um santo cívico, traduziu a sua fé no homem numa ação cidadão e fez do seu gesto de amor ao próximo uma revelação de cidadania a tornar todos e cada um muito mais unido a todos. Betinho deixou de começar o seu dia com o "Padre Nosso" para começar com o "Pão Nosso de cada dia": a sua fome de justiça social alimentou milhões de bocas famintas.

Até quando nós, profissionais do Direito, permitiremos que a esperança nos direitos e a sua eficácia dependa de leis que não são conhecidas, de discursos que não são ouvidos, especialmente pelos mais necessitados?

Até quando deixamos de ser cidadãos mais comprometidos e devedores sociais que os demais por dispormos, numa sociedade carente de informações, de mais dados que os outros?

Até quando conviveremos conosco sem nos perguntarmos se a nossa dignidade não se casa com a dos outros para ser plena e que, como se descobriu quanto à liberdade, somente no encontro com o outro ela se realiza e cada qual se torna mais cidadão no enlace das mãos? Como a liberdade que em sua dimensão individual fez-se menos, também a dignidade, em sua dimensão particularizada, apequenha-se por se esconder do outro, despojado dos outros. Não há cidadania sem solidariedade. Mas não há direito da solidão e do isolamento. A multiplicação das agressões contra os homens deflagra a mesma multiplicação das reações. A multiplicação das dores é também a multiplicação dos sonhos e das esperanças, como lembrado por Paulo Mendes Campos.

12. Hugo, Victor. *Os Miseráveis*. Tradução de José Maria Machado. São Paulo: Hemus, 1979, p. 249.

DOUTRINA

CONSIDERAÇÕES SOBRE A AÇÃO POPULAR

CELSO ANTÔNIO BANDEIRA DE MELLO

Professor Titular da Faculdade de Direito
da Universidade Católica de São Paulo

1. O Texto Constitucional brasileiro, em seu art. 5º, LXXIII, ao prever a ação popular, dispõe: "qualquer cidadão é parte legítima para propor ação popular que vise a *anular ato lesivo* ao patrimônio público ou de entidade de que o Estado participar, à moralidade administrativa, ao meio ambiente e ao patrimônio histórico e cultural, ficando o autor, salvo comprovada má-fé, isento de custas judiciais e do ônus da sucumbência".

Verifica-se de sua dicção que a medida judicial em apreço – uma vez que se preordena a anular um ato – pressupõe a *invalidade dele*, ou seja, seu descompasso com a ordem jurídica, pois só se anula o que foi produzido em afronta ao Direito. Demais disto, cumpre que o ato se qualifique como *lesivo*, seja (a) ao "patrimônio público" ou de entidade de que o Estado participe, seja (b) à "moralidade administrativa", seja (c) ao meio ambiente ou (d) ao patrimônio histórico e cultural, conforme está literalmente estatuído no artigo constitucional mencionado.

Assim, é certo, ante a dicção da Lei Magna, que não basta que o ato seja inválido, nem basta que seja lesivo. Em uma palavra: são requisitos cumulativos da ação popular a invalidade e a lesividade do ato que se pretenda atacar. Disto decorre que a lesividade *não é simplesmente o fato do comportamento administrativo ser ofensivo à ordem jurídica;* ou seja: *não é suscetível de ser depreendida meramente de tal evento,* o que equivale a dizer que não pode ser havida como uma conseqüência automaticamente embutida na invalidade. Cumpre que o comportamento objetado se apresente como gravoso especificamente a um dos seguintes bens jurídicos, considerados em suas respectivas individualidades: o patrimônio público, a moralidade administrativa, o meio ambiente ou o patrimônio histórico e cultural.

2. A partir da Constituição Federal de 1988, como resulta do precitado e transcrito art. 5º, LXXIII, a *lesão* ao "patrimônio público", para fins de ação popular, passou a ser *uma dentre diversas espécies* de lesão censuráveis por ação popular.

É *lesão econômica.*

É especificamente a produção de um dano *desta natureza,* pois as demais modalidades de lesividade, ainda que possam repercutir economicamente, são, em si mesmas, consideradas enquanto lesões ofensivas a *outros bens jurídicos*; respectivamente: "à moralidade administrativa", ao "meio ambiente" e ao "patrimônio histórico e cultural". Vale dizer: a *lesividade* ao "patrimônio público" tem hoje um sentido mais restrito do que aquele que lhe atribuía o § 1º do art. 1º da Lei n. 4.717, de 29.6.65, disciplinadora da ação popular, o qual, desde a Lei n. 6.513 (art. 33), de 20.12.77, estava definido nos seguintes termos:

"Consideram-se patrimônio público, para os fins referidos neste artigo, os bens e direitos de valor econômico, artístico, estético, histórico ou turístico".

Desde a Constituição de 1988, lesão ao patrimônio público é uma das variedades de lesão suscetíveis de ataque por ação popular; é a modalidade consistente em agravo ao Erário.

3. Uma vez que não basta a mera invalidade do ato (assim como não bastaria a mera lesividade) é fora de dúvida que, para configurar-se *o que a Lei Magna qualificou como impugnável por ação popular*, cumpre que se possa identificar no comportamento atacado um dano, um gravame a algum dos valores arrolados no art. 5º, LXXIII. Segue-se que um ato atacado por incidir em conduta passível de ser havida como gravosa ao *"patrimônio público"* só apresentará dita lesividade se implicar *prejuízo econômico.*

Deveras, um ato, conquanto inválido, pode não causar lesão *econômica* de espécie alguma; pode até mesmo resultar em um proveito econômico para a entidade governamental.

Basta pensar-se que uma das hipóteses do art. 4º (dispositivo que a maior parte da doutrina considera alusivo a casos de *lesão presumida*) é a contratação *direta* de *"empreitada, tarefa ou concessão de serviço público"* fora dos casos em que seria legalmente permitida (inciso III, letra "a") para verificar-se que pode haver incursão no dispositivo em apreço, sem que, todavia, disto necessariamente resulte lesão patrimonial ao Erário. Com efeito, pode ocorrer que o Poder Público, inobstante tendo procedido desta forma ilícita, haja realizado negócio espetacularmente vantajoso do ponto de vista econômico, se confrontado com os preços pagos, na mesma época, para idênticas tarefas ou empreitadas efetuadas após regular licitação.

Figure-se, ainda, que a Administração haja realizado operações bancárias, das quais haja auferido notável proveito financeiro, conquanto haja nelas se tenha engajado em descompasso com exigências decorrentes de *"normas legais regulamentares, estatutárias, regimentais ou constantes de instruções gerais"* isto é, com violação ao prescrito no inciso II, letra "a" do mesmo preceptivo.

Em casos que tais, não haverá, então lesividade *econômica,* isto é, prejuízo ao Erário, ou seja lesão ao *"patrimônio* público". Donde, nas hipóteses referidas, *sobre tal fundamento não caberá ação popular*, pois já se viu que é imprescindível a lesividade para o cabimento desta espécie de ação e que no caso de lesão ao patrimônio público tal agravo é especificamente de caráter *econômico;* é lesão aos cofres públicos. Assim, se a conduta impugnada não apresentar lesividade à moralidade administrativa, ao meio ambiente ou ao patrimônio histórico e cultural, ficará à margem do âmbito de incidência da ação popular, ainda que seja clara sua invalidade.

4. Acresce que o art. 11 da lei de ação popular estatui que se a sentença julgar procedente a ação decretando a invalidade do ato, *"condenará ao pagamento de perdas e danos os responsáveis pela sua prática e os beneficiários dele, ressalvada a ação regressiva contra os funcionários causadores de dano, quando incorrerem em culpa".*

Compreende-se que tal conseqüência seja subseqüente a uma lesão à moralidade administrativa, ao meio ambiente ou ao patrimônio histórico e cultural, *pois nisto mesmo se constitui o dano* argüido na lide, o qual terá que ser avaliado em suas repercussões patrimonialmente estimáveis. Entretanto, se o que se argúi é *dano ao patrimônio público* e se este não ocorreu, não há como admitir-se logicamente a indenização, *seja porque não se* perfez *o requisito da lesividade* – condicional à propositura da ação – seja porque nem logicamente a comporta ante a impossibilidade de condenar-se alguém a indenizar danos que inexistiram.

Com efeito, só faz sentido condenação em perdas e danos *sub color* de que foi causado um prejuízo econômico a alguém, prejuízo este, de resto, *que é a própria sustentação jurídica* de ação popular volvida a impugnar "ato lesivo ao patrimônio público". Se não houve perdas desta natureza ou se, até mesmo houve *proveitos – eventos perfeitamente possíveis mesmo em face de ato inválido, como se anotou* – falece o pressuposto lógico da indenização.

Deveras, não há como "indenizar" alguém por danos que não sofreu, nem como "indenizar" o beneficiário dos proveitos pelas vantagens econômicas que lhe hajam sido proporcionadas. Assim, em casos que tais o juiz nem mesmo teria como proferir dita condenação, por não existir concretamente algo que lhe suportasse de fato a possibilidade lógica.

Isto, aliás, demonstra que a tese da lesividade presumida *nas hipóteses do art. 4º da lei* – sustentada com fundamento em que o art. 2º declarou nulos os "atos lesivos" ali incursos e "também nulos os atos ou contratos" (sem referir "lesivos") capitulados no art. 4º – inobstante tenha até hoje contado com largo trânsito, não parece, pelo menos a partir da Constituição de 1988, sustentável nas hipóteses de ataque ao ato por lesão ao "patrimônio público". É que a condenação em perdas e danos, mesmo quando deva ser apurada em execução, pressupõe a existência das sobreditas perdas, já que a execução se destina a quantificar-lhes o montante *e não a averiguar sua subsistência* – questão que há de estar previamente resoluta em termos não mais controversos. Ora, o simples fato do réu não fazer prova da inexistência de dano, não assegura sua real existência; logo, não oferece o suporte para uma decisão cuja exeqüibilidade racional depende de um dano efetivo. Donde, sua ocorrência tem que ser estabelecida. Evidentemente, a situação tornar-se-ia ainda mais ilógica se se entendesse interdita até mesmo a demonstração de inexistência do dano.

Com efeito, é sabido e ressabido que não se deve adotar interpretação que implique irrogar à lei incursão em inconveniências, em absurdos ou que leve a *conclusões inconsistentes ou impossíveis*. Como disse Carlos Maximiliano, o príncipe de nossos mestres de exegese:

"*Deve o direito ser interpretado inteligentemente*, não de modo a que a ordem legal envolva um absurdo, prescreva inconveniências, vá ter a conclusões inconsistentes ou impossíveis" (*Interpretação e Aplicação do Direito*, Ed. da Livraria do Globo, 2ª ed., 1933, p. 183 – destaque do autor).

De qualquer forma, a aceitar-se a admissão de lesividade presumida nas hipóteses do art. 4º – únicas a respeito das quais se propõe dita possibilidade, ter-se-ia, quando menos, de concluir que tal presunção só pode ser *juris tantum*, suscetível, pois, de ser eludida mediante prova em contrário, pena de concluir-se que a lei dispensou um requisito que a Constituição não dispensara.

5. Outro aspecto que necessita ser sublinhado ao examinar-se a ação popular é o de que *inexiste responsabilidade objetiva dos agentes públicos.*

Com efeito, é noção corrente e moente a de que suas responsabilizações dependem de culpa ou dolo. Sabidamente, o Texto Constitucional, no art. 37, § 6º (tal como o faziam anteriormente os arts. 107, parágrafo único da Carta de 1969, 105, parágrafo único da de 1967 e 194, parágrafo único da Constituição de 1946), só confere ação regressiva ao Poder Publico se o agente incorreu em uma destas hipóteses de responsabilidade *subjetiva*.

Além disto, o próprio art. 11 da Lei n. 4.717, *retro* colacionado, após referir a condenação em perdas e danos dos responsáveis pela prática do ato e dos beneficiários dele, indica: *"ressalvada a ação regressiva contra os funcionários causadores de dano, quando* incorrerem em culpa". Nisto se revela e se reafirma, para além de qualquer dúvida ou entredúvida, a consciência e o entendimento de que não há responsabilidade objetiva, mas apenas subjetiva, dos agentes públicos sujeitos, em ação popular, à condenação em perdas e danos.

Observe-se, de passagem, que esta parte final do versículo em questão só pode ter tido como objetivo outorgar *aos condenados em perdas e danos ação regressiva contra outros* funcionários que não tenham sido chamados à lide, conquanto também devessem responder pelo ato anulado. De fato, é claro a todas luzes que, de um lado, a entidade governamental não teria ação regressiva alguma quanto aos condenados, pois estes já foram alcançados na própria ação popular e, de outro lado, também não poderia tê-la contra terceiros, visto que não foi condenada a pagar; antes, está por ser beneficiada com o ressarcimento dos prejuízos que sofrera.

Ora bem, seria um cabal contra-senso que os sujeitos passivos da ação fossem nela condenados patrimonialmente com prescindência de dolo ou culpa, enquanto outros, identicamente merecedores da responsabilização – e que por eles serão demandados em ação regressiva – só devam responder quando incursos em culpa. Assim, é óbvio que tanto uns quanto outros, na conformidade do princípio geral vigente, só serão condenados a perdas e danos se lhes for irrogável comportamento culposo ou doloso.

Segue-se que para procedência da *condenação em perdas e danos* em ação popular movida sobre o fundamento de *gravosidade ao patrimônio público* não basta que seja anulado o ato impugnado. Cumpre que o comportamento inquinado de vicioso, seja, além de ilegítimo e lesivo ao patrimônio, *revelador de culpa ou dolo por parte dos que o praticaram.*

6. Sem embargo, embora a culpa seja indispensável para caracterização da responsabilidade patrimonial *do autor* do comportamento censurado em ação fundada em lesão ao patrimônio público, pode-se tê-la como presumida. De fato, não é abusivo pressupor que um comportamento ilegal seja, em princípio, revelador de imprudência, imperícia ou negligência, dispensando-se o autor popular da obrigação de prová-la. Ao réu é que caberá o ônus de fazer prova inversa.

Convém, todavia, sublinhar (ainda que neste passo apenas como uma simples menção carente de esclarecimentos a serem feitos logo ao diante) que tal presunção de culpa é admissível apenas com relação *ao próprio autor do ato.*

7. Resta saber, quem se configura como autor do ato e, um pouco mais amplamente, quais os administradores suscetíveis de serem havidos como responsáveis por ele.

Evidentemente, *autor do ato* é quem o praticou, qualificação esta que pode ser extensivamente atribuída também a quem lhe *autorizou os termos, aprovou-os ou homologou o ato*, naquelas hipóteses em que o ato dependa de autorização para ser expedido ou de aprovação ou homologação para ganhar eficácia. Isto porque, em tais casos, a própria realização do ato ou a deflagração de suas conseqüências gravosas estará, de direito, ligada visceral e indissoluvelmente ao comportamento questionado. É este mesmo o entendimento da lei, enunciado em seu art. 6º, o qual expressamente indica quem é o sujeito passivo da ação popular, com dizer:

"A ação será proposta contra as pessoas públicas ou privadas e as entidades referidas no art. 1º, contra as autoridades, funcionários ou administradores *que houverem autorizado, aprovado, ratificado ou praticado o ato impugnado ou que, por omissas, tiverem dado oportunidade à lesão*, e contra os beneficiários diretos do mesmo".

Sem embargo, em despeito do caráter restritivo evidenciado na literalidade da dicção normativa, parece-nos consentâneo com seu espírito o entendimento de que responsável pela lesão é todo aquele cujos atos ou omissões indevidas concorreram positivamente para a composição do resultado ilegal e lesivo combatido na ação popular.

8. Nesta categoria poderão entrar autores de atos de diversas composturas, dos quais, entretanto, interessa ressaltar os qualificáveis como "pareceres" técnicos, por se tratar de hipótese pouco estudada.

"*Parecer* – é a manifestação opinativa de um órgão consultivo expendendo sua apreciação técnica sobre o que lhe é submetido" (cf. nosso *Curso de Direito Administrativo*, Malheiros Editores, 8ª ed., 1996, p. 258).

Os pareceres não são atos expressivos nem da administração controladora, nem da administração verificadora, nem da administração contenciosa e muito menos da "administração ativa", isto é, daquela através da qual se produzem atos juridicamente predispostos à criação de utilidade pública, constituindo ou extinguindo direitos, faculdades, obrigações ou deveres para alguém. Os pareceres alocam-se no campo da administração *consultiva* e configuram atos que visam informar, elucidar, questões a serem decididas por *outros* órgãos (tudo cf. sistematização na obra precitada, p. 244).

Assim, os pareceres *nada decidem*. Nada resolvem e também *não contêm em si nem autorização* para a prática de outros atos, *nem aprovação, ratificação ou homologação deles*. Não é esta sua função jurídica. Não é esta sua tipologia. São simplesmente juízos técnicos que elucidam as autoridades competentes para adotarem as providências de suas respectivas alçadas. Assim, não reproduzem o conceito literal apontado na lei para identificação dos sujeitos passivos de ação popular.

9. O que se vem de dizer não significa que o autor de um parecer sobre o qual se arrimou a autoridade que haja adotado conduta inquinada de ilegal e lesiva *jamais* possa ser havido como um dos responsáveis por ela, já que sua manifestação opinativa poderá ter concorrido e de modo decisivo para ela.

O laudo técnico (parecer) de um perito afirmando que certos vegetais estão atingidos por cancro cítrico arrimará o ato *vinculado* que decidirá pela erradicação deles. O parecer que concluir pela presença de determinada peste contagiosa em certos animais oferecerá suporte para ato *vinculado* que lhes determinará o abate. Em outros casos, o parecer não terá a mesma influência determinante. Assim, se a sua emissão preceder ato praticável no exercício de competência *discricionária quanto à emanação ou quanto ao conteúdo*, a autoridade encarregada de decidir poderá incorrer em ato inválido se o fizer em contradita com as conclusões técnicas dele, mas *nem por isto estará obrigada a praticar o ato em questão ou a fazê-lo nos termos em que o fez*. Como se vê, as situações têm matizes claramente diversos.

10. Nada obstante, o que se quer realçar é que o autor do parecer não poderá ser responsabilizado pelo ato profligado na ação popular a menos que haja incorrido em *imperícia* ou eventualmente em *imprudência* ou *negligência* ou – *pior que isto – em dolo*. A ocorrência de falta desta natureza – está-se a ver – é absolutamente imprescindível até mesmo para que se caracterize comportamento suscetível de atrair o parecerista para o pólo passivo da ação. *Com efeito, nisto e só nisto é que poderá residir a ilegalidade de seu comportamento,* sendo óbvio que, se não atuou com ilegalidade, seria teratológico absurdo pretender assujeitá-lo a uma ação popular.

Em suma, a ilegalidade consistirá precisamente na culpa (ou dolo) com que tenha agido o parecerista ao emitir seu juízo.

Deveras, se não houve imperícia, imprudência ou negligência ou mesmo dolo, se o parecer não se ressente de tal defeito (sobreposse no caso de parecer jurídico ou pertinente a ramos de Ciência onde mais de uma opinião é razoavelmente admissível), *sequer existirá a "ilegalidade" indispensável para embasar ação popular* na qual o opinador seja chamado à condição de réu. Sabidamente não é ilegal emitir parecer fundamentado e expressivo de ponto de vista perfeitamente aceitável, mesmo que outro entendimento lhe possa ser contraposto. Assim, a conduta do parecerista, em hipóteses que tais, jamais ensanchará sujeição passiva em ação popular.

11. Cumpre aclarar mais detidamente as implicações deste ponto singelo que se vem de colocar em evidência e cuja procedência certamente não é de molde a ensejar discórdias.

Se o parecerista *não é o autor do ato* impugnado, para que seja chamado a responder por ele *é preciso que haja concorrido de maneira* censurável *para o encaminhamento do ato alheio* apontado como ilegítimo e lesivo. E esta maneira censurável, para merecer a reprovação do Direito, terá de consistir na incursão de uma *ilegalidade* residente em sua própria conduta, não na conduta alheia para a qual concorreu, pois não se imagina que deva responder pelo que outrém fez, mas pelo que ele mesmo haja feito.

De seu turno, tal ilegalidade só poderá ser a de ter expendido um parecer tecnicamente categorizável como *positivamente errôneo, intolerável*; por estampar manifestação expressiva de visível despreparo profissional, isto é *imperícia,* ou *negligência* em relação aos deveres a que estava obrigado no exame da questão ou *imprudência,* vale dizer, afoiteza incompatível com o zelo e cautela requeridos ou, finalmente e pior que tudo, *dolo,* malícia, intenção deliberada de fraudar as conclusões que a ciência ou a técnica ineludivelmente impunham no caso.

Assim, parecer qualificável como *ilegal,* por incurso em culpa ou dolo é tão-só o que esteja eivado pela mácula de *imperícia, negligência, imprudência ou dolo*, por aportar em conclusões inaceitáveis, adversadoras de conceitos ou entendimentos pacíficos na pertinente área, sem lhes opor argumentos sólidos, capazes de contendê-los com plausível veracidade.

É que o ato *decisório* atacado pode ser considerado vicioso *sem que por isto esteja comprometida a higidez jurídica de parecer que o estribou*, ainda que as conclusões dele sejam, a final, infirmadas em juízo, *dada a natural divergência de opiniões em questões passíveis de controvérsia razoável.* Nisto se demonstra a autonomia da ilegalidade de parecer e da ilegalidade do subseqüente ato objeto da contenda, a requererem, pois, demonstrações autônomas.

12. Logo, em ação popular *sequer pode ser admitida legitimação passiva de parecerista* sem que o autor (ou o Ministério Público, em sendo este quem se proponha a chamá-lo) diligencie proceder à demonstração *da ilegitimidade do próprio parecer*, ou seja, sem que possa caracterizá-lo *como opinamento maculado pela culpa*, em suas modalidades de *imperícia,* ou eventualmente de *negligência ou imprudência ou então, que foi fruto de comportamento doloso.*

É dizer: não basta aduzir elementos de convicção em prol da ilegalidade do ato atacado para poder-se incluir o parecerista no pólo passivo da ação. É preciso demonstrar que este agiu *com culpa*, isto é, que seu parecer está maculado pelos vícios a que se fez referência, pois, à falta destas impropriedades, dito parecer *sequer será qualificável como ilegal.*

Deveras, não sendo o parecerista autor do ato impugnado, não se incluindo entre aqueles que a lei em sua dicção literal indicou como sujeitos passivos da ação popular, só poderá ser chamado a responder judicialmente na medida em que haja *ilegalmente* concorrido para sua produção. Assim, se não se faz consistente increpação de *imperícia* (ou negligência, imprudência ou dolo) no próprio parecer emitido não se pode pretender demandar o parecerista. Donde, é necessário para que se admita o autor de parecer no pólo passivo de ação popular que o demandante ou o Ministério Público exibam ponderáveis razões demonstrativas de que o opinamento é desenganadamente repudiável por incidir de chapa nas aludidas censuras.

A ser de outra sorte estar-se-ia sufragando o disparate de admitir ação popular contra quem tenha praticado ato juridicamente livre de censura.

13. Cumpre ressaltar, sobretudo que, *se de parecer jurídico se tratar,* dita demonstração há de ser feita *liminarmente*, pois a percepção do vício que o faria ilegítimo não depende de prova pericial, por ser o próprio magistrado quem está, de direito, por dever funcional específico, titulado e qualificado para proceder imediata avaliação conclusiva sobre isto. Não se fazendo tal liminar demonstração volvida a *increpar o próprio parecer de incurso na mácula em questão,* patenteia-se incabível a sujeição passiva de quem o exarou. Isto é, não basta contraditar-lhe as conclusões jurídicas, que isto seria matéria de ataque *ao ato praticado por quem se qualifique como seu autor* – a ser resoluta mais ao diante.

Cumpre – repita-se – que seja exibida a ilegalidade do parecer em si mesmo; é dizer, sua incidência em uma das máculas apontadas e que, por isto, o desqualifiquem como expressão de um juízo admissível à luz do Direito Positivo e das diretivas da Ciência do Direito, conquanto se trate de opinamento suscetível de ser questionado e, evidentemente, passível de ser infirmado pelas conclusões do Juízo, em sendo estas coincidentes com a linha de entendimento defendida pelo autor e adversa, pois, à que haja sido expendida no parecer.

14. Tais conclusões, à toda evidência, não se propõem a enfraquecer a ingente necessidade de responsabilização, em ação popular, de pareceristas que, tantas vezes, emitem opiniões de encomenda, apenas para oferecer respaldo àqueles a quem assessoram, nada obstante saibam ilegítimo o ato em vias de ser praticado.

Com efeito, se fossem também eles chamados a responder, possivelmente reduzir-se-ia – e em muito – o número de condutas indevidas praticadas pela Administração, pois se recusariam a oferecer suportes incabíveis, claramente elaborados *ad hoc* e talvez, até mesmo, produzidos sobre a errônea suposição de que estão a cumprir dever funcional ou de lealdade no apoio às autoridades que os designaram para a função. As considerações feitas precedentemente, portanto, nada mais objetivam senão colocar o tema sobre bases teóricas adequadas.

Assim, é de ressaltar a conveniência inequívoca de que os propositores de ação popular – sujeitos que estão a revelar empenho em assegurar a correção do desempenho de atividade pública –, ao invés de se contentarem em acionar o autor do ato, busquem também, desde logo – atendidos os termos dantes enunciados – atrair para o pólo passivo da lide os agentes que, com seus pareceres, buscaram cobrir a autoridade pública autora do ato.

É que dita autoridade, assaz de vezes, livrar-se-á de responder com o próprio patrimônio, amparada na excusa, juridicamente procedente, de que, não sendo versada na matéria, agira escorada em opinamento técnico, justificativa plausível, tanto mais porque os cargos correspondentes aos dos pareceristas existem precisamente para que estes ofereçam aos agentes de administrativa ativa a imprescindível iluminação. Em hipóteses quejandas, pois, quem haverá de responder pelo dano é o parecerista.

Se vier a disseminar-se dita responsabilização, à toda evidência, os pareceristas, conscientizados deste perigo real, deixarão de oferecer suportes descabidos, concebidos *ad hoc* para satisfazer a vontade dos agentes a quem assessoram.

PARECERES

CONCESSÃO DE SERVIÇO DE TRANSPORTE AÉREO – EQUILÍBRIO FINANCEIRO

Caio Tácito

Parecer

I

Transbrasil S.A. Linhas Aéreas propôs ação ordinária de indenização contra a União Federal para o ressarcimento de danos pela quebra do equilíbrio financeiro de concessão de transporte aéreo, de que é titular.

A pretensão foi acolhida em sucessivas instâncias e o feito se encontra, atualmente, submetido ao Supremo Tribunal Federal, em grau de recurso extraordinário.

Sobre a matéria é solicitado nosso parecer.

II

A par da questão preliminar sobre o cabimento do recurso extraordinário à luz de seus pressupostos processuais, o mérito do apelo excepcional se concentra em duas argüições oferecidas pela Procuradoria da República.

O fundamento principal do recurso reside na afirmação de que a Autora da ação não teria a qualidade de concessionária de serviço público.

Teria, apenas, a condição de permissionária do serviço que lhe está afeto. Donde, a juízo da Procuradoria da República, não gozaria do benefício da garantia do equilíbrio financeiro, invocando, como paradigma, o modelo de transporte coletivo viário.

Secundariamente, a Procuradoria da República, em petição posterior às razões do recurso, vem sustentar a nulidade do processo, a título de que teria sido desatendida a desistência apresentada por mandatário do interventor no serviço da autora, embora por este manifestada sua oposição a indevido uso de mandato.

É de notar-se que tal alegação de nulidade antes formulada em instância inferior, foi expressamente repelida no acórdão do Superior Tribunal de Justiça, silenciando, a respeito, as razões do recurso.

III

A preliminar sobre o descabimento do recurso extraordinário, por versar matéria de fato e exame da prova, assim como a inexistência de violação à Constituição, estão cabalmente sustentadas nas contrarazões da recorrida e sobre elas nos dispensamos de nova manifestação.

Concentraremos, portanto, nosso estudo sobre os dois pontos acima destacados, que são os alicerces da União.

Invertendo a ordem de sua apresentação, fixaremos, de início, a inconsistência da alegada nulidade do processo, argüida sob o fundamento de que teria operado efeito o pedido de desistência apresentado, em certa altura do feito, e logo retirado dos autos, por ser impertinente.

De pronto, cumpre realçar como bem acentuou o Ministro Cesar Asfor Rocha, relator do Recurso Especial n. 32.534 que o Ministério Público Federal, chamado a manifestar-se, sobre a desistência postulada, opinou pelo prosseguimento da ação, afirmando-lhe a regularidade processual.

É sintomático da ausência de convicção quanto ao mérito do recurso, venha o órgão do Ministério Público tardiamente renovar, em petição autônoma, a arguição expressamente desconsiderada em oportunidade própria e, em sua substância, repudiada pelo Superior Tribunal de Justiça.

O ponto nodal da questão está, a nosso ver, em que, tenha ou não validade a chamada desistência de desistência tão alardeada na recente petição da Procuradoria da República o que importa, fundamentalmente, no caso, é a incompetência do Interventor, designado tão-somente para assumir a gestão do serviço, para invadir matéria de estrito interesse da sociedade concessionária, como pessoa de direito privado.

Em parecer que emitimos, anteriormente, sobre a latitude dos poderes inerentes à intervenção em serviço concedido, acreditamos ter evidenciado que "a intervenção decretada em concessionária de transporte aéreo atinge o serviço, não se estendendo à economia da empresa" (*Revista de Direito Administrativo*, v. 175, pp. 149-152).

Pelos fundamentos ali expostos, com base na melhor doutrina destacamos que:

"Na intervenção, o concedente assume temporariamente a execução direta do serviço, em substituição ao concessionário omisso ou tardio no cumprimento de sua obrigação.

Obviamente, não lhe cabe, ou ao interventor que o representa, praticar quaisquer atos de gestão da sociedade estranhos ao funcionamento do serviço concedido".

Em suma, o interventor, ainda que quisesse, não teria aptidão jurídica para desistir da ação.

Seria realmente espantoso que, na hipótese em exame, se permitisse ao interventor, representante do sujeito passivo da obrigação de indenizar (no caso, a União) usufruir poderes de desistir da ação cujo objeto precípuo é a reparação do dano imputável a omissão do concedente.

Desistindo da desistência, ou seja, pedindo a retirada dos autos de impertinente petição, o Interventor teve, certamente, atilada conduta de bom senso jurídico, que merece ser louvada.

IV

O ponto capital do recurso extraordinário, quando incrimina violação de direito pela douta decisão recorrida, está concentrado da assertiva de que a Transbrasil era e será mera permissionária do serviço público de transporte aéreo, como se fosse uma empresa de ônibus urbano.

A garantia do equilíbrio financeiro do contrato seria privilégio das concessionárias de serviço público, categoria da qual, a juízo da Procuradoria, estaria expulsa a autora da ação indenizatória.

De logo, observe-se que é gratuita a afirmação de que os permissionários de serviço público não gozam de direito à justa percepção de tarifas adequadas ao custeio do serviço a permitir livre-arbítrio da autoridade administrativa em detrimento da estabilidade e regularidade na prestação do serviço aos usuários.

Em nada o sistema legal admite que as tarifas de serviços públicos sob regime de permissão não obedeçam ao mesmo regime de proporcionalidade e adequação aos custos do serviço que regem as concessões.

Em parecer emitido sobre caso análogo (*Revista de Direito Administrativo* v. 169, pp. 187-197) destacamos a aplicação do princípio da garantia do equilíbrio financeiro a serviços de transporte coletivo, outorgados como permissão, que, por sua destinação, são dotadas de uma necessária continuidade que repele o caráter precário da relação jurídica.

Meirelles Teixeira longamente demonstrou a existência de permissões contratuais ("Permissão e concessão de serviço público", *Revista de Direito Público* n. 6/150) e Miguel Reale alertou para o hibridismo de atos em que "a permissão se constitui como se fora autorização e é exercida como se fora concessão" (*Direito Administrativo,* Forense, p. 155).

Em igual entendimento, J. Cretella Júnior confere o atributo de permissão de segundo grau ou permissão qualificada àquelas em que a precariedade cede ao sinalagma intrinsecamente contido na relação jurídica (*Revista de Direito Administrativo,* v. 101, pp. 30-31).

Assim como ao concessionário, também ao permissionário se impõe o dever de aplicar o capital necessário ao regular funcionamento do serviço e à segurança de sua continuidade e ao dever de investir corresponde o correlato direito à cobertura dos custos e à justa remuneração do capital aplicado no serviço.

A equação econômica deve ser respeitada na vigência do contrato de transporte coletivo, em razão de que a estabilidade financeira não atende apenas ao interesse privado do concessionário ou permissionário. Vai ao encontro igualmente do interesse da Administração, responsável pela regularidade do serviço público e, finalmente, ao interesse dos usuários, destinatários finais da atividade.

De qualquer forma, o debate da tese, na espécie cogitada na ação, é equivocado e despiciendo.

É que a qualidade de concessionário dos prestadores de serviços públicos de transporte aéreo regular independe de interpretação doutrinária ou jurisprudencial.

A natureza jurídica do vínculo entre o Estado e a empresa investida na exploração do serviço é a de *concessão* (e não a de *permissão*) pela elementar razão de que assim está expressamente declarado em lei.

Concessão e permissão são institutos afins de outorga de título hábil para gerir determinado serviço público e ao legislador cabe avaliar o grau de pertinência de cada qual dessas modalidades de situação jurídica.

Ora, na matéria, a lei é expressa, manifesta e inquestionável.

O Código Brasileiro de Aeronáutica (Lei n. 7.565, de 19 de dezembro de 1968) não deixa margem a dúvida ou tergiversação hermenêutica.

Conforme o art. 174, os serviços aéreos compreendem os serviços aéreos privados (objeto dos arts. 177 a 179) e os serviços aéreos públicos (regidos pelos arts. 180 a 221).

E, logo a seguir, a lei distingue, nitidamente, a fronteira entre os atos de concessão e os de autorização, nos termos do art. 160:

"A exploração de serviços aéreos públicos dependerá de *prévia concessão*, quando se tratar de transporte aéreo regular, ou de *autorização*, no caso de transporte aéreo não regular ou de serviços especializados".

E, tratando-se de serviço de transporte aéreo regular (como é, à toda evidência, o prestado pela Transbrasil), a lei vai mais além e, visando à proteção final dos usuários, enfatiza que as normas de competência da autoridade aeronáutica devem não somente evitar a competição ruinosa como assegurar o melhor rendimento econômico do serviço (art. 193).

E para que ocorra tal medida essencial ao equilíbrio econômico da concessão determina que toda empresa nacional ou estrangeira obedecerá às tarifas aprovadas pela autoridade aeronáutica (art. 200).

É que, na concessão do serviço público, prevalece o pressuposto de tarifas reais, adequadas a prover à manutenção e expansão do serviço. Cuida-se não apenas de direito subjetivo e legítimo interesse do concessionário, mas, ao mesmo tempo, de direito e interesse da Administração e do usuário, em termos de garantia de regular funcionamento do serviço. Este é o paradigma fixado no art. 175, itens III e IV, da Constituição.

O destinatário final da operação do serviço é o público ao qual se dirige sua prestação regular. A determinação do valor da tarifa atua, ao mesmo tempo, como limite ao preço do serviço e como subsídio adequado à preservação da qualidade e continuidade do serviço no sentido de que não seja abalada a eficiência da prestação pela quebra do justo alimento financeiro.

V

Não ficou, contudo, na clara e positiva afirmação da Lei específica a adequada classificação das prestadoras do serviço de transporte aéreo regular como empresas concessionárias.

Fiel ao comando do texto codificado, o próprio poder concedente, regulando a prorrogação dos prazos dos contratos em curso com as empresas do ramo – entre as quais está nominalmente citada a Transbrasil S.A. Linhas Aéreas – convocou-as, nos termos expressos do Decreto n. 95.910, de 11 de abril de 1988, para, dentro de curto prazo, celebrarem CONTRATOS DE CONCESSÃO, definidores de direitos e obrigações correspondentes (arts. 1º e 6º).

Dando cumprimento a este duplo ditame o da Lei e o do Decreto Executivo foi celebrado com a Autora o instrumento que consta dos autos, no qual está expressamente qualificada a existência de *concessão* do serviço de transporte aéreo regular, ou seja, é reconhecida à Transbrasil a qualidade de *concessionário* de serviço público, com a evidência de seu direito ao equilíbrio financeiro do contrato.

É realmente singular que após haver a União afirmado, repetidamente, tal qualidade da Autora – a saber, no Código, no Decreto Executivo e no próprio contrato – ainda se queira negar-lhe tal posição e atribuir-lhe a diversa condição de simples permissionária.

Mais incrédula que São Pedro, a Procuradoria da República desatendeu, por três vezes, à vontade explícita do criador da lei.

VI

Por todo o exposto, a nosso juízo, o recurso extraordinário não merece ser conhecido, pela ausência dos pressupostos processuais que, na figura do remédio excepcional, condicionam a competência do Egrégio Supremo Tribunal Federal.

Mas, se vier a ser conhecido, não merece ser provido pela inexistência, na hipótese, de violação de direito.

A decisão recorrida, fundada na prova dos autos, exauriu o exame da matéria de fato e reconheceu a ruptura do equilíbrio financeiro da concessão, com o conseqüente direito da concessionária à indenização reparatória.

Por todos os ângulos, a decisão recorrida parece-nos válida e escorreita, sem qualquer laivo que possa justificar sua reforma.

É como nos parece.

Rio de Janeiro, 9 de abril de 1997.

PARECERES

COMPETÊNCIA DO MINISTÉRIO PÚBLICO PARA A DEFESA DO CONSUMIDOR DE SERVIÇOS BANCÁRIOS

PAULO BROSSARD
Ministro aposentado do Supremo Tribunal Federal

Consulta

Ilustres membros do Ministério Público do Rio Grande do Sul, fundando-se na Lei de Defesa do Consumidor (8.078/90), instauraram inquérito civil e exigiram, de bancos, a apresentação de seus modelos de contratos em uso.

Alguns bancos entenderam que não tinha o D. Ministério Público, fundando-se na Lei de Defesa do Consumidor, poder para efetuar essa exigência. Outros fizeram a entrega dos modelos requisitados.

Aos bancos que fizeram a apresentação dos modelos de contrato, o Ministério Público, fundando-se na mesma Lei, sob penalidades que estipulou, exigiu compromisso de alteração de cláusula por ele impugnada.

Contra os bancos que não prestaram esse compromisso, o Ministério Público ajuizou ação civil pública para que fossem condenados a acolher sua exigência.

Contra os bancos que não apresentaram seus modelos de contrato, o Ministério Público, fundando-se na Lei de Defesa do Consumidor, ajuizou ação civil pública exigindo fossem a ele exibidos os modelos.

Em face desses fatos, formulamos as séries de quesitos subseqüentes.

1ª série: Há legitimidade do Ministério Público para as exigências que faz?

1. Os arts. 51, § 3º, e 54, § 5º, do Projeto de Lei de Defesa do Consumidor — Lei n. 8.078 — dispunham:

"Art. 51. (...)

§ 3º. O Ministério Público, mediante inquérito civil, pode efetuar o controle administrativo abstrato e preventivo das cláusulas contratuais gerais, cuja decisão terá caráter geral."

"Art. 54. (...)

§ 5º. Cópia de formulário-padrão será remetida ao Ministério Público, que, mediante inquérito civil, poderá efetuar o controle preventivo das cláusulas gerais dos contratos de adesão".

Esses artigos foram vetados pelo sr. Presidente da República com a seguinte fundamentação: "o controle amplo e geral da legitimidade dos atos jurídicos somente pode ser confiado ao Poder Judiciário".

Mensagem Presidencial ao Senado Federal, de n. 664, de 11.9.90, foi publicada no *Diário Oficial da União* de 12 de setembro do mesmo ano, transmitindo o veto que foi mantido, não se tendo transformado em textos de lei aqueles parágrafos.

Indagamos:

a) Em face do veto ao § 3º do art. 51 do Projeto de Lei é lícito aos representantes do DD. Ministério Público, mediante inquérito civil ou por outra forma, exercer controle preventivo das cláusulas dos contratos?

b) É-lhes lícito, em face do veto ao § 5º do art. 54 daquele Projeto, exigir remessa de cópias dos modelos de contratos?

c) Não há, nas pretensões da espécie, ofensa ao preceito do inciso II do art. 5º da Constituição?

2. DD. representantes do Ministério Público no Rio Grande do Sul, havendo exigido de bancos a apresentação dos seus modelos de contratos em uso, têm pretendido impor, aos bancos que atenderam à exigência, compromisso de alteração ou supressão de cláusulas de seus modelos, sob ameaça de instauração de ação civil pública.

Indagamos:

a) É lícito ao Ministério Público impor supressão ou alteração de cláusulas de modelos de contratos?

b) Essa pretensão é admissível, em face da inexistência de lei em que se ampare?

c) É admissível, em face dos vetos referidos no n. 1?

3. Alguns dos bancos que sofreram essa imposição assumiram, para com representantes do Ministério Público gaúcho, sob a ameaça de instauração de ação civil pública, o compromisso de alterarem cláusulas de modelos contratuais.

Indagamos:

Tem validade esse compromisso, assumido sob ameaça de parte a que falta legitimidade?

4. Essas pretensões do Ministério Público, em alguns casos, deram efetivamente origem a ações civis públicas, nas quais se exige:

a) aos bancos que efetuaram entrega dos modelos de contratos, que assumam o compromisso de alterar determinadas cláusulas, sob penalidades que o Ministério Público estipulou;

b) aos que não os entregaram, a efetiva entrega exigida.

Indagamos:

Não é o Ministério Público parte ilegítima para essas ações e carecedor delas?

2ª série: São os bancos parte legítima para sofrerem, com fundamento no Código do Consumidor, os Inquéritos Civis e as Ações Civis Públicas referidas?

5. O § 2º do art. 3º, da Lei n. 8.078, assim dispõe:

"§ 2º. Serviço é *qualquer atividade fornecida no mercado de consumo, mediante remuneração*, inclusive as de natureza bancária, financeira, de crédito e securitária, salvo as decorrentes das relações de caráter trabalhista".

Indagamos:

Dentre os serviços bancários, poderiam sujeitar-se às normas da Lei de Defesa do Consumidor outros serviços que não aqueles *prestados no mercado de consumo e mediante remuneração*?

6. Dispõe a Lei n. 4.595/64 no *caput* e no inciso VI de seu art. 4º:

"Art. 4º. Compete privativamente ao Conselho Monetário Nacional: (...)

VI — zelar pela liquidez e solvência das instituições financeiras."

Dispõe, em outro ponto, a mesma lei:

"Art. 10. Compete privativamente ao Banco Central da República do Brasil: (...)

VIII — exercer a fiscalização das instituições financeiras e aplicar as penalidades previstas".

O art. 192 da Constituição, por outro lado, preceituou:

"Art. 192. O sistema financeiro nacional estruturado de forma a promover o desenvolvimento equilibrado do País e a servir aos interesses da coletividade, *será regulado em lei complementar* (...)"

Indagamos:

a) Pode o Ministério Público, agindo na esfera em que a Lei n. 4.595 e o art. 192 da Constituição disciplinam as instituições financeiras, invadir o âmbito da competência normativa, fiscalizadora e punitiva reservada privativamente ao Conselho Monetário Nacional e ao Banco Central do Brasil?

b) Pode o Ministério Público, invocando a Lei de Defesa do Consumidor, expedir comandos aos bancos regrando a prática de serviços?

c) Pode envolver-se em apuração de quaisquer atos de prestação de serviços, que não os prestados no mercado de consumo, mediante remuneração?

d) Pode exercer a fiscalização das instituições financeiras e puni-las, em esferas de suas operações e de serviços alheios ao consumo?

7. A doutrina e as leis bancárias sempre distinguiram entre "serviços" e "operações" de banco.

As normas do Conselho Monetário Nacional e do Banco Central detalham as distinções entre essas duas figuras.

O Manual de Normas e Instruções do Banco Central — MNI, em 2.1.11 estabelece disciplina para numerosos serviços bancários, como compensação de cheques, cobrança de cheques, transferências e depósitos para crédito em conta corrente, ordem de pagamento ou de crédito, fornecimento de talonário de cheques, manutenção de contas de depósito, lançamentos em conta corrente, consultas realizadas via terminal eletrônico, manutenção de contas em caderneta de poupança, manutenção e movimentação de contas de depósito especial remunerado — DER, dando disciplina às tarifas, na prestação desses serviços.

Em nenhum momento, em 2.1.11, se ocupa das operações bancárias.

Ao revés, as operações recebem disciplina, nos capítulos 2.1.1 até 2.1.9.

Apenas como exemplo, em 2.1.1.4 o MNI autoriza os bancos múltiplos com carteira de desenvolvimento e os bancos de desenvolvimento a:

"a) praticar as seguintes modalidades de operações ativas: empréstimos e financiamentos, prestação de garantias, investimentos, arrendamento mercantil e outras, mediante prévia autorização do Banco Central do Brasil;

"b) realizar operações de investimento tais como: subscrição de ações ou debêntures para revenda no mercado, garantia de subscrição e participação no capital social de empresas, em caráter transitório e minoritário, com vistas à implantação ou ampliação de empreendimentos de importância para a economia do Estado (...)".

Em 2.1.1.20, determina:

"As instituições financeiras em suas operações com sociedades de arrendamento mercantil coligadas ou interdependentes, relativas a empréstimos, financiamentos, repasses de recursos e prestação de garantias, bem como de aquisição de direitos creditórios com coobrigação de cedentes, devem observar, além do disposto na Lei n. 7.492, de 16.6.86, que os encargos são os normalmente cobrados em operações da espécie realizadas com terceiros."

Em 2.1.3 disciplina longamente os prazos e remuneração de diferentes operações ativas e passivas, sem nunca cuidar de serviços.

Em 2.1.4, cuidando da cessão e aquisição de créditos, o MNI — por exemplo nos ns. 6, 7, 11 e 12 patenteia estar disciplinando operações.

Em 2.1.6 cuida de operações de curso anormal.

Em 2.1.8, para fins de direcionamento de recursos classifica nitidamente diferentes espécies de operações (2.1.8.3).

Em 2.1.9 e 2.1.10 disciplina garantias de operações.

Nunca se confundem, na doutrina e na jurisprudência ou em normas, as operações bancárias e os serviços de banco.

Dentre os capítulos 2.1.1 até 2.1.9, apenas 2.1.1.3 fazem menção de serviços, mas para distinguir operações admitidas em 2.1.1.3.A e serviços que podem manter determinados bancos múltiplos — 2.1.1.3.B.

Não há como estabelecer confusão entre serviços e operações.

Em face disto, indagamos:

Incluídos na Lei de Defesa do Consumidor certos "serviços bancários", mas não as operações de banco, tem legitimidade o Ministério Público para, com fundamento na Lei de Defesa do Consumidor, pretender intervir na contratação de operações bancárias?

Parecer

1. As várias perguntas formuladas na consulta, em verdade, são desdobramentos de uma só indagação: com fundamento na lei de defesa do consumidor, pode, o Ministério Público, incursionar sobre operações bancárias, quebrar o sigilo a elas peculiar, exigir a apresentação de instrumentos contratuais, julgar suas cláusulas, aprovando umas, alterando outras? Respondida esta, as demais estão respondidas.

2. Até a Constituição de 88, as Cartas limitavam-se a atribuir à União competência para legislar sobre o consumo; assim a de 46, art. 5º, XV, *e*; a de 67, art. 8º, XVII; a de 69, art. 8º, XVII, *d*, e parágrafo único, 26, § 1º, *a*; a atual não fala em legislar sobre o consumo, mas afirma que à União compete a defesa do consumidor e o faz em mais de um passo, art. 5º, XXXII, 24, VIII, 150, § 5º, 170, V, e no Ato das Disposições Constitucionais Transitórias, art. 48. Acompanha, no particular, a floração legislativa irrompida em vários países.

3. Se não estou em erro, o relevo que a defesa do consumidor adquiriu resultou das extensas e profundas transformações na vida das sociedades no pós-guerra, da redução das distâncias, da padronização dos costumes, imposta pela grande publicidade, de modo a interferir, como nunca, no quotidiano do homem comum, impondo-lhe hábitos, criando-lhe necessidades, familiarizando-o com novidades, de tal maneira e em grau tão intenso, que o consumo, de modesta fase do processo econômico marcado pelas necessidades ordinárias, converteu-se em seu protagonista importante. O consumidor e a multidão sem feições, que passou a ser personagem na medida em que os mercados se dilataram, em termos regionais, nacionais e até internacionais, enquanto o mundo encurtou. Determinados bens e certas marcas, outrora circunscritas a regiões limitadas, adquiriram dimensões planetárias. Foi o fenômeno que levou o legislador a zelar pela defesa do consumidor, sujeito às formidáveis investidas da publicidade, capaz de virar a cabeça e o gosto de homens e mulheres nos quatro cantos do mundo e cuja vulnerabilidade no mercado de consumo é reconhecida expressamente pela lei, art. 4º, I, do Código.

4. Refletindo esse fenômeno, a Constituição proclama, no art. 5º, XXXII, que "o Estado promoverá, na forma da lei, a defesa do consumidor". É assim que ela se refere sempre. O consumidor foi a inspiração da lei e é a sua preocupação. Com perdão da tautologia, o Código de Defesa do Consumidor, Lei 8.078, de 11 de setembro de 1990, objetiva a defesa do consumidor. É o que ela diz desde a ementa. Ora, o vocábulo tem sentido unívoco, na linguagem popular, na dicção econômica, na fraseologia jurídica. É a pessoa que, na satisfação de suas necessidades, serve-se de bens ou de serviços. Até na linguagem legal, pois, se não é recomendável a formulação de conceitos pela lei, o certo é que ela o fez, dizendo que consumidor "é toda pessoa, física ou jurídica, que adquire ou utiliza, produto ou serviço como destinatário final", a ele equiparando "a coletividade de pessoas, ainda que indetermináveis, que haja intervindo nas relações de consumo", art. 2º.

5. Como se vê, a lei tem como escopo a defesa do consumidor enquanto tal e não de outras pessoas em outras situações. "Como destinatário final", diz a lei, e diz bem, porque o consumo é o termo final do processo econômico, que se inicia com a produção. A lei se destina a proteger o consumidor de bens, especialmente no que tange à quantidade dos bens adquiridos, a sua qualidade e ao seu preço.

6. Por ser a fase final do processo econômico, o consumo é estudado precipuamente pela Economia Política. Ao magistério de Carlos Galves recorro para com o ilustre professor dizer: "tendo sido produzidos, os bens econômicos são postos à disposição dos indivíduos, que com eles vão satisfazer suas necessidades pessoais. (...) Consumo é a utilização de coisas e serviços na satisfação direta de necessidades humanas. Na maioria dos casos, o consumo importa no desaparecimento, ou na transformação, imediatos, da coisa ou do serviço, nessa satisfação: a comida, o cigarro, a diversão. Outras vezes, o bem de consumo só desaparece depois de um uso repetido: a roupa, o automóvel etc. As classes de bens de consumo não-duráveis e bens de consumo duráveis atendem a esse fenômeno, que aliás tem efeitos diferentes na atividade da economia. É de notar que, na produção, também se usam coisas e serviços que desaparecem, ou são transformados, no processo produtivo, a maior ou menor prazo. Mas isso não autoriza, evidentemente, a dizer que consumo e produção sejam a mesma coisa: no consumo, os bens usados são, sempre, finais, acabados, e têm o destino próprio de satisfazer, diretamente, uma necessidade do homem. Todos os bens que servem para o consumo – os bens consumíveis – se distribuem em algumas destas categorias de necessidades: 1) alimentação; 2) vestuário; 3) habitações; 4) serviços. Essas categorias abarcam todos os tipos de consumo que podem ocorrer", *Manual de Economia Política*, 5ª ed., 1976, v. II, ns. 458 e 459, pp. 337 e 338.

7. A lei de defesa do consumidor, como seu nome está a dizer, objetiva a proteção da pessoa que busca a satisfação direta das suas necessidades, no que diz respeito à alimentação, vestuário, habitação, transporte, luz, água, telefone, diversão, lazer ... mas não tem aplicação a todos os possíveis conflitos do convívio humano, nem autoriza uma operação global sobre todas as atividades sociais, como não transforma o Ministério Público numa espécie de Visitador Geral do Santo Ofício.

8. A lei é específica e cuida de proteger o consumidor enquanto tal, naquilo que ele tem de empregar para satisfazer suas necessidades diretas de ser humano, como destinatário final, para repetir as palavras da lei, dos bens a consumir.

9. É forçoso reconhecer que as operações bancárias não dizem respeito ao consumo, nem são consumidores os que celebram com os bancos operações bancárias, sendo desse modo personagens estranhas à lei de defesa do consumidor. As operações bancárias se processam mediante contratos bancários; segundo a lição dos tratadistas, estes formam o esquema jurídico da operação bancária, que é todo acordo para constituir, regular ou extinguir uma relação que tenha por objeto uma operação bancária, Garrides, *Contratos Bancários*, 1958, p. 32; J. X. Carvalho de Mendonça, por sua vez, nota que "as relações entre os bancos e os clientes são essencialmente contratuais", *Tratado de Di-*

reito Comercial, 4ª ed., 1947, VI, III, n. 1.427, p. 142.

10. Ora, no magistério dos autores e na prática diuturna do tráfico mercantil, são contratos bancários o depósito, a conta corrente, o cheque, o empréstimo, a abertura de crédito, o crédito documentário, o desconto, a antecipação bancária, a custódia de títulos, a cobrança de títulos, o câmbio, Carvalho de Mendonça, ob. cit., VI, III, ns. 1.425 e 1.551; Pontes de Miranda, *Tratado de Direito Privado*, v. 52, 1966, §§ 5.412 a 5.452, Garrides, ob. cit., *passim*; Nelson Abrão, *Curso de Direito Bancário*, 1988, *passim*; Covello, *Contratos Bancários*, 1991, *passim*.

11. Quem quer que celebre qualquer desses contratos não é consumidor de coisa alguma, nem os contratos importam em consumo de bens ou na fruição de serviços relativos a necessidades humanas. E por maior que seja a extensão que se possa dar aos vocábulos *consumo* e *consumidor* a eles não se podem assimilar os contratos bancários.

12. Aplicar a lei de defesa do consumidor a quem celebra contratos bancários soaria tão estranho como a aplicação do Código Penal a crianças. O Código Penal é inaplicável à criança porque os menores impúberes não podem infringir suas normas; o Código de Defesa do Consumidor não tem aplicação aos agentes de operações bancárias porque estas não cuidam do consumo e não envolvem consumidores. Por motivos semelhantes, o Estatuto da OAB não se aplica aos médicos, como a lei que regula o exercício da Medicina não se aplica aos engenheiros, arquitetos e agrônomos, assim como nenhuma delas se aplica aos cléricos. *Mutatis mutandis*, é o que ocorre quanto à lei de defesa do consumidor e as operações bancárias e seus agentes. Situam-se em planos diferentes. No mercado de consumo não há lugar para operações de crédito e nestas para aquele.

13. No amplo espectro do processo econômico, a operação bancária e a relação de consumo encontram-se em patamares distintos e distantes. O consumo supõe a existência de bens produzidos e em condições de serem consumidos, situa-se no termo final do processo, que acaba com ele, enquanto as operações bancárias têm seu endereço voltado à produção de bens, os quais tanto se destinam ao consumo, como a servir de meio para a produção de novos bens e serviços. O bem que venha a ser utilizado como insumo não é consumido, mas utilizado como elemento ou ingrediente de produção. São inconfundíveis, assim, os bens aptos a produzir novos bens e os aptos ao consumo por parte de seus *destinatários finais*, para repetir as palavras da lei. Aqueles são instrumentais ou intermediários; estes são derradeiros e têm no consumo a sua destinação.

14. Essa distinção, que a ciência econômica conhece, Carlos Galves, ob. cit., I, n. 71, p. 67, também é reconhecida pela lei ao distinguir o fornecedor do consumidor. Enquanto este, como destinatário final, serve-se de bens produzidos para satisfação de suas necessidades, serve-se aquele de bens igualmente produzidos mas para produzir outros bens. O empresário que adquire maquinaria para a sua tecelagem e com ela passa a produzir melhores tecidos, não pratica ato de consumo, mas de investimento, e a maquinaria com que modernizou sua fábrica foi insumo novo inserido na produção de bens de consumo e que, como tais, serão consumidos pelos consumidores.

15. Parece-me de uma certeza certa que a lei de defesa do consumidor não envolve negócios bancários, nem poderia abrangê-los, pois neles não há consumo, nem consumidor; na ciência econômica, as operações bancárias situam-se em pólo oposto ao do consumo, como demonstrado por Geraldo Camargo Vidigal, *Teoria Geral do Direito Econômico*, ns. 188, 268 e 273, e no mesmo plano que o comércio, os transportes, os seguros, a propaganda ... Outro mundo que não o do consumo.

16. Definem-se as instituições financeiras como agentes econômicos, cuja atividade que tem por objeto a coleta, a intermediação e a aplicação dos recursos monetários próprios ou de outrem. São, numa palavra, intermediários na circulação do dinheiro, Lei 4.595, art. 17, donde Pontes de Miranda ter acentuado: "o que caracteriza a atividade bancária e a função de intermediariedade na circulação do dinheiro", ob. cit., v. 52, § 5.412, p. 3.

17. Qualquer pessoa, mesmo não tendo formação econômica ou jurídica, sabe que tais operações não podem ser tratadas como operações de consumo, porque de consumo não são e com ele nada têm de comum. E a elas, obviamente, não pode aplicar-se a lei de defesa do consumidor ...

18. Tenho como certo que entre o consumidor assim definido por lei, e o cliente de um banco, enquanto tal, não há identidade, nem semelhança, da mesma forma que entre o consumo e o contrato bancário. Operações bancárias ou operações de crédito não dizem respeito ao consumo; ao contrário, envolvem aplicação de reservas poupadas, exatamente do que sobejou por não ter sido utilizado no consumo, ou seja, na satisfação de necessidades.

19. Bastaria esta consideração para que afastasse, como afasto, a interferência do Ministério Público na fiscalização da atividade específica dos bancos, os quais de resto, estão sujeitos à disciplina onímoda do Banco Central, cujos poderes são tantos e tão vastos que chega a ser difícil mensurá-los e delimitá-los. E isto não é singularidade nacional. Na generalidade dos países, os respectivos bancos centrais exercem vasto poder sobre os bancos e a vida bancária, em todas as suas ramificações, poder delicado e altamente especializado.

20. Há outro dado, de natureza objetiva, que contribui para o esclarecimento cabal da matéria. São as Normas do Banco Central. Como se sabe, esta autarquia "legisla" e "legisla" copiosamente sobre toda a gama de situações relacionadas com a atividade bancária. Seus poderes são praticamente imensuráveis e é mais fácil questionar a legalidade de um ato do Presidente da Republica ou a constitucionalidade de uma lei, do que uma Resolução do Banco Central ou do Conselho Monetário Nacional, até porque a prestação jurisdicional não acompanha a velocidade legiferante desses órgãos.

21. Pois as Normas Gerais editadas pelo Banco Central distinguem, cartesianamente, (a) as operações bancárias propriamente ditas, (b) as operações bancárias acessórias e (c) os serviços bancários.

22. Com efeito, os bancos estão sujeitos à férrea disciplina imposta pela lei em favor do Banco Central. A este compete, privativamente, "fiscalizar as instituições financeiras e aplicar-lhes penalidades", art. 10, VIII, da Lei 4.595; autorizá-los a funcionar, instalar-se, transferir-se, transformar-se, fundir-se, encampar, realizar operações de câmbio, crédito e financiamento, prorrogar seus prazos de funcionamento, e até alterar os seus estatutos, art. 10, IX; não é tudo; cabe-lhe ainda estabelecer condições para a posse e o exercício de quaisquer cargos de administração em instituições financeiras privadas, assim como para o exercício de quaisquer funções em órgãos consultivos fiscais e semelhantes, art. 10, X. O Banco Central não apenas fiscaliza globalmente as instituições financeiras, como se intromete na intimidade mais íntima de sua atividade, chegando ao ponto de dispor até sobre o número de folhas que um talonário deve conter e que, independente de saldo médio, o banco é obrigado a fornecer mensalmente, a seus clientes ... Circular 1.769.

23. Quanto mais se esquadrinha a questão, mais nítido se torna, até chegar ao esplendor da evidência, que a lei de defesa ao consumidor é estranha por inteiro às operações bancárias e a elas inteiramente inaplicável.

24. Como se vê, os bancos estão submetidos a uma disciplina incontrastável por parte do Banco Central. A sujeição não tem paralelo em outra entidade. Admitir que, em nome da lei de defesa do consumidor, em suas atividades peculiares e específicas, estejam os bancos sujeitos a outro tipo de "controle", parece-me uma demasia. Mas além de uma demasia, quase diria, um desvario, seria uma robusta ilegalidade, uma vez que a fiscalização das instituições financeiras é da competência *privativa* do Banco Central, art. 10, *caput*, da Lei 4.595. Ora, privativa quer dizer com exclusão de qualquer outro. E óbvio que o Banco Central não pode sofrer a concorrência do Ministério Público na fiscalização dos bancos. Em lição clássica e incontroversa, acentuou Rui Barbosa: "A sinonímia de privativamente com exclusivamente e inegável. Privativamente quer dizer: com exclusão de outras pessoas; com exclusão de todos os mais; singularmente. Para mostrar esta equivalência, Bluteau põe exemplo na frase: "conceder-vos isto a vós privativamente", e a traduz em latim com esta outra: "Uni tibi id conceditur, coeteris omnibus exclusis" (*Vocabulário*, t. 6, p. 750). Isto é: concede-se-vos isto a vós, excluídos todos os demais", *Comentários à Constituição*, 1933, II, p. 210.

25. Nem mesmo por interpretação ou construção poder-se-ia chegar à conclusão que permitisse a convivência das duas fiscalizações, uma vez que o projeto de lei que veio a converter-se na lei de defesa do consumidor consignava essa atribuição ao Ministério Público, § 3º do art. 51, § 5º do art. 54, mas essas cláusulas foram vetadas, por inconstitucionais, e o Congresso Nacional aderiu ao entendimento adotado pelo Presidente da República. Sendo assim, o exegeta não pode, à evidência, deduzir solução explícita e formalmente excluída do projeto que se converteu em lei pela vontade formalmente declarada de dois Poderes da República.

26. Se as operações bancárias estivessem sujeitas à lei de defesa do consumidor, o Ministério Público poderia ajuizar a ação civil pública, mas desde que essas operações envolvem matérias por inteiro alheias ao consumo de bens ou à fruição de serviços que importem na satisfação direta de necessidades humanas, a elas não diz respeito a lei de defesa do consumidor e, por conseqüência, descabe a ação civil pública.

27. Dos mais antigos aos mais modernos, sem exceção, os dicionários relacionam o consumo e o consumidor com a destruição do bem consumido na satisfação de necessidades pessoais e não profissionais; é do *Dicionário da Academia Francesa* este esclarecimento: "épuiser une chose ou un être jusqu'à les reduire à rien, jusqu'à les détruire", "celui qui achéte des marchandises pour son usage, et non pour les revendre, par opposition a Producteur". E exemplificam os vocabulistas: a ferrugem consome o ferro; as chamas consomem os papéis; o fogo consome as matas; o incêndio consumiu o edifício.

28. De *Forcellini* ao *Aurélio*, todos, sem exceção, ligam as palavras consumo e consumidor à destruição dos bens consumidos. Por isto, referindo-se ao consumidor, a lei pode falar, e com propriedade, em "destinatário final"; o bem consumido é extinto, chega ao fim, deixa de existir. A destruição ou a extinção dos bens consumidos, é o que existe de mais diferenciado e distante das operações bancárias, especialmente ligadas à produção de bens exatamente com bens não consumidos, ou não utilizados e que por isso vão somar-se à poupança e com ela alimentar os recursos encaminhados aos bancos e por eles repartidos para a produção.

29. Vale a pena recorrer ao Bluteau, para quem consumir é "destruir alguma cousa, como o fogo que consome a lenha". Moraes, edição de 1823, não diz diferente; "o fogo consome a lenha", "o fogo de tudo consumidor"; na edição portuguesa de 1951, consumidor é o "que compra mercadorias, para uso próprio e não para o comércio". É o que a lei diz ao mencionar "como destinatário final". Por sua vez, o *Dicionário Jurídico ESPASA* de 1993, na voz consumidores, informa: "el término consumidor debe reservarse para el ciudadano en cuanto destinatario de bienes, y el término usuario, cuando es destinatario de servicios públicos".

30. Ora, o crédito não se consome e não é destruído; usado, deve ser restituído. A operação bancária não é objeto de consumo; é intermediária na produção de bens, bens que serão produzidos para, após, virem a ser consumidos. O consumo não se equipara, nem se assemelha, ao negócio bancário; um e outro se situam em distintas vertentes do processo econômico, de modo que me parece esdrúxulo pretender aplicar a lei de defesa do consumidor a operações bancárias, em tudo e por tudo estranhas ao consumo e ao consumidor.

31. O consumidor que a lei protege é o que se serve de bens e serviços para a satisfação de suas necessidades pessoais e não profissionais, não os vendendo nem os empregando na produção de outros bens. Por tudo não me parece judicioso incluir as operações bancárias, ou seja, a distribuição do crédito e a intermediação de recursos pecuniários, entre as relações de consumo que a lei cuida de proteger.

32. Quando dúvida pudesse haver a respeito, a elaboração legislativa do Código de Defesa do Consumidor oferece incomparável elemento elucidatório. É que o projeto de lei aprovado pelo Congresso Nacional a respeito da defesa do consumidor, continha no § 3º do art. 51 e no § 5º do art. 54, as seguintes disposições: "O Ministério Público, mediante inquérito civil, pode efetuar o controle abstrato e preventivo das cláusulas contratuais gerais, cuja decisão terá caráter geral" e "Cópia de formulário padrão será remetida ao Ministério Público, que, mediante inquérito civil, poderá efetuar o controle preventivo das cláusulas gerais dos contratos de adesão".

33. Ao negar a sanção a um projeto ou a parte dele, o Chefe do Poder Executivo convida o Legislativo, que elaborou o projeto de lei que vai à sanção, a reexaminar a matéria à luz das ponderações do veto, que são de inconveniência ou de inconstitucionalidade, ou seja, de natureza política ou jurídica. No caso, o Presidente alegou a inconstitucionalidade do projeto, uma vez que ele conferia atribuições ao MP com prejuízo do Poder Judiciário; o Congresso rendeu-se às ponderações do Presidente e acolheu as razões do veto. Do texto final do ato legislativo foram suprimidos os dois parágrafos antes reproduzidos. Importa isto em dizer que dois Poderes da República entenderam ser inconstitucional a norma projetada. O fato é inquestionável e o seu significado não pode ser ignorado nem menosprezado. Evidentemente, os textos abortícios não podem legitimar a ação do Ministério Público e servem, magnificamente, para aclarar os limites da sua ação.

34. O fato de competir ao Ministério Público "promover o inquérito civil e a ação civil pública para proteção do patrimônio público e social, do meio ambiente e de outros interesses difusos e coletivos", "expedir notificações nos procedimentos administrativos de sua competência, requisitando informações e documentos para instruí-los, na forma da lei complementar", "requisitar diligências investigatórias e a instauração de inquérito policial, indicados os fundamentos jurídicos de suas manifestações processuais", art. 129, III, VI e VIII, não enseja a sua interferência em assuntos explicitamente confiados a outros segmentos da administração, como os negócios bancários, entregues à disciplina do Banco Central, e precipuamente a assuntos que não dizem respeito ao consumo e que não envolvem o consumidor.

35. Poderia encerrar aqui o parecer. No entanto, há outras razões, igualmente ponderáveis, para chegar à mesma conclusão.

36. Como direito individual, a Constituição assegura "aos litigantes, em processo judicial ou administrativo, e aos acusados em geral o contraditório e a ampla defesa, com os recursos a ela inerentes", art. 5º, LV. A amplitude da regra não pode ser mais ampla. É global. Sua interpretação não sofre nem pode sofrer restrições. Nem a lei pode amesquinhá-la. Ora, o que a lei não pode fazer, muito menos poderá fazêlo quem pretende ser seu agente e em seu nome falar e agir. Não me parece que a autoridade alguma, ainda que da maior respeitabilidade, poder-se-á conferir tamanha soma de poderes, que vão desde a quebra do sigilo bancário, da requisição de papéis privados, da sua apreciação e julgamento, da alteração compulsória de cláusulas formais de negócios jurídicos celebrados, sob pena de sanções, até o ajuizamento de ação civil e ainda de ação penal. A extensão desses poderes, acumulados em uma só pessoa, não me parece se ajustem aos princípios expressos e implícitos da Constituição; antes os contrariam frontalmente. Como se pode falar em garantia do contraditório e ampla defesa, com os recursos a ela inerentes, se tudo fica concentrado nas mãos de uma só autoridade? O que a lei não pode fazer, *a fortiori*, o seu agente e operador não pode fazê-lo.

37. Sempre e repetidamente, a Constituição fala na defesa do consumidor. Em nenhum momento autorizou a criação de um superpoder que sobrepusesse aos próprios Poderes da República, por que se divide a soberania nacional. A defesa do consumidor, cuidadosamente prevista na Constituição, não pode servir de meio para a instituição de um sobrepoder capaz de intervir na vida e até na intimidade da pessoa, atuando como polícia, acusador, juiz de instrução e magistrado.

38. Se em relação a comissões parlamentares de inquérito, cujos poderes são os do próprio Poder Legislativo, Câmara dos Deputados, Senado Federal, Congresso Nacional, art. 53, §, da Constituição, as leis impõem cautelas quando se trata de papéis privados, não será exagero concluir que nenhuma autoridade possa requisitálos a seu arbítrio, notadamente quando a lei é expressa ao consignar o dever das instituições financeiras em guardar sigilo a respeito de suas operações, dever que elas têm em relação aos seus clientes, cuja intimidade é inviolável. "A relação jurídica entre o cliente e o banco é relação de confiança", notou Pontes de Miranda, ob. cit., v. 52, § 5.412, p. 5.

39. Aliás, esse entendimento vem se afirmando vigorosamente na jurisprudência. Como se sabe, o Ministério Público mais de uma vez pretendeu ter acesso direto e *ex-propria auctoritate* a contas bancárias e diante da resistência de gerentes de bancos, atentos à sua obrigação legal de guardar sigilo a respeito das operações bancárias, contra eles apresentou denúncia; mas o abuso de poder era manifesto e o processo criminal, já encetado, foi mortalmente ferido; o Superior Tribunal de Justiça, em sucessivos julgados, concedeu *habeas corpus* para, anulando o processo *ab initio*, libertar as pessoas da conspícua violência por terem cumprido a lei. Só o Poder Judiciário, em decisão fundamentada do juiz competente, pode levantar o sigilo bancário e nesse sentido é a jurisprudência do Superior Tribunal de Justiça, HC 1.290, de 16.9.91; HC 1.458, de 23.9.92; REsp.

21.898, de 2.2.94; REsp. 37.566, de 2.2.94; HC 2.019, de 13.4.94; HC 2.352, de 13.4.94. O contrário será "abuso de autoridade", como salientado no HC 2.019.

40. Ainda mais. Ainda que ao Ministério Público se reconheça as atribuições mais amplas e os poderes mais largos, o seu exercício não se dará, não poderá dar-se, senão com submissão às normas constitucionais, especialmente as constantes das declarações de direitos, que constituem limites intransponíveis à ação de qualquer autoridade, a começar pela do Presidente da República associado à do Congresso Nacional. Nenhuma lei poderá ser feita que viole a intimidade da pessoa, sua vida privada, honra e imagem, que são invioláveis, diz a Constituição, art. 5º, X, como inviolável é o sigilo de correspondência e das comunicações telegráficas, de dados e das comunicações telefônicas, art. 5º, XII. Operações bancárias se fazem por carta, telegrama, atualmente por telefone; ora, tudo isto é protegido, rigorosamente protegido pelo sigilo, admitindo a Constituição uma só exceção, relativamente às comunicações telefônicas, desde que para fins de investigação criminal ou de instrução penal, e só em tais casos o sigilo pode ser levantado, mas e ainda assim, sempre e exclusivamente, por ordem judicial, art. 5º, XII, *in fine*. Este o princípio fundamental, assegurado como direito individual. De outro lado, e segundo norma imemorial, Garrigues, ob. cit., pp. 49 e seguintes; Covello, ob. cit., pp. 48 a 50, o Banco tem o dever de manter sigilo quanto às suas operações com a clientela. A Lei 4.595 é expressa em seu art. 38: "as instituições financeiras conservarão sigilo em suas operações ativas e passivas e serviços prestados".

41. De outro lado, vale a pena salientar que mesmo as informações prestadas pelos bancos por determinação do Poder Judiciário revestir-se-ão, sempre, do caráter sigiloso que as instituições financeiras devem conservar em suas operações ativas e passivas e serviços prestados. É o que lê no § 1º, do art. 38, da Lei 4.595.

42. A questão pode ser vista sob outro ângulo, que me parece interessante e esclarecedor. Segundo a lei, o Banco Central, o Banco do Brasil e as instituições financeiras públicas prestarão informações ao Poder Legislativo, desde que aprovadas pelo plenário da Câmara ou do Senado, podendo solicitar sejam mantidas em reserva ou sigilo, havendo motivos relevantes, § 2º, do art. 38, da Lei 4.595. Já as instituições financeiras privadas têm tratamento diferente. As comissões parlamentares de inquérito, "no exercício de sua competência constitucional e legal de ampla investigação", podem solicitar informações necessárias ao desempenho de suas finalidades, mas os pedidos têm de ser aprovados pela maioria absoluta de seus membros, § 4º, do art. 38. Como se sabe, as comissões parlamentares de inquérito fazem as vezes das Casas do Parlamento e têm os mesmos poderes que elas têm, tanto assim que ao Supremo Tribunal Federal cabe o "controle" de seus atos, a despeito da Constituição ser omissa a respeito, mencionando apenas os atos das Mesas da Câmara dos Deputados e do Senado Federal, art. 102, I, *d*, MS 1959, RHC 32.678, *RDA*, v. 47, p. 286.

43. Relativamente a pessoas privadas, a assuntos privados, em linha de princípio, estão fora do poder investigatório do Congresso, Schwartz, *A Commentary on the Constitution of the United States*, 1968, I, ns. 44 e 47, e quanto a papéis privados a jurisprudência da Suprema Corte é discreta e só em casos muito especiais, necessários para elaboração de legislação adequada admite sua requisição, Schwartz, ob. cit., ns. 42, 44, 46, Francisco Campos, *Revista Forense*, v. 195, p. 83, ainda que as Comissões de Inquérito, volto a dizer, sejam o próprio parlamento em ação, para repetir Laudo de Camargo, *Revista Forense*, v. 151, p. 7, e tiram da Constituição os poderes congressuais que exercem, Francisco Campos, loc. cit., p. 78. Com maior razão o mesmo entendimento haveria de prevalecer quanto aos bancos e seus clientes, tanto mais quando sobre as suas relações impende o dever de sigilo.

44. Que significado teria a inviolabilidade da vida privada e da intimidade, bem como o sigilo das comunicações escritas e faladas, se os papéis privados da clientela fossem devassáveis ao líbito de uma autoridade, de resto, singular?

45. Se isto vale em relação a um Poder da República, não me parece judicioso se reconheça a um agente do Ministério Público, ainda que da maior respeitabilidade, pessoal e funcional, poderes de devassa na vida das pessoas, a despeito da Constituição proclamar, como direito individual, a inviolabilidade da vida privada e da intimidade. Não me parece seja uma interpretação discreta e adequada a que reconhece ou atribui a uma autoridade, seja ela qual for, poderes que o Presidente da República não tem, o Presidente do Congresso Nacional não possui, o Presidente do Supremo Tribunal Federal não ostenta. Poderes que, conjugados na mesma pessoa, tornariam ilusórios e falazes os direitos e garantias solenemente enunciados na Constituição. E tudo isto, volto a sublinhar, supostamente, sob o pálio da lei de defesa do consumidor e em seu nome.

46. Pois bem, se a própria comissão parlamentar de inquérito, cujos poderes são co-extensivos aos poderes do Poder Legislativo, Virga, *Le Inchieste Parlamentari*, 1951, n. 2, pp. 4 e 5, a despeito de sua natural e reconhecida amplitude, temnos limitados, pois, como disse o Chief-Justice Warren, em julgado histórico, *Watkins v. US*, "broad as is this power of inquiry, it is not unlimited", 354 US 178 e 187, especialmente no que diz respeito a papéis privados, não pode ser ilimitado o poder do Ministério Público, nem me parece razoável que ele possua poderes que se não reconhece à Câmara dos Deputados, ao Senado Federal e ao Congresso Nacional, ou seja, a um dos Poderes nacionais, ainda quando lhe caiba o poder geral de legislar e de investigar, sendo que, no tocante aos negócios públicos a cláusula seja expressa, "é da competência exclusiva do Congresso Nacional fiscalizar e controlar, diretamente, ou por qualquer de suas Casas, os atos do Poder Executivo, incluídos os da administração indireta", art. 49, X.

47. É elementar que os bancos além de suas operações peculiares ao ramo de atividade econômica, prestam serviços, que se não confundem com aquelas. Serviços da maior utilidade, como o pagamento nos dias certos, das contas de luz, água, telefone, prestação da casa, impostos, seguro saúde, mensalidades escolares ... serviços utilíssimos e geralmente gratuitos e que, obviamente, não são operações bancárias e poderiam, como podem, ser prestados por pessoas estranhas ao sistema bancário. Qualquer pessoa, sem ser banqueiro ou exercer atividade bancária, pode organizar um serviço para esse fim. O Banco Central, nas suas "Normas", distingue esses serviços das operações bancárias propriamente ditas, bem como das acessórias. Isto, de resto, não é de hoje. Muito antes do Banco Central editar suas "Normas", e muito antes dele existir, Carvalho de Mendonça dava notícia dessa prática com que os bancos procuram atrair a clientela, bem servindo-a, prática que o insigne comercialista entronca no velho Regulamento 737, de 1850, "as operações bancárias acessórias, ou subsidiárias, complementares da atividade econômica própria dos bancos, não revestem o caráter de operações qualificativas do tráfico bancário, visto não se prenderem às funções de intromissão entre os que têm e os que precisam de capitais. São serviços complementares que os bancos prestam em vantagem da sua clientela, ainda que aufiram lucros. ... Quem se dedicasse ao exercício exclusivo dessas operações não teria a qualidade jurídica de banqueiro, porque não serviria de intermediário de crédito", *Tratado*, VI, III, ns. 1.552 e 1.553, pp. 242 e 243. Entendo que a esse tipo de serviço pode referir-se a lei de defesa do consumidor, em seu art. 3º, § 2º, ao dispor "serviço é qualquer atividade fornecida no mercado de consumo, mediante remuneração, inclusive de natureza bancária, financeira, de crédito e securitária, salvo as decorrentes das relações de caráter trabalhista". Ainda que, observo, boa parte desses serviços seja prestada sem remuneração, pois a vantagem que o banco aufere é indireta, uma vez que o cliente deve manter saldo suficiente em sua conta corrente para enfrentar essas despesas que se renovam mês a mês. Pode referir-se, volto a dizer, na medida em que estiver vinculado o serviço a uma relação de consumo.

48. Note-se, por derradeiro, que a Constituição dispõe em seu art. 48, XIII, "cabe ao Congresso Nacional, com a sanção do Presidente da República, ... dispor sobre todas as matérias de competência da União, e especialmente sobre ... instituições financeiras e suas operações". Operações, não alude a serviços, embora se saiba que além de seus específicos negócios de intermediação de dinheiro, os bancos são expressamente autorizados pelo Banco Central a prestar serviços diversos, aliás, da maior utilidade, porque esses serviços são prestados pelos bancos não por serem bancos, mas porque foram autorizados a prestá-los, pelo Banco Central.

49. São estas as razões que fundamentam a resposta à primeira questão formulada na consulta, e às que se lhe seguem, com ela intimamente entrelaçadas. Entendo ser inaplicável às operações bancárias a lei de defesa do consumidor, pois não se trata nem de consumidor, nem de consumo, e, por via de conseqüência, entendo que falece ao Ministério Público legitimidade para instaurar a ação civil pública.

50. A despeito da forma analítica com que foram formuladas, as perguntas podem ser respondidas de maneira sintética. É o que passo a fazer: (a) Tenho como certo que as operações bancárias são estranhas à disciplina da lei de defesa do consumidor, dado que elas não se subsumem no mundo do consumo. (b) Por conseguinte, a lei de defesa do consumidor não autoriza e não pode autorizar a interferência do Ministério Público na apreciação e até no julgamento de cláusulas contratuais relativas às aludidas operações, seja mediante inquérito civil, seja por intermédio de ação civil pública. (c) A este respeito, o veto oposto ao § 3º do artigo 51 e ao § 5º do artigo 54 do projeto de lei que veio a converter-se na Lei 8.025, é altamente esclarecedor no sentido de confirmar o entendimento exposto, mas este seria o mesmo ainda quando os parágrafos em causa não tivessem sido inseridos no projeto de lei e dele não tivessem sido expurgados pelo veto e seu acolhimento pelo Congresso. (d) Na generalidade dos países a atividade bancária é fiscalizada pelo Banco Central. Também no Brasil a ele compete, privativamente, a fiscalização bancária em seu sentido mais amplo, bem como a aplicação de sanções. Privativamente quer dizer com exclusão de todos os mais. A experiência geral se explica e justifica pela especificidade bancária no mundo dos negócios a demandar fiscalização especializada. (e) Esta exegese é confirmada pela comparação com as condições e limitações pacificamente aceitas e consagradas na prática das instituições, mesmo envolvendo atribuições dos Poderes da República. (f) Não me parece tenha conteúdo jurídico e efeito útil "compromisso" porventura assumido em função de ato coercitivo claramente ilegal. (g) Cláusulas constitucionais, assecuratórias de direitos e garantias, não podem ser tratadas com a adoção dos critérios pretendidos e que teriam por suposto fundamento a lei de defesa do consumidor. (h) Resposta negativa, às demais indagações.

Este o meu parecer.

CONCESSÃO DE SERVIÇO PÚBLICO – GARANTIAS EXIGÍVEIS DOS PROPONENTES – LEGISLAÇÃO APLICÁVEL

ADILSON ABREU DALLARI
Professor Titular de Direito Administrativo
da Pontifícia Universidade Católica de São Paulo

Consulta

A empresa consulente sagrou-se vencedora de concorrência aberta para a concessão de todo um sistema viário, incluindo a operação das rodovias já existentes e a construção de um novo trecho.

Além da consulente, participaram do certame mais 16 (dezesseis) consórcios. Nenhum dos concorrentes questionou as garantias solicitadas no edital.

A empresa consulente, que concorreu sozinha, em termos de expressão econômica, era de menor porte, com relação aos outros participantes.

Não obstante, ela preencheu todos os requisitos do edital e tem efetivas condições para assinar o contrato posto em disputa.

Entretanto, dando provimento (em grau de recurso) a denúncia formulada por terceiros, no sentido de que as garantias exigidas no edital seriam excessivas, o Tribunal de Contas do Estado de São Paulo decidiu julgar ilegal o edital da concorrência em questão.

Diante disso, a empresa consulente formula as seguintes indagações:

1. Qual a legislação disciplinadora das garantias nas concorrências para a concessão de obras públicas?

2. O que caracteriza o excesso ou o abuso no tocante à exigência de garantias?

3. Houve ou não houve exigência abusiva ou excessiva de garantias na licitação realizada para a concessão do Sistema Rodoviário Anhangüera-Bandeirantes?

Parecer

I – Os editais

A concorrência em exame desenvolveu-se em duas fases, cada uma delas objeto de um edital, sendo a primeira fase de pré-qualificação e a segunda fase de julgamento das propostas apresentadas pelas empresas e consórcios que lograram obter qualificação.

O primeiro edital, de pré-qualificação, descrevia cuidadosamente o objeto da futura concessão do Sistema Rodoviário Anhangüera-Bandeirantes, pelo prazo de 20 anos, especificando os serviços que seriam delegados.

Esta especificação é extremamente importante para a questão especificamente em exame, pois as garantias requeridas pelo edital visavam assegurar o perfeito funcionamento do sistema, abrangendo tanto as funções delegadas quanto o pagamento das importâncias devidas pelo concessionário ao concedente.

De acordo com o edital, os serviços delegados são de três espécies: a) serviços concernentes a funções operacionais (operação dos pedágios, pesagem de veículos, suporte à fiscalização, apoio aos usuários, sinalização, monitoração das condições de tráfego, e outras, inclusive a coordenação de eventos e atividades envolvendo outras entidades, tais como polícias civil e militar, bombeiros, órgãos do meio ambiente, órgãos federais, estaduais e municipais, no sistema rodoviário, sempre que a situação exigir; b) serviços correspondentes a funções de conservação (de rotina, especial – incluindo recapeamento – e de emergência); e c) serviços correspondentes à ampliação (prolongamento da Rodovia dos Bandeirantes, implantação e renovação das praças de pedágio e pesagem, implantação do sistema de pedágio eletrônico, implantação do sistema de pesagem dinâmica, implantação de dispositivos de segurança e outros, inclusive implantação de paisagismo).

Note-se, pois, desde já, que se trata de algo bastante complexo, compreendendo o recebimento e o uso de bens públicos, a construção de trechos rodoviários, a implantação de serviços correspondentes a tecnologias ainda inexistentes no Brasil, assim como o relacionamento com particulares usuários, agentes públicos de todos os níveis de governo etc. Nada disso se compara a um contrato de execução de obra pública ou de prestação de um serviço instrumental à administração pública.

Evidentemente, por se tratar de algo inusitado, extremamente complexo, incidindo diretamente sobre os usuários e por logo tempo é que o segundo edital (destinado a apreciação da metodologia de execução e da proposta financeira) foi cauteloso no estabelecimento de garantias, que são de diferentes ordens e de diferentes finalidades.

Em primeiro lugar, dado que a empresa ou consórcio vencedor da concorrência deverá constituir uma empresa especificamente destinada a operar o complexo de obras e serviços concedidos (uma SPC – *special purpose company* – que seria a verdadeira concessionária), cuidou-se de assegurar a saúde financeira dessa futura empresa, motivo pelo qual o item 4.4.4. do edital exige uma garantia de integralização do capital subscrito. Note-se que isto é uma peculiaridade da concessão; não existe nos contratos de obras ou serviços prestados à administração pública. De todo modo, não se trata de um ônus da concessionária, mas sim dos seus acionistas.

Em segundo lugar, como o concessionário deve efetuar o pagamento de determinadas quantias ao concedente, consta do item 11.3. do edital a previsão de garantia desses valores. Esta garantia destina-se a cobrir eventuais inadimplências no tocante a tais pagamentos. Trata-se de garantia relacionada à parte econômica do contrato.

Em terceiro lugar, o item 13.1. cuida de coisa diversa, qual seja, a "garantia específica do exato e pontual cumprimento das obrigações decorrentes do CONTRATO, relacionados com o desenvolvimento das atividades abrangidas pela exploração da CONCESSÃO". Trata-se de garantia diretamente relacionada com a parte dita regulamentar do contrato, referida ao complexo de obras e serviços delegados. O item 13.3. fixa esta garantia em 10% (dez por cento) do valor do contrato.

Em quarto lugar, dada a possibilidade da contratação pela Concessionária (a futura empresa) de serviços de terceiros para executar algumas funções, o item 13.8. estipula que estes terceiros deverão oferecer garantias à Concessionária. Não se trata, pois de ônus da Concessionária, mas, sim, de terceiros.

Em quinto e último lugar, o item 21.4. do edital estabelece uma garantia de celebração do contrato. Isto, além de não ser um ônus da Concessionária, é algo temporário, pois cessa com a simples assinatura do contrato, não incidindo sobre o futuro contrato.

Em síntese, as únicas garantias que representam ônus para a Concessionária são duas: aquela referente ao pagamento das importâncias devidas ao concedente e, a outra, de garantia de execução do contrato.

O fulcro está em que esta última garantia foi fixada no valor máximo (10%) previsto na Lei n. 8.666/93, motivo pelo qual o TCE entendeu que a outra garantia (a de pagamento) seria excessiva, a ponto de justificar a nulidade do edital e da decorrente licitação.

Tal entendimento é deveras inaceitável, conforme se demonstrará.

II – A questão perante o Tribunal de Contas do Estado de São Paulo

O edital foi objeto de representação apresentada pela Comissão de Meio Ambiente da Subseção de Campinas da OAB e por 31 Deputados Estaduais. Deixando de lado o fato de que a Comissão de Meio Ambiente da Subseção de Campinas da OAB não tem personalidade jurídica e não poderia ter formulado representação alguma, cabe apenas registrar que esse órgão da administração pública federal suscitou questões ambientais (que já foram resolvidas) e denunciou a exigência de garantias excessivas como um "jogo de cartas marcadas". Os ilustres Deputados Estaduais também enfocaram a questão do excesso de garantias como forma de proteger os grandes grupos empresariais, prejudicando empresas menores, que poderiam eventualmente formular melhores propostas.

Assim não entendeu o Egrégio Tribunal de Contas, que, numa primeira apreciação recusou-se a conceder medida liminar para sustar o prosseguimento da licitação e que, decidindo a questão substancial, determinou o arquivamento da denúncia, pelas razões constantes do substancioso voto do Conselheiro Edgard Camargo Rodrigues, do qual cabe destacar as seguintes passagens:

"Improcedem, por outro lado, as críticas levantadas às garantias, exigidas, acoimadas de excessivas e limitadoras de um universo mais amplo de participantes do certame.

"Com efeito, se alguma certeza pode, por antecipação, emergir dos fatos narrados, dentro de um contrato, que se projeta para o milênio vindouro, sujeito a toda sorte de vicissitudes que costumam recair sobre as atividades pioneiras, é a da necessidade do estabelecimento de um bem estruturado sistema de garantias.

"Deve o Poder concedente cercar-se em respeito ao inestimável interesse público envolvido, dos cuidados indispensáveis à proteção do patrimônio a ser temporariamente colocado aos cuidados da iniciativa privada, assim como à satisfatória execução das obras e serviços necessários a implementação do projeto.

"É bem de ver que as garantias exigidas dirigem-se, uma a caucionar a execução das obras e serviços, limitando seu valor segundo os exatos termos do artigo 56 da Lei 8.666/93 em relação ao custo estimado da contratação; outra, de natureza diversa, recai sobre a obrigação de pagamento, pela Concessionária, do valor devido ao Estado. A terceira modalidade não se destina à Concessionária mas aos seus acionistas, de sorte que laboram em equívoco os denunciantes quando a acrescentam às anteriores, porque de encargo do licitante não se trata.

"De qualquer forma, como se vê, não há falar em excesso de garantias ou, menos ainda, em estreitamento do universo de concorrentes por alteração das condições estabelecidas entre a primeira e a segunda fase do Edital, já que não constitui nenhum segredo o fato de que essas garantias, nas concessões de serviços públicos, destinam-se a assegurar a viabilidade de um negócio muito mais amplo e complexo do que as meras execuções de obras e serviços."

Nesse ilustrado e lúcido voto, o Conselheiro Edgard Camargo Rodrigues descarta de uma vez qualquer questionamento a respeito das garantias exigidas dos acionistas e destaca a diversidade das garantias que poderiam ser eventualmente questionadas, salientando que, quanto a estas, uma (a de pagamento) não é abordada pela Lei de Licitações, e que a outra (de garantia de execução do contrato) se ateve aos limites legais.

Diante desses irrefutáveis argumentos os formuladores da representação inicial se conformaram, exceto um único Deputado, que apresentou recurso.

Tal recurso, formulado pelo Deputado Sylvio Martini em 36 páginas, à primeira vista impressiona, mas, substancialmente, se esvazia, pois não aponta um único fato ou indício de favorecimento a quem quer que seja e, quanto ao direito, no que diz respeito à questão suscitada na representação inicial, se resume a sustentar que, como a Lei n. 8.987/95 não disciplinou de maneira diferente a questão do limite das garantias, o contrato de concessão também deve observar o limite máximo de 10 % do valor do contrato previsto na Lei n. 8.666/93. Como esse limite foi excedido, o edital, em seu entender, estaria viciado e deveria ser anulado em razão do excesso de garantias.

O argumento jurídico invocado é elementar, agride a letra da lei, é totalmente assistemático e evidentemente falacioso, colocando à mostra o claro propósito de embananar a licitação, por razões puramente ideológicas (oposição à privatização em si mesma).

Ora, por esse raciocínio, em nome da coerência, teríamos que concluir que o prazo da concessão não poderia ser superior a sessenta meses, pois esse é o máximo permitido pelo art. 57, II, da Lei n. 8.666/93, e a Lei n. 8.987/94 (identicamente ao que ocorre com as garantias) não estabelece outra disciplina.

Surpreendentemente, o recurso foi provido, contra o solitário mas extremamente honroso voto do Conselheiro Edgard Camargo Rodrigues, que, coerentemente, manteve a posição sustentada em primeira instância e parcialmente acima transcrita.

O Egrégio Tribunal de Contas do Estado de São Paulo decidiu julgar ilegal o edital da concorrência em exame "por considerar extrapolado o limite de garantia estipulado no artigo 56, § 3º, da Lei n. 8.666/93".

Tal decisão, é forçoso dizer, não engrandece aquele Tribunal, pois não se sustenta à luz da legislação e da doutrina.

III – A legislação vigente

A apreensão do verdadeiro significado das normas jurídicas exige algo mais do que a simples capacidade de ler seu texto. É preciso ter, indispensavelmente, capacidade para sopesar o impacto de cada norma isolada no contexto ao qual ela pertence. É preciso ter, ao mesmo tempo, acuidade lógica e sensibilidade jurídica, sem abrir mão do simples bom senso, conforme esta magnífica síntese de Carlos Maximiliano:

"Deve o Direito ser interpretado inteligentemente: não de modo que a ordem legal envolva um absurdo, prescreva inconveniências, vá ter a conclusões inconsistentes ou impossíveis. Também se prefere a exegese de que resulte eficiente a providência legal ou válido o ato, à que torne aquela sem efeito, inócua, ou este, juridicamente nulo" (*Hermenêutica e Aplicação do Direito*, Editora Forense, 1984, p. 166).

Existem vários métodos interpretativos, dos mais simples aos mais sofisticados. A interpretação literal também é válida, quando suficiente, e não pode ser desprezada, mas é sempre indispensável que se proceda a uma análise sistemática, para aferir a plausibilidade ou a coerência daquilo que aflora à primeira vista.

Assim é que se passará, agora, ao exame do tratamento legal dado à questão das garantias nos contratos administrativos, atentando para a lição de Juarez Freitas:

"Destarte, assumindo uma ótica ampliativa e mais bem equipada, a interpretação sistemática deve ser definida como uma operação que consiste em atribuir a melhor significação, dentre várias possíveis, aos princípios, às normas e aos valores jurídicos, hierarquizando-os num todo aberto, fixando-lhes o alcance e superando antinomias, a partir da conformação teológica, tendo em vista solucionar os casos concretos" (*A Interpretação sistemática do Direito*, Malheiros Editores, 1995, p. 54).

A necessidade de uma interpretação sistemática (que não se confunde com um mero jogo de palavras) fica evidente quando se começa a examinar a Lei n. 8.666/93, que, em seu art 3º, §1º, I, proíbe consignar no edital condições que restrinjam o caráter competitivo da licitação. Ora, toda e qualquer condição implica, necessariamente, uma restrição. Toda e qualquer condição que se estabeleça, sempre restringirá o universo de proponentes. Como resolver esse impasse? Pela interpretação inteligente e sistemática, no sentido de que são vedadas condições puramente restritivas, feitas para restringir, sem qualquer relação de pertinência com o objeto licitado.

Assim deve ser examinada a questão das garantias.

No caso, deve-se perguntar, inicialmente, se o objeto licitado corresponde aos objetos cuja licitação é disciplinada pela Lei n. 8.666/93. O edital em exame se refere a um complexo de obras e serviços, sendo, portanto, forçoso verificar se tais obras e serviços correspondem ao que a referida lei entende como tal, o que se fará pela leitura dos conceitos constantes do art. 6º da mencionada Lei:

"I – Obra – toda construção, reforma, fabricação, recuperação ou ampliação, realizada por execução direta ou indireta;

II – Serviço – toda atividade destinada a obter determinada utilidade de interesse para a Administração, tais como: demolição, conserto, instalação, montagem, operação, conservação, reparação, adaptação, manutenção, transporte, locação de bens, publicidade, seguro ou trabalhos técnico-profissionais;

(...)

VII – Execução direta – a que é feita pelos órgãos e entidades da Administração, pelos próprios meios;

VIII – Execução indireta – a que o órgão ou entidade contrata com terceiros sob qualquer dos seguintes regimes:

a) empreitada por preço global – quando se contrata a execução da obra ou do serviço por preço certo e total;

b) empreitada por preço unitário – quando se contrata a execução da obra ou do serviço por preço certo de unidades determinadas;

c) (vetado)

d) tarefa – quando se ajusta mão-de-obra para pequenos trabalhos por preço certo, com ou sem fornecimento de materiais;

e) empreitada integral – quando se contrata um empreendimento em sua integralidade, compreendendo todas as etapas das obras, serviços e instalações necessárias, sob inteira responsabilidade da contratada até a sua entrega ao contratante em condições de entrada em operação, atendidos os requisitos técnicos e legais para sua utilização em condições de segurança estrutural e operacional e com as características adequadas às finalidades para que foi contratada;"

Tais conceitos permitem aferir, de imediato, que essa lei disciplina, precipuamente, os contratos feitos pela Administração com terceiros, para que estes prestem ou realizem para ela (Administração) certos serviços ou determinadas obras. São disciplinados por essa Lei os contratos de natureza instrumental, necessários ao desenvolvimento das atividades-meio da Administração.

Os serviços objeto da licitação em exame são de outra natureza. Não são instrumentais, mas, sim, correspondem a finalidades da Administração voltadas diretamente para a satisfação de interesses da coletividade, atendendo ao que Celso Antônio Bandeira de Mello chama de serviços públicos:

"Serviço público é toda atividade de oferecimento de utilidade ou comodidade material fruível diretamente pelos administrados, prestado pelo Estado ou por quem lhe faça as vezes, sob um regime de direito público – portanto consagrador de prerrogativas de supremacia e de restrições especiais – instituído pelo Estado em favor dos interesses que houver definido como próprios no sistema normativo" (*Curso de Direito Administrativo*, 8ª edição, Malheiros Editores, 1996, p. 405).

Os serviços disciplinados pela Lei n. 8.666/93 são aqueles que particulares prestam para a Administração. Os serviços em exame são aqueles que a Administração presta aos particulares. Quem ignorar essa distinção estará trafegando na contra-mão.

No caso, como se trata de escolher uma empresa que deverá atuar em lugar da Administração (para prestar serviços à coletividade em geral), configura-se o instituto da "concessão", tal como conceituado pelo mesmo renomado mestre:

"Concessão de serviço público é o instituto através do qual o Estado atribui o exercício de um serviço público a alguém que aceita prestá-lo em nome próprio, por sua conta e risco, nas condições fixadas e alteráveis unilateralmente pelo Poder Público, mas sob garantia contratual de um equilíbrio econômico-financeiro, remunerando-se pela própria exploração do serviço, em geral e basicamente mediante tarifas cobradas diretamente dos usuários do serviço" (Celso Antônio Bandeira de Mello, ob. loc. cits., p. 427).

Obviamente, não se pode dar à concessão de serviço público o mesmo tratamento dado ao simples contrato de prestação de serviço, pois isso seria dar soluções uniformes para problemas diferentes.

Por exemplo, criticou-se alhures o fato de que, no caso em exame, o contrato prevê a indexação das tarifas. Ora, as tarifas, na concessão, dispõem de uma proteção bastante superior ao dos preços nos contratos instrumentais, dado que estão apoiadas por princípios constitucionais muito mais robustos que a simples regra da manutenção do equilíbrio econômico financeiro do contrato, conforme a brilhante demonstração de Caio Tácito:

"A insuficiência tarifária importa a lenta, mas inexorável, erosão do capital, em detrimento da integridade econômica da empresa.

"É forma sub-reptícia de confisco da propriedade, sem indenização" (*Direito Administrativo*, Editora Saraiva, 1975, p. 247).

Aliás, a questão do equilíbrio econômico-financeiro na concessão é mais relevante do que no simples contrato de prestação de serviços instrumentais, pois se relaciona diretamente com algo fundamental à prestação de serviços públicos, que é a sua continuidade, conforme aponta Maria Sylvia Zanella Di Pietro:

"Hoje, é pacificamente aceita a idéia de que o equilíbrio econômico-financeiro constitui-se em direito do concessionário e esta idéia está tão arraigada na doutrina e na jurisprudência, que tal direito seria reconhecido ainda que não previsto em lei ou no contrato. Isto porque a teoria do equilíbrio econômico baseia-se em princípios maiores, que independem de previsão no direito positivo:

"a) o princípio da eqüidade, que impede que uma das partes experimente locupletamento ilícito em detrimento da outra;

"b) o princípio da razoabilidade, que exige proporção entre o custo e o benefício;

"c) o princípio da continuidade do contrato administrativo, que determina a manutenção do equilíbrio econômico-financeiro indispensável para assegurar a continuidade do contrato;

"d) o princípio da indisponibilidade do interesse público, pois, se o contrato é necessário para atender a alguma necessidade imperiosa da Administração, a esta incumbe assegurar sua continuidade, recompondo o equilíbrio econômico-financeiro do contrato" (*Parcerias na Administração Pública*, Editora Atlas, 1996, pp. 61 e 62).

Da mesma forma que o equilíbrio econômico financeiro, a questão das garantias deve ter uma abordagem diferente quando se cuida de concessão de serviço público. Neste caso, a proteção deve ser maior, pois o que está em risco é a própria continuidade do serviço posto em benefício direto da comunidade. O legislador foi inteligente, percebeu isso e efetivamente possibilitou um tratamento mais adequado da matéria.

A Lei n. 8.666/93 já contempla a necessidade de se atribuir tratamento diferenciado mesmo aos contratos instrumentais, segundo o seu vulto e relevância. Assim é que ela consigna três diferentes limites de garantias. Em seu art. 31, § 3º, ela estabelece a regra geral, para todos os contratos, no sentido de que as garantias das propostas devem ser limitadas a 1% (um por cento) do valor estimado do contrato. Em seu art. 56, § 2º, ela eleva esse limite para 5% (cinco por cento), para garantia de contratos de obras, serviços e compras. Finalmente, no § 3º desse mesmo artigo, eleva o limite para 10% (dez por cento), exclusivamente para contratos de obras, serviços e fornecimentos de grande vulto, alta complexidade técnica e grande risco financeiro.

O limite de 10% (dez por cento), todavia, não é o máximo legalmente admissível, pois, conforme expressamente prevê o § 5º, do art. 36, a ele pode-se acrescentar um *plus* correspondente ao valor dos bens que a Administração eventualmente colocar à disposição do contratado, para futura devolução.

Portanto, mesmo à luz da Lei n. 8.666/93, não se pode considerar excessiva a garantia que ultrapassar o limite de 10% (dez por cento), se o contrato envolver a entrega de bens públicos ao contratado, como é o caso em exame. Mesmo a interpretação literal já é suficiente para mostrar que, no caso, não houve excesso ilegal, pois o excedente estaria coberto pelo valor correspondente à garantia dos bens.

Mas não é essa a melhor interpretação.

Na verdade, o art. 124 da Lei n. 8.666/93 (editada ao tempo em que já tramitava o projeto da futura lei de concessões) deixou escancaradamente claro que ela se aplicaria subsidiariamente à legislação específica sobre concessões:

"Art. 124. Aplicam-se às licitações e aos contratos para permissão ou concessão de serviços públicos os dispositivos desta Lei que não conflitem com a legislação específica sobre o assunto".

Com a promulgação da Lei n. 8.987/94 a questão das garantias recebeu tratamento diferente. A leitura do art. 23, V, desta Lei mostra duas diferenças substanciais: o que era mera faculdade (possibilidade de exigir ou não garantias) passou a ter caráter obrigatório; mas não existe limite para isso previamente estabelecido.

Esta segunda característica (ausência de limite previamente estabelecido) levou o ilustre Deputado recorrente a concluir, erradamente, que, nesse caso deveria ser observado o limite constante da outra Lei, que cuida de outro objeto, pois, segundo ele, não se poderia entender que a exigência de garantia fosse ilimitada.

Ora, a não consignação de um limite expresso, previamente estabelecido, conduz a outro caminho: a garantia deve ser estabelecida, em cada caso, conforme as características do contrato, conforme o maior ou menor risco, prazo de duração, rentabilidade etc.

Foi exatamente isso o que ocorreu com relação ao prazo. Ninguém cometerá a estultice de dizer que o prazo da concessão está limitado a sessenta meses; todos admitem, sem divergência, que o prazo da concessão será aquele que, em cada caso, for determinado pela razoabilidade, pela adequação às peculiaridades da específica concessão.

Nem se atribua o silêncio da legislação federal, quanto ao limite de garantias, a um eventual descuido ou distração. Ora, a legislação paulista, editada anteriormente (Lei n. 7.835, de 8.5.92) dá a essa matéria o mesmo e exato tratamento. Isso mostra que não houve engano, mas, sim, intenção deliberada de permitir que as garantias fossem ditadas, em cada caso, por um critério de razoabilidade.

Cumpre lembrar que estamos cuidando de uma licitação feita pelo Governo do Estado de São Paulo, cuja Constituição, em seu art. 111, consigna expressamente, entre os princípios que devem ser observados pela Administração Pública, o princípio da *razoabilidade*.

Também não se diga que o que é ou não razoável fica inteiramente ao critério de cada pessoa, subjetivamente. A doutrina já evoluiu o suficiente para ter uma noção mais objetiva do conteúdo desse princípio, conforme a lição magistral de Celso Antônio Bandeira de Mello:

"Enuncia-se com este princípio que a Administração, ao atuar no exercício de discrição, terá de obedecer a critérios aceitáveis do ponto de vista racional, em sintonia com o senso normal de pessoas equilibradas e respeitosas das finalidades que presidiram a outorga da competência exercida. Vale dizer: pretende-se colocar em claro que não serão apenas inconvenientes, mas também ilegítimas – e portanto jurisdicionalmente invalidáveis – as condutas desarrazoadas, bizarras, incoerentes ou praticadas com desconsideração às situações e circunstâncias que seriam atendidas por quem tivesse atributos normais de prudência, sensatez e disposição de acatamento às finalidades da lei atributiva da discrição manejada.

"Com efeito, o fato de a lei conferir ao administrador certa liberdade (margem de discrição) significa que lhe deferiu o encargo de adotar, ante a diversidade de situações a serem enfrentadas, a providência mais adequada a cada qual delas. Não significa, como é evidente, que lhe haja outorgado o poder de agir ao sabor exclusivo de seu líbito, de seus humores, paixões pessoais, excentricidades ou critérios personalíssimos e muito menos significa que liberou a Administração para manipular a regra de direito de maneira a sacar dela efeitos não pretendidos nem assumidos pela lei aplicanda. Em outras palavras: ninguém poderia aceitar como critério exegético de uma lei que esta sufrague as providências insensatas que o Administrador queira tomar; é dizer, que avalize previamente condutas desarrazoadas, pois isto corresponderia a irrogar dislates à própria regra de direito" (*Curso de Direito Administrativo*, 8ª edição, Malheiros Editores, 1996, pp. 63 e 64).

Limite razoável de garantia será aquele ditado pela proporção entre os riscos, o vulto e a duração do contrato e as garantias efetivamente exigidas. Razoabilidade e proporcionalidade são conceitos que se implicam reciprocamente, conforme demonstra Lucia Valle Figueiredo:

"Ao lado da razoabilidade traz-se à colação, também como princípio importantíssimo, o da proporcionalidade. Com efeito, resume-se o princípio da proporcionalidade em que as medidas tomadas pela Administração estejam na direta adequação das necessidades administrativas. Vale dizer: só se sacrificam interesses individuais em função de interesses coletivos, de interesses primários, na medida da estrita necessidade, não se desbordando do que seja realmente indispensável para a implementação da necessidade pública.

"Traduz o princípio da razoabilidade a relação da congruência lógica entre o fato (o motivo) e a atuação concreta da Administração" (*Curso de Direito Administrativo*, 2ª edição, Malheiros Editores, 1995, p. 46).

Diante do tratamento que a Lei n. 8.987/94 deu a essa matéria, é certo que a definição das garantias exigíveis em cada específica concessão ficou ao prudente critério da Administração, no momento de redigir o respectivo edital, pois é exatamente para isso que serve o edital. As condições de participação em cada licitação não fluem diretamente da lei; cabe ao administrador, diante do caso concreto, selecionar, entre aquilo que a lei permite genericamente (inclusive limites máximos, quando houver), o que é efetivamente adequado para cada caso específico.

Já abordamos esse assunto em trabalho monográfico publicado:

"Resta, entretanto, saber o que efetivamente pode ser exigido como comprovante de idoneidade jurídica, técnica e financeira. Quanto à capacidade jurídica, não obstante haja variações quando se tratar de pessoas física ou jurídica, há em verdade pouca variação de requisitos em razão do objeto do futuro contrato, pois a capacidade jurídica se prova, em princípio, de acordo com a legislação civil e comercial. Já a capacidade técnica e a capacidade financeira para serem efetivamente comprovadas exigirão maiores ou menores requisitos, conforme o objeto em questão. Em vista disso, somente o instrumento de abertura de cada licitação pode dizer quais os requisitos que serão exigidos, bem como quais os critérios para a aferição ou avaliação de cada um" (Adilson Abreu Dallari, *Aspectos Jurídicos da Licitação*, Editora Saraiva, 3ª edição, 1992, p. 85).

Nesse mesmo sentido é o ensinamento de Carlos Ari Sundfeld:

"A lei contém o primeiro balizamento importante, descabendo exigir o preenchimento de requisitos nela não previstos. Mas, especialmente no tocante à qualificação técnica e econômico-financeira, a concretização dos comandos legais genéricos, com a determinação, no edital, dos exatos documentos a apresentar, enseja um trabalho de apreciação fática e, muitas vezes, um juízo discricionário. Entram aí, como limites implícitos da competência administrativa, os citados princípios da igualdade, finalidade, razoabilidade e proporcionalidade" (*Licitação e Contrato Administrativo*, Malheiros Editores, 1994, pp. 112 e 113).

Em resumo, não se pode dizer, no caso em exame (como disse o Tribunal de Contas), que as garantias foram excessivas por terem "extrapolado o limite de garantia estipulado no art. 56, § 3º, da Lei n. 8.666/93", pela simples e boa razão de que tais limites não se aplicam às concessões de serviço público.

Mesmo que se aplicassem, teria sido necessário levar em consideração o valor adicional expressamente autorizado pelo § 5º do mesmo artigo mencionado na decisão.

Além de tudo, é ululantemente óbvio que a Lei n. 8.666/93 não considerou as garantias de pagamento dos valores que o concessionário deve pagar ao concedente. Essa lei cuida de obras e serviços nos quais quem paga é o contratante público e quem recebe é o contratado particular; em tal caso não cabe falar em garantia de pagamento e, obviamente a referida lei disso não cuidou.

Portanto, as garantias que, no caso em exame, se referem ao pagamento, não podem ser consideradas como incluídas no limite máximo da Lei n. 8.666/93.

Conseqüentemente, as garantias exigidas correspondentemente à fiel execução do contrato estão dentro do limite da Lei n. 8.666/93.

Este aspecto foi aqui suscitado apenas para evidenciar a presumível razoabilidade das garantias exigidas, pois elas se coadunam até mesmo com contratos de menor impacto e de menor significação que os contratos de concessão de obras e serviços públicos.

À luz da legislação sistematicamente examinada e da melhor doutrina, as garantias em debate somente poderiam ser motivo para a anulação do edital, se fossem inequivocamente, exorbitantes, desarrazoadas e desproporcionais, em face do específico contrato em disputa.

Por último, para concluir estas considerações doutrinárias, cabe lembrar que o princípio da legalidade comporta apreciações diferentes caso se esteja cuidando dele hipoteticamente ou diante de fatos concretos, muito especialmente diante de fatos consumados.

Vale dizer: no caso, não se trata de saber se o montante de garantias previsto no edital *seria* ou não excessivo; como a licitação já se realizou, o que se tem de verificar é se ele foi ou não foi suficiente para alijar possíveis concorrentes. Cabe perguntar: o número de participantes foi ou não foi expressivo? as empresas ou grupos econômicos de maior porte foram ou não foram favorecidos? as empresas menores tiveram ou não dificuldade para atender as exigências de garantias? a comparação entre as diversas propostas dos diversos proponentes indica algum conluio ou é satisfatória ao interesse público? o valor proposto pelo vencedor é compatível com as estimativas feitas pela administração?

Tudo isso decorre do valor que a doutrina e a jurisprudência estão consignando cada vez mais à segurança jurídica e à estabilidade das relações jurídicas.

Já vai muito longe o tempo em que se entendia que qualquer simples irregularidade acarretava a nulidade da atuação administrativa. Hoje, é pacífico que não existe nulidade sem dano. Em cada caso é preciso examinar se o interesse público foi ou não foi atingido, conforme já advertia o insuspeitíssimo Seabra Fagundes:

"A infringência legal no ato administrativo, se considerada abstratamente, aparecerá sempre como prejudicial ao interesse público. Mas, por outro lado, vista em face de algum caso concreto, pode acontecer que a situação resultante do ato, embora nascida irregularmente, torne-se útil àquele mesmo interesse" (*O Controle dos Atos Administrativos pelo Poder Judiciário*, 6ª edição, Editora Saraiva, 1994, pp. 39 e 40).

Hoje já se tem clara a noção de que a decisão entre invalidar ou não invalidar não é uma atividade lúdica, mas, sim, um dever imposto ao administrador em decorrência de seu elementar dever de dar satisfação aos interesses públicos. Isso é o que ensina Almiro do Couto e Silva, ao estudar a evolução da jurisprudência do Supremo Tribunal Federal:

"É importante que se deixe bem claro, entretanto, que o dever (e não o poder) de anular os atos administrativos inválidos só existem quando no confronto entre o princípio da legalidade e o da segurança jurídica o interesse público recomende que aquele seja aplicado e este não. Todavia, se a hipótese inversa verificar-se, isto é, se o interesse público maior for de que o princípio aplicável é o da segurança jurídica e não o da legalidade da Administração Pública, então a autoridade competente terá o dever (e não o poder) de não anular, porque se deu a sanatória do inválido, pela conjunção da boa fé dos interessados com a tolerância da Administração e com o razoável lapso de tempo transcorrido. Deixando o ato de ser inválido, e dele havendo resultado benefícios e vantagens para os destinatários, não poderá ser mais anulado, porque, para isso, falta precisamente o pressuposto da invalidade" ("Princípios da legalidade da Administração Pública e da segurança jurídica no estado de direito contemporâneo", *Revista de Direito Público*, n. 84, outubro-dezembro de 1987, pp. 61 e 62).

Pede-se especial vênia para transcrever aqui algumas longas mas importantíssimas lições de Weida Zancaner, que estão estampadas no mais recente e mais completo estudo existente no Brasil sobre esse assunto:

"Em tese, poder-se-ia supor que o princípio da legalidade imporia sempre à Administração o dever de invalidar seus atos eivados de vícios, para restaurar a ordem jurídica por ela mesma ferida. A suposição, todavia, não procede, pois a restauração da ordem jurídica tanto se faz pela fulminação de um ato viciado, quanto pela correção de seu vício. Em uma e outra hipótese a legalidade se recompõe.

"O princípio da legalidade visa a que a ordem jurídica seja restaurada, mas não estabelece que a ordem jurídica deva ser restaurada pela extinção do ato inválido.

"Há duas formas de recompor a ordem jurídica violada, em razão dos atos inválidos, quais sejam, a invalidação e a convalidação.

"A Administração deve invalidar quando o ato não comportar convalidação. Deve convalidar sempre que o ato comportá-la.

Resta saber o porquê da invalidação e da convalidação nas hipóteses em que, como já mencionamos, cada qual se propõe como obrigatória.

"A invalidação se propõe como obrigatória porque se o ato não comporta convalidação, inexiste outra forma de a Administração Pública restaurar a legalidade violada. Ora, a restauração do direito é para ela obrigatória por força do princípio da legalidade. Logo, toda vez que o ato não seja convalidável, só lhe resta o dever de invalidar.

"Por sua vez, a convalidação se propõe obrigatória quando o ato comportá-la, porque o próprio princípio da legalidade – que predica a restauração da ordem jurídica, inclusive por convalidação –, entendido finalisticamente, demanda respeito ao capital princípio da segurança jurídica.

"Com efeito, a convalidação é um ato que não visa apenas a restauração do princípio da legalidade, mas também a estabilidade das relações constituídas, o que nos induz a concluir que se alicerça em dois princípios jurídicos: o princípio da legalidade e o da segurança jurídica.

"O princípio da legalidade, fundamento do dever de invalidar, obriga a Administração Pública a fulminar seus atos viciados não passíveis de convalidação. Só que a invalidação não pode ser efetuada sempre e indistintamente, com referência todas as relações inválidas não convalidáveis que se apresentem ao administrador, em razão das barreiras ao dever de invalidar.

"Os limites ao dever de invalidar surgem do próprio sistema jurídico-positivo, pois, como todos sabemos, coexistem com o princípio da legalidade outros princípios que devem ser levados em conta quando do estudo da invalidação.

"Claro está que o princípio da legalidade é basilar para a atuação administrativa, mas como se disse, encartados no ordenamento jurídico estão outros princípios que devem ser respeitados, ou por se referirem ao Direito como um todo, como, por exemplo, o princípio da segurança jurídica, ou por serem protetores do comum dos cidadãos, como, por exemplo, a boa-fé, princípio que também visa protegê-los quando de suas relações com o Estado.

"Assim, em nome da segurança jurídica, simetricamente ao que referimos quanto à convalidação, o decurso de tempo pode ser, por si mesmo, causa bastante para estabilizar certas situações fazendo-as intocáveis. Isto sucede nos casos em que se costuma falar em prescrição, a qual obstará a invalidação do ato viciado. Esta é, pois, uma primeira barreira à invalidação.

"Por sua vez, o princípio da boa-fé assume importância capital no Direito Administrativo, em razão da presunção da legitimidade dos atos administrativos, presunção esta que só cessa quando esses atos são contestados, o que coloca a Administração Pública em posição sobranceira com relação aos administrados.

"Ademais, a multiplicidade das áreas de intervenção do Estado moderno na via dos cidadãos e a tecnicização da linguagem jurídica tornaram extremamente complexos o caráter regulador do Direito e a verificação da conformidade dos atos concretos e abstratos expedidos pela Administração Pública com o direito posto. Portanto, a boa-fé dos administrados passou a ter importância imperativa no Estado Intervencionista, constituindo, juntamente com a segurança jurídica, expediente indispensável à distribuição da justiça material. É preciso tomá-lo em conta perante situações geradas por atos inválidos.

"Com efeito, atos inválidos geram conseqüências jurídicas, pois se não gerassem não haveria qualquer razão para nos preocuparmos com eles. Com base em tais atos certas situações terão sido instauradas e na dinâmica da realidade podem converter-se em situações merecedoras de proteção, seja porque encontrarão em seu apoio alguma regra específica, seja porque estarão abrigadas por algum princípio de Direito. Estes fatos posteriores à constituição da relação inválida, aliados ao tempo, podem transformar o contexto em que esta se originou, de modo a que fique vedado à Administração Pública o exercício do dever de invalidar, pois fazê-lo causaria ainda maiores agravos ao Direito, por afrontar à segurança jurídica e à boa-fé" (*Da Convalidação e da Invalidação dos Atos Administrativos*, Ed. RT, 1990, pp. 53-54; 55-56; 58-59).

Tudo isso mostra o absurdo da automática e acrítica aplicação dos limites da Lei n. 8.666/93, sem atentar para as peculiaridades do caso, e a uma específica modalidade de contrato, que é disciplinado pela Lei n. 8.987/94, a qual deu tratamento totalmente diferente à questão das garantias.

IV – Respostas aos quesitos formulados

1. A disciplina das garantias exigíveis dos proponentes, em licitações para concessões de serviços públicos é dada pela Lei n. 8.987/94, que apenas estabelece a obrigatoriedade de sua exigência, deixando a cargo do edital a especificação de tais garantias, de maneira razoável e proporcional ao objeto de cada específica licitação.

O tratamento dado às garantias é semelhante ao que foi dado ao tempo de duração dos contratos.

As normas de licitações contidas na Lei n. 8.666/93, por força até de seu art. 124, são aplicáveis apenas subsidiariamente às licitações feitas para concessões de serviços públicos, isto é, apenas no que couber, tendo em vista as profundas diferenças entre contratos de prestação de serviços instrumentais por particulares à Administração, e contratos de concessão de serviços públicos, nos quais o particular é credenciado pela Administração para atuar em seu lugar, relacionando-se diretamente com os administrados.

2. Haverá abuso ou excesso no tocante à exigência de garantias *sempre* que estas forem desarrazoadas, desproporcionais aos riscos e às responsabilidade contratualmente assumidas.

Isto significa que, no caso de fornecimentos, obras e serviços para a Administração, não basta respeitar o limite máximo, se as condições do caso concreto indicarem um risco menor, determinando garantias menores.

No caso de concessões de serviços públicos, não existe um limite fixo previamente estabelecido. Isto não significa que as exigências possam ser ilimitadas, mas, sim, ao contrário, que elas devem ser exatamente adequadas às circunstâncias de cada caso.

3. O edital de concorrência para concessão do Sistema Rodoviário Anhangüera-Bandeirantes não apresenta qualquer vício no tocante as garantias exigidas.

A garantia de fiel execução do contrato está no limite de 10% do valor do contrato, o que significa que não excede nem mesmo aquilo que é estabelecido pela Lei n. 8.666/93. Além disso, como no caso haverá passagem de bens públicos ao concessionário, ao valor da garantia poderia ser adicionado um *plus* correspondente ao valor desses bens.

A garantia de pagamentos do concessionário ao concedente não tem similar na Lei n. 8.666/93 e, portanto, não poderia ter sido incluído no valor máximo prescrito por essa Lei. Obviamente a lei não limitou aquilo de que ela não cuida.

Isso significa que, estando as garantias dentro do limite previsto na legislação que cuida de contratos instrumentais, de menor impacto e menor risco, é certo que tais garantias não podem ser havidas como excessivas quando referidas a contratos de maior duração, maior risco e maior repercussão sobre a coletividade.

No caso específico, além disso, a circunstância de que nenhum dos muitos concorrentes reclamou quanto a isso, aliado ao fato de que a licitante vencedora, mesmo sendo empresa de porte econômico bem menor que as demais concorrentes, não teve dificuldade em preencher tais requisitos, fornece um indicador bastante seguro no sentido de que os valores exigidos não são aberrantes, desarrazoados ou desproporcionais.

Se alguma irregularidade tivesse havido, ela já teria sido suplantada pelos fatos, ensejando a convalidação do edital, em nome do princípio da segurança jurídica.

S.M.J., é o parecer.

São Paulo, 25 de setembro de 1996.

ESTUDOS & COMENTÁRIOS

A EFICÁCIA DOS PRECATÓRIOS

MARCO AURÉLIO
Ministro do Supremo Tribunal Federal

Sob a égide das Constituições pretéritas, especialmente as de 1967 e 1969, estabeleceu-se quadro de extravagância ímpar, considerada a relação jurídica mantida pelo Estado e credores, e a liquidação de obrigações pecuniárias reconhecidas mediante provimento judicial. A interpretação literal do preceito de regência dos precatórios, ou seja, do artigo 117, da Constituição de 1969, levou à conclusão de que os valores deles constantes, atualizados em 1º de julho, seriam pagos, até o término do exercício subseqüente à respectiva apresentação, na forma nominal. Decorreu daí, diante de inflação da ordem de trinta por cento ao mês, um verdadeiro ciclo vicioso. O credor, ao ver satisfeito o precatório, tinha a desventura de constatar a liquidação parcial do débito da Fazenda a oscilar entre três a cinco por cento do total devido. O direito reconhecido em sentença trânsita em julgado transformava-se em verdadeira pensão vitalícia, forçando o requerimento da expedição de novo precatório, com sobrecarga para a máquina judiciária, no que perpetuadas as execuções e, portanto, a tramitação dos processos. Iniludivelmente, tendo em vista a busca da realização de obras e, também, a delimitação temporal dos mandatos, proibida a reeleição, a sistemática consagrada jurisprudencialmente acabou por levar a sucessivas e pouco planejadas desapropriações, não se preocupando os governantes com a necessidade de conciliá-las com as dotações orçamentárias e, destarte, com créditos abertos para tal fim. Projetaram-se, com isso, as liquidações dos débitos, a alcançarem toda e qualquer importância devida pela Fazenda Pública em razão de condenações sofridas. A par do pernicioso critério homenageando o valor nominal em detrimento do valor real, contavam ainda, as Fazendas, com a denominada ciranda financeira. Os recursos eram aplicados no mercado, multiplicando-se dia a dia, com isso havendo considerável aporte de numerário. A "bola de neve" formou-se e aí, em visão a um tempo homenageadora do princípio da realidade e prognóstica, em face até mesmo dos novos ares constitucionais, no sentido de um maior equilíbrio na relação Estado-cidadão, o Constituinte de 1988, para ordenar o quadro e extirpá-lo, fez inserir no Ato das Disposições Constitucionais Transitórias preceito revelador de verdadeira moratória. Refiro-me ao artigo 33, segundo o qual "ressalvados os créditos de natureza alimentar, o valor dos precatórios judiciais pendentes de pagamento na data da promulgação da Constituição, incluindo o remanescente de juros e correção monetária, poderá ser pago em moeda corrente, com atualização, em prestações anuais, iguais e sucessivas, no prazo máximo de oito anos, a partir de 1º de julho de 1989, por decisão editada pelo Poder Executivo até cento e oitenta dias da promulgação da Constituição". Previu-se, mais, que "poderão as entidades devedoras, para o cumprimento do disposto neste artigo, emitir, em cada ano, no exato montante do dispêndio, títulos de dívida pública não computáveis para efeito do limite global de endividamento".

Da norma extraem-se várias premissas: a primeira diz respeito à exclusão dos créditos de natureza alimentar, cuja razão de ser estava em afastar-se a projeção no tempo, ou seja, o pagamento em oito prestações anuais iguais e sucessivas, a serem satisfeitas mediante consideração do valor real. A segunda concerne ao caráter do dispositivo constitucional que, mostrando-se transitório, tornou-se aplicável apenas aos "precatórios judiciais pendentes de pagamento na data da promulgação da Constituição". A terceira corre à conta de se ter feito estancar, como acabou por sedimentar o Supremo Tribunal Federal, os juros, quer os decorrentes da mora, quer os compensatórios (recurso extraordinário n. 155.979-9, do qual fui relator, julgado pelo Pleno em 11 de novembro de 1994). A quarta premissa implicou a desmistificação da esdrúxula tese do privilégio da Fazenda Pública, e como todo privilégio, odioso, de ver projetada indefinidamente a satisfação dos respectivos débitos. Em consonância com o corpo permanente da Carta, previu-se que as parcelas seriam iguais e sucessivas, revelando-se, ainda, atualizadas, ou seja, sem saber-se a percentagem alusiva à reposição, impôs-se a manutenção do poder da moeda, mesmo porque, não fosse assim, de nada adiantaria o dispositivo constitucional. Neste ponto, o artigo 33 do Ato das Disposições Constitucionais Transitórias exsurgiu, à primeira hora, pedagógico, afastando o desequilíbrio notado na relação jurídica devedor-credor e colocando fim a verdadeiro calote oficial. Ao menos os credores existentes tiveram a certeza do recebimento integral dos créditos, e os futuros passaram a contar com nova visão, a homenagear a realidade, o sistema jurídico-constitucional tomado como algo razoável, coerente, aceitável em um Estado Democrático de Direito. Os precatórios pendentes de pagamento foram alcançados, à mercê de definição do Poder Executivo, por regra excepcional, buscando-se, assim, repita-se, sanear a situação verificada na totalidade dos Estados federados, no Federal e também nos Municípios. Implica dizer que a Carta de 1988 trouxe à balha, de forma salutar, contexto de normas conducentes a concluir-se que, imposta condenação a pessoa jurídica de direito público, via sentença judicial, ela é para valer, há de ser observada de maneira irrestrita, devendo o quantitativo ser satisfeito de modo atualizado, embora contando a devedora com o interregno de dezoito meses para fazê-lo, coisa que nenhum devedor dispõe, no que se prevê, relativamente à execução comum que, citado o réu, deve ele pagar a totalidade do valor em 24 horas, sob pena de seguirem-se atos de constrição – a penhora e a praça pública. Imaginava-se, à época da promulgação da Carta de 1988, que haveria por parte dos Executivos um cuidado maior na assunção de dívidas, especialmente aquelas decorrentes de desapropriações. Ledo engano. Os precatórios posteriores a 1988 continuaram alcançando, ano a ano, a casa do milhar, oscilando entre cinco e dez mil, isso apenas no Estado de São Paulo.

Ainda embrionária a visão segundo a qual os precatórios, uma vez satisfeitos, hão de resultar na liquidação do débito, devendo, para isso, sofrerem os quantitativos a incidência da indispensável correção monetária, mais um fator surgiu, revelando possuir a balança da vida dois pratos. De um lado, o Plano Real, que se seguiu a diversos outros (Plano Delfim I, Plano Delfim II, Plano Delfim III, Plano Dornelles, Plano Cruzado, Plano Bresser, Plano Arroz com Feijão, Plano Verão, Plano Collor I, Plano Collor II, Plano Marcílio etc.), mitigou, nos últimos dois anos, a inflação. Reduziu-a, substancialmente, passando-se a ter, ao invés de cerca de trinta por cento ao mês, algo pouco acima de um por cento. De outro, deixou os Estados e Municípios sem a fonte de receita que era o mercado financeiro e, portanto, a possibilidade de, jogando com o tempo, terem considerável aporte de recursos. Mesmo a partir de visão distorcida, contrária à Carta Política da República, de liquidar os precatórios pelo valor nominal e não real, vieram as pessoas jurídicas de direito público a constatar que, ao invés da obrigação de pagamento girar em torno de cerca de dois a cinco por cento do débito, que estavam compelidas a liquidar, teriam de satisfazer cerca de oitenta por cento. Isso ocorreu passados cerca de seis anos da data em que os Executivos em geral tiveram facilitada, sobremaneira, a solução da problemática dos precatórios pendentes, em face da moratória do artigo 33 e da viabilidade de emissão de títulos da dívida pública não computáveis para efeito do limite global de endividamento. A tudo isso, acrescem os problemas ligados à distribuição tributária – os médios e grandes Municípios estão muito bem – e o inchaço da folha de pessoal, agravado com o desrespeito ao teto constitucional, via, especialmente, a ingênua óptica da desconsideração das vantagens pessoais.

A quase insolvência dos Estados da Federação é flagrante. Nem por isso tem-se como aberta a porta ao menoscabo dos princípios insertos na Carta de 1988.

Os precatórios, quer os relativos aos créditos de natureza alimentar, quer aos comuns, viabilizam, a teor da Constituição Federal, a satisfação integral da obrigação imposta mediante provimento judicial. O fato de o artigo 100 do Diploma Básico aludir à atualização em 1º de julho tem objetivo único, ou seja, saber-se, exatamente, o valor a ser considerado na dotação orçamentária. A diferença decorrente dos nefastos efeitos da espiral inflacionária, seja de que gradação for, há de ser satisfeita, também, no prazo constante do § 1º do artigo 100 do Texto Maior em vigor, contando o Estado, para isso, com o instituto do crédito suplementar. A hipótese sugere simples complementação e não a volta à via crucis do precatório, em infindável círculo vicioso como já salientado. Aliás, a via é de mão dupla. O Estado deve adotar postura exemplar, fugindo à tentação ao uso de dois pesos e duas medidas, isso considerados pagamentos de débitos que haja contraído e cobrança de tributos.

O Estado não pode contar com o privilégio de editar a lei, aplicá-la e vir a julgar as controvérsias daí resultantes, fazendo-o ao sabor de certa política governamental, a partir de óptica tendenciosa, sempre isolada e momentânea, sempre a revelar o oportunismo de plantão. Ao Estado-juiz, especialmente ao Supremo Tribunal Federal, cumpre, em razão de compromisso maior – e a história é uma cobradora infatigável – zelar pela intangibilidade da ordem jurídico-constitucional, pouco importando que, assim o fazendo, seja incompreendido. É de se ter presentes as palavras de Calamandrei, citado por Edgar de Moura Bittencourt em "O Juiz", segundo as quais há mais coragem em ser justo, parecendo injusto, do que ser injusto para salvaguardar as aparências de justiça. Os incautos, os míopes, os pobres de espírito democrático, não esperem do Judiciário atitude acomodadora, por mais convidativa que seja a quadra, não se lhe sendo opostos óbices ao cumprimento do dever constitucional de assegurar a intangibilidade da ordem jurídica. Tenha-se sempre presente a máxima de que, em sendo o Direito uma ciência, o meio justifica o fim, e não este aquele.

ESTUDOS & COMENTÁRIOS

CIDADANIA E "RES PUBLICA": A EMERGÊNCIA DOS DIREITOS REPUBLICANOS*

LUIZ CARLOS BRESSER PEREIRA

Bacharel em Direito – Professor da Fundação Getúlio Vargas, São Paulo – Ministro da Administração Federal e Reforma do Estado

Direito, Estado e os direitos. Cidadão, Direito e direitos. O público e o privado. Os direitos republicanos e os interesses difusos. Direito à coisa pública. Positivação do Direito à "res publica". Defensores e adversários. Conclusão

Podemos pensar a história como um processo civilizatório através do qual a humanidade aprende a viver em sociedade, a resolver seus conflitos, e a definir os direitos e obrigações de seus membros. Ou então como um processo de desenvolvimento econômico através do qual esta mesma humanidade aprende a trabalhar em conjunto, a dividir o trabalho e alocar recursos, a cooperar na produção e competir pelo produto social. No primeiro caso a resolução dos problemas de ação coletiva passa pela institucionalização do Estado e a criação do Direito; no segundo, pela institucionalização dos mercados. Nos dois casos, por um processo de distribuição de poder, de riqueza e de renda entre participantes que satisfaça minimamente os objetivos políticos maiores de ordem, bem-estar, liberdade e a justiça social. Uma sociedade será tanto mais civilizada quanto mais equilibrada e plenamente se aproximar desses objetivos.

Neste trabalho vou me concentrar no processo civilizatório mais geral, de natureza política, através do qual os homens e mulheres vêm buscando a ordem, a liberdade e a justiça social. Para isto, partindo da proposta básica de Marshall, examinarei o desenvolvimento da idéia de cidadania a partir da afirmação, primeiro, dos direitos civis, segundo, dos direitos políticos, e terceiro, dos direitos sociais. Na medida, entretanto, que esses direitos, ainda que não tenham sido efetivamente assegurados, já foram razoavelmente bem definidos e incorporados nas constituições e nas leis dos países civilizados, argumentarei neste artigo que, no último quartel do século vinte, um quarto direito de cidadania – os direitos públicos ou, mais precisamente, os direitos republicanos – está sendo definido e precisa ser melhor positivado e efetivamente garantido. Defi-

* Agradeço Denis Rosenfield, Fábio Wanderley Reis, Guillermo O'Donnell e Letícia Schwarz pelos comentários. Meu débito principal, entretanto, é a Paulo Modesto, que foi o primeiro a debater comigo as idéias aqui expostas.

nirei os direitos republicanos como os direitos que todo cidadão tem que o patrimônio público – seja ele o patrimônio histórico-cultural, seja o patrimônio ambiental, seja o patrimônio econômico ou *res publica* estrito senso – seja efetivamente público, ou seja, de todos e para todos. E procurarei, especialmente, entre os direitos republicanos, propor uma definição para o direito à *res publica* ou à "coisa pública", entendida esta, de forma restrita, como o estoque de ativos e principalmente o fluxo de recursos que o Estado e as entidades públicas não-estatais controlam. Em um século em que esta *res publica* tornou-se muito grande, representando entre um terço e a metade de toda a renda das nações, a cobiça de indivíduos e grupos em relação a ela aumentou muito, tornando-se historicamente imperativa sua proteção. Este mesmo século, entretanto, foi também o século da afirmação da democracia em todo o mundo. E a democracia implica em um desenvolvimento crescente do conceito de cidadania, que se afirma à medida em que a tensão entre o privado e o público, entre os direitos individuais e os coletivos, encontra soluções.

Direito, Estado e os Direitos

O Direito geralmente é definido como sendo o conjunto de normas dotadas de poder institucionalizado de coerção que regulam a vida social.[1] Uma outra forma de entender o Direito, que para os objetivos deste trabalho é mais interessante, é pensá-lo como o conjunto de direitos e obrigações dos cidadãos e das pessoas jurídicas que o Estado reconhece e assegura. Em qualquer das duas hipóteses, podemos pensar o Direito ou como criação do Estado, ou, inversamente, o Estado como criatura do Direito. Por paradoxal que pareça, as duas afirmações estão corretas. Não há Direito sem Estado nas sociedades modernas, já que não haverá norma jurídica se não houver a correspondente possibilidade de sanção pelo Estado. Podem existir normas costumeiras, tradicionais, mas não chegam a se constituir em Direito no sentido estrito do termo. Por isso pode-se afirmar que o Estado – a organização com poder de legislar e tributar a população de um determinado território – cria o Direito. Mas o inverso também é verdadeiro. Não é possível falar em Estado sem o Direito. O Estado se define a partir da norma constitucional. Surge um Estado quando um conjunto de indivíduos se afirmam como cidadãos ao formularem e darem vigência ao conjunto de normas que constitui o Estado. Nesse sentido o Direito cria o Estado.

Na verdade, conforme observou Celso Lafer (1988:72), o Estado no mundo contemporâneo é mais um mediador dos conflitos existentes na sociedade do que ente soberano sempre pronto a fazer valer a positividade da lei. Nesse sentido "a unidade do Estado e do Direito não é um ponto de chegada, à maneira do contratualismo clássico na sua explicação da origem do da sociedade, do Estado e do Direito no paradigma do Direito Natural; nem um pressuposto não-problemático da Dogmática Jurídica, na linha do positivismo, mas sim um processo contínuo e aberto".

O positivismo jurídico tem pouco a oferecer nas explicações das relações entre Estado e Direito, na medida em que unifica as duas instituições.[2] Mais iluminadoras são as teorias de caráter histórico e as de natureza lógico-dedutiva sobre as

1. Bobbio (1958:111-113) enfatiza o caráter institucionalizado da garantia da norma jurídica. Para ele o que caracteriza a norma jurídica é o poder de coerção externo, desde que institucionalizado, distinguindo-se, assim, dos poderes de tipo mafioso, que também são dotados de coercibilidade.

2. Vale observar que esta posição é muito diferente da de Kelsen (1934:378-385) para quem o Estado é simplesmente um tipo de ordem jurídica, desta forma subordinando o Estado ao Direito. Segundo ele, "aquilo que se concebe como forma de Estado é apenas um caso especial de forma do Direito em geral... o Estado é uma ordem jurídica". O Estado, para Kelsen, é a personificação da ordem jurídica.

origens do Estado e do Direito. Na primeira acepção podemos explicar o Estado, segundo a tradição de Aristóteles, Hegel e Marx, como a conseqüência de um processo histórico através do qual os grupos ou classes com maior poder institucionalizaram esse poder, estabeleceram a ordem na sociedade, e garantiram para si a apropriação do excedente econômico. Na segunda, podemos vê-lo como o resultado de um contrato social entre os cidadãos, ou seja, como um resultado racionalmente necessário para os homens escaparem ao estado de natureza, como o fizeram os jusnaturalistas de Hobbes a Rousseau e Kant.[3]

No primeiro caso a cidadania só surge historicamente, na medida em que os indivíduos vão se investindo de direitos – mais precisamente direitos e obrigações que vão constituir o Direito. No segundo, o Estado é o resultado de uma escolha ou de um contrato, que, a rigor, já se pressupõe a existência do cidadão: um cidadão detentor de direitos – direitos naturais ou valores morais básicos – que ele cede parcialmente ao Estado para garantir a ordem social. No primeiro caso a idéia de justiça – e os direitos e deveres correspondentes – vão surgindo à medida que a sociedade vai se tornando capaz de efetivá-los; no segundo, a justiça das instituições básicas da sociedade e de suas leis é deduzida logicamente a partir da maximização da satisfação que elas proporcionam, como querem os utilitaristas, ou é o resultado de princípios morais básicos a que chegariam consensualmente homens e mulheres hipoteticamente iguais entre si ao estabelecerem o contrato social original entre si, e, em conseqüência, a estrutura básica da sociedade, definida pelas instituições básicas da sociedade que distribuem os direitos e deveres fundamentais e determinam a divisão das vantagens da cooperação social, como quer Rawls (1971:1-22). Nos dois casos, Estado, Direito e cidadania são termos intrinsecamente interdependentes. Estado e Direito são duas instituições básicas da sociedade através da qual esta estabelece a ordem, garante a liberdade para seus membros, e manifesta sua aspiração de justiça.[4] A cidadania surge da interação dessas três conquistas sociais. Nesse processo, conforme enfatiza Habermas, a moral não tem precedência sobre o Direito, como querem os jusnaturalistas, nem este é independente da moral, como pretenderia o positivismo: na verdade, são complementares.[5]

Nesse sentido, Estado e Direito não passam de criaturas e instrumentos da Sociedade. São instituições sociais cujas características variarão em função das mudanças que estiverem ocorrendo na estrutura da sociedade. Das mudanças que estiverem ocorrendo na distribuição dos quatro atributos que conferem poder aos indivíduos e grupos: a força material ou capacidade de coerção, a riqueza, a hegemonia ideológico-religiosa e o conhecimento técnico e organizacional. Quando estes quatro elementos estiverem muito concentrados em grupos com capacidade de organização, teremos sociedades autoritárias, Estados correspondentemente autoritários e o Direito a serviço dos poderosos. Os direitos estarão limitados a uma minoria. Na

3. Ver a respeito Bobbio (1979:49-58), Bresser Pereira e Tadeu Lima (1996). Na ciências sociais é sempre possível adotar predominantemente um ou outro método, resultando daí teorias aparentemente conflitantes mas que na verdade são ou podem ser complementares.

4. Além do Estado e do Direito, as outras duas instituições básicas da sociedade são o mercado e a sociedade civil. Através delas os "arranjos econômicos e sociais", na terminologia de Rawls (1971:7), se constituem, a ordem econômica e social é definida.

5. Nos palavras de Habermas (1992:106): "Uma ordem legal só pode ser legítima se não contraditar princípios morais básicos. Em virtude dos componentes de legitimidade que fundamentam a validade da lei, a lei positiva tem uma referência moral nela inscrita. Mas essa referência moral não nos deve levar à confusão de colocar a moral acima da lei, como se existisse uma hierarquia de normas. A noção de uma lei maior (isto é, de uma hierarquia na ordem legal) pertence ao mundo moderno. Ao invés, a moralidade autônoma e a lei positiva que depende de justificação apresentam-se em uma *relação de complementaridade*".

medida, entretanto, que o desenvolvimento econômico ocorre, as sociedades tornam-se mais complexas, a educação se generaliza, passa a ocorrer um crescente processo de equalização social e portanto de desconcentração daqueles quatro atributos, e a capacidade de organização política da sociedade como um todo aumenta. Aos poucos os regimes políticos autocráticos vão dando lugar a regimes democráticos, sistemas sociais baseados em estamentos quando não no regime de castas dão lugar a classes sociais e estas a camadas ou estratos sociais.

Este processo ganha um extraordinário impulso com o surgimento do capitalismo e da mais-valia capitalista. Nesse momento a apropriação do excedente econômico deixa de ser o resultado do uso da força através do controle direto do Estado e passa a ser o resultado de uma troca de equivalentes no mercado. Abre-se, então, a possibilidade do surgimento das democracias modernas, na qual a cidadania finalmente se afirmará. Em um primeiro momento a força material cede lugar para a riqueza como fonte de poder, e as classes sociais substituem as castas como forma de organização social. Em um segundo momento, já neste século, a riqueza começa a ceder espaço para o conhecimento técnico e organizacional, e a estrutura social passa se caracterizar cada vez mais por camadas ou estratos ao invés de classes sociais. Através desse processo, força, riqueza e conhecimento técnico e organizacional vão pouco a pouco se desconcentrando, viabilizando o surgimento de sociedades plurais, nas quais o Estado se democratiza, os direitos se afirmam, e o Direito se transforma em instrumento da cidadania.[6]

6. Examinei estes temas em *Estado e Subdesenvolvimento Industrializado* (1977), *A Sociedade Estatal e a Tecnoburocracia* (1981) e "Estado, Sociedade Civil e Legitimidade Democrática" (1995).

Cidadão, Direito e direitos

Cidadão é o membro do Estado-Nação dotado de direitos e capaz de interferir na produção do Direito. Este, por sua vez, é o conjunto dos direitos dos cidadãos – e das pessoas jurídicas por eles instituídas. A cidadania se expande e se afirma na sociedade à medida em que os indivíduos adquirem direitos e ampliam sua participação na criação do próprio Direito. Logo, os direitos estão no centro das idéias de Direito, Estado e cidadania.

Os direitos que constituem a cidadania são sempre conquistas, são sempre o resultado de um processo histórico através do qual indivíduos, grupos e nações lutam por adquiri-los e fazê-los valer. Ninguém foi mais enfático e inspirado em afirmar tal fato do que Ihering (1872:15): "todo e qualquer direito, seja o direito de um povo, seja o direito de um indivíduo, só se afirma através de uma disposição ininterrupta para a luta". Bobbio (1992:XVI) caminha na mesma linha. Para ele, que adota uma posição firme contra a idéia dos direitos naturais, os direitos nascem quando devem e podem nascer. São direitos históricos, que nascem de lutas que se travam através do tempo, gradualmente. Que nascem em circunstâncias determinadas, relacionadas com a defesa de novas liberdades. Desta forma:

"Certas demandas nascem quando surgem determinadas necessidades. Novas necessidades nascem em correspondência às mudanças das condições sociais, quando o desenvolvimento técnico permite satisfazê-las. Falar de direitos naturais, ou fundamentais, ou inalienáveis, ou invioláveis é usar fórmulas de linguagem persuasiva que podem ter uma função prática em um documento político para dar mais força à demanda, mas não têm qualquer valor teórico, e portanto são completamente irrelevantes em uma discussão sobre a teoria do direito".

A luta pelo direito e pela afirmação da cidadania é, em um primeiro momento, uma luta da burguesia ou das classes médias. No século 20, entretanto, tornou-se uma luta muito mais ampla, em que os pobres se tornavam não apenas cidadãos formais, com direito a voto, mas cidadãos de fato.[7] Para isto, dois fatores assumiram um papel relevante de caráter informativo: a educação e uma imprensa livre. Por outro lado, a cidadania é uma prática. Por isso sociólogos e antropólogos salientaram a importância crescente dos movimentos sociais para a construção da cidadania através da afirmação de direitos sociais.[8] Esta prática, entretanto, pode se realizar através da defesa de direitos civis, particularmente da afirmação do direito do consumidor. Através da sua defesa o consumidor assume o caráter de cidadão.[9]

Os direitos historicamente afirmados são assegurados pelo Estado a favor do cidadão e contra algo ou alguém: primeiro temos os direitos civis e políticos: são direitos contra um Estado autoritário e oligárquico; em seguida, temos os direitos sociais: são os direitos contra os ricos ou poderosos; e finalmente, conforme procuraremos enfatizar neste trabalho, temos os direitos republicanos: são os direitos contra os aproveitadores ou privatizadores da *res publica*.[10]

Nos termos da análise clássica de Marshall (1950) sobre a afirmação histórica da cidadania, primeiro foram definidos os direitos civis, depois os direitos políticos e finalmente os direitos sociais. Os primeiros dois direitos conquistados pelos cidadãos e assegurados pelo Estado foram direitos contra o Estado, ou, mais precisamente, contra um Estado capturado ou privatizado por oligarquias ou aristocracias que o tornavam despótico.[11] No século dezoito os contratualistas e as cortes inglesas definiram os *direitos civis*, que serviriam de base para o liberalismo; no século dezenove os democratas definiram os *direitos políticos*. Esses dois direitos estabeleceram as bases das democracias liberais do século vinte. Através dos direitos civis os cidadãos conquistaram o direito à liberdade e à propriedade, em relação a um Estado *antes* opressor ou despótico; através dos direitos políticos os cidadãos conquistaram o direito de votar e ser votado, de participar, portanto, do poder político do

7. Chamei de "contradição da cidadania" o problema político resultante da existência no Brasil de um número muito grande de cidadãos com direito a voto mas sem consciência de seus direitos e deveres políticos e sociais. Ver Bresser Pereira (1996a).

8. Conforme observa Ruth Cardoso (1994:90): "A cidadania não apareceu do nada, ela tem uma história, está referida a um conceito preciso. É esse conceito que não está mais dando conta do que acontece agora porque está baseado na idéia de que existem direitos individuais e, hoje, através da luta dos movimentos sociais, há um reconhecimento pleno de que existem direitos coletivos". Ver a respeito também Durham (1984), Dagnino (1994) e Silva Telles (1994).

9. Segundo observa Letícia Schwarz (1997:14), a oposição entre cidadão e consumidor é falsa. Através da defesa dos seus direitos enquanto consumidor a pessoa vai se transformando em cidadão: "o tiro de largada é dado pelo conhecimento dos direitos do consumidor, muitas vezes de forma totalmente equivocada, os conflitos e negociações são o percurso e, se a faixa de chegada é rompida, muitos sentem a sua dignidade civil resgatada".

10. Está claro para mim o risco de utilizar a idéias de direitos "contra" o Estado, ou contra os criminosos, ou contra os ricos e poderosos. Na perspectiva jurídica clássica, os direitos são postulados "perante" o Estado-Administração ou Estado-Juiz. Assim os direitos civis, os direitos sociais e os direitos republicanos. O sujeito passivo da obrigação/condenação é que pode variar: outros cidadãos e o próprio poder público, ou apenas um e não o outro. Quando, entretanto, usamos essa idéia de direitos "contra" queremos destacar o sujeito passivo da obrigação, sujeito, aliás, que de "passivo" pouco tem se abandonarmos a terminologia jurídica.

11. A rigor os direitos civis não são apenas direitos contra o Estado. São também de cada cidadão contra outros cidadãos que o roubam ou o agridem. O Direito Penal, enquanto direito público, está voltado para garantir os direitos civis dos cidadãos contra os criminosos. Ou, mais amplamente, para garantir os direitos de cidadãos, empresas, e do próprio Estado contra a ação criminosa.

Estado, contra um Estado *antes* oligárquico. Finalmente, na segunda metade do século dezenove os socialistas definiram os direitos sociais, que, no século seguinte, foram inscritos nas constituições e nas leis dos países.[12]

O fato de os direitos civis terem sido estabelecidos contra o Estado não deixa de ser paradoxal: como o Estado pode assegurar direitos contra ele próprio? O paradoxo, porém, se resolve se observarmos que: quando novos direitos são definidos, mudam as relações de poder dentro do Estado e da sociedade, já que novos direitos são novas pautas de comportamento entre os indivíduos que definem o próprio Estado. Segundo o paradoxo de Rousseau, o cidadão, ao alienar sua liberdade ao Estado através de um contrato social, vê garantida pela lei do Estado, que exprime a vontade geral soberana, sua liberdade.[13] O Estado contra quem se afirmam esses novos direitos, é um Estado no qual o Governo – a elite dirigente do Estado – era "antes" despótico ou oligárquico; depois que os direitos são afirmados, os governantes perdem poder relativo em relação aos cidadãos, o Estado deixa de ser despótico e oligárquico: a cidadania começa a se constituir.[14]

Esta perspectiva, entretanto, é uma perspectiva lógico-dedutiva, própria do pensamento contratualista e hegeliano segundo o qual o Estado é o ponto culminante da história. O contratualismo nasceu com Hobbes que era um conservador preocupado com a ordem, passou por Locke que fundou o liberalismo, passou por Rousseau que fundou no contrato uma teoria radical de democracia, e terminou com Hegel, que fez a transição de uma abordagem lógico-dedutiva para uma abordagem histórica do Estado. Apesar do conservadorismo de seu fundador, Hobbes, o contratualismo terminou por servir de base revolucionária para o liberalismo e a democracia ao basear a legitimidade do príncipe em um contrato livremente pactado por cidadãos e não na tradição. No momento, entretanto, em que esta concepção de Estado se torna vitoriosa com as revoluções burguesas e o predomínio do modo de produção capitalista e da ideologia liberal, renasce com Saint Simon e Marx a abordagem histórica, agora com uma conotação revolucionária de crítica do Estado enquanto instrumento de dominação. E de fato o caráter racional do Estado, definido pelos contratualistas e que Hegel levou ao paroxismo, é uma notável construção teórica que não impede que os governos, em nome do Estado, continuem a praticar atos autoritários e no interesse de uma mino-

12. Esta notável análise de Marshall tem sido objeto de críticas dos mais variados tipos. Talvez a mais significativa seja aquela que, seguindo a linha de Klaus Offe, vê na afirmação dos direitos sociais e "no *welfare state* o caráter de *necessidade funcional* do próprio capitalismo... as práticas relativas à política social, ao invés de representarem algo como um colorido adicional e de alguma forma acidental adquirido pelo Estado num processo de desenvolvimento capitalista cuja lógica de mercado lhes seria alheia, na verdade constituem um contraponto 'não-mercantil' inerente a essa lógica mesma" (Wanderley Reis, 1990:7 – sublinhado do autor). Não há, entretanto, na análise de Marshall caráter "acidental", e o fato de os direitos sociais serem funcionais para o capitalismo, como Offe (1984) muito bem assinalou, não lhes tira o caráter de conquista nem a qualidade de representarem um avanço no processo democrático. Uma outra discussão é a da relativa perda de funcionalidade desses direitos desde o momento em que o Estado do Bem-Estar entrou em crise.

13. Através do contrato social, que estabelece as bases para o poder soberano ou para o Estado, segundo Rousseau (1762:244), "cada um dando-se a todos não se dá a ninguém; e como cada associado adquire o mesmo direito que ele cede, ganha-se o equivalente a tudo quanto se perde, e mais força para se conservar o que já se tem".

14. Conforme observou Ferreira Filho (1972: 74): "Traduz o Estado de Direito a experiência imemorial de que o poder tende ao abuso, e que este só é evitado, ou, ao menos, dificultado, quando o próprio Estado obedece à lei e está enquadrado em um estatuto jurídico a ele superior". Os direitos civis estabeleceram as bases para os regimes liberais, os direitos políticos, para o regime democrático, os direitos sociais, para os regimes social-democráticos.

ria.[15] Por isso a afirmação dos direitos do cidadão é um problema permanente. Por isso, como viram os liberais e em seguida os democratas modernos, que têm sua origem no contratualismo, a defesa da cidadania depende da permanente luta pela garantia dos direitos civis e políticos.

Assegurados – pelo menos em tese – os direitos dos cidadãos contra o Estado, entretanto, surge o problema adicional de assegurá-los também contra os outros cidadãos: os ricos e/ou os poderosos. Os direitos sociais têm essa natureza. Os direitos sociais podem ser entendidos, de forma estrita, como direitos contra outros cidadãos, se pensarmos nos direitos dos trabalhadores em relação a seus empregadores. Quando, entretanto, pensamos nos direitos sociais como o direito à sobrevivência digna, à educação, à cultura, à saúde, estes são direitos dos cidadãos contra a sociedade civil – na medida em que esta é a sociedade organizada, em que os pesos dos diversos poderes econômicos e sociais se fazem sentir – e o respectivo Estado que a representa.[16] Se a sociedade dispõe de recursos materiais para garantir estas necessidades elas se transformam em direitos – direitos que não podem ser assegurados na medida em que os recursos sociais estejam excessivamente concentrados nas mãos de um grupo reduzido de capitalistas e de altos burocratas públicos e privados.

No último quartel do século vinte, entretanto, um quarto tipo de direitos está surgindo: os direitos dos cidadãos de que o patrimônio público seja efetivamente de todos e para todos. Este trabalho concentrar-se-á na análise destes novos direitos, que estamos propondo chamar de direitos públicos ou de "direitos republicanos" – direitos dos cidadãos contra aqueles que buscam capturar privadamente os bens que são ou devem ser de todos – e particularmente a uma categoria desses direitos: o direito à *res publica* ou ao patrimônio econômico público.[17] Poderíamos dizer, a partir de uma perspectiva a-histórica, que estes direitos sempre existiram. No plano da história, entretanto, estes são direitos que só recentemente começaram a ganhar contorno definido entre os interesses difusos. São direitos que cada vez mais deverão merecer a atenção de filósofos políticos e juristas.

Antes de examinarmos mais detidamente o direito à coisa pública, é necessário, porém, situar os direitos republicanos entre os demais direitos não apenas do ponto de vista histórico mas também lógico.

O público e o privado

Habermas (1992:78) observa que a análise do conceito de cidadania realizado por Marshall, definindo sucessivamente três direitos (aos quais estamos aqui acrescentando um quarto, os direitos republicanos) "faz parte da ampla tendência que os sociólogos chamam de "inclusão". Em uma sociedade cada vez mais diferenciada, um número cada vez maior de pessoas adquire direitos cada vez mais inclusivos

15. Em seu comentário à versão preliminar deste trabalho Rosenfield, que escreveu sua tese de doutorado sobre Hegel (1982) fez uma observação que merece ser aqui reproduzida: "Hegel jamais identificou o Estado empiricamente existente com a racionalidade... O Estado é, para ele, a expressão política da racionalidade sob a condição de ser a concretização efetiva da Idéia da liberdade".

16. Geralmente pensamos na sociedade civil em oposição ao Estado. Esta oposição, entretanto, só faz sentido quando o governo que ocupa a liderança do Estado perde legitimidade. Normalmente sociedade civil e Estado caminham juntos: o governo representa a sociedade civil no Estado.

17. Devo a Guillermo O'Donnell a sugestão de denominar estes direitos de "republicanos" ao invés de públicos. Inicialmente pensei usar a expressão "direitos públicos", a qual se distinguiria da expressão "direito público" (em oposição a direito privado) na medida em que seria sempre usada no plural. Esta expressão, entretanto, pode levar a confusões, enquanto que a expressão "direitos republicanos" é nova, permitindo identificar direitos que também são novos.

de acesso a, e de participação em, um número crescente de subsistemas...". Mas adverte, fiel a sua teoria da ação comunicativa em que a democracia desempenha um papel crucial, que se trata de uma análise linear, que não acentua o papel crucial dos direitos políticos na cidadania, colocando-os no mesmo nível dos demais: "De fato, apenas os direitos de participação política servem de base para o posicionamento legal auto-referenciado do cidadão reflexivo. Liberdades negativas e direitos sociais, podem, em contraste, serem garantidos por uma autoridade paternalista. Em princípio, o Estado constitucional e o Estado do Bem-Estar são possíveis sem democracia" (1992:504).

Na segunda metade do século vinte direitos civis, direitos políticos e direitos sociais foram unidos sob o nome direitos do homem ou de *direitos humanos*. A Declaração Universal dos Direitos do Homem, de 1948, declarou a validade universal destes direitos, que, assim, foram positivados a nível internacional. Pensados em termos abstratos, direitos humanos e direitos do homem são sinônimos: abrangem todos os direitos. Entretanto, se pensarmos em termos históricos, veremos que a idéia dos "direitos humanos" aparece com força nos anos 70 identificada principalmente com os direitos civis, como uma reação contra os regimes autoritários que se tornam dominantes nos países em desenvolvimento. Desde os anos 30 a grande ênfase fora transferida para os direitos sociais, na medida em que se imaginava que os direitos civis e políticos estavam assegurados, ou então que eram direitos "formais", produto de uma "democracia formal" que só se tornaria real ou substantiva quando os direitos sociais estivessem também defendidos. Esta era a posição clássica da esquerda até os anos 60. Entretanto, quando, nos anos 60 e 70, regimes autoritários de direita assumem o poder em um grande número de países, principalmente na América Latina, e passam a violentar os direitos civis e políticos, a esquerda é obrigada a rever sua posição. Diante da violência estatal e privada contra os políticos de esquerda, muitos dos quais pertenciam à classe média, diante da tortura e do assassinato, tornou-se essencial revalorizar os direitos políticos, expressos na democracia, e os direitos civis, agora ampliados para as camadas mais pobres da população.[18]

Tornou-se em seguida claro para os setores democráticos da sociedade que não eram apenas os direitos humanos dos contestadores políticos que estavam em jogo. Era também preciso defender os direitos civis dos fracos e oprimidos: adolescentes infratores assassinados barbaramente por esquadrões da morte, dos bandidos torturados e assassinados pela polícia, dos índios, dos posseiros sem-terra, das jovens mulheres pobres levadas à prostituição, dos negros que sofrem discriminação, dos homossexuais vítimas de todos os abusos.[19] Para a defesa dos direitos civis ou mais amplamente dos direitos humanos, tanto dos contestadores políticos quanto dos fracos e oprimidos, a Igreja Católica desempenhou na América Latina um papel decisivo nos anos 70 e 80.[20] Ao mesmo tempo a sociedade civil organizada sob a forma de instituições públicas não-estatais, passou a ter um papel cada vez mais im-

18. Segundo Jelin e Hershberg (1996:3): "Enquanto era um lugar comum distinguir os direitos civis dos políticos e dos sociais, e definir cidadania principalmente em termos de direitos sociais, nos anos 80 direitos humanos e civis básicos não podiam mais ser relegados a segundo plano ou assumidos como garantidos. De fato, tornaram-se o centro do ativismo político e da preocupação intelectual".

19. Segundo, por exemplo, o ouvidor da polícia de São Paulo, Benedito Domingos Mariano, "a vítima da tortura em geral é homem, negro, pobre e mora na periferia" (*Folha de S. Paulo*, 1.1.1997).

20. Para o Brasil o documento fundamental a respeito é o da Arquidiocese de São Paulo (1985) *Brasil: Nunca Mais*. Ver também Paulo Sérgio Pinheiro e Eric Braun (1986).

portante na defesa dos direitos humanos,[21] enquanto a imprensa assumia um papel cada vez mais estratégico nessa matéria.[22] Nestes termos, embora continuasse a existir um fundamento autoritário em parte considerável da população dos países, principalmente dos países em que as democracias são recentes e as estruturas sociais gravemente heterogêneas,[23] os direitos humanos, enquanto, essencialmente direitos civis dos fracos e oprimidos, enquanto direito em primeiro lugar à vida, foram novamente valorizados, ao mesmo tempo que os valores democráticos eram reafirmados. Os direitos sociais continuaram importantes, mas deixava de se justificar a quase exclusiva ênfase neles, que se originava ou no pressuposto equivocado de que os direitos civis já eram uma conquista de todos – quando o eram apenas para as elites – ou na visão enviesada segundo a qual os direitos civis só estariam garantidos quando os sociais também o estivessem.[24]

No conceito de direitos humanos existe uma espécie de unificação de todos os direitos. Entretanto, embora os direitos possam ser considerados consistentes entre si e portanto complementares, eles também são contraditórios. Os direitos sociais são consistentes com os civis na medida em que, conforme observa Reis (1996: 121), "se a desigualdade social é manifesta, o poder será distribuído desigualmente, o que inevitavelmente minará as perspectivas do pleno gozo dos direitos civis e políticos por todos". Em muitos casos os direitos civis, políticos e sociais são contraditórios, impondo-se compensações (*trade offs*) entre eles. Isto será especialmente verdade, se salientarmos o caráter individualista e egoísta dos direitos civis, na medida em que eles foram historicamente implantados nos quadros do individualismo utilitarista do século dezoito. Por isso Reis (1995), apoiando-se na distinção feita por Kelly (1979), enfatiza a diferença entre direitos civis e direitos cívicos. Nos direitos civis o elemento dominante é o do direito à liberdade e à propriedade. O cidadão é cidadão, segundo essa concepção clássica ou liberal de cidadania, na medida em que tem esses direitos garantidos. Já os direitos cívicos envolvem a idéia de deveres do cidadão para com a sociedade. O cidadão é cidadão na medida em que, além de ter seus direitos egoístas garantidos, assume responsabilidades, em relação ao interesse público, que podem estar em contradição com seus interesses particulares. Segundo Reis (1995:128):

"A tensão entre as duas dimensões, e entre os valores afirmados em cada uma delas, é tão severo que freqüentemente elas aparecem contraditórias. Se a esfera

21. As instituições públicas não-estatais são impropriamente chamadas de ONGs – organizações não-governamentais – uma tradução da denominação americana, NGOs – *non-governamental organizations.* Impropriamente porque na tradição anglo-saxão, Estado e Governo são confundidos, e porque além de afirmar que é não-estatal é preciso dizer que a instituição é pública – pertence a todos, não tem proprietários individuais ou coletivos.

22. Neste plano os trabalhos de Gilberto Dimenstein, a partir de *A Guerra dos Meninos* (1990), são essenciais. Estes trabalhos foram reunidos e sintetizados em Dimenstein (1996). O prefácio deste livro, escrito por Paulo Sérgio Pinheiro, tem um título significativo: "O Passado não Está Morto: Nem Passado é Ainda".

23. Este fundamento autoritário expressa-se na falta de indignação em relação aos atos de violência contra os direitos humanos dos setores excluídos ou mesmo no apoio a estes atos por setores consideráveis da sociedade. Nancy Cardia (1994), a partir de uma pesquisa sobre a falta de rejeição contra as violências da polícia e forças parapoliciais contra os excluídos, vê o problema como um caso de "exclusão moral de grupos considerados à margem da sociedade", em um contexto de ausência de poder dos governados sobre os governantes, de alienação do processo de produção de leis, de desconhecimento do significado dos direitos civis e políticos, e de falta de canais de acesso dos grupos excluídos à proteção da lei.

24. O debate entre os direitos individuais e os sociais, entretanto, continua vivo, através da discussão dos ideais de justiça e de solidariedade. Ver a respeito Cardoso de Oliveira (1996).

privada, de mercado, civil é a esfera da autonomia, é também do egoísmo e do particularismo; e se a esfera cívica é onde a solidariedade ocorre, é simultaneamente a esfera da dependência".

Não existe solução simples para essa tensão.[25] A convivência social nas democracias modernas é o resultado dos compromissos necessários entre essas duas esferas – a do privado ou civil e a do público ou cívico –, e entre os quatro direitos básicos: civis, políticos, sociais e republicanos.[26] Enquanto os direitos civis são direitos freqüentemente considerados "negativos", no sentido de que o que se quer, principalmente em relação aos direitos civis, é que a liberdade e a propriedade do cidadão não seja ferida, no caso dos direitos políticos e dos direitos sociais é necessária uma ação "positiva" do Estado. O conceito negativo de liberdade está associado aos direitos civis e ao liberalismo enquanto que o conceito de liberdade positiva, associada à democracia no caso dos direitos políticos, ao socialismo, no caso dos direitos sociais, e à cidadania plena no caso dos direitos republicanos. A liberdade negativa é uma liberdade "de", enquanto a positiva é uma liberdade "para". O cidadão tem a liberdade negativa de não sofrer restrições ou interferências em relação a seus desejos legítimos; tem a liberdade positiva para participar do governo, partilhar a riqueza social, e garantir que o que foi decidido ser público de fato o seja.

Essa distinção que na sua formulação contemporânea se deve a Isaiah Berlin (1958), embora atrativa, é, na verdade, relativa.[27] Para se garantir os direitos civis é também necessária uma ação positiva do Estado, implicando inclusive em custos administrativos: afinal, todo o aparato clássico do Estado – poder legislativo, poder judiciário, polícia, forças armadas – existe para garantir positivamente os direitos civis, da mesma forma que o aparato social do Estado, expresso nos ministérios da educação, da saúde, da cultura etc., além do poder judiciário e do poder legislativo, existem para garantir os direitos sociais.[28] Talvez mais significativo seja o fato de que enquanto os direitos civis são direitos individuais, no sentido que protegem cada indivíduo que se pode supor egoísta, voltado para a defesa exclusiva dos seus interesses, os direitos republicanos são direitos coletivos, no sentido que protegem a coletividade, que seria também capaz de agir coletiva e solidariamente em função do interesse comum ou público. Se pensarmos em uma escala que vai do privado para o público, do interesse individual para o coletivo, teríamos os direitos políticos e os direitos sociais entre os direitos civis e os republicanos. Todos são funda-

25. Enquanto os social-democratas procuram ampliar a esfera pública, os liberais assinalam os riscos envolvidos. Conforme observa Giannetti da Fonseca (1993:126), "a tensão entre moralidade cívica e pessoal – entre as normas sociais de convivência pacífica e os desejos de valores de cada indivíduo – é um traço permanente da existência humana... Existem sérios limites e riscos associados ao predomínio excessivo da autoridade política e da moralidade cívica em detrimento da moralidade pessoal".

26. A expressão direitos cívicos poderia ser pensada como uma denominação alternativa a direitos republicanos, embora Kelly e Reis a usem em um contexto diferente, para salientar a importância, para o conceito de cidadania, da preocupação de cada cidadão com o interesse público – preocupação que não está clara – quando não é negada – quando o pensador liberal se refere aos direitos civis. Nos direitos republicanos, como nos cívicos, ainda que o cidadão esteja defendendo o seu direito, ele tem necessariamente que estar preocupado com o interesse público.

27. Berlin escreveu seu ensaio sobre os dois conceitos de liberdade em 1958, no auge do conflito ideológico entre liberais e marxistas. Embora sabendo que os *trade offs* entre os dois tipos de liberdade são necessários, como representante do liberalismo fez o elogio da liberdade negativa e enfatizou radicalmente os riscos da liberdade positiva, que, "em certos momentos não é outra coisa senão um hábil disfarce para a mais brutal tirania" (1958:131).

28. Para uma crítica da teoria classificando os direitos segundo envolvam prestações positivas ou negativas ver Lindgren Alves (1994).

mentais, não existe uma hierarquia entre eles, mas a tensão entre o civil e o cívico, entre o cidadão que protege seus interesses e o cidadão que protege os interesses gerais, é permanente.

Essa distinção entre direitos individuais e coletivos é naturalmente relativa, já que os interesses individuais só podem ser garantidos dentro de uma sociedade em que a ação coletiva de fato ocorre, cria o Estado e as instituições liberais e democráticas, e assim garante esses direitos, enquanto que os direitos coletivos, cuja defesa exige diretamente, a ação coletiva e em última análise solidária dos prejudicados, são também direitos de cada cidadão individualmente.

É difícil senão impossível pensar em cidadania a partir apenas de direitos civis e do conceito de liberdade negativa, como querem os liberais radicais modernos, neoliberais. Nossa premissa é a de que a democracia é um regime político historicamente em construção, que vai sendo aperfeiçoado na medida em que os quatro direitos de cidadania vão sendo afirmados, ao mesmo tempo que os políticos são responsabilizados perante os eleitores. A democracia não é apenas um ideal, um conceito abstrato. É uma realidade política histórica. Os filósofos gregos preferiam a monarquia e a aristocracia à democracia, embora soubessem que a corrupção da primeira era a tirania e a da segunda, a oligarquia, porque viam a democracia como eminentemente instável. A democracia só se tornou historicamente dominante a partir do momento em que o desenvolvimento econômico e social tornou esse tipo de regime mais estável do que os regimes autoritários de caráter monárquico ou aristocrático.

Na idéia de democracia, desde que ela foi concebida na Grécia, existe sempre a idéia de interesse público. Conforme observa Abranches (1985:7):

"Na política clássica grega, tanto o *demos* como a *Polis* tinham um significado coletivo e eram organizados politicamente. O governo e o Estado repousavam no fato mais abrangente da cidadania. *A politeia* representava a unidade dos cidadãos, não apenas a soma dos indivíduos – que é a noção (liberal) de sociedade civil – mas uma comunidade viva".

Para o cidadão grego a política entendida como interesse público era o bem maior. Cidadão era aquele que participava da *Polis.* Era esta participação plena, era esta prioridade do público sobre o privado, do coletivo sobre o individual, que definia concepção de cidadania entre os gregos. A idéia de cidadania desenvolvida na Grécia antiga só iria ressurgir, embora parcialmente, no século dezoito, com a afirmação dos direitos civis e do liberalismo. O modelo liberal de sociedade, entretanto, distanciar-se-á do modelo grego. Está baseado em três postulados: um filosófico – a concepção abstrata e absoluta do indivíduo racional, voltado para seus interesses, como centro de tudo; um político – a legitimação do Estado e do seu poder a partir de um contrato social livremente aceito pelos indivíduos-cidadãos, estabelecendo-se, em conseqüência, uma rígida separação entre a esfera pública e a privada; e um econômico – no plano da produção e distribuição de renda, desde que o Estado garanta o funcionamento dos mercados, se cada um defender seu próprio interesse o interesse geral será automaticamente garantido.

Este modelo, que permitiu a afirmação dos direitos civis de liberdade e propriedade para a classe burguesa então emergente, embora pudesse ser visto como um retrocesso em relação ao ideal grego, representou um grande avanço em relação aos sistemas aristocráticos e autoritários. A partir do século dezenove, entretanto, passou a ser sistematicamente desafiado, primeiro pelos democratas, através da afirmação dos direitos políticos, e, em seguida, pelos socialistas, através da luta pelos direitos sociais. Da mesma forma, porém que o liberalismo identificou-se inicialmente com a burguesia, a ideologia socialista, embora pretendesse exprimir os interesses do "proletariado", afinal traduziu os interesses e a visão de mundo da classe burocrática emergente a partir da segunda metade do século dezenove.[29] E, a partir desse fato, pretendeu, em um certo momento, negar todos os valores liberais, estabelecendo uma oposição radical entre o socialismo e o liberalismo.

O socialismo radical, não apenas de caráter marxista, mas principalmente de natureza burocrática e autoritária, só foi absolutamente dominante nos países em que os partidos comunistas tomaram o poder político. Uma versão moderada, social-democrática, entretanto, do socialismo, foi dominante entre os anos 30 e os anos 60 no mundo capitalista, nos quadros do Estado do Bem-Estar ou Estado Social, permitindo o avanço dos direitos sociais em combinação com os direitos civis e os direitos políticos.

Os liberais, que permaneceram na defensiva nesta última fase, retomam a iniciativa nos anos 70, quando o Estado Social – nas suas três versões, o Estado do Bem-Estar, o Estado Desenvolvimentista e o Estado Comunista – afinal entrou em crise.[30] O novo liberalismo – o neoliberalismo – terá uma inspiração antes econômica do que política, partirá do individualismo metodológico e de uma radical descrença na possibilidade de ação coletiva (Olson, 1965). Nos termos da teoria da escolha racional, que então passa a prosperar, o indivíduo racional será um ser estritamente egoísta, voltado apenas para seus interesses pessoais. No campo da teoria política, por exemplo, toda a literatura está baseada no pressuposto de que o político se motivará apenas pela busca de rendas ou pela vontade de ser reeleito, fazendo *trade offs* entre esses dois objetivos. A idéia de que este seja o mau político, e que existe um segundo tipo de político que se motiva pela vontade se ser reeleito e pelo interesse público, fazendo *trade offs* entre eles, é alheia ao novo conservadorismo neoliberal que então se afirma.[31]

Contraditória e significativamente, porém, é nos quadros desse neoconservadorismo, apesar dele e, em parte, graças a ele, que a idéia dos direitos republicanos e particularmente o direito à *res publica* vão se firmar. A visão negativa da natureza humana levará à convicção na inevitabilidade do *rent-seeking*. O Estado será sempre objeto da apropriação privada. Por outro lado, à descrença correlata na possibilidade de ação coletiva para grandes grupos conduzirá à certeza de que o Estado não terá capacidade de se opor ao *rent-seeking*, e à proposta do Estado mínimo. Entretanto, a tese do Estado mínimo é apenas uma visão irrealista, meramente lógico-dedutiva, de como deve ser a política. Não corresponde à realidade do capitalismo contemporâneo, não responde às necessidades efetivas da sociedade, sejam

29. Examinei extensamente o problema da emergência da classe burocrática (ou da tecnoburocracia, ou da nova classe média, ou da classe média assalariada – expressões sinônimas) em Bresser Pereira (1981).

30. O liberalismo moderado e democrático, que dialogava e criticava a perspectiva social-democrática de Bobbio e Habermas, será representado, entre outros, por Ralf Dahrendorf e Raymond Aron. Embora conflitantes, estes autores conduzem a uma perspectiva social-liberal. Já o neoliberalismo terá como expoentes Hayek, Friedman, Olson, Buchanan, Lucas. No Brasil José Guilherme Merquior foi talvez o mais representativo expoente do liberalismo moderado, social-liberal. Para uma ampla e atualizada resenha do pensamento liberal ver Merquior (1991).

31. Não estou, com estas afirmações, diminuindo a importância da escola da escolha racional nem a reduzindo a uma perspectiva liberal ou neoliberal. Existem cientistas políticos social-democratas, como Adam Przeworski, que têm utilizado o instrumental da escolha racional de forma criativa e politicamente progressista. Por outro lado, conforme deixarei claro em seguida, a contribuição dos intelectuais conservadores ligados à escola da escolha racional para a emergência dos direitos republicanos é fundamental.

elas deduzidas logicamente, sejam avaliadas empiricamente. No Reino Unido, por exemplo, dezoito anos de um governo conservador, que adotou explicitamente o ideário neoliberal, resultaram em reformas importantes, mas não permitiram a redução do Estado em sentido estrito: a carga tributária em relação ao produto interno bruto é praticamente a mesma dezoito anos depois.[32] Mas, ao mesmo tempo que se tornava clara a inviabilidade da redução do Estado ao mínimo, ficava claro também o quanto esse Estado estava sendo ameaçado, o quanto as atividades de *rent-seeking* distorciam a ação estatal, eram ineficientes e injustas. Para isto a crítica dos neoliberais foi extremamente importante, somando-se à crítica da nova esquerda, que, desvinculando-se crescentemente da burocracia, fazia a crítica da privatização do Estado não apenas pelos capitalistas mas também pela classe média e particularmente pela burocracia estatal.

Com a definição dos direitos republicanos neste último quartel do século vinte, a visão de cidadania ligada à idéia de interesse público e de valores cívicos, que foi ameaçada pela visão neoliberal, afinal ganhou novas forças. Foi se tornando claro que a cidadania só se completa quando os cidadãos têm a consciência do interesse público. Quando o cidadão luta por seus direitos civis, políticos e sociais, ele o faz como membro de uma sociedade cujos interesses coletivos ele sabe que estão acima dos seus interesses particulares. No individualismo clássico, liberal, cada um está voltado para seu auto-interesse, mas não de uma forma egoísta e cega como pretende o neoconservadorismo contemporâneo. O individualismo liberal de um Locke, de um Tocqueville ou de um Mill é um individualismo iluminado, que, sem dúvida, conta com o mercado e a concorrência para assegurar o interesse geral, mas que conta também com o espírito público de cada cidadão.

A idéia de uma cidadania plena se completa quando acrescentamos aos direitos civis, políticos e sociais os direitos republicanos. Nesse momento o cidadão é obrigado a pensar no interesse público explícita e diretamente. Só assim terá condições de defender o patrimônio público em geral – cultural, ambiental, e econômico. Nesse momento surge a indignação cívica contra as violências que sofre a *res publica*. Indignação que Denis Rosenfield (1992:13) expressou no Brasil, quando, diante da onda de corrupção que assolava o país no governo Collor, afirmou:

"O público é colocado em questão. Trata-se de um processo de cartelização da política, reduzida a um mero jogo de forças, onde os vencedores são aqueles que se apropriam, às expensas dos outros, da maior parte do 'butim', figura esta a que se viu reduzida a 'coisa pública'. Sua expressão é a luta corporativa entre os que são detentores de força... Assim, as demandas corporativas, provenientes tanto dos setores mais ricos da sociedade quanto dos sindicatos de funcionários ou de operários, terminam por prevalecer sobre o interesse coletivo".[33]

Direita e esquerda, liberais e social-democratas têm se esgrimido ao longo dos tempos em torno do conceito de cidadania e da ênfase que direitos civis ou direitos sociais devem ter. Na verdade esse debate faz pouco sentido quando fica claro que os

32. Houve uma diminuição do tamanho do Estado se consideramos o Estado em sentido amplo como envolvendo as empresas estatais. Estas foram privatizadas. A rigor, porém, não constituem o Estado, cujo tamanho deve ser medido principalmente pela carga tributária ou pela despesa pública em relação ao produto.

33. Em termos mais gerais, Rosenfield (1996: 40) entende que o Estado só se realiza plenamente "por intermédio da discussão, que é realizada no espaço público". O problema democrático fundamental é assim "resgatar a função do Estado em seu caráter público, isto é, que não se torne refém de suas próprias corporações, e responda pela coletividade".

direitos civis são também direitos humanos fundamentais dos mais pobres, e que sem os direitos socais não há possibilidade de um sistema capitalista eficiente e de um governo legítimo. Por outro lado, que sem os direitos políticos não há a garantia democrática de que esses direitos serão assegurados estavelmente, e que sem os direitos republicanos garantidos não há segurança de que o Estado possa realizar as tarefas que lhe são inerentes. Na verdade, os inimigos dos direitos de cidadania não são os liberais nem os socialistas, mas os autoritários, os patrimonialistas, os corporativistas, e os simplesmente corruptos.[34]

Os direitos republicanos e os interesses difusos

A emergência dos direitos republicanos está relacionada com o processo de democratização que se tornou dominante em todo o mundo. A democracia transformou-se "em um valor universal" (Coutinho, 1980), exigindo do cidadão uma crescentemente preocupação pelos temas públicos. Assim, ao mesmo tempo que a luta pelos direitos humanos ganhava nova dimensão, nesta segunda metade do século vinte surgia uma profusão de novos direitos. As Nações Unidas, que patrocinaram a Declaração Universal dos Direitos Humanos, passou a falar em "direitos de terceira geração", que incluiriam direitos à solidariedade, à paz, ao desenvolvimento econômico.[35] Entretanto, conforme observou Bobbio (1992:XIV) esses direitos "constituem uma categoria ainda demasiado heterogênea e vaga". São mais aspirações do que direitos.

Entre os interesses de terceira geração, alguns novos direitos vão ganhando especificidade na medida em que apresentam a possibilidade de serem positivados, transformados em lei. São os interesses difusos ou, mais especificamente, o que chamaremos de *direitos republicanos*. Entendemos como direitos republicanos os direitos que cada cidadão tem de que os bens públicos – os bens que são de todos e para todos – permaneçam públicos, não sejam capturados por indivíduos ou grupos de interesse. Da mesma forma que o cidadão tem o direito à liberdade e à propriedade (direitos civis), a votar e a ser votado (direitos políticos), à educação, à saúde e à cultura (direitos sociais), ele tem o direito de que o patrimônio do Estado – seja ele constituído pelo patrimônio ambiental, seja pelo patrimônio cultural, seja pela *res publica* – continue a ser um patrimônio a serviço de todos ao invés de ser apropriado por grupos patrimonialistas ou corporativistas que agem dentro da sociedade como livre-atiradores.

A ameaça aos direitos republicanos origina-se na perspectiva patrimonialista do Estado – que confunde o patrimônio público com o do indivíduo ou de sua família – ou na perspectiva corporativista, que confunde o patrimônio do Estado com o dos grupos de interesse corporativamente organizados. Patrimonialistas e corporativistas são livre-atiradores, indivíduos que, contando que a maioria não faça o mesmo, não hesitam – individualmente no caso do patrimonialismo, coletivamente, no caso do corporativismo – em privatizar o Estado, em capturá-lo. O criminoso, o violentador de direitos é sempre um livre-atirador. Ele conhece as leis que organizam a vida social, sabe que se todos as transgredirem elas perdem eficácia e a desordem se generaliza. Como, entretanto, a maioria obedece às leis, ele sabe que exis-

34. Nestes termos a proposta de distinguir uma abordagem liberal de uma abordagem histórica no conceito de cidadania faz pouco sentido (Wiener, 1992). Metodologicamente podemos usar preferencialmente o método lógico-dedutivo ou o método histórico-indutivo, mas daí não se segue que um conceito ideológico de cidadania seja de grande ajuda.

35. Os direitos de primeira geração seriam os civis e os políticos, e os de segunda, os direitos sociais. Ferreira Filho (1995), em seu estudo sobre os direitos humanos fundamentais, prefere chamar os direitos de terceira geração de direitos de solidariedade.

te espaço para sua ação danosa ou criminosa.

Podemos pensar em três direitos republicanos fundamentais: o direito ao patrimônio ambiental, o direito ao patrimônio histórico-cultural, e o direito ao patrimônio econômico público, ou seja, à *res publica* estrito senso ou "coisa pública". O patrimônio econômico público é principalmente patrimônio estatal, embora a cada dia cresça a importância da *res publica* não-estatal. Nos três casos falamos de bens públicos, porque são ou devem ser de todos e para todos. Na medida em que são bens de todos e para todos, tendem a ser mal defendidos e por isso estão permanentemente ameaçados.

A ameaça ao patrimônio ambiental e ao patrimônio cultural é principalmente a da violência contra eles. No caso da *res publica*, que é constituída principalmente pela receita do Estado obtida através de impostos, o problema é o da sua apropriação privada. A diferença entre a ameaça aos bens privados e aos bens públicos está no fato de que o detentor do bem privado é um indivíduo permanentemente atento, pronto para defender sua propriedade, enquanto que o detentor do bem público é a sociedade, é a nação, é o conjunto dos cidadãos organizados coletivamente no próprio Estado. Ora, sabemos como são limitadas as possibilidades da ação coletiva.

Os direitos republicanos são geralmente direitos coletivos ou pluriindividuais, na medida que seus titulares são principalmente grupos de pessoas, mas fazem parte do direito de cada cidadão. Seu surgimento constitui um sinal do avanço da cidadania. Na teoria do Direito não se fala, geralmente, em direitos republicanos, mas em interesses difusos. Conforme observa Antunes (1989:21-22) a emergência dos interesses difusos é uma conseqüência inevitável do amadurecimento cívico do cidadão em um momento histórico em que o Estado ainda não deu cobertura normativa adequada a uma vasta área de interesses. Nesse sentido, afirma Antunes, os "interesses difusos são *interesses públicos latentes* , eventualmente fragmentados". Não é fácil defini-los: "de modo geral, a figura do interesse difuso pode aplicar-se a muitos direitos sociais e culturais e a muitas normas programáticas de nossa constituição". Dessa forma, os interesses difusos ou os direitos republicanos assumem um caráter tão amplo que acabam se esvaziando de conteúdo.

Os direitos republicanos são mal definidos e pior defendidos. Por isso os juristas, prudentemente, falam em interesses e não em direitos, e os qualificam como "difusos". Falam também em interesses ou "direitos coletivos". São direitos coletivos quando sua titularidade se expressa coletivamente, como direito de uma classe ou categoria de sujeitos.[36] Mas os direitos republicanos são um direito subjetivo individual na medida em que os cidadãos são deles detentores. Os juristas também falam em "direitos republicanos subjetivos" para designar de forma ampla todos os direitos dos indivíduos em face ao Estado: direitos que obrigam o Estado a não fazer (não atentar contra a liberdade, principalmente) ou fazer (particularmente os direitos sociais a serem garantidos pelo Estado). Os direitos republicanos poderiam ser incluídos nessa categoria, mas ao definir assim direitos republicanos estaríamos ampliando excessivamente o conceito e, afinal, invertendo o seu significado. Quando nos referimos a direitos republicanos não nos interessam os direitos dos cidadãos contra o Estado – estes são os direitos ci-

36. Antunes inclui entre os interesses difusos os direitos do consumidor. Este é um direito que pode ser coletivo, na medida em que seu titular freqüentemente é um grupo, categoria ou classe de pessoas ligadas entre si. Mas não é um direito republicano. É um direito civil, é um direito subordinado ao direito de propriedade. O direito do consumidor, embora possa ser visto como coletivo, é no fundo um direito privado: expressa o direito do comprador de bens de consumo de não ser enganado na sua compra.

vis –, mas os direitos dos cidadãos reunidos no Estado contra os indivíduos e grupos que querem capturar o patrimônio público.

Embora baseados em princípios morais gerais senão universais, os direitos surgem para dar resposta a problemas concretos de uma determinada sociedade quando esta sociedade se convence de que tem condições mínimas de resolvê-los. A defesa sistemática do patrimônio histórico-cultural das nações é uma conquista da primeira metade deste século. A consciência da existência dos direitos sobre o patrimônio histórico-cultural vem ganhando força paulatinamente, mas em nenhum momento assumiu caráter dramático ou emergencial. Já os direitos ao patrimônio ambiental emergiram em conseqüência da grande ameaça que a industrialização estava impondo ao meio ambiente. Tornaram-se universalmente reconhecidos depois da grande reunião sobre o meio ambiente organizada pelas Nações Unidas em Estocolmo, em 1972. A partir daí a defesa do meio ambiente, que era o objeto da luta de grupos "verdes" radicais, de esquerda, passou a ser uma preocupação geral.

A defesa da *res publica* já está presente, de muitas maneiras, em todo o direito público, especialmente no direito penal quando este prevê penas para quem se apodera do patrimônio público de forma corrupta ou ilegal, e no direito administrativo quando este afirma a prioridade do interesse público e procura proteger o Estado contra sua subordinação a interesses privados.[37] Os direitos republicanos em geral e o direito à *res publica*, em particular, entretanto, só ganharam amplitude que o torna um direito à parte, distinto dos demais, neste último quartel do século vinte. A causa mais geral dessa preocupação nova com a coisa pública está no enorme crescimento do Estado neste século, com a proteção ao patrimônio ambiental, os efeitos danosos da industrialização contra ele.

Estou entendendo, aqui, a *res publica* não como regime político, nem como espaço público, nem com bem comum, muito menos como espaço estatal, mas como patrimônio econômico público, de todos e para todos.[38] Enquanto regime político a república é o sistema de poder político legitimado pelo povo e no seu interesse exercido.[39] O conceito dos direitos republicanos deriva antes do conceito de *res publica* do que do de república, embora ambos estejam intimamente relacionado. Hoje república confunde-se com a democracia; no passado, quando ainda não haviam surgido as monarquias parlamentares, opunha-se à monarquia ou aos principados, podendo, segundo Maquiavel, assumir a forma tanto de uma república democrática quanto aristocrática. A rigor, conforme observou Vico, a república originalmente não tem nada de democrática, nasce aristocrática: foi a primeira forma civil de governo, originando-se da reação das famílias aristocráticas contra a revolta dos servos.[40]

37. A rigor é possível, no direito administrativo, distinguir o interesse público do interesse do Estado. É o que faz Bandeira de Mello (1995), quando distingue o interesse público primário do Estado, que se identifica com o interesse público propriamente dito, do interesse secundário, que pode ser um mero interesse da instituição estatal em conflito com o interesse público. No plano do ser (não no do dever ser) essa distinção faz todo sentido.

38. Conforme observa Canotilho (1991:492), "num velho e amplo sentido, a República significava 'coisa pública' (é este o sentido que lhe dão, por ex., Bodin e Kant)". Nesse sentido república ou coisa pública identifica-se com "o público", o espaço público, que inclui o regime republicano e patrimônio público.

39. Segundo a definição de Geraldo Ataliba (1985:IX), "república é o regime político em que os exercentes das funções políticas (executivas e legislativas) representam o povo e decidem em seu nome, fazendo-o com responsabilidade, eletivamente, mediante mandatos renováveis periodicamente". Para uma resenha do conceito de república na filosofia política clássica e no pensamento jurídico brasileiro ver Cármen Lúcia Antunes Rocha (1997).

40. Esta observação sobre o pensamento de Vico encontra-se em Bobbio (1976:124).

Enquanto conceito mais geral de espaço público, a *res publica* ou "o público" inclui tudo o que é público, que é do povo, que é de todos e para todos, que é manifesto e portanto dotado de publicidade, e que é garantido ou afirmado através do Direito Público.[41] Enquanto consubstanciação do bem comum ou do interesse público a *res publica* assume um caráter valorativo. Os cidadãos serão tanto mais cidadãos quanto menos forem meros espectadores e maior for seu compromisso com o bem comum ou com interesse público.[42] Estas três acepções de coisa pública são fundamentais. Na verdade, é impossível defender a coisa pública se não existir a república e se os cidadãos não tiverem claros para eles a noção de espaço público e de bem comum ou de interesse público.

Inaceitável porque limitadora e, em última instância, enganadora, é a identificação da *res publica* com o Estado, ou do público com o estatal. Existe um patrimônio e um espaço que é público mas não estatal. E tudo que é estatal só é público em termos de dever ser. Em termos de ser, conforme enfatizaremos neste trabalho, a propriedade estatal é freqüentemente apropriada privadamente.

Enquanto patrimônio econômico público, a *res publica* ou a coisa pública é constituída pelo estoque de ativos públicos e principalmente do fluxo de recursos públicos que o Estado e as organizações públicas não-estatais realizam periodicamente. Este fluxo de recursos tem uma importância fundamental porque é muito grande e porque é muito vulnerável, muito mais sujeito à apropriação privada do que o estoque de ativos públicos. À medida que, neste século, cresciam de forma extraordinária o Estado e as instituições públicas não-estatais, à medida que aumentavam a carga tributária do Estado e as receitas e contribuições voluntárias das entidades públicas sem fins lucrativos, ou seja, à medida em que crescia o patrimônio público, crescia a cobiça dos grupos de interesse por ele, e tornava-se imperativa sua proteção.[43]

A preocupação de proteger a *res publica* só passou a ser dominante na segunda metade do século XX. Não por acaso, nos anos 70, um cientista político progressista no Brasil (Martins, 1978) pela primeira vez escreveu sobre o fenômeno da "privatização do Estado", do uso do Estado para atender a interesses de grupos, enquanto uma economista conservadora nos Estados Unidos (Krueger, 1974), em um texto que abriu novos caminhos para a teoria econômica, definiu o processo de *rent-seeking* – de busca de rendas extramercado através do controle do Estado. Ambos se referiam ao mesmo problema: percebiam que era necessário proteger a *res publica* contra a ganância de indivíduos e grupos poderosos.

À medida em que a proteção aos direitos republicanos passava a ser um tema dominante em todo o mundo, foi-se tornando cada vez mais claro que era preciso "refundar a república"; que a crise do Estado tornara sua reforma uma nova prioridade; que a democracia e a administração

41. Ver a análise de Smend (1934) sobre o problema do público e da coisa pública.

42. Segundo Janine Ribeiro (1994:34), "quanto mais os cidadão forem reduzidos a público, a espectadores das decisões políticas, menor será o caráter público das políticas adotadas, menor o seu compromisso com o bem comum, com a *res publica* que deu nome ao regime republicano".

43. Não existe uma estimativa deste fluxo de recursos se incluirmos as receitas das entidades públicas não-estatais. Se tomarmos, entretanto, apenas a carga tributária, sabemos que esta, nos países desenvolvidos, aumentou de cerca de 5 a 10 por cento, no início do século 20, para 30 a 50 do produto interno bruto atualmente. A rigor, dever-se-ia incluir no conceito de *res publica* o conjunto de renúncias fiscais do Estado em benefício de determinados grupos. Trata-se de uma coisa pública potencial, cuja inclusão na *res publica* se justifica na medida em que a receita que o Estado deixa de realizar não beneficia toda a sociedade, não corresponde a uma redução geral de impostos, mas um benefício a determinados grupos.

pública burocrática – as duas instituições criadas para proteger o patrimônio público – tinham de mudar: a democracia devia ser aprimorada para se tornar mais participativa ou mais direta; e a administração pública burocrática devia ser substituída por uma administração pública gerencial. Neste processo refundacional uma coisa parece certa: a proteção dos direitos republicanos e particularmente do direito à coisa pública é uma tarefa essencial. Para protegê-los, especialmente o direito à *res publica* nos quais vamos nos concentrar a partir daqui, entretanto, é preciso alcançarmos uma conceituação mais clara do que seja esse novo direito que está surgindo na história.

Direito à coisa pública

Só é possível definir com clareza o direito à *res publica* se tivermos uma noção clara do interesse público. Isto não é essencial quando estamos diante de ofensas óbvias à coisa pública como a corrupção e o nepotismo. Poderíamos chamar de direitos "clássicos" à *res publica* os direitos do cidadão contra a corrupção nas compras públicas, contra a sonegação de impostos e contra o nepotismo. O direito contra a corrupção nas compras públicas está previsto no direito penal. Procura-se evitar o nepotismo através de instituições do direito administrativo, principalmente o concurso público para admissão de servidores.

Existem, entretanto, outras violências tão ou mais graves contra o direito à *res publica*, que não são tão óbvias ou clássicas. Todas são relacionadas a políticas de Estado que pretendem ser políticas públicas, mas que na verdade atendem a interesses particulares e indefensáveis.

Neste caso temos, em primeiro lugar, as políticas econômicas ou "políticas industriais", que, sem uma justificativa econômica baseada no interesse geral, protegem indevida e excessivamente determinadas empresas ou indivíduos, beneficiando-os com subsídios, renúncias fiscais e proteção contra a concorrência. Embora seja difícil distinguir as transferências legítimas das ilegítimas, no Brasil tivemos abusos evidentes, casos-limite, como os empréstimos sem correção monetária ou com correção monetária limitada em época de alta inflação, os subsídios recorrentes a usineiros de açúcar no Nordeste quando esta atividade é claramente antieconômica na região etc.

Em segundo lugar temos as políticas pretensamente sociais mas que protegem indevidamente indivíduos e grupos, principalmente membros da classe média, que detêm maior poder eleitoral. Novamente casos-limite desse tipo de violência foram as vantagens concedidas aos mutuários do sistema financeiro de habitação no final dos anos 80 e as vantagens que gozam os pensionistas dos fundos fechados das empresas estatais; nos dois casos os prejuízos do Tesouro do Estado foram enormes.

Em terceiro lugar temos as políticas administrativas que protegem indevida e desequilibradamente ou todos os funcionários públicos, ou determinados grupos de servidores públicos, inviabilizando que se cobre deles trabalho e remunerando-os de forma desproporcional à sua contribuição ao Estado. A estabilidade rígida garantida aos servidores pela Constituição de 1988 e os profundos desequilíbrios existentes nas suas remunerações são exemplos desse tipo de violência contra o direito à *res publica*. Políticas previdenciárias para servidores públicos, que lhes garantem privilégios de uma aposentadoria integral e precoce, totalmente desvinculada das contribuições previdenciárias que realizaram, são outra forma de violência aos direitos republicanos.

Este tipo de violência contra a *res publica* apresenta, entretanto, uma grande dificuldade. Afinal o que é o interesse público? Como dizer se determinada política do

Estado consulta o interesse público, defende a *res publica*, ou, ao contrário, privilegia grupos especiais de interesse? Evidentemente não é possível identificar o Estado e as políticas do Estado com a racionalidade absoluta, com o interesse público em abstrato, como sugeriu Hegel, da mesma forma que não é possível cair no erro oposto de transformar o Estado em agente exclusivo das classes dominantes, como fizeram Marx e principalmente Engels. Neste ponto análises lógico-dedutivas do tipo adotado por Hegel são de pouca utilidade. A visão histórica de Marx e Engels, por sua vez, tem valor limitado na medida em que o avanço, nestes últimos cento e cinqüenta anos, da democracia e dos direitos de cidadania vão aos poucos se encarregando de refutá-la.

Na verdade, nas democracias social-liberais contemporâneas, marcadas pela representação política dos mais variados grupos de interesses, por coalizões de classe de todos os tipos, ninguém tem o monopólio da definição do interesse público. Cada grupo, cada classe pretende representar corporativamente o interesse público, de forma que nos deparamos com uma heterogeneidade de "interesses públicos" conflitantes. Isto, entretanto, não significa que o interesse público não exista, que a defesa da *res publica* em nome do interesse público não possa ser realizada. Não significa também que o interesse público só possa ser defendido indiretamente através da defesa do auto-interesse, dos interesses egoístas, coordenados pelo mercado, como pretende o liberalismo radical, neoliberal. Significa apenas que o interesse público não existe de forma absoluta e portanto autoritária. Existe, sim, de forma relativa, através do consenso que aos poucos as sociedades civilizadas vão formando sobre o que o constitui, e, mais amplamente, sobre o que constitui uma moral comum.

Este consenso parte de uma distinção entre o auto-interesse e os valores civis, como fatores determinantes da motivação humana. Se aceitarmos, como se tornou corrente entre os economistas e cientistas políticos neoliberais da escolha racional e das expectativas racionais neste final de século, que os indivíduos só se motivam pelo auto-interesse, a idéia de um consenso em torno do interesse público torna-se contraditória, como se torna contraditória a idéia de cidadania.[44] Conforme observa Souza Santos (1995:255), "o regresso ao princípio do mercado nos últimos vinte anos representa a revalidação social e política do ideário liberal em detrimento da cidadania". Entretanto, se incluirmos na motivação humana, ao lado dos interesses egoístas de cada indivíduo ou grupo os valores cívicos – os valores que permitem a *paideia* dos gregos, podemos pensar na formação de um consenso sobre o interesse público ou sobre os valores cívicos através principalmente da educação como uma característica fundamental das sociedades civilizadas. Conforme nos dizem Davidson e Davidson, criticando o pensamento conservador moderno, que supõe como única motivação humana o auto-interesse (1996:1-20):

"As nações são construídas sobre duas forças motivadoras: o auto-interesse e os valores cívicos... A sociedade civilizada requer a cooperação pública com base nos ideais de eqüidade e justiça na busca do auto-interesse e da eficiência".

A sociedade civilizada e a constituição de um consenso sobre o interesse público são fruto da racionalidade substantiva, orientada para fins. Mesmo, porém, quando a racionalidade instrumental se torna

44. Observe-se que, da mesma forma que o cidadão dos filósofos políticos é uma construção social e histórica, o indivíduo dos economistas liberais operando livremente no mercado, apesar da abstração radical envolvida no conceito, é também uma construção histórica, estando ambos referidos ao Estado que abriga o indivíduo econômico e o cidadão político. Sobre o caráter socialmente construído do indivíduo ver Pauliani (1996).

dominante, tornando a busca da eficiência ou do desenvolvimento econômico um valor fundamental do mundo moderno, os valores cívicos que constituem o interesse público e permitem a cooperação ou a ação coletiva são essenciais. Através deles se forma um consenso civilizado sobre o interesse público, que, em seguida, se transforma em direito de cada cidadão: transforma-se nos direitos republicanos que merecem tanta proteção quanto mereceram no passado e continuam a merecer hoje os direitos civis, os direitos políticos e os direitos sociais.

Existe naturalmente o conceito positivista de interesse público (interesse resguardado na lei aprovada pelos representantes do povo). Para ir além dele esse consenso social é importante. A partir dele será possível identificar a violação do interesse público toda vez que, exposta a matéria à publicidade, ela provoca escândalo ou reação coletiva de desprezo ou revolta. A transparência efetiva da coisa pública e de sua gestão é a garantia mais concreta da democracia participativa contra a violação dos direitos republicanos e a privatização da *res publica*.

A caracterização da violência à coisa pública depende da clareza existente na sociedade em relação ao que ela entende por interesse público. Podemos identificar três tipos de violência, classificados pela facilidade de sua identificação. Em primeiro lugar temos as formas clássicas e bem definidas de violência à coisa pública: a corrupção, o nepotismo e a sonegação fiscal. Em segundo lugar, o ganho de causa em ações judiciais injustas ou infundadas contra o Estado.[45] Finalmente, temos as formas "modernas" e mal definidas de exercício de violência contra a coisa pública: as transferências indevidas a capitalistas, à classe média e aos funcionários em nome de políticas pretendidamente públicas.

Além da corrupção, a sonegação fiscal é uma violência que em países civilizados já foi incluída no direito penal.[46] O nepotismo ou mais amplamente o uso do cargo público no interesse pessoal não é geralmente considerado crime, mas, através dos concursos públicos para admissão de funcionários e de outros princípios de direito administrativo, procura-se evitá-lo.[47] Em situação semelhante encontra-se o uso de bens públicos de forma privada.

As vitórias em ações judiciais injustas ou indevidas contra o Estado, movidas por indivíduos privados e por funcionários, aqueles pedindo indenizações absurdas em função principalmente de desapropriações, ou livrando-se da cobrança de impostos, estes solicitando vantagens indevidas que acabam desequilibrando todo o sistema remuneratório público, violentam a *res publica*. Nesses episódios, que envolvem freqüentemente enormes prejuízos para o Tesouro, revela-se com freqüência o fato de que o sistema jurídico ainda não logrou se livrar de seu viés liberal antiestatal. O Poder Judiciário comporta-se, nessas ocasiões, como se ainda estivéssemos diante do problema liberal de defender o cidadão contra um Estado todo-poderoso e oligárquico. Todo o avanço da democracia, nestes dois últimos séculos, teve o sentido de garantir os direitos individuais. Uma vez, entretanto, alcançada uma razoável garantia desses direitos, o problema da defesa

45. Obviamente não é fácil distinguir o que sejam "ações injustas contra o Estado". Em muitos casos elas são fruto da má-fé do autor e só logram êxito se houver corrupção do juiz ou de membros do poder judiciário. Para uma ação ser injusta, entretanto, não são necessárias estas duas condições-limite.

46. O Brasil, através da Lei n. 4.729, de 14 de julho de 1965, que definia o crime de sonegação fiscal, incluiu-se entre esses países. Essa lei, posteriormente, foi derrogada pela Lei n. 8.137, de 27 de dezembro de 1990, que define os crimes contra a ordem tributária, econômica e contra as relações de consumo.

47. Embora não considerado crime, o nepotismo é geralmente definido como "ato de improbidade", podendo gerar responsabilidade civil se provado.

da *res publica* assumiu uma importância fundamental que os sistemas jurídicos contemporâneos não foram ainda capazes de dar conta, que não estão preparados para enfrentar o problema, não dispondo muitas vezes dos critérios para distinguir as transferências devidas das indevidas e as ações judiciais abusivas das legítimas, nem está suficientemente alertado da violência para com a cidadania envolvida. A derrota judicial do Estado em ações dessa natureza em certos casos deriva simplesmente da corrupção, mas na maioria deles é conseqüência do fato de que o direito administrativo, ainda que preocupado com o interesse público, não tem cuidado de perceber a gravidade desses novos modos de dano à coisa pública. Por outro lado, só recentemente vem ficando claro para os administrativistas que a preocupação primeira do direito administrativo deve ser a defesa da coisa pública, não apenas contra o administrador corrupto mas também senão principalmente contra o usurpador de fundos públicos.[48]

Finalmente temos as formas "modernas" de captura privada da coisa pública: as transferências e renúncias fiscais em nome de políticas públicas distributivistas, ou de promoção do desenvolvimento econômico. Esta é uma área cinzenta, mal definida por natureza. É a área onde no passado atuavam as forças patrimonialistas e hoje atua o corporativismo. O patrimonialismo era mais direto: confundia o patrimônio público com o privado abertamente –, enquanto o corporativismo é mais sutil: defende os interesses grupais sempre em nome do interesse público. E o problema está no fato de que, ao contrário do que pretende o pensamento neoliberal, uma parte dessas transferências são necessárias, principalmente em nome da solidariedade social. Distinguir as transferências devidas das indevidas é um desafio fundamental das democracias modernas. O corporativismo é parte da democracia contemporânea. O interesse público se define através de um complexo processo de negociações entre grupos corporativos intermediados pelo Estado. Em muitos casos, entretanto, o resultado não é a afirmação do interesse público mas o dos interesses privados. Nesse momento o Estado contemporâneo e o seu respectivo regime político, a democracia, entram em crise: o Estado em crise fiscal e de governança, a democracia, em crise de governabilidade.[49]

Positivação do Direito à "res publica"

O grande problema com os direitos republicanos e particularmente com o direito à *res publica* está no fato de que não é fácil identificar as violências "modernas" e mesmo as "violências intermediárias" aos direitos republicanos. Todas elas implicam na apropriação privada do Estado ou sua captura por particulares. Todas elas envolvem um enorme prejuízo para a sociedade não apenas em função das transferências indevidas que envolve mas também porque implica no uso de uma enorme quantidade de trabalho improdutivo: a

48. Na verdade, o direito administrativo vive hoje uma crise derivada de sua origem estritamente burocrática, baseada na lei napoleônica de 1800. Enquanto o mundo passava por uma revolução tecnológica e gerencial, o corpo comum do direito administrativo continuava intocado. Uma crise desencadeia-se então, a partir dos anos 60, que Medauar (1992: 226) analisa, para concluir que "ante as transformações da sociedade e do Estado, torna-se necessário fazer uma espécie de controle de validade das concepções tradicionais".

49. Devo esta observação a Denis Rosenfield, que em seus comentários à versão preliminar deste artigo, escreveu: "Há formas de ação particularmente danosas para a *res publica* que são não apenas legais mas correspondem ao modo de funcionamento de um tipo de sociedade democrática. Na minha perspectiva tenderia a dizer que não se trata de um disfuncionamento da democracia, mas talvez de sua crise, pois a atuação política e jurídica do corporativismo, de apropriação privada do público, é reveladora de uma determinada forma de exercício contemporâneo da política".

busca de rendas extramercado com apoio no Estado (*rent-seeking*).

O Direito fez pouco, até agora, na definição e positivação dos novos direitos republicanos. Estão positivados os direitos republicanos clássicos: fundamentalmente o direito à coisa pública contra as diversas formas de corrupção. Na lei brasileira, por exemplo, o Código Penal, de 1941, não apenas tipifica como crime a corrupção passiva, como o crime de emprego irregular de verbas ou rendas públicas, concussão (exigir vantagem indevida) e a advocacia administrativa. Adicionalmente, a Lei da Improbidade, de 1992, ampliou o conceito de improbidade administrativa, incluindo entre eles (a) os atos lesivos ao erário; (b) os atos que importam em enriquecimento ilícito do agente público, acarretem ou não danos ao erário; (c) os atos que atentem contra os princípios da administração, acarretem ou não lesão ao erário ou enriquecimento ilícito. Nestes casos o problema é o da efetiva defesa dos direitos republicanos correspondentes.

Por outro lado, entre os novos direitos republicanos, o direito ao patrimônio ambiental e o direito ao patrimônio cultural vêm também sendo afirmados pela lei. Na própria Constituição brasileira o direito ao meio ambiente (art. 225) e o direito ao patrimônio histórico-cultural (art. 216) são explicitamente afirmados. Além disso a Lei de Ação Civil Pública de 1985 deu, de forma pioneira, instrumentos aos cidadãos para cobrar responsabilidade por danos causados ao meio ambiente, ao consumidor, e a bens e direitos de valor artístico, estético, histórico, turístico e paisagístico.

Finalmente, no art. 5º da Constituição Brasileira, um rol de direitos republicanos é elencado e a ação popular é assegurada a qualquer cidadão para anular ato lesivo ao patrimônio público, ao meio ambiente, e ao patrimônio histórico e cultural. Se estes direitos não estão adequadamente garantidos é porque falta operacionalizar a fiscalização, a ordenação de provas dos fatos violadores dos direitos republicanos e o aparelhamento adequado dos órgãos incumbidos de fiscalizar e cobrar responsabilidades pela violação dos direitos republicanos. O Judiciário, por definição, é poder inerte e, quando acionado, exige provas das acusações e não meras narrativas de que violações ocorreram.

Já em relação ao direito à *res publica* estrito senso, ao patrimônio econômico público, pouco foi feito para sua positivação. Estes são direitos novos, sobre os quais a própria sociedade não foi ainda capaz de tomar consciência clara. Ora, a positivação dos direitos pelos legisladores e sua conceituação e interpretação pelos juristas só ocorre historicamente quando essa tomada de consciência já ocorreu por parte da sociedade. Definir melhor esses direitos, caracterizar melhor as formas e modos de sua transgressão, transformá-los em normas eficazes é, portanto, o grande desafio do Direito, principalmente do direito administrativo do século vinte e um.

Sob muitos aspectos, entretanto, o direito administrativo ainda está preso às suas origens: ao século dezenove. Neste século o direito administrativo surgiu como disciplina jurídica e preocupou-se com três problemas fundamentais, que, a rigor, estão na base dos direitos republicanos: a afirmação do poder ou da soberania do Estado e da supremacia do interesse público sobre o privado;[50] a defesa do Estado contra a corrupção e o nepotismo; e a regulamentação da administração pública e da sua burocracia. Ao mesmo tempo, entretanto, e fiel ao liberalismo que lhe deu origem, preocupava-se, no plano dos direitos,

50. Conforme Bandeira de Mello (1995:17), "todo o sistema do Direito Administrativo, a nosso ver, se constrói sobre os mencionados princípios da supremacia do interesse público sobre o particular e indisponibilidade do interesse público pela Administração".

com a garantia dos direitos civis contra o Estado despótico; no século vinte, com a emergência do Estado Social, acrescentou à sua agenda os direitos sociais.

Nesse processo o direito administrativo se viu imerso em uma contradição básica. Afirmava a supremacia do interesse público, mas acabou descurando-se dos novos direitos republicanos, decorrentes do aumento da *res publica* em fluxo representada pela carga tributária. Ao invés, concentrou-se em defender os direitos civis e os direitos sociais em face ao Estado. Ora, estes direitos, se entendidos de forma desmedida, podem facilmente entrar em conflito com o direito à *res publica*. Enquanto a democracia liberal não estava definida e assegurada, a prioridade para os direitos civis e políticos era inevitável. Da mesma forma, enquanto a desigualdade e a injustiça marcavam as relações sociais, a importância dos direitos sociais era essencial. Nos países desenvolvidos o primeiro problema foi adequadamente resolvido, nos países civilizados, o segundo também.[51] Por isso, para sociedades que somam desenvolvimento e civilização, o problema dos direitos republicanos tornou-se essencial.

Nos países em desenvolvimento, entretanto, o problema dos direitos republicanos é também fundamental. Esses países apenas neste último quartel do século vinte parecem ter alcançado a democracia de forma razoavelmente estável, e estão ainda muito longe de um sistema social eqüitativo. Entretanto sabemos que o subdesenvolvimento é caracterizado pela sobreposição de fases históricas. Esta é uma fonte de confusão conceitual para os analistas, mas é também uma oportunidade que as sociedades em desenvolvimento mais criativas podem aproveitar.

No século vinte e um o grande desafio para o direito administrativo é proteger o Estado, ou mais precisamente, a *res publica*, para, dessa forma, proteger o cidadão. Cidadão-contribuinte, que paga impostos e tem direito que os serviços prestados pelo Estado sejam eficientes, custem o mínimo necessário. Cidadão-usuário, que recebe serviços, e tem direito que eles sejam de boa qualidade. Cidadãos-cidadãos, que têm direito à *res publica*. Nos séculos anteriores, o Direito, através dos direitos civis e políticos, afirmou a liberdade e protegeu os cidadãos diretamente contra a opressão, e através dos direitos sociais, afirmou a igualdade e protegeu os cidadãos em grupo contra a desigualdade, no século vinte e um, afirmará a prioridade do interesse público e, através dos direitos republicanos, protegerá adicionalmente os cidadãos contra a captura do Estado pelos interesses privados.

Na Constituição brasileira existe uma instituição que assinala a problemática da positivação e da defesa dos direitos republicanos: a ação popular. Através dela cada cidadão pode exigir que a coisa pública não seja violentada. Além disso, nesse mesmo estatuto há a previsão, entre as funções institucionais do Ministério Público, a de "promover o inquérito civil e a ação civil pública, para a proteção do patrimônio público e social, do meio ambiente e de outros interesses difusos e coletivos". Nesse sentido, houve um avanço no sentido da defesa da *res publica*. Os tribunais, entretanto, têm uma grande dificuldade em julgar as ações populares na medida em que os direitos republicanos estão muitas vezes mal definidos, ou então porque, no Direito brasileiro, o sistema processual de tal forma protege o réu que, da mesma forma que ocorre nos crimes comuns, se o ofensor contar com um bom advogado, torna-se quase impossível con-

51. Um país desenvolvido não é necessariamente civilizado, dependendo do conceito de civilização que adotemos. Um país civilizado não é apenas um país rico mas também justo. Przeworski (1995) definiu um país civilizado como aquele em que menos de 10 por cento da população está abaixo da linha de pobreza. De acordo com essa definição os Estados Unidos não são civilizados.

dená-lo. Por outro lado, quando a Constituição de 1988 retirou a advocacia do Estado do Ministério Público, que passou a ser exclusivamente um defensor da cidadania contra as ações criminosas, a idéia foi distinguir termos dois órgãos defendendo a *res publica*, sendo um independente do Executivo. E, de fato, as atribuições do Ministério Público cresceram na parte cível e de defesa da cidadania e da coisa pública. O Ministério Público foi fortalecido, transformando-se praticamente em um quarto poder, e conservou seu papel de combater os crimes contra os cidadãos e o Estado. Mas, na medida em que as violências contra a *res publica* não se positivam ainda como crimes, ou não foram ainda plenamente identificadas com as figuras típicas existentes não está suficientemente claro que seu papel fundamental, como defensor do interesse público, é defender a *res publica* no sentido que estamos utilizando aqui, no sentido de patrimônio econômico público, contra as violências contra ela. As violências civis contra o Estado passaram a ser objeto da Advocacia Geral da União, enquanto o Ministério Público acentuava seu papel de defensor da cidadania clássica e do patrimônio ambiental e cultural, deixando em segundo plano a defesa do patrimônio econômico público. Ora, na defesa da cidadania clássica o Estado aparece mais freqüentemente como agente violentador do que como violentado.

Para a defesa da *res publica* uma instituição interessante, no Estado francês, é o *Conseil d'État*. Seu papel é claramente o de defensor da *res publica* na medida em que, além de conselheiro do governo, este órgão se constitui em tribunal de última instância, embora de caráter administrativo, em relação as ações patrimoniais contra o Estado. No julgamento das ações contra o Estado o *Conseil d'État* adota uma perspectiva de proteção do interesse público que, nos países em que não existe uma instituição desse tipo, se torna mais difícil, já que, na tradição liberal dos direitos civis, os interesses dos cidadãos são vistos como opostos aos do Estado, embora, contraditoriamente, se assuma que o Estado represente o interesse público. A contradição de certo modo se dissolve com a distinção entre o público que o Estado representa e os interesses momentâneos do Governo ou da Burocracia. Quando os direitos civis defendidos são legítimos, sua satisfação atende o interesse público, embora possa não estar atendendo o interesse do aparelho estatal ou do governo que o dirige.

Defensores e adversários

A conscientização, positivação e garantia do direito à *res publica* ocorrerá lentamente, na medida em que a sociedade se aperceba da sua existência. Precisamos, entretanto, ter claro quem são seus principais defensores ou propugnadores, e quem seus principais inimigos. A definição dos principais defensores é sempre arbitrária. Para cada direito temos um número enorme de defensores, que tende a se ampliar à medida em que o direito se afirma. Podemos, entretanto, distinguir historicamente alguns defensores especiais para cada um dos direitos.

Os direitos de cidadania anteriores tiveram cada um um defensor principal diferente. Os direitos civis tiveram como campeões no século dezoito as cortes inglesas e os filósofos iluministas, em busca de um mundo mais livre; os direitos políticos se afirmaram no século dezenove a partir da superação do liberalismo econômico pelos políticos democráticos comprometidos com as causas populares;[52] os direitos sociais foram fruto direto da luta dos socialistas. Os direitos republicanos terão defensores dependendo da natureza dos mesmos: os direitos ao patrimônio

52. Ver a respeito Therborn (1977) e Bobbio (1988).

cultural têm como principais defensores os artistas; os defensores do patrimônio ambiental são protegidos principalmente pelos biólogos e ambientalistas; e o direito à *res publica*, finalmente, tem nos economistas seus patronos mais diretos, embora deva caber sempre aos juristas e filósofos a definição desses direitos, e aos juristas a sua implementação. Na definição dos limites entre as políticas econômicas e sociais legítimas e ilegítimas os economistas teóricos, com seu instrumental baseado nos conceitos de bens públicos, poder monopolista, externalidades e de custos de transação, já vêm dando uma contribuição importante. Por outro lado, os economistas e os gestores públicos localizados nos ministérios das finanças dos diversos países são os profissionais mais diretamente responsáveis pelo equilíbrio das contas fiscais e, portanto, pelo veto ao mau uso de recursos públicos. Entretanto, o papel decisivo de definição e implementação do direito republicano à *res publica* caberá sempre aos juristas situados fora e dentro do Estado. Fora do Estado, será a partir do debate filosófico e jurídico que poderão ser melhor definidos os direitos republicanos. Dentro do Estado, são defensores por excelência da *res publica*, por uma questão profissional, os advogados do Estado, o Ministério Público, e, mais genericamente, o Poder Judiciário e o Poder Legislativo. Os advogados protegem juridicamente o Estado nas questões civis tradicionais em que o Estado é réu ou autor: questões tributárias, desapropriações, questões trabalhistas. Ao Ministério Público cabe especificamente a defesa dos direitos republicanos; na prática, as ações, provocadas por entidades ligadas aos meio ambiente, quase sempre acabam iniciadas pelo Ministério Público; provavelmente as ações protegendo o patrimônio econômico público tenderão a ser no futuro próximo cada vez mais freqüentes. Ao Poder Judiciário, caberá julgar as ações a partir dos critérios que o Poder Legislativo procurará definir em lei, mas que dependerão em grande parte da própria jurisprudência que aos poucos for sendo definida. Na medida, porém, em que não há direito positivo definido para as violências à *res publica* relacionadas com as políticas econômicas e sociais do Estado, nem critérios para julgar o que é abusivo e o que legítimo nessa área, o trabalho de definição desta área do Direito será necessariamente o resultado do trabalho conjunto de economistas, filósofos políticos e sociais, e juristas.

Constituindo-se principalmente de um fluxo de receitas tributárias, a *res publica* é um bem econômico comum fundamental. Os economistas, apesar de todo o seu individualismo, que os leva freqüentemente a desacreditar da possibilidade de ação coletiva, estão profissionalmente voltados para a utilização ótima de recursos escassos. Sua permanente tentação está em acreditar que os mercados sejam capazes de realizar autonomamente essa tarefa. Entretanto, quando a intervenção do Estado se mostra inevitável, os economistas – e não apenas os que trabalham para o Estado – dispõem do instrumental para desenvolver métodos razoavelmente rigorosos de avaliação das políticas públicas através dos quais protegem o patrimônio econômico público. Logram assim critérios para distinguir qual é a intervenção do Estado no econômico e no social que é legítima e qual não é.[53] Os critérios econômicos que adotam para justificar a intervenção do Estado – externalidades positivas e negativas, ganhos de escala, poder de monopólio, assimetria de informações, mercados incompletos – são, naturalmente, de difícil aplicação nos casos concretos. Como, entretanto, as violências contra a coisa pública são geralmente grosseiras, estes cri-

53. A literatura a respeito é imensa. Ver particularmente Lane (1985), Santos (1988:cap.2), Stiglitz (1989, 1994), Przeworski (1990, 1995), Rapaczynski (1996).

térios, se não são suficientes, ajudam muito na avaliação do problema.

Aos critérios econômicos é necessário, porém, acrescentar os critérios morais relacionados com os direitos sociais, ou, mais amplamente, com os direitos humanos. Quando o Estado garante saúde de forma universal, ou educação de primeiro grau, ou um sistema de previdência básico, seus gastos podem ter uma justificativa econômica, mas estão respondendo essencialmente a imperativos de ordem moral. Da mesma forma, entretanto, que pode haver abuso, apropriação privada da coisa pública com justificativas de ordem econômica, mais facilmente podem ser apresentadas justificativas de ordem social e moral. Saber criticar estas justificativas é uma tarefa fundamental a que economistas, filósofos e juristas terão crescentemente que se dedicar.

Os critérios econômicos e os morais que distinguem a intervenção estatal legítima da apropriação privada da coisa pública são sempre fortemente influenciados por fatores de ordem ideológica. Neste momento, a visão de esquerda e de direita volta a entrar em conflito e a tornar irracional o debate. Apesar, de um lado, do colapso do comunismo ter eliminado a alternativa utópica da esquerda de uma economia coordenada pelo Estado ao invés do mercado, e, de outro, dos recorrentes fracassos neoliberais em implantar a utopia oposta do Estado mínimo, existe ainda um grande número de pessoas que afirma a legitimidade da intervenção estatal a partir das suas preferências pessoais pela esquerda ou pela direta.[54] Na verdade, haverá sempre indivíduos e grupos mais de direita ou mais de esquerda, na medida em que priorizem respectivamente a ordem ou a justiça social, mas não terão, para isto, que adotar uma posição mais ou menos intervencionista. A história registra posições de direita altamente intervencionistas, favoráveis a políticas industriais agressivas, enquanto hoje tornam-se freqüentes postulações de esquerda limitativas da intervenção do Estado no plano das políticas de promoção do desenvolvimento econômico.

Quando é adotada uma posição conservadora e liberal radical (neoliberal), como é o caso dos economistas da escolha racional, imagina-se que a melhor alternativa para defender a coisa pública é diminuí-la ao mínimo. Na medida, entretanto, em que falta a esta alternativa qualquer viabilidade prática, já que as sociedades contemporâneas continuam a exigir do Estado um papel ativo na promoção dos direitos sociais e dos direitos republicanos, não resta outra possibilidade senão defender a *res publica*.

Dado seu equipamento teórico de que dispõem e sua missão específica, quando ocupam funções no Estado, de defesa do Tesouro, os economistas são candidatos naturais à proteção da *res publica*. Entretanto esta é uma tarefa muito maior do que aquela que podem eles realizar. Precisam da contribuição crítica e atuante de cientistas sociais, de juristas, de filósofos sociais, de administradores públicos e de políticos. A tarefa não é apenas a de definir critérios. É principalmente a de denunciar os violentadores da coisa pública.

Quem são eles? Sob certos aspectos, somos todos nós. Afinal Hobbes postulava para os homens a "cobiça natural". Podemos, entretanto, ser mais específicos. Historicamente a apropriação da coisa pública ocorreu através do mecanismo patrimonialista, embora, a rigor, enquanto não havia a clara separação entre o patrimônio público e o privado, não se pudesse falar em *res publica*, nem em sua apropriação privada. A partir do século dezoito, porém, com a afirmação do capitalismo, e,

54. Para uma crítica do uso do critério intervenção do Estado para distinguir esquerda de direita ver Bresser Pereira (1996b). Nesse trabalho proponho como critérios universais para distinguir esquerda de direita a ordem e a justiça social. Embora valorizando estes dois objetivos políticos fundamentais, a direita prioriza a ordem, a esquerda, a justiça.

em seguida, no século dezenove, com a progressiva introdução dos regimes democráticos, o patrimonialismo e suas formas contemporâneas – o clientelismo e o fisiologismo – passaram a se constituir no inimigo a ser combatido. A democracia, com uma imprensa livre e uma oposição política atuante, e a introdução da administração pública burocrática foram os dois instrumentos fundamentais de combate ao nepotismo e à corrupção patrimonialista.

No século vinte, entretanto, surgiu uma nova forma institucionalizada de apropriação privada da coisa pública: o corporativismo. Enquanto no patrimonialismo se confunde o patrimônio público com o da família, no corporativismo o patrimônio público é confundido com o patrimônio do grupo de interesses ou corporação. Estou entendendo aqui corporativismo não como uma forma de regulação social associado ao Estado do Bem-Estar, mas como uma forma de representação de interesses que é, ao mesmo tempo, legítima e perversa.[55] É legítima porque faz parte da lógica política do capitalismo contemporâneo que os grupos sociais se façam representar politicamente e defendam seus interesses. É perversa porque esses grupos, ao invés de admitir que estão defendendo interesses particulares, tendem a identificar seus interesses particulares com o interesse público. Quando alguém ou algum grupo defende explicitamente seus interesses junto ao Estado, esta ação é absolutamente legítima. Deixa de sê-lo, entretanto, quando a argumentação usada esconde ou minimiza os interesses particulares representados, pretendendo afirmar os interesses gerais. Nesse caso a probabilidade de que esteja havendo um processo de privatização da coisa pública é muito grande.

55. Para uma conceituação de corporativismo como modo de regulação social ver Schmitter (1974), Cawson (1985).

Conclusão

A esfera econômica é definida por um processo de produção e distribuição de riqueza e renda, a política, pela produção e distribuição de poder. Estas duas esferas são interdependentes. Da mesma forma que quando as empresas exercem poder de monopólio elas estão incluindo no mercado um elemento de poder, quando o Estado assume o papel de distribuidor de renda através das transferências que realiza, a distribuição de renda passa a ter um caráter eminentemente político. Neste momento a *res publica* entra em jogo, e evitar que ela seja apropriada de forma privada torna-se um problema político fundamental das sociedades civilizadas.

O avanço da cidadania e da civilização no mundo tem ocorrido historicamente através da afirmação de direitos. A definição e introdução nas leis dos países dos direitos civis marcou o início do regimes políticos liberais; a afirmação dos direitos políticos permitiu o surgimento das democracias liberais; a definição dos direitos sociais, a emergência das social-democracias. A afirmação dos direitos republicanos completará esse ciclo histórico de afirmação da cidadania.

Cada um desses direitos construi-se sobre o anterior. Os dois primeiros afirmaram direitos individuais; os dois últimos, direitos coletivos. Mas os direitos individuais só são viáveis no plano de uma *polis* em que o público tem precedência sobre o privado. Da mesma forma que o interesse público só é atendido quando os direitos individuais estão assegurados.

Todos esses direitos são direitos do homem, são direitos humanos. Direitos que os homens vêm afirmando e procurando positivar nestes últimos três séculos. Sua definição e sua introdução nas leis dos países foi uma grande conquista civilizatória, mas é apenas uma etapa de sua afirmação mais geral. Esta depende da sua efetiva proteção, da garantia de que ela se estenda a toda a sociedade. Embora não acredite no desenvolvimento linear das sociedades, acredito que a tendência ao progresso e à civilização é dominante. Quando os direitos civis e políticos se transformaram, nesta segunda metade do século vinte, em "direitos humanos", o que estava acontecendo era a busca sistemática de estendê-los às camadas mais pobres da população. Quando os direitos republicanos começam a ser definidos neste final de século, o que vemos é a busca de um nível mais alto de democracia e de integração do público e do privado.

Definir os direitos republicanos – o direito ao patrimônio histórico-cultural, ao patrimônio ambiental e ao patrimônio econômico comuns – não é fácil. A dificuldade é especialmente grande em relação ao patrimônio econômico, que neste trabalho identificamos com a *res publica*. Esta coisa pública é representada principalmente pelo fluxo de impostos que o Estado coleta todos os anos. Dependendo da forma segundo a qual esses recursos estiverem sendo gastos, estará havendo um uso público ou uma apropriação privada da *res publica*.

Muitos são os privatizadores da coisa pública. No passado, eram representados pelo patrimonialismo, no presente pelo corporativismo. Por outro lado, muitos são os candidatos a defensores da *res publica*. Tudo indica, entretanto, que cabe aos economistas um papel estratégico nesse processo, na medida em que sejam capazes de definir os critérios que permitam distinguir a despesa pública legítima da ilegítima. Não há dúvida, entretanto, que esta é uma tarefa que supera de muito a capacidade dos economistas. É um desafio de toda a sociedade que além de democrática se quer civilizada.

Referências bibliográficas

Abranches, Sérgio Henrique (1985) "Nem Cidadãos, Nem Seres-Livres, O Dilema Político do Indivíduo na Ordem Liberal Democrática". *Revista DADOS*, vol. 28, n. 1.

Americas Watch (1987) *Violência Policial no Brasil*. Relatório do Americas Watch sobre execuções sumárias e tortura em São Paulo e Rio de Janeiro.

Antunes, Luís Felipe Colaço (1989) *A Tutela dos Interesses Difusos em Direito Administrativo: Para uma Legitimação Procedimental*. Coimbra: Livraria Almedina.

Antunes Rocha, Cármen Lúcia (1997) *República e Federação no Brasil*. Belo Horizonte: Livraria Del Rey Editora.

Arquidiocese de São Paulo (1985) *Brasil: Nunca Mais*. São Paulo: Editora Vozes (livro escrito sob a orientação de Dom Paulo Evaristo Arns).

Bandeira de Mello, Celso Antônio (1995) *Curso de Direito Administrativo*. São Paulo: Malheiros Editores, 6ª Edição.

Ataliba, Geraldo (1985) *República e Constituição*. São Paulo: Editora Revista dos Tribunais.

Berlin, Isaiah (1958) "Two Concepts of Liberty". In Isaiah Berlin (1969) *Four Essays on Liberty*. Oxford: Oxford University Press. Originalmente publicado em 1958.

Bobbio, Norberto (1958) "Teoria della Norma Giuridica". In Norberto Bobbio, *Teoria General del Derecho*. Bogotá: Editorial Temis. Publicado originalmente em italiano, 1958.

_______. (1979) "Il Modello Giusnaturalistico". In N. Bobbio e M. Bovero, *Società e Stato nella Filosofia Politica Moderna*. Milan: Il Saggiatore, 1979.

_______. (1988) *Liberalismo e Democracia*. São Paulo: Editora Brasiliense.

_______. (1992) *L'Età dei Diritti*. Turim: Einaudi.

Bresser Pereira, Luiz Carlos (1977) *Estado e Subdesenvolvimento Industrializado*. São Paulo: Editora Brasiliense.

_______. (1981) *A Sociedade Estatal e a Tecnoburocracia*. São Paulo: Editora Brasiliense.

_______. (1995) "Estado, Sociedade Civil e Legitimidade Democrática". *Lua Nova – Revista de Cultura e Política*, n. 36, 1995.

_______. (1996a) *Crise Econômica e Reforma do Estado no Brasil*. São Paulo: Editora 34.

_______. (1996b) "Social-Democracia e Esquerda no Fim de Século". *Idéias e Debates* n.1, Instituto Theotônio Vilela, PSDB, 1996. A ser publicado em *Lua Nova – Revista de Cultura e Política*, 1997.

Bresser Pereira, Luiz Carlos e Gilberto Tadeu Lima (1996) "The Irreductibility of Macro to Microeconomics: a Methodological Approach". *Revista de Economia Política* 16(2), abril 1996.

Canotilho, José Joaquim Gomes (1991) *Direito Constitucional*. Coimbra: Livraria Almedina.

Cardia, Nancy (1994) "Percepção dos Direitos Humanos: Ausência de Cidadania e a Exclusão Moral". *In* Mary Jane Paris Spink, org. (1994).

Cardoso de Oliveira, Luís (1996) "Entre o Justo e o Solidário: Os Dilemas dos Direitos de Cidadania no Brasil e nos EUA". *Revista Brasileira de Ciências Sociais* 31(11) junho 1996.

Cardoso, Ruth (1994) "A Trajetória dos Movimentos Sociais". *In* Evelina Dagnino, org. (1994).

Cawson, Alan (1986) *Corporatism and Political Theory.* Oxford: Basil Blackwell.

Coutinho, Carlos Nelson (1980) *A Democracia como Valor Universal*. São Paulo: Livraria Editora Ciências Humanas.

Dagnino, Evelina, org. (1994) *Anos 90: Política e Sociedade no Brasil*. São Paulo: Editora Brasiliense

_______. (1994) "Os Movimentos Sociais e a Emergência de uma Nova Cidadania". *In* Evelina Dagnino (1994).

Davidson, Greg e Paul Davidson (1996) *Economics for a Civilized Society*. Londres: Macmillan. 2ª edição.

Dimenstein, Gilberto (1990) *A Guerra dos Meninos*. São Paulo: Editora Brasiliense.

_______. (1996) *Democracia em Pedaços: Direitos Humanos no Brasil*. São Paulo: Companhia das Letras.

Durham, Eunice (1984) "Movimentos Sociais: A Construção da Cidadania". *Novos Estudos Cebrap*, n. 10, outubro 1984.

Ferreira Filho, Manoel Gonçalves (1972) *A Democracia Possível*. São Paulo: Saraiva Editores.

_______. (1995) *Direitos Humanos Fundamentais*. São Paulo: Editora Saraiva.

Giannetti da Fonseca, Eduardo (1993) *Vícios Públicos, Benefícios Privados?*. São Paulo: Companhia das Letras.

Habermas, Jürgen (1992) *Between Facts and Norms*. Cambridge, Ma.: The MIT Press. Edição original alemã, 1992.

Ihering, Rudolf Von (1872) *A Luta pelo Direito*. Rio de Janeiro: Editora Liber Juris, 1987. 1ª edição alemã, 1872.

Janine Ribeiro, Renato (1994) "A Política como Espetáculo". *In* Evelina Dagnino, org. (1994).

Jelin, Elisabeth e Eric Hershberg, (1996) "Introduction to *Constructing Democracy*". *In* Elisabeth Jelin e Eric Hershberg, orgs. (1996).

_______. orgs. (1996) *Constructing Democracy*. Boulder, Co.: Westview Press.

Kelly, George Armstrong (1979) "Who Needs a Theory of Citizenship?". *Daedalus* 108(4), outono 1979, pp. 37-54.

Kelsen, Hans (1934) *Teoria Pura do Direito*. Coimbra: Armênio Amado Editora. Publicado originalmente em alemão, 1934.

Krueger, Anne (1974) "The Political Economy of the Rent-seeking Society". *American Economic Review* 64(3), junho 1974.

Lafer, Celso (1988) *A Reconstrução dos Direitos Humanos*. São Paulo: Companhia das Letras.

Lane, Jan-Erik, (1985) "Public-Policy or Market? The Demarcation Problem". *In* Jan-Erik Lane, org. (1985)

_______. org. (1985) *State and Market*. Londres: Sage Publications.

Lindgren Alves, José Augusto (1994) *Os Direitos Humanos como Tema Global*. São Paulo: Editora Perspectiva.

Marshall, T.H. (1950) "Citizenship and Social Class". *In* T.H. Marshall and Tom Botomore (1992) *Citizenship and Social Class*. Londres: Pluto Press. Originalmente publicado em 1950.

Martins, Luciano (1978) "'Estatização' da Economia ou 'Privatização' do Estado". *Ensaios de Opinião* 2(7), 1978.

Medauar, Odete (1992) *O Direito Administrativo em Evolução*. São Paulo: Editora Revista dos Tribunais.

Merquior, José Guilherme (1991) *O Liberalismo Antigo e Moderno*. Rio de Janeiro: Editora Nova Fronteira.

Offe, Klaus (1984) *Contradictions of the Welfare State* (edited by John Keane). Cambridge: The MIT Press.

Olson, Mancur (1965) *The Logic of Collective Action*. Cambridge: Harvard University Press.

Paulani, Leda Maria (1996) "Hayek e o Individualismo no Discurso Econômico". *Lua Nova*, n. 38, 1996.

Pinheiro, Paulo Sérgio (1996) *O Passado não Está Morto: Nem Passado é Ainda*. Prefácio de Gilberto Dimenstein (1996).

_______. Eric Braun, orgs. (1986) *Democracia x Violência*. Rio de Janeiro: Paz e Terra.

Przeworski, Adam (1990) *The State and the Economy under Capitalism*. Chur: Harwood Academic Publishers.

_______. (1995) "O que os Países Civilizados Têm em Comum". *Folha de S. Paulo*, 2 de abril, 1995.

_______. (1996) "Reforma do Estado: Responsabilidade Política e Intervenção Econômica". *Revis-*

ta Brasileira de Ciências Sociais 32(11) outubro 1996.

Rapaczynski, Andrzej (1996) "The Roles of the State and the Market in Establishing Property Rights". *Journal of Economic Perspectives* 10(2), primavera 1996.

Rawls, John (1971) *A Theory of Justice*. Cambridge, Ma.: Harvard University Press.

Rousseau, Jean-Jacques (1762) *Du Contrat Social*. *In* Rousseau, *Du Contrat Social et Autres Oeuvres Politiques*. Paris: Editions Garnier Frères, 1775. Publicado originalmente em 1762.

Reis, Fábio Wanderley (1996) "The State, the Market, and Democratic Citizenship". *In* Jelin e Hershberg, orgs. (1996).

Rosenfield, Denis, (1982) *Política e Liberdade em Hegel*. São Paulo: Editora Ática, 1995 (2ª edição). Tese de doutorado defendida em 1982.

_______. (1992) *A Ética na Política*. São Paulo: Editora Brasiliense.

_______. (1996) *Lições de Filosofia Política: O Estatal, o Público e o Privado*. Porto Alegre: L&PM Editores.

Santos, Wanderley Guilherme dos (1988) *Paradoxos do Liberalismo*. São Paulo: Edições Vértice.

Schmitter, Philippe C. (1974) "Still a Century of Corporatism?". *Review of Politics* 36(1).

Schwarz, Letícia (1997) "Cidadania e Consumo". Campinas: Universidade de Campinas, mimeo.

Silva Telles, Vera da (1994) "Os Movimentos Sociais e a Emergência de uma Nova Noção de Cidadania". *In* Evelina Dagnino (1994).

Smend, Rudolf (1934) "Sobre el Problema de lo Público y la 'Cosa Publica'". *In* Rudolf Smend (1985) *Constitución y Derecho Constitucional*. Madri: Centro de Estudios Constitucionales. Ensaio publicado originalmente em alemão em 1934.

Souza Santos, Boaventura de (1995) *Pela Mão de Alice: O Social e o Político na Pós-Modernidade*. São Paulo: Cortez Editora.

Spink, Mary Jane Paris, org. (1994) *Cidadania em Construção*. São Paulo: Editora Cortez.

Stiglitz, Joseph E. (1989) "The Economic Role of the State". *In* Arnold Heertje, org. (1989) *The Economic Role of the State*. Oxford: Basil Blackwell.

_______. (1994) *Wither Socialism?* Cambridge, Ma.: The MIT Press.

Therborn, Goran (1977) "The Rule of Capital and the Rise of Democracy". *New Left Review*, n. 103, May-June.

Wiener, Antje (1992) "Citizenship – New Dynamics of an Old Concept. A Comparative Perspective". Otawa: Carleton University, mimeo. Trabalho apresentado ao XVII Congresso da Latin American Studies Association, Los Angeles, setembro 1992.

LEGITIMIDADE PROCESSUAL DOS PODERES DO ESTADO – REFLEXÕES

BERNARDO OLAVO GOMES DE SOUZA

Procurador da Assembléia Legislativa do Estado do Rio Grande do Sul
– Professor da Faculdade de Direito da Universidade Católica de Pelotas
– Membro do Instituto dos Advogados do Rio Grande do Sul
e Membro da Associação Americana de Juristas
– Deputado Estadual, Presidente da Comissão de Constituição e Justiça
da Assembléia Legislativa do Estado do Rio Grande do Sul

1. A personalidade jurídica do Estado. 2. O princípio da tripartição dos poderes do Estado. 3. Funções típicas de cada um dos Poderes do Estado. 4. A gestão patrimonial e financeira do Estado. 5. A função de controle do poder pelo poder. 6. O Estado Democrático de Direito comparece em juízo. 7. Os conflitos entre os poderes. 8. Conflito de interesses e comparecimento em juízo. 9. A auto-organização dos poderes do Estado. 10. Os interesses em juízo e a representação dos poderes. 11. Comparecimento em juízo como corolário. 12. A questão da personalidade jurídica. 13. A ordem jurídica estadual e o comparecimento em juízo. 14. Os princípios constitucionais do comparecimento em juízo.

Este trabalho tem origem numa exposição oral apresentada, em 25 de maio de 1995, ao II Encontro Nacional de Procuradores de Assembléias Legislativas, realizado em Porto Alegre, RS. Seu conteúdo deriva de reflexões em torno do tema, na vivência profissional. Sua formulação presente deriva da estimulante e generosa solicitação de alguns colegas, nas mesmas vivências profissionais.

A natureza (e o título) de "reflexões" evidencia uma discussão de conceitos, e nunca uma pesquisa sistematizada, doutrinária e jurisprudencial. Ademais, a matéria traz óbvia – e inafastável – conotação política, já que se refere, diretamente, ao conceito mesmo de Estado Democrático de Direito.

Em síntese, aqui se sustenta que a tripartição constitucional dos Poderes, com harmônica independência (Constituição Federal, artigo 2º), e suas explícitas autonomias financeira e administrativa (Constituição Federal, artigo 51, IV, artigo 52, XIII e artigo 99) trazem como decorrência:

a) a impossibilidade jurídica de que órgão de um dos Poderes faça a representação em juízo dos demais;

b) a legitimidade, para cada Poder, de comparecimento em juízo, em nome próprio;

c) decorrentemente, que os Poderes Legislativo e Judiciário têm legitimidade para sustentar em juízo, em nome próprio, seus atos institucionais típicos (lei e sentença) e seus atos administrativos.

Ao final deste intróito ressalta-se o reconhecimento de que o tema está a merecer maior e mais profunda indagação, e que este trabalho será mais que bem-sucedido se for capaz de alcançar como resultado – independentemente de aprovação – debate sobre assunto praticamente ignorado pela doutrina e raramente aprofundado nas eventuais decisões judiciais.

1. *A personalidade jurídica do Estado*

A questão conceitual da personalidade jurídica do Estado é de pacificação recente.

Os antigos romanos não a admitiam. O *fiscum*, sucessivamente, como "tesouro de todos os cidadãos", como "economia dos *Quirites*", como "o erário particular do Imperador" e, finalmente, como "um patrimônio autônomo, destinado a ser invertido em coisas do interesse comum"[1] foi o instrumento conceitual viabilizador da responsabilidade patrimonial do Poder Público, com a presença em juízo – ativa ou passivamente – do Tesouro Público, ante a impossibilidade jurídica da presença, ali, do Estado (ou do Imperador) como tal.

Daí deriva, ainda hoje, a referência, em textos de lei, à presença da "Fazenda Pública" em juízo, como se fosse ela algo distinto do Estado (*v.g.*, Código Civil, artigo 22, parágrafo único, art. 188, § 10, VI e artigo 105; Código de Processo Civil, arts. 730, 731, 188 e 197; e mesmo a Constituição Federal, art. 100).

Em tempos bem recentes, há menos de meio século, Santi Romano ainda examinava a "possibilidade de que o Estado seja pessoa jurídica", simultaneamente com a "possibilidade de que não o seja".[2]

Só recentemente se consolidou o conceito da personalidade do Estado e de sua responsabilidade como pessoa de direito, podendo ser chamado a juízo, podendo comparecer em juízo, podendo ser responsabilizado em juízo, e podendo cobrar e sustentar direitos e prerrogativas em juízo. A consagração deste conceito se explicita, *v.g.*, no § 6º do art. 37 da Constituição Federal. E agora perde sentido o artifício da responsabilidade da "Fazenda Pública" (derivado do *fiscum* dos antigos romanos, e ainda impropriamente repetido no art. 100 da atual Constituição).

2. *O princípio da tripartição dos poderes do Estado*

Bem anteriormente à solução desta questão conceitual, se construía e consolidava o princípio da tripartição dos Poderes.

Na lição clássica de Montesquieu, "para que não se possa abusar do poder é preciso que, pela disposição das coisas, o poder freie o poder".[3] Isto, diante da constatação de que "os príncipes que quiseram tornar-se despóticos começaram sempre reunindo em sua pessoa todas as magistraturas".[4]

Alinhada a este pensamento, já em 26 de agosto de 1789, a Declaração dos Direitos do Homem e do Cidadão, obra da Revolução Francesa e núcleo essencial de sua ideologia político-jurídica, proclamava, radicalmente, que "*qualquer sociedade em que não esteja /.../ estabelecida a separação dos poderes não tem Constituição*" (art. 16).

Assim, o Estado moderno começou a se afirmar e confirmar como um Estado de Poderes distintos e independentes – tal como reafirmado e consagrado no art. 2º de nossa Constituição Federal.

Outrossim, há que salientar que a concepção original da tripartição dos Poderes,

1. San Tiago Dantas. *Programa de Direito Civil.* 2ª tir. Rio de Janeiro: Ed. Rio, 1979, p. 207.

2. Santi Romano. *Princípios de Direito Constitucional Geral*. Trad. Maria Helena Diniz. São Paulo: Ed. RT, 1977, pp. 77-78.

3. Montesquieu. *Do Espírito das Leis*, livro 11º, cap. IV. 1. Ed. Brasil. São Paulo: abril, 1973, p. 156.

4. Montesquieu. Ob. cit., livro 11º, cap. VI, p. 157.

em verdade, se operou a partir de uma posição muito altaneira do Poder Executivo, sendo os Poderes Legislativo e Judiciário detentores de atribuições "arrancadas" àquele. Mais: os Poderes Legislativo e Executivo eram declarados independentes, não a título de racionalidade e lógica próprias, mas como instrumentos de limitação do Poder Executivo.

Bem por isso, Julien Laferrière esclarece que "Montesquieu não emprega /.../ jamais a expressão 'separação dos poderes'; ele dizia simplesmente que não é necessário que os três poderes, vale dizer as diferentes funções do Estado, sejam reunidos na mesma mão".[5]

Cooley sustenta que "esta disposição dá a cada departamento (!) uma certa independência, que opera como um freio sobre a acção dos outros /.../".[6]

Progressivamente, entretanto, vem se consolidando a percepção do valor intrínseco de cada um dos diversos Poderes do Estado, com suas respectivas funções e atribuições.

Mais que o labor jurídico, o esforço político vem demarcando terrenos e faixas de atuação próprios aos Poderes Legislativo e Judiciário, imunes à interferência do Poder Executivo. A independência efetiva – operacional e conceitual – dos Poderes do Estado é construção política moderna.

Entretanto, a questão da personalidade jurídica do Estado permanecia doutrinariamente controvertida e em aberto – e lentamente se afirmava.

Neste contexto, do conceito político de diversos Poderes no Estado decorreu, num primeiro momento, o reconhecimento da diversidade de funções estatais, dentro de uma única pessoa.

Independentemente do reconhecimento de plena ou relativa independência, foi se construindo o aparente paradoxo da existência de três Poderes, distintos, dentro da unidade do Estado (unidade política, na soberania; unidade jurídica, na personalidade). A lembrança do mistério teológico cristão da Santíssima Trindade – um só Deus em três pessoas realmente distintas – foi percebida tanto por Laferrière como por Duguit.

3. *Funções típicas de cada um dos poderes do Estado*

Aos três Poderes clássicos do Estado cabem missões político-institucionais típicas e inconfundíveis.

Para Biscaretti di Ruffia "pode-se afirmar que, enquanto *a função legislativa* predispõe uma *tutela geral e abstrata para todos os dispares interesses subsistentes* na comunidade *estatal*, e a *executiva* serve ao Estado *para perseguir os próprios interesses específicos* no âmbito das leis vigentes, *a jurisdicional* apresenta-se como uma atividade dirigida *à tutela concreta e individualizada de interesses alheios* insatisfeitos, mediante a comprovação definitiva (com a chamada *eficácia de coisa julgada*: ainda que seja limitadamente às partes em causa) e a conseqüente atuação da norma jurídica no caso concreto".[7]

Cooley dizia, de modo mais sintético (na linguagem da tradução de 1909), que "poder legislativo é o de fazer leis e de alterá-las à discrição; poder executivo é o que observa a devida execução das leis; poder judiciário é o que interpreta e applica a lei, quando surgem controversias concernentes ao que tem sido feito ou ommittido n'ella".[8]

5. Julien Laferrière. *Manuel de Droit Constitutionnel*. 2ª ed., Paris: Domat-Montchrestien, 1947, p. 64.

6. Thomas Cooley. *Princípios Gerais de Direito Constitucional*. Trad.: Alcides Cruz. 2ª ed., reprod. fac-similar parcial da edição de 1909. São Paulo: Ed. RT, 1982, p. 43 (na ed. de 1909, p. 79).

7. Paolo Biscaretti di Ruffia. *Direito constitucional*. Trad.: Maria Helena Diniz. São Paulo: Revista dos Tribunais, 1984, p. 420.

8. Thomas Cooley. Ob. cit., pp. 42-43 (na edição original, pp. 79-90).

Em concisão perfeita, Michel Temer, entre nós, declara que "as funções *típicas* do Legislativo, Executivo e Judiciário são, em razão da preponderância, legislar, executar e julgar".[9]

Seus atos típicos são, sabidamente, a lei, a sentença e o ato administrativo.

4. *A gestão patrimonial e financeira do Estado*

A configuração organizacional estatal, especialmente sua configuração patrimonial e financeira, fez com que, sendo o Poder Executivo o órgão arrecadador, facilmente fosse considerado como o representante do patrimônio material do Estado. Deste elemento organizacional-operacional, agregado ao conceito de unidade do Estado (política, na soberania; jurídica, na personalidade), facilmente defluiu a concepção da unidade da legitimação processual concentrada no Poder Executivo, porque dele seria o Tesouro, porque só ele poderia honrar compromissos materiais, porque só ele poderia ser responsabilizado patrimonialmente.

De outro lado, a prática cartorial fez com que o patrimônio imóvel fosse sempre inscrito no registro imobiliário em nome do Estado, com afetação em registros administrativos aos diversos Poderes ou às diversas repartições destes. Na prática cartorial, não existe uma titularidade dominial para cada um dos diversos Poderes. Ficou, assim, o Poder Executivo como titular cartorial e gestor administrativo deste patrimônio imóvel, gestor que é das finanças públicas.

Aceita esta premissa, o passo seguinte foi fácil. Sendo o Estado um ente uno, havendo uma unidade de titularidade patrimonial, e consagrando nosso sistema financeiro a unidade de caixa, facilmente se produziu o conceito (preconceito?) de que o comparecimento do Estado em juízo se faria pelo órgão único que a prática administrativa havia especializado na gestão patrimonial e financeira: o Poder Executivo.

5. *A função de controle do poder pelo poder*

Este conceito da unidade de representação do Estado em juízo, entretanto, não é mais suficiente para alcançar a plenitude das atribuições dos diversos Poderes do Estado. Tal conceito não é suficiente para alcançar a complexidade da nova ordem institucional que vive o Brasil.

Basta circular – embora rápida, mas atentamente – pelo texto constitucional.

Logo de início encontraremos a declaração clássica da independência dos Poderes (art. 2º) – sem limites nem reservas, com a única exigência da harmonia, que não apequena nem subordina.

É claro que esta independência tem – primeiramente – o alcance político-jurídico de fazer com que os atos típicos de cada Poder sejam praticados sem subordinação aos demais. Esta é a configuração clássica – político-jurídica – da divisão e da independência dos Poderes do Estado, com a desconcentração do poder e da autoridade.

Mas há um elemento mais marcante e significativo. A independência dos Poderes não é um dado em si, isolado e acabado. A independência dos Poderes foi construída como limite à tirania e ao absolutismo, como freio à corrupção e ao desmando, como proteção da ordem jurídica e dos direitos individuais.

A distribuição dos poderes entre múltiplas instituições não decorreu de algum valor abstrato que se imponha por si só. Mas para que, distribuídos os poderes, pudessem eles se controlar – recíproca e interativamente – nos termos e circunstâncias das determinações constitucionais.

9. Michel Temer. *Elementos de Direito Constitucional*. 10ª ed. São Paulo: Malheiros Editores, 1993, p. 114.

Ora, isto é mais que mera divisão de poderes. Quando o Chefe do Poder Executivo exerce o poder de sanção ou de veto, está se contrapondo, diretamente, à atuação do Poder Legislativo; quando o Poder Legislativo exerce seus poderes não apenas legiferantes, mas de fiscalização, aprovando ou rejeitando contas do Poder Executivo ou do Poder Judiciário, está exercendo o controle da ação administrativa destes Poderes; quando o Poder Judiciário declara a inconstitucionalidade de uma lei, está impondo limites à atuação do Poder Legislativo; quando o Poder Judiciário condena o Poder Executivo ao pagamento de uma indenização, está impondo obrigação a este Poder.

Esta interferência de um Poder na ação de outro não é a negação da independência de cada qual. Antes, é o *objetivo pretendido pela independência*, na verdade mero *instrumento de controle do poder pelo poder*. A independência é, assim, instrumental: porque só quem tem independência pode controlar, plena e eficazmente, a atuação do outro. Pois, como já ensinava Aristóteles (formulador original da teoria dos três poderes), "é importante tornar dependente o poder, e não suportar que aqueles que dele dispõem obrem segundo seus caprichos, porque a possibilidade de fazer tudo o que se quer impede de resistir às más inclinações da natureza humana".[10]

A partição e a independência dos Poderes do Estado foi construída, historicamente, como atributo assegurador da possibilidade de controle, pois seria inadmissível o controle do poder por quem não fosse também poder, e independente.

6. *O Estado Democrático de Direito comparece em juízo*

Ora, esta verdade -- acaciana, de tão óbvia na teoria constitucional – leva a examinar, como desdobramento lógico, outro aspecto da questão.

Nossa ordem jurídico-institucional consagra o Estado Democrático de Direito, já no pórtico da Constituição. E a composição do princípio do Estado Democrático de Direito (art. 1º) com o da divisão e independência dos Poderes (art. 2º) leva à decorrência de que ao Poder Judiciário cabe a palavra final sobre qualquer ameaça ou lesão a direito.

Na lição de Canotilho, "do princípio do Estado de direito deduz-se, sem dúvida, a exigência de um *procedimento justo e adequado de acesso* ao direito e de *realização do direito*", já que "esta garantia da via judiciária já foi considerada como um 'direito fundamental formal' /.../ pois a protecção dos direitos através do direito exige uma prévia e inequívoca consagração desses direitos (cfr. DL 389-B/87, de 29/12, sobre o regime legal de acesso ao direito e aos tribunais)".[11]

Isto é tão significativo que, nos direitos e nas garantias fundamentais dos indivíduos, consta o princípio segundo o qual *"a lei não excluirá de apreciação do Poder Judiciário lesão ou ameaça a direito"* (Constituição Federal, art. 5º, inciso XXXV).

Tal princípio (e direito) se articula, à perfeição, com o clássico princípio de direito processual, elaborado pelos antigos romanos, de que a cada direito corresponde uma ação. Já que, reversamente, a ação não é nada mais do que o direito de perseguir em juízo aquilo que nos é devido (*Actio autem nihil est, quam ius persequendi in iudicio quod sibi deberet*).

É a consubstanciação básica e lógica de um princípio histórico e jurídico elementar: ao direito corresponde a ação, e o Estado de Direito garante a ação para proteção de cada direito assegurado pela ordem jurídica.

10. Aristóteles. *A Política*, livro 7º, cap. 2. Trad.: Nestor Silveira Chaves. Rio de Janeiro: Tecnoprint, (sem registro de ano), p. 139.

11. J. J. Gomes Canotilho. *Direito Constitucional*. 5ª ed., 2ª reimp. Coimbra: Almedina, 1992, p. 389.

Direito, aqui, não se pode entender no conceito estrito de "direito subjetivo" de cunho material e patrimonial, ao feitio estrito do direito privado. Mas há de ser entendido como qualquer prerrogativa ou atribuição integrante do patrimônio jurídico, em seu sentido mais amplo, tanto moral como político.

Aliás, em nosso ordenamento jurídico-processual o conceito adotado, para legitimar a ação é o de "interesse" (CPC, art. 3º). Sempre que uma pessoa, física ou jurídica, se sentir lesada ou ameaçada em seu patrimônio ou em qualquer de seus interesses, legítimos ante a ordem jurídica, pode comparecer em juízo.

Ninguém negará legitimidade e direito, *v.g.*, a uma autarquia para comparecer em juízo em busca da indenização pelo veículo abalroado, ou contra o inquilino que não lhe paga aluguel ou contra o locador que lhe cobra aluguel exorbitante.

Conseqüentemente, se isto é dado aos particulares, igualmente será dado aos entes públicos.

Aliás, mais que direito, o ente público tem o dever de sustentar seus direitos e interesses, diante da indisponibilidade do interesse público. Pois "/.../ na administração os bens e interesses *não se acham entregues à livre disposição da vontade do administrador*. Antes, para este, coloca-se a obrigação, o dever de curá-los nos termos da finalidade a que estão adstritos".[12]

Ora, se o Poder Público pode (e deve) comparecer em juízo para pleitear a reparação de um automóvel abalroado, ou a reconstituição de uma parede derrubada, ou a satisfação de multa aplicada a infrator de posturas – inconcebível seria que o Poder Judiciário não estivesse ao alcance do mesmo Poder Público em questões mais marcantes e significativas, como a defesa de suas próprias prerrogativas constitucionais. É inconcebível que se admita a defesa do patrimônio material público e não se admita a defesa de prerrogativa constitucional própria do Poder Público.

7. *Os conflitos entre os poderes*

De outra parte, é preciso lembrar e salientar que os Poderes do Estado – exatamente pela independência de que são constitucionalmente munidos e pela prerrogativa de inter-relacionamento e controle a que estão constitucionalmente vocacionados – muito possivelmente podem estar em dissidência, em desavença ou em conflito, como é da lógica do regime democrático e do sistema de freios e contrapesos.

Na profunda e límpida lição de Rosah Russomano, "suas faculdades, por vezes contrapostas, poderiam romper esta harmonia, que, entretanto, teria condições de persistir, desde que funcionasse o mecanismo dos *checks and controls*".[13]

Na prática cotidiana esta desavença ocorre de maneira muito simples, *v.g.*, quando o Poder Legislativo aprova uma lei, e o Chefe do Poder Executivo a veta, e o Poder Legislativo rejeita o veto e promulga e publica a lei. A conseqüência pode ser – na tranqüila legitimidade do Estado Democrático de Direito – que o Chefe do Poder Executivo bata às portas do Poder Judiciário pleiteando a declaração de inconstitucionalidade da lei.

8. *Conflito de interesses e comparecimento em juízo*

E, aqui, se chega ao tópico crucial da questão.

Quando ao Poder Executivo é assegurado o direito de comparecer em juízo bus-

12. Celso Antônio Bandeira de Mello. *Curso de Direito Administrativo*. 4ª ed. São Paulo: Malheiros Editores, 1993, p. 23.

13. Rosah Russomano. *Dos Poderes Legislativo e Executivo*. Rio de Janeiro: Freitas Bastos, 1976, p. 31.

cando a declaração de inconstitucionalidade de lei aprovada formalmente pelo Poder Legislativo ele é, tão-somente, o Poder Executivo do Estado – mas certamente não é o Estado (uno na soberania e na personalidade).

Pois do Estado é o Poder Executivo que aciona; do Estado é o Poder Judiciário que recebe e julgará a ação; e do Estado é o Poder Legislativo cujo ato é atacado em juízo. Ora, no momento em que os três Poderes do Estado estão presentes numa disputa, desempenhando missões e papéis distintos, em decorrência do exercício de suas prerrogativas constitucionais, absurdo e estapafúrdio seria pretender que a integralidade do Estado fosse representada por uma de suas partes. Pois a tripartição do Estado em seus Poderes é a divisão do Estado em partes. E é da lógica mais intuitiva que a parte não se confunda com o todo. Bem como é princípio processual elementar que autor e réu não se confundam *(actor et reus idem essem non possunt).* E é determinação – além de processual – até moral que o juiz não se confunda com a parte.

Esta presença dos diversos Poderes do Estado, em posições diferentes, como decorrência do estrito e constitucional exercício de suas prerrogativas não é mera possibilidade teórica. A prática político-administrativa e a experiência judiciária registram freqüentemente este tipo de ocorrência. No Estado do Rio Grande do Sul estas ocorrências se contam às dezenas, só na vigência da atual Constituição.

Ora, dizer, neste momento, que o Poder Legislativo não pode comparecer em juízo, em nome próprio, para sustentar um ato constitucional tipicamente seu (a lei), em igualdade de condições com o Poder Executivo que o ataca, é negar ao Poder Legislativo a própria condição de Poder do Estado.

Vale relembrar. Lei aprovada pelo Poder Legislativo, sancionada pelo Poder Executivo, não declarada inconstitucional pelo Poder Judiciário, é ato do Estado. Entretanto, uma lei, enquanto aprovada pelo Poder Legislativo e ainda não sancionada ou vetada pelo Poder Executivo, é apenas ato do Poder Legislativo. Veto aposto pelo Chefe do Poder Executivo, ainda não apreciado pelo Poder Legislativo, é apenas ato do Poder Executivo.

De outra parte, o ingresso em juízo, pelo Poder Executivo, contra lei que pretende inconstitucional, não é ato do Estado – é ato do Poder Executivo. Da mesma forma, correspondentemente, a defesa da constitucionalidade da lei, em juízo, ante o ataque do Poder Executivo, não há de ser ato do Estado – só pode ser ato do Poder Legislativo. Bem por isso, só o Poder Legislativo – enquanto Poder (partido, parte) do Estado – pode comparecer em juízo na defesa de seu ato.

Negar ao Poder Legislativo – enquanto Poder (partido, parte) do Estado – a faculdade de comparecer em juízo para sustentar seu ato, suas prerrogativas e suas razões, é negar ao Poder Legislativo a própria possibilidade de ser Poder.

Para arrematar o raciocínio, em casos símiles a este exemplo, forçoso é concluir que nas ações de declaração de inconstitucionalidade de lei, o Poder Legislativo deve ser tratado, perante o Poder Judiciário acionado, com as mesmas prerrogativas processuais asseguradas ao Poder Executivo.

9. A auto-organização dos poderes do Estado

Este exemplo extremado de conflito entre os Poderes do Estado permite extrair ilações outras, porque nossa ordem constitucional não consagra apenas a independência dos Poderes. A atual ordem constitucional consagrou de forma categórica a auto-organização e a auto-administração dos Poderes do Estado (Constituição Federal, art. 51, IV, art. 52, XIII, art. 99).

Significa isto, singelamente, que os diversos Poderes do Estado, *v.g.*, têm seu quadro de pessoal próprio, têm orçamento próprio, ordenam suas próprias despesas, fazem suas próprias licitações, celebram seus contratos próprios. Decorrentemente assumem responsabilidades civis e administrativas próprias.

Não é o Poder Executivo que organiza concursos e nomeia funcionários para os demais Poderes; não é o Poder Executivo que lança licitações e celebra os conseqüentes contratos para atendimento das necessidades dos demais Poderes. Os Poderes Legislativo e Judiciário estão investidos de autonomia administrativa e financeira e praticam os atos necessários ao provimento dos meios necessários ao exercício de suas atribuições. Isto gera um conjunto de relações jurídicas que podem gerar dissidências e desavenças de natureza civil, comercial ou administrativa. E que podem suscitar demandas, como ações de servidores (estatutários ou "celetistas"), como ações de licitantes ou fornecedores contratados, numa infinidade de hipóteses inerentes à prática de quem se auto-administra. E a auto-administração é, em nossa ordem constitucional, uma prerrogativa dos Poderes do Estado.

10. Os interesses em juízo e a representação dos poderes

Ademais, é forçoso salientar que a Advocacia-Geral da União e as Procuradorias Estaduais são órgãos do Poder Executivo, constituindo-se em unidades administrativas e financeiras do Poder Executivo. E que suas chefias não são desdobramento obrigatório da carreira, mas são tituladas por nomeação, em confiança, pelo Chefe do Poder Executivo, a quem se subordinam hierarquicamente.

Assim, se se estabelecesse um conflito entre os Poderes, seria impensável que um órgão chefiado por titular de cargo de confiança pessoal do Chefe do Poder Executivo pudesse sustentar – contra os interesses do Poder a que pertence – em favor de outro Poder do Estado.

Outrossim, sendo as Procuradorias órgãos de consultoria, presume-se que os atos praticados pelo Poder Executivo tenham a orientação daquelas. Ora, se um ato do Poder Executivo é contrariado por outro Poder, não poderia alguém do órgão que orientou o primeiro sustentar, contrariamente, a causa do segundo. Até porque se presume que as Procuradorias, na liberdade de discussão científica do Direito, uniformizem suas posições a fim de – exatamente – poderem dar uniforme orientação ao Poder Executivo. Inviável, portanto, seria supor que tal órgão pudesse comparecer em juízo sustentando posição contrária à orientação que originariamente prestara. Até porque isto implicaria em sustentar simultaneamente opiniões e posições contrárias.

Mesmo, é princípio elementar da ética profissional que o advogado deve "abster-se de patrocinar causa contrária à validade de ato jurídico em que tenha colaborado".

Nem valeria a pretensão de que ao lado da cada um dos Poderes em conflito estaria um profissional diverso. Pois nenhum dos procuradores lá estaria em nome próprio ou pessoal – mas enquanto funcionário, em nome do órgão que é único e, presumivelmente, uno. E impossibilitado está este, portanto – administrativa, ética e logicamente – de sustentar interesses contrários.

11. Comparecimento em juízo como corolário

A lógica decorrência é que negar a cada um dos Poderes do Estado a legitimidade para sustentar seus direitos e interesses em juízo será negar a própria possibilidade de auto-organização. Porque poderia o Poder contratar, mas não poderia cobrar o cumprimento do contrato; porque poderia nomear, mas não poderia defender as prerrogativas decorrentes do vínculo; porque poderia empregar, mas não poderia defender-se da ação do empregado.

Se os Poderes Legislativo e Judiciário necessitassem de se socorrer do Poder Executivo (por quadros de procuradoria deste), não estariam viabilizando sua capacidade de auto-organização e de auto-administração. Pior: estariam comprometendo sua própria independência ante o Poder Executivo. Já que na auto-organização, segundo a lição de José Afonso da Silva, "se encontra um elemento básico de sua independência".[14]

Mesmo quando não se trate de conflito entre os Poderes, desde que podem os Poderes Legislativo e Judiciário contratar e nomear servidores, contratar serviços e fornecimentos, podem, também, conseqüentemente, sustentar em juízo os interesses decorrentes das relações entretidas. Se não pudessem fazê-lo, não estariam viabilizando e exercitando, na conseqüência da relação jurídica, a sua auto-organização, porque estariam dependendo de outro Poder para o exercício de prerrogativas próprias. (E nem teriam a certeza de que sua representação em juízo fosse efetivamente afinada com os interesses de sua defesa).

Parece inquestionável ser da lógica de nosso sistema constitucional – desde o princípio elementar de que ao direito (no sentido amplo que abrange prerrogativa e atribuição, cf. já comentado) corresponde a ação, até a definição constitucional da independência dos Poderes, passando por sua capacidade de auto-organização e auto-administração – que cada um dos Poderes do Estado pode comparecer em juízo em nome próprio, para sustentação de suas prerrogativas e de seus interesses políticos e administrativos.

14. José Afonso da Silva. *Curso de Direito Constitucional Positivo*. 6ª ed., 2ª tir. São Paulo: Ed. RT, 1990, p. 441.

12. A questão da personalidade jurídica

A questão da personalidade jurídica como condição para comparecimento em juízo não tem relevância essencial.

Não é o caso de sustentar, aqui, que cada um dos Poderes do Estado seja uma pessoa jurídica – conceito, aliás, em reavaliação. Embora, dentro dos cânones tradicionais, fosse possível sustentar que cada um dos Poderes reúne os atributos necessários à configuração da "unidade autônoma e independente",[15] ou da "vinculação jurídica específica que lhe imprima *unidade orgânica*".[16]

Mesmo, a eventual pretensão de considerar cada um dos Poderes do Estado como pessoa jurídica passaria pelo crivo de qualquer das quatro teorias tradicionais que sustentam a existência de pessoas não naturais, meramente jurídicas, simplificadamente, na descrição de M. Helena Diniz: da ficção legal, de Savigny; da equiparação legal, de Windscheid e Brinz; da realidade orgânica, de Gierke e de Zitelmann; e da realidade das instituições jurídicas, de Hauriou.[17]

Não se pretende, entretanto, sustentar a tese da personalidade jurídica dos diversos Poderes do Estado. Nem tal é necessário para o sucesso da afirmação da legitimidade do comparecimento em juízo dos Poderes do Estado.

A ordem jurídica reconhece categoricamente a legitimidade processual de não-pessoas, que podem "agir, sem maiores dificuldades, ativa ou passivamente", que "constituem um conjunto de direitos e obrigações, de pessoas e bens sem perso-

15. Miguel Maria Serpa Lopes. *Curso de Direito Civil*, v. I, 4ª ed., Rio de Janeiro: Freitas Bastos, 1962, p. 329.

16. Caio Mário da Silva Pereira. *Instituições de Direito Civil*, v. I, 4ª ed., Rio de Janeiro: Forense, 1993, p. 199.

17. Maria Helena Diniz. *Curso de Direito Civil Brasileiro*, v. I, 9ª ed., São Paulo: Saraiva, 1993, pp. 117-118.

nalidade jurídica e com capacidade processual, mediante representação".[18] Por isso, a massa falida, que não é pessoa, o espólio, que não é pessoa, o condomínio imobiliário, que não é pessoa, podem comparecer em juízo. Assim, também, as sociedades irregulares e as heranças jacente e vacante.[19]

O sistema processual – nem só brasileiro, mas de toda civilização jurídica – reconhece a legitimidade do comparecimento em juízo de ente ou instituição que (sem ser tecnicamente pessoa jurídica) enfeixe direitos e obrigações, para que tais direitos e obrigações possam ser lisamente apreciados em juízo, submetidos ao princípio do contraditório.

Vale, aqui, salientar que o princípio do contraditório e da ampla defesa são princípios constitucionais, incluídos nos direitos e garantias fundamentais (Constituição Federal, art. 5º, LV).

E vale salientar, ainda, que o advogado (quer dizer, o representante habilitado da parte, em juízo) *"é indispensável à administração da justiça"* (Constituição Federal, art. 133).

Parece, assim, que só uma visão intelectualmente preguiçosa e juridicamente conservadora quanto ao conceito de Estado e de processualística, e politicamente retrógrada quanto ao significado da independência e da auto-organização dos Poderes do Estado, pode pretender que estes não tenham legitimidade processual para fazer a defesa, em nome próprio e com representação própria, de suas prerrogativas, de seus atos e de seus interesses.

13. A ordem jurídica estadual e o comparecimento em juízo

A Constituição Estadual do Estado do Rio Grande do Sul estabelece, claramente, a capacitação processual do Poder Legislativo estadual, estabelecendo que "compete à Mesa representar a Assembléia Legislativa, ativa e passivamente, judicial e extrajudicialmente" (art. 54, *caput*).[20]

18. Maria Helena Diniz. Ob. cit., p.135.
19. Maria Helena Diniz. Ob. cit., pp. 135-136.

14. Os princípios constitucionais do comparecimento em juízo

Sempre que se pretender negar a cada um dos Poderes do Estado a possibilidade de comparecer em juízo em nome próprio, com representação própria, estarão sendo violados pelo menos cinco princípios constitucionais:

a) o princípio da independência dos Poderes do Estado;

b) o princípio de controle de um Poder pelo outro, nos limites da Constituição (que é o fundamento do princípio da independência);

c) o princípio de auto-organização dos Poderes;

d) o princípio de direito à defesa de direitos (prerrogativas e interesses) em juízo;

e) o princípio do contraditório.

Porto Alegre, junho de 1995.

Bibliografia

Aristóteles. *A política*. Trad.: Nestor Silveira Chaves. Rio de Janeiro: Tecnoprint (sem registro de ano).

Bandeira de Mello, Celso Antônio. *Curso de Direito Administrativo*. 4ª ed., São Paulo: Malheiros Editores, 1993.

Biscaretti di Ruffia, Paolo. *Direito Constitucional*. Trad.: Maria Helena Diniz. São Paulo: Ed. RT, 1984.

20. Em 1995, por ocasião do exame, pela Assembléia Legislativa do Estado do Rio Grande do Sul, do projeto de lei relativo ao plano plurianual, foi apresentada emenda (n. 18), de minha autoria, sobre as atribuições do Poder Legislativo, incluindo, expressamente, aquela de "sustentar suas prerrogativas e comparecer em juízo para defesa de seus atos". A emenda foi aprovada em plenário, por unanimidade, e está incorporada ao plano plurianual 1995-1999.

Canotilho, J. J. Gomes. *Direito Constitucional*. 5ª ed., 2ª reimp. Coimbra: Almedina, 1992.

Cooley, Thomas. *Princípios Gerais de Direito Constitucional*. Trad.: Alcides Cruz. 2ª ed., reprod. fac-similar parcial de edição de 1909. São Paulo: Ed. RT, 1982.

Diniz, Maria Helena. *Curso de Direito Civil Brasileiro*. 9ª ed., São Paulo: Saraiva, 1993.

Laferrière, Julien. *Manuel de Droit Constitutionnel*. 2ª ed., Paris: Domat-Montchrestien, 1947.

Montesquieu. *Do Espírito das Leis*. São Paulo: abril, 1973.

Pereira, Caio Mário da Silva. *Instituições de Direito Civil*. 4ª ed., Rio de Janeiro: Forense, 1993.

Russomano, Rosah. *Dos Poderes Legislativo e Executivo*. Rio de Janeiro: Freitas Bastos, 1976.

San Tiago Dantas. *Programa de Direito Civil*. 2ª tir. Rio de Janeiro: Ed. Rio, 1979.

Santi Romano. *Princípios de Direito Constitucional*. Trad.: Maria Helena Diniz. São Paulo: Ed. RT, 1977.

Serpa Lopes, Miguel Maria. *Curso de Direito Civil*. 4ª ed. Rio de Janeiro: Freitas Bastos, 1962.

Silva, José Afonso da. *Curso de Direito Constitucional Positivo*. 6ª ed., 2ª tir. São Paulo: Ed. RT, 1990.

Temer, Michel. *Elementos de Direito Constitucional*. 10ª ed., São Paulo: Malheiros Editores, 1993.

ESTUDOS & COMENTÁRIOS

MEDIDA PROVISÓRIA: PANORAMA DOUTRINÁRIO E JURISPRUDENCIAL

VERA CRISTINA CASPARI MONTEIRO
Graduanda de Direito da Pontifícia Universidade Católica de São Paulo

PRIMEIRA PARTE: A Medida Provisória no contexto do Estado brasileiro de 1988: I. Tripartição dos poderes: jurisprudência – II. Federalismo: jurisprudência – III. Estado de direito – IV. Estado social e democrático de direito criado na CF/1988 – V. A Medida Provisória no Estado social e democrático de direito de 1988. SEGUNDA PARTE: Requisitos para a edição da Medida Provisória: I. Atividade legiferante do poder executivo através das Medidas Provisórias – II. Natureza jurídica: jurisprudência – III. Pressupostos para edição: jurisprudência– IV. Conceito de relevância e urgência – V. Matérias suscetíveis de serem reguladas por Medida Provisória: jurisprudência. TERCEIRA PARTE: Controle parlamentar das Medidas Provisórias: I. Possibilidade de reedição: jurisprudência – II. Conversão em lei: jurisprudência – III. O poder da emenda – IV. Propostas de modificação do instituto da Medida Provisória. Conclusão.

Medida Provisória: panorama doutrinário e jurisprudencial

Introdução: apresentação do tema

A dinâmica das relações sociais inaugurada pelo Estado Social e Democrático de Direito trouxe consigo a exigência da participação positiva do Estado, tornando imperiosa a revisão dos papéis do Executivo, do Legislativo e do Judiciário, que tiveram suas atividades alargadas.

A Carta Constitucional de 1988 trouxe consigo a possibilidade do Chefe do Poder Executivo editar atos normativos, em casos de relevância e urgência, com força e eficácia de lei: as medidas provisórias.

A partir de 5 de outubro de 1988, o dia a dia verificado pela edição de medidas provisórias, bem como sua contenção pelos poderes Legislativo e Judiciário, criou o verdadeiro contorno e o conteúdo do art. 62 da Constituição Nacional.

A letra da norma constitucional através da interpretação doutrinária e da interpretação autêntica dos Tribunais, teve sua aplicabilidade definida. Tudo a par da eficácia ampla que o Governo Federal deu para o assunto, fazendo uso amplo e irrestrito das medidas provisórias.

Diante do desencontro entre a realidade das medidas provisórias, a letra da lei, e as decisões jurisprudenciais, e sendo que todas essas realidades têm o mesmo fundamento na Constituição – seu art. 62, buscou-se neste estudo, através de um retrato da doutrina, e outro da jurisprudência, explicitar qual o conteúdo da norma contida no art. 62, vez que da sua leitura os destinatários da referida norma não têm subsídios para saber o grau e o poder que o Chefe do Executivo possui na interferência da vida particular dos cidadãos, que não podem aferir, com clareza, o âmbito e os limites de seus direitos subjetivos públicos.

Primeira parte: a Medida Provisória no contexto do Estado brasileiro de 1988

I. Tripartição dos Poderes

O princípio da divisão dos poderes, como ensina José Afonso da Silva, "é um princípio geral do Direito Constitucional".[1] Consta do art. 2º da Constituição Federal de 1988 que *são Poderes da União, independentes e harmônicos entre si, o Legislativo, o Executivo e o Judiciário.*

Desde Aristóteles, anota o Professor Celso Bastos, "reconhece-se que a atividade estatal é suscetível, em razão das diferenças que apresenta, de ser dividida num certo número de categorias, agrupando, cada qual, aqueles atos do Estado que apresentam, entre si, traços de uniformidade".[2] Entretanto, foi Montesquieu quem afirmou que *às funções estatais devem corresponder órgãos distintos e autônomos,* não podendo ocorrer qualquer vínculo de subordinação entre os diferentes órgãos.[3]

Cada órgão – "usualmente denominado *poder*"[4] – exerce *função*, que é o molde jurídico dentro do qual deverão ser realizadas as finalidades estatais.[5]

Importante salientar que "qualquer que seja a forma ou o conteúdo dos atos do Estado, eles são sempre fruto de um mesmo poder".[6] Tecnicamente é equivocada a expressão "tripartição dos poderes". O poder é uma atribuição do Estado e constitui uma unidade. A distinção é entre os órgãos que desempenham *funções*.[7]

O poder, que é uno e emanado do povo (parágrafo único, art. 1º, CF/88), é chamado de poder político. É pela sua consagração constitucional que o povo é soberano ("Todo poder emana do povo"). Sendo soberano, e sendo exercente do poder, diretamente ou através de representantes eleitos, é em direção ao povo que é exercida a atividade estatal.

E para que seja real, por parte do Estado, o respeito à Constituição e aos direitos individuais, é necessário que o exercício do poder político seja dividido entre órgãos distintos, que se controlem mutuamente. A separação das atividades estatais entre função legislativa, função administrativa e função jurisdicional foi concebida por Montesquieu para que o poder político fosse controlado – para que os Poderes (entendidos como órgãos, e não como divisão do Poder Político) Legislativo, Executivo e Judiciário se controlassem mutuamente, evitando o abuso de poder.

Esta concepção clássica da tripartição dos poderes, que visa a inibição de um Poder pelo outro de forma recíproca, ainda que esta seja a sua fórmula teórica nos livros de doutrina, nos dias de hoje, não satisfaz. Aos Poderes Legislativo, Executivo e Judiciário impõem-se novas tarefas.[8]

Tércio Sampaio Ferraz Junior anota que "com base em condições sociopolíticas do século XIX, sustentou-se por muito tempo a neutralização política do Judiciá-

1. Silva, José Afonso da, *Curso de Direito Constitucional Positivo*, São Paulo: Malheiros Editores, 1994, 9ª ed. revista e ampliada de acordo com a nova Constituição, p. 97.

2. Bastos, Celso, *Curso de Direito Constitucional*. São Paulo: Editora Saraiva, 1990, 12ª ed., reformulada de acordo com a Constituição Federal de 1988, p. 297.

3. Cf. Celso Bastos, ob. cit., p. 300.

4. Celso Bastos, ob. cit., p. 300.

5. Cf. Celso Bastos, ob. cit., p. 298.

6. Celso Bastos, ob. cit.. p. 297.

7. Cf. Temer, Michel, *Elementos de Direito Constitucional*, São Paulo: Malheiros Editores, 1993, 10ª ed. revista e aumentada, p. 112.

8. Por todos, cf. Celso Bastos, ob. cit., p. 301.

rio como conseqüência do princípio da divisão dos poderes. A transformação dessas condições, como o advento da sociedade tecnológica e do estado social, parece desenvolver exigências no sentido de uma desneutralização, posto que o juiz é chamado a exercer uma função socioterapêutica, liberando-se do apertado condicionamento da estrita legalidade e da responsabilidade exclusivamente retrospectiva que ela impõe, obrigando-se a uma responsabilidade prospectiva, preocupada com a consecução de finalidades políticas das quais ele não mais se exime em nome do princípio da legalidade".[9]

"A responsabilidade do juiz alcança agora a responsabilidade pelo sucesso político das finalidades impostas aos demais poderes pelas exigências do estado social".[10]

A missão dos juristas, segundo Clèmerson Merlin Clève, "é a de adaptar a idéia de Montesquieu à realidade constitucional de nosso tempo".[11] Cumpre, também no que diz respeito ao Poder Executivo, aparelhá-lo para que ele possa responder às crescentes e exigentes demandas sociais.[12]

A atividade própria do Executivo, qual seja, aplicar a lei de ofício, também não mais satisfaz.[13] Exige-se do Poder Executivo, vez que é quem tem o contato mais direto com os administrados, uma nova postura, mais próxima dos cidadãos, bem como mais realizadora dos seus anseios.

Também o Legislativo possui novas tarefas, quais sejam, aparelhar o Executivo para que bem cumpra sua nova função, bem como aprimorar os mecanisnos de controle de sua ação, para o fim torná-los mais seguros e eficazes.[14]

Vicente Ráo, diz que "a Separação dos Poderes é essencialmente política",[15] pois o que a sociedade politicamente organizada de hoje requer são meios para a realização de suas políticas, a fim de que possa atingir as suas finalidades.[16]

Explica Carlos Roberto Ramos que a Medida Provisória – medida de eficácia precária, elaborada no Poder Executivo por determinação constitucional, e que se submete ao crivo do controle realizado pelo Congresso Nacional (Constituição Federal de 1988, art. 62) – não colide com o princípio da Separação dos Poderes, pois a elaboração da norma jurídica, além de não ser privilégio do Legislativo, depende de mais de um poder para a sua completude: o Executivo, que ao editá-la exerce atividade legislativa; e o Legislativo, quando a torna definitiva ou inexistente através do controle.[17]

"Não há usurpação de poder, mas interdependência que, tendo em vista o interesse público, deve ser harmônica".[18-19]

9. Ferraz Junior, Tércio Sampaio. "O Judiciário frente à divisão dos poderes: um princípio em decadência?", in "Dossiê do Judiciário", *Revista da USP*, p. 19.

10. Tércio Sampaio Ferraz Junior, ob. cit., p. 19.

11. Clève, Clèmerson Merlin, *Atividade Legislativa do Poder Executivo no Estado Contemporâneo e na Constituição de 1988*, São Paulo: Ed. RT, 1993, p. 42.

12. Cf Clèmerson Merlin Clève. ob. cit., p. 42.

13. Nesse sentido Ramos, Carlos Roberto, *Da Medida Provisória*, São Paulo: Livraria Del Rey Editora, 1994, pp. 77 e ss.

14. Cf. Clèmerson Merlin Clève, ob. cit., p. 42.

15. In Carlos Roberto Ramos, *Da Medida Provisória*, p. 73.

16. Cf. Carlos Roberto Ramos, *Da Medida Provisória*, pp. 74 e ss.

17. Cf. Carlos Roberto Ramos, *Da Medida Provisória*, p. 78.

18. Carlos Roberto Ramos, *Da Medida Provisória*, p. 78.

19. Nesse sentido conclui Clève, Clèmerson Merlin que "no Estado contemporâneo, a noção de separação de poderes deve ser substituída pelo conceito de colaboração entre os poderes. Por isso que, ante o crescimento das demandas políticas e sociais, bem como da necessidade do Estado tudo disciplinar, não se pode ignorar o fenômeno da legislação de emergência. Os Estados ocidentais têm procurado, de uma forma ou outra, oferecer resposta a esse desafio". *As Medidas Provisórias e a CF de 1988*, Curitiba: Juruá Editora, 1991, p. 97.

Carlos Mário da Silva Velloso, citado por Carlos Roberto Ramos, diz que se "do caráter democrático da separação dos poderes resulta a proibição de delegação de atribuições de um a outro poder, certo é que, se tal delegação se faz pelo constituinte, desaparece a eiva de ilegitimidade, passando a questão para o domínio da competência, no sentido de que o titular do poder constituinte (o povo) repartiu a competência legiferante entre dois poderes. Essa nova concepção constitucional, ademais, assenta-se em razões de necessidade".[20]

Todavia, o entendimento supra não é unânime, mister se faz a reprodução das palavras de Saulo Ramos para a ilustração de pensamento que pretende distanciar o instituto da medida provisória com o princípio da separação dos poderes: "É inquestionável que as medidas provisórias constituem, no plano da organização do Estado e na esfera das relações institucionais entre os Poderes Executivo e Legislativo, um instrumento de uso excepcional. Afinal, a emanação desses atos pelo Presidente da República configura momentânea derrogação ao princípio constitucional da separação dos poderes".[21-22]

Sendo assim, e pelo entendimento majoritário, "(...) a medida provisória criada pela Constituição atual é, ou pretende ser, apenas um dos vários instrumentos que devem nortear o possível equilíbrio entre as funções executiva e legislativa".[23]

20. Carlos Roberto Ramos, ob. cit., p. 77.

21. Ramos, Saulo, "Medidas Provisórias", Parecer n. SR-92, de 21.6.89, da Consultoria Geral da República – *DOU* de 23.6.89, in *Repertório IOB de Jurisprudência*, n. 9, Suplemento Especial, 1989.

22. No mesmo sentido Mello Filho, José Celso de, "As Medidas Provisórias no Sistema Constitucional Brasileiro", artigo publicado na *Revista de Osasco*, vol. 1, p. 8.

23. Figueiredo, Marcelo, *A Medida Provisória na Constituição*, São Paulo, Editora Atlas, 1991, p. 15.

Jurisprudência

• O Supremo Tribunal Federal, em sede de Ação Declaratória de Inconstitucionalidade proposta contra medida provisória, deixou expressamente consignado que a edição desta espécie normativa "constitui exceção derrogatória do postulado da divisão funcional do poder, pelo que subordina-se, em seu processo de conversão legislativa, à vontade soberana do Congresso Nacional, de forma a caracterizar ser um instrumento de uso excepcional. Sua edição resulta do exercício, pelo Presidente da República, *de competência constitucional extraordinária"*.

"É a plena submissão das medidas provisórias ao Congresso Nacional que constitui exigência decorrente do princípio da separação dos poderes".

(ADIn n. 293-7/600 DF, pleno, rel. Min. Celso de Mello, v.u., 6.6.90 – *RJSTF* 178/54).

• Já decidiu o Supremo Tribunal Federal, em pedido liminar formulado em Ação Direta de Inconstitucionalidade proposta contra a medida provisória n. 1.051, de 29 de junho de 95, editada em substituição à medida provisória n. 1.029, de 22 de junho de 95, com base em orientação assentada naquela Corte, que "não sendo dado ao Presidente da República retirar da apreciação do Congresso Nacional medida provisória que tiver editado, é-lhe, no entanto, possível ab-rogá-la por meio de nova medida provisória, valendo tal ato pela simples suspensão dos efeitos da primeira, efeitos esses que, todavia, o Congresso poderá ver restabelecidos, mediante a rejeição da medida ab-rogatória. Circunstância que, em princípio, desveste de plausabilidade a tese da violação ao princípio da independência e harmonia entre os poderes, consagrado no art. 2º da Constituição Federal".

(STF, ADIn n. 1.322-0 (ML), pleno, rel. Min. Ilmar Galvão, v.u., 10.8.95 – *DJU*, Seção I, n. 164, 25.8.95, p. 26.022.

Neste sentido também: STF, ADIn n. 1.315-7 (ML), pleno, rel. Min. Ilmar Galvão, v.u., 10.8.95 – *DJU*, Seção I, n. 164, 22.8.95, p. 26.022; STF, ADIn n. 1314-9, pleno, rel. Min. Ilmar Galvão, v.u., 10.8.95).

II. Federalismo

Federação significa aliança, pacto, união. Pois é do pacto entre Estados que ela nasce. Trata-se da instrumentalização do Estado de forma a lhe permitir a satisfação do interesse público.[24]

José Afonso da Silva caracteriza o Estado federal "pela união de coletividades públicas dotadas de autonomia político-constitucional, autonomia federativa".[25]

Implica o conceito de federação na idéia de descentralização administrativa e política. Isto significa haver vários centros titulares das prerrogativas, competências e deveres públicos de natureza administrativa; bem como vários centros dotados de capacidade legislativa, respectivamente.

Sendo a descentralização política a idéia central do federalismo, define-a Celso Antônio Bandeira de Mello, citado por Michel Temer, como "o regime no qual, dentro de um único sistema jurídico global, as capacidades políticas são distribuídas entre diferentes pessoas jurídicas".[26]

Michel Temer explica que "vigorante a descentralização política, há, ainda assim, a necessidade de unidade jurídica do todo: um ponto central e vários regionais". Ou seja, a convivência no mesmo território de uma ordem jurídica global e de ordens jurídicas parciais; tudo por meio de repartição de atribuições entre tais ordenações. Tais considerações implicam na idéia de soberania e autonomia: aquela é nota caracterizadora do Estado na ordem internacional; esta é peculiarizadora de Estado cuja ordem jurídica é dividida em domínios parcelares.[27]

Michel Temer sintetiza os elementos *caracterizadores* da federação: a descentralização política fixada na Constituição (repartição constitucional de competências); a participação da vontade das ordens jurídicas parciais na vontade criadora da ordem jurídica nacional, cujo órgão representativo é o Senado Federal; a circunstância dos Estados-membros se auto-organizarem por meio de Constituições próprias. E dentre os elementos necessários para a *manutença* da federação estão a rigidez constitucional (a forma federativa é cláusula pétrea) – art. 60, § 4º, inciso I da Constituição Federal –; e a existência de um órgão constitucional incumbido do controle da constitucionalidade das leis – o Supremo Tribunal Federal.[28]

No Brasil são quatro as pessoas jurídicas com capacidade para legislar: a União, os Estados-membros, o Distrito Federal e os Municípios. "Cada uma dessas pessoas possui um Poder Legislativo, produzindo leis sobre os assuntos a elas reservados pela Constituição".[29]

A forma federativa é um dos princípios constitucionais do direito brasileiro. E, dentro da acepção jurídica da palavra princípio, está o significado de servir como idéia central do sistema jurídico nacional, dando sentido lógico, harmonioso, racional, permitindo a compreensão de seu modo de organizar

Sendo assim, necessário contemplar a possibilidade de existência de medidas provisórias nos Estados-membros e nos Municípios. Será possível governadores e prefeitos editarem medidas provisórias face a letra do art. 62 da Constituição Fe-

24. Cf. Michel Temer, ob. cit., p. 55.
25. José Afonso da Silva, ob. cit., p. 91.
26. Michel Temer, ob. cit., p. 56.
27. Michel Temer, ob. cit., p. 57.
28. Michel Temer, ob. cit., pp. 59-62.
29. Sundfeld, Carlos Ari, *Fundamentos de Direito Público*, São Paulo, Malheiros Editores, 1992, p. 72.

deral, combinado com a capacidade legislativa daquelas pessoas políticas?

É certo que o art. 62, na letra da lei, diz que "em caso de relevância e urgência, o *Presidente da República* poderá adotar medidas provisórias (...)". No entanto, é possível que referido artigo seja interpretado no sentido de "o *chefe do Poder Executivo* poderá adotar medidas provisórias (...)".

Clèmerson Merlin Clève anota que a Constituição de 1969 proibia a adoção pelos Estados-membros e Municípios dos decretos-lei. A atual não proíbe a edição de medidas provisórias por essas coletividades políticas. Aliás, em um caso, expressamente, segundo seu entendimento, autoriza sua utilização: art. 167, § 3º.[30]

Em face da inexistência de vedação resta, a partir deste entendimento doutrinário, que poderão os Estados-membros e Municípios utilizá-las, desde que suas respectivas Constituições e Leis Orgânicas as recepcionem.[31]

Clèmerson Merlin Clève ressalta que, "todavia, conquanto possam, não devem delas se valer. Isto porque: (i) constituem mecanismos legislativos extraordinários que se prestam para regular questões emergenciais mais afetas à competência da União; depois (ii) porque a competência legislativa dos estados-membros e municípios, embora com a Constituição de 1988, é ínfima – sem contar que os Legislativos estaduais e municipais são unicamerais, bastando este fato para possibilitar apreciação célere de qualquer projeto de interesse do Executivo. Daí porque adotando as medidas provisórias os Legislativos estaduais e municipais restariam ainda mais esvaziados".[32]

Lembra o citado autor que "os constituintes estaduais e os legisladores orgânicos municipais, ao que consta, não se deixaram seduzir pela inexistência de vedação à adoção da medida provisória. Tanto que, salvo exceções, preferiram não contemplar nas respectivas Cartas Políticas estaduais e municipais essa extraordinária espécie legislativa".[33]

Em que pese o entendimento ampliativo do art. 62 da Constituição Federal, Michel Temer tem entendimento contrário, inadmitindo a edição de medidas provisórias pelos Estados-membros e Municípios. Escreve que as mesmas "(...) só podem ser editadas pelo Presidente da República. Não podem adotá-las os estados e os municípios. É que a medida provisória é exceção ao princípio segundo o qual legislar compete ao Poder Legislativo. Sendo exceção, a sua interpretação há de ser restritiva, nunca ampliativa".[34]

Jurisprudência

• O Supremo Tribunal Federal, em sessão plenária realizada em 4 de abril de 1991, quando do julgamento da Ação Direta de Inconstitucionalidade proposta contra as medidas provisórias de ns. 62, 63, 64 e 65, editadas pelo Governador do Estado do Tocantins, fez uso de fundamentos de direito material para afirmar a inconstitucionalidade das de ns. 62 e 63, e confirmar a constitucionalidade das outras. Todavia, não se pronunciou sobre o fato das medidas provisórias terem sido editadas por Governador de Estado, pelo que, implicitamente, o Supremo Tribunal

30. Cf. Clèmerson Merlin Clève, *As Medidas Provisórias e a CF de 1988*, pp. 94 e 95.

31. Neste sentido Rocha, Valdir de Oliveira pronunciou-se nos seguintes termos: "Desde que colocadas nos textos da Constituição do Estado e da Lei Orgânica do Município, estes, pelos respectivos chefes de Poder Executivo, também as terão à mão". Artigo publicado in *Repertório IOB de Jurisprudência* 23, Ano 1988, p. 350.

32. Clèmerson Merlin Clève, *As Medidas Provisórias e a CF de 1988*, pp. 94 e 95.

33. Clèmerson Merlin Clève, *As Medidas Provisórias e a CF de 1988*, p. 95.

34. Michel Temer, ob. cit., p. 146.

Federal admitiu tal possibilidade (vez que o próprio Supremo entende que não está vinculado aos fundamentos do autor da Ação Direta de Inconstitucionalidade).

(STF, ADIn n. 425, pleno, rel. Min. Paulo Brossard, v.u., 4.4.91 – *RDA* 183/151).

• Trata-se de apelação da Municipalidade de Indaiatuba, julgada pela 7ª Câmara do 1º Tribunal de Alçada Civil de São Paulo, julgada por unanimidade, onde decidiu-se ter sido ultrapassada a competência do Prefeito da mesma cidade quando da edição de medidas provisórias – uma vez faltante a previsão da referida competência na Lei Orgânica municipal. Argumentou-se que nem mesmo a Constituição do Estado de São Paulo incluiu a medida provisória ao dispor sobre o processo legislativo, porque, uma vez constante tal competência na Constituição Estadual, a Lei Orgânica do referido município teria albergado o princípio insculpido na Constituição Estadual.

O acórdão concluiu que as medidas provisórias editadas pelo Prefeito de Indaiatuba não tinham força de lei.

(1º TACSP, Apelação n. 528.542-1, 7ª C., rel. Ariovaldo Santini Teodoro, v.u., 5.4.94 – *JTACSP* 146/121.)

III. Estado de Direito

Estado de Direito "é o que se subordina ao Direito, vale dizer, que se sujeita a normas jurídicas reguladoras de sua ação".[35] Contrapõe-se ao superado Estado-Polícia, onde o poder político era exercido sem limitações jurídicas, apenas se valendo de normas jurídicas para se impor aos cidadãos, não se sujeitando a elas.[36]

O Prof. Carlos Ari Sundfeld conceitua-o "como o criado e regulado por uma Constituição (isto é, por norma jurídica superior às demais), onde o exercício do poder político seja dividido entre órgãos independentes e harmônicos, que controlem uns aos outros, de modo que a lei produzida por um deles tenha de ser necessariamente observada pelos demais e que os cidadãos, sendo titulares de direitos, possam opô-los ao próprio Estado".[37]

Sendo assim, o citado autor conclui pela existência de quatro pontos indispensáveis, sem os quais não haveria a caracterização de um Estado de Direito: a supremacia da Constituição; a separação dos Poderes; a superioridade da lei e a garantia dos direitos individuais. No entanto, os três primeiros requisitos não são valores em si mesmos, existem para tornar efetiva, permanente e indestrutível a garantia dos direitos individuais – a proteção do indivíduo contra o Estado é o objetivo da construção de um Estado de Direito.[38]

Agustin Gordillo, citado pelo Prof. Carlos Ari Sundfeld, ao analisar a evolução do Estado de Direito da mera legalidade para a ampla constitucionalidade, acentua com propriedade esta idéia: "O conceito do Estado de Direito, por certo, não é unívoco e sofreu uma evolução que o foi aperfeiçoando: numa primeira fase pode-se dizer que o fundamento era um respeito à lei por parte do Poder Executivo: este era o então vigente princípio da legalidade dos particulares. Logo os limites que o Estado de Direito impõe são estendidos à própria lei: se diz então, como já vimos, que também a lei deve respeito à Constituição por parte das leis manifestado através do controle judicial da dita constitucionalidade. O indivíduo aparece, assim, protegido contra os avanços injustos dos poderes públicos numa dupla face: por um lado, que a Administração respeite a lei, e por outro, que o legislador respeite a Constituição. O cerne da questão radica

35. Carlos Ari Sundfeld, ob. cit., p. 37.
36. Cf. Carlos Ari Sundfeld, ob. cit., p. 36.
37. Carlos Ari Sundfeld, ob. cit.. p. 38.
38. Cf. Carlos Ari Sundfeld, ob. cit., pp. 39-48.

sempre, como se percebe, em que os direitos individuais não sejam transgredidos por parte dos poderes públicos (*Princípios Gerais de Direito Público*, p. 68)".[39]

IV. Estado Social e Democrático de Direito criado na Constituição Federal de 1988

Visto que o Estado de Direito é aquele que atua de acordo com normas jurídicas previamente estabelecidas, isto não implica que o mesmo Estado seja democrático. Esta é a característica responsável pela participação do povo no exercício do poder, de forma regular e baseada na sua livre convicção.

Para tanto, adiciona o Prof. Carlos Ari Sundfeld duas outras características para que o Estado de Direito possa receber o nome de Democrático: o entrelaçamento de república e de participação popular direta. Isto significa, que os agentes públicos fundamentais são eleitos e renovados periodicamente pelo povo e respondem pelo cumprimento de seus deveres; e o poder político é exercido, em parte diretamente pelo povo, em parte por órgãos estatais independentes e harmônicos, que controlam uns aos outros.[40]

Explica Oscar Vilhena Vieira que "democracia e constitucionalismo são concepções políticas distintas. À democracia importa, fundamentalmente, discutir a origem e o exercício do poder pela maioria; já o constitucionalismo moderno, através da separação de poderes e de uma declaração de direitos, irá preocupar-se com os limites do poder, seja esse poder exercido pelo rei ou pelo povo. Há, neste sentido, uma permanente tensão entre essas duas concepções político-democráticas contemporâneas".[41]

A Constituição de 1988 estabeleceu em seu artigo 1º que o Brasil é um "Estado Democrático de Direito". As idéias de "governo da maioria" e "governo das leis", concepções políticas distintas e, aparentemente, alvo de uma conciliação com ambigüidades,[42] não são idéias contraditórias, porque embora tenha havido no passado regimes constitucionais não democráticos, não conhecemos hoje outra forma possível de democracia senão a constitucional.[43]

Anota Celso Bastos "que é em boa hora que a Constituição acolhe estes dois princípios: o Democrático e do Estado de Direito. Pois o princípio republicano, por si só, não tem demonstrado capaz de resguardar a soberania popular, a submissão do administrador à vontade da lei, em resumo, não tem conseguido preservar o princípio democrático nem o do Estado de Direito".[44]

Conclui o referido autor que "no entendimento de Estado Democrático devem ser levados em conta o perseguir certos fins, guiando-se por certos valores, o que não ocorre de forma tão explícita no Estado de Direito, que se resume em submeter-se às leis, sejam elas quais forem".[45]

Entretanto, da leitura dos artigos 1º, 2º e 3º da Constituição Federal de 1988, verifica-se que além das características que instituem o Brasil como um Estado Democrático de Direito, também coexiste um outro fator: o dever estatal de atuação positiva (seja a nível de crescimento, como também a elevação do nível cultural e a mudança social), para ensejar o desenvolvimento e a realização de justiça social.

Ensina o Prof. Carlos Ari Sundfeld que para a construção da noção de Estado Social e Democrático de Direito agrega-se a

39. Carlos Ari Sundfeld, ob. cit., p. 48.

40. Cf. Carlos Ari Sundfeld, ob. cit., p. 53.

41. Vieira, Oscar Vilhena. *Supremo Tribunal Federal – Jurisprudência Política*, São Paulo: Ed. RT, 1994, pp. 23, 24.

42. Cf. Oscar Vilhena Vieira, ob. cit., p. 24.

43. N. Bobbio, Matteucci e Pasquino, *Dicionário de Política*, Ed. Universidade de Brasília, Brasília, 1986, verbete "Constitucionalismo", p. 257; in nota 6 de Oscar Vilhena Vieira, ob. cit., p. 25.

44. Celso Bastos, ob. cit., p. 146.

45. Celso Bastos, ob. cit., p. 147.

imposição, ao Estado, do dever de atingir objetivos sociais, e a atribuição, aos indivíduos, do correlato direito de exigi-lo.[46]

O dever estatal de oferecer prestações positivas aos indivíduos corresponde a um direito destes a tais prestações. E, sendo assim, os direitos constitucionalmente previstos só podem prevalecer onde haja controle de constitucionalidade das leis, onde um Judiciário independente faça cumprir o quanto instituído na Carta Constitucional, fazendo valer a vontade da maioria através dos agentes eleitos – tudo para que as garantias fundamentais, instituídas no Título II da Constituição Federal, sejam efetivas.

V. A Medida Provisória no Estado Social e Democrático de Direito de 1988

O Prof. Marcelo Figueiredo explica que "a nova Constituição brasileira, influenciada pela tentativa parlamentarista, contemplou diversos dispositivos desse sistema, ampliando sobremaneira o papel do Legislativo no equacionamento das funções da República brasileira.

"O Legislativo detém competências e atribuições constitucionais que, sem dúvida, fortalecem sua atuação no denominado 'equilíbrio entre os Poderes'".[47]

Anota o referido autor que, "tradicionalmente, compete ao Legislativo inovar no mundo jurídico. Trata-se de sua função típica – a legislativa. Ao lado dela, igualmente compete ao legislativo fiscalizar os atos do Poder Público. Ambas são importantíssimas tarefas de responsabilidade deste Poder Popular. Todas elas, inclusive a julgadora, foram na nova Constituição, dilargadas e plasmadas de modo a ampliar os poderes do Congresso Nacional" – ver arts. 49, 50, 52 e 58 da Constituição Federal.[48]

Houve o fortalecimento do Congresso: entretanto, "(...) nem por isso deixou o Constituinte de admitir a delegação de função legislativa ao Executivo. Com efeito, prevê o artigo 68 da Constituição as leis delegadas". Também o Executivo detém o poder regulamentar, que, conforme entendimento majoritário da doutrina, não pode exceder dos limites do regulado ou autorizado em lei – em nosso país não há lugar para o regulamento autônomo, tal poder apenas pode ser exercido para o fim de facilitar a execução das leis.[49]

Sendo assim, como anota Clèmerson M. Clève, o Constituinte de 1988 procurou facultar ao Poder Executivo, em situações atípicas, a edição de comando normativo com força de lei. E o fez, neste caso, absorvendo a prática constitucional italiana[50] a respeito: dispõe o art. 62 da Constituição Federal que "em caso de relevância e urgência, o Presidente da República poderá adotar medidas provisórias, com força de lei, devendo submetê-las de imediato ao Congresso Nacional, que, estando em recesso, será convocado extraordinariamente para se reunir no prazo de cinco dias". O parágrafo único do citado artigo completa: "as medidas provisórias perderão eficácia, desde a edição, se não forem convertidas em lei no prazo de trinta dias, a partir de sua publicação, devendo o Congresso Nacional disciplinar as relações jurídicas delas decorrentes".[51]

De acordo com Carlos Roberto Ramos "ao instituir a medida provisória, o Poder Constituinte repartiu a competência, dotando o Poder Executivo de um poder próprio, mas excepcional, porque só é exercitável em casos de urgência".[52]

46. Cf. Carlos Ari Sundfeld, ob. cit., p. 55.
47. Marcelo Figueiredo, ob. cit., p. 16.
48. Marcelo Figueiredo, ob. cit., p. 17.

49. Cf. Clèmerson Merlin Clève, *As Medidas Provisórias e a CF de 1988*, p. 36.
50. A inspiração veio do *Provvedimenti Provvisori con forza di legge* da Constituição da Itália de 1947, art. 77, §§ 1º e 2º.
51. Cf. Clèmerson Merlin Clève, *As Medidas Provisórias e a CF de 1988*, p. 38.
52. Carlos Roberto Ramos, ob. cit., p. 33.

Segue o autor que não se trata de "um poder geral como o tem o Parlamento, mas um poder que a própria Constituição condiciona aos casos extraordinários de urgência e necessidade, porém, dentro dessas circunstâncias, é um poder permanente e institucionalizado do qual o Governo pode fazer uso em qualquer momento, sem mais limites jurídicos que os derivados da Constituição".[53]

Sendo assim, a medida provisória não é atentatória ao sistema democrático, desde que esteja o Executivo sujeito a rígido controle por parte dos Poderes Legislativo e Judiciário. Aquele, tornando efetivo o controle político; este, exercitando o controle de constitucionalidade.[54]

Segunda parte: requisitos para a edição da Medida Provisória

I. Atividade legiferante do Poder Executivo através das Medidas Provisórias

Uma vez interpretados os princípios constitucionais da separação dos poderes e do federalismo dentro do Estado Social e Democrático de Direito criado pela Carta Constitucional de 1988, pode-se concluir, na esteira dos ensinamentos de Clèmerson Merlin Clève, que "no momento da história política, é praticamente impossível proibir o Executivo de desempenhar, com menores ou maiores limites, a função legislativa".[55]

O Executivo, além de participar do processo legislativo ordinário, seja em face do poder de iniciativa (por vezes privativo), seja em face do direito de veto (ou sanção), seja ainda promulgando e determinando a publicação das leis, pode, em dois casos, exercer atividade legiferante através das leis delegadas e das medidas provisórias.[56-57]

O constituinte de 1988[58] ampliou a competência legislativa do Executivo com a possibilidade do Presidente da República editar medidas provisórias, alargando uma competência que anteriormente apenas previa a lei delegada como forma do Executivo inovar originariamente na ordem jurídica.

Ensina o referido autor que "o Estado Democrático de Direito tal qual criado pela Constituição de 1988 é um Estado de Justiça" – sendo que o conteúdo da referida justiça é aquele que se depreende dos valores consagrados ao longo do texto da Carta de 1988 e que orientam, inclusive, a produção normativa do Estado brasileiro. Sendo assim, e colacionando alguns artigos constitucionais tais quais o art. 58, § 3º, que fortalece as Comissões Parlamentares de Inquérito; o art. 49, V, que possibilita a sustação, pelo Congresso, dos atos do Executivo que exorbitem o poder regulamentar ou dos limites de delegação legislativa; o art. 1º, ao positivar o direito de oposição, quando institui o pluralismo político; bem como o princípio federalista, que dá força política e jurídica aos dirigentes dos Estados-membros e Municípios para refrearem o uso ilegítimo, pelo Presidente, de seu poder normativo quando este contrariar os interesses daquelas coletividades.[59]

53. Carlos Roberto Ramos, ob. cit., p. 33.

54. Velloso, Carlos Mário da Silva, "Delegação legislativa – a legislação por associações". *RDP*, n. 90, pp. 179-188, abr./jun. 1989; in Carlos Roberto Ramos, ob. cit., p. 33.

55. Clèmerson Merlin Clève, *Atividade Legislativa do Poder Executivo no Estado Contemporâneo e na Constituição de 1988*, p. 141.

56. Cf. Clèmerson Merlin Clève, *As Medidas Provisórias e a CF de 1988*, p. 38.

57. Neste sentido conferir Tácito, Caio, "Medidas Provisórias na Constituição de 1988", artigo publicado in *RDP* 90/50.

58. Cf. Clèmerson Merlin Clève, *Atividade Legislativa do Poder Executivo no Estado Contemporâneo e na Constituição de 1988*, pp. 141 e 142.

59. Cf. Clèmerson Merlin Clève, *Atividade Legislativa do Poder Executivo no Estado Contemporâneo e na Constituição de 1988*, pp. 142 e ss.

Posto isto, verifica-se que se, por um lado, o constituinte atribuiu ao Executivo competência legislativa, ele ampliou, por outro lado, as possibilidades de controle sobre seus atos (controle judicial ou parlamentar).

José Celso de Mello Filho entende que "as medidas provisórias configuram, no direito constitucional positivo brasileiro, uma categoria especial de atos normativos do Poder Executivo, que se revestem de força, eficácia e valor de lei. Refletem, na concreção de sua existência, uma significativa tendência que se registra no plano do direito constitucional comparado, e no da nossa própria experiência constitucional, no sentido de outorgar – inobstante em bases de excepcionalidade absoluta – competência normativa ao Executivo".[60]

No entanto, continua o citado Ministro, "o sistema de garantias e de limitações ao poder estatal, que a nossa Constituição proclama, pretende evitar que o exercício indiscriminado dessa excepcional competência normativa do Presidente da República – a de editar medidas provisórias – se converta numa prática legiferante ordinária do Poder Executivo, anomalamente substitutiva dos procedimentos comuns de formação de leis, instauráveis perante a instância do Congresso Nacional".[61]

Diante dessas premissas constitucionais, que nos dizeres do Min. Celso de Mello constituem o fundamento lógico-jurídico dos limites de válida atuação dos poderes da República no âmbito do Estado, impõe-se a análise da jurisprudência, a fim de que se retrate os reais limites que os Tribunais entendem existentes para a atividade legiferante do Poder Executivo.

II. Natureza jurídica

A análise da natureza jurídica das medidas provisórias é tema relevante, pois é desse instituto que "(...) decorrem inúmeras conseqüências, inclusive a possibilidade ou não de o Judiciário assumir maior ou menor controle sobre seus pressupostos de habilitação e conteúdo".[62]

"Pietro Virga sustentou a tese, na Itália, segundo a qual os *decreti-legge* não passavam de uma especial gestão de negócios do Executivo em favor do Legislativo". Tal entendimento, como observado por Clèmerson Merlin Clève, não poderia se manter, até porque as medidas provisórias passaram a ser expressa e constitucionalmente disciplinadas, além do que não é científico explicar instituto de direito público valendo-se de categoria ou instrumental teórico produzido pelo direito privado.[63]

"Para Carlo Esposito, que neste particular é seguido por boa parte da doutrina italiana, a medida provisória não passa de um fato, uma excepcional eventualidade disciplinada pelo direito em face da recepção dos decretos de urgência e necessidade pela Constituição Italiana de 1947. (...) Com essa tese procurou Esposito demonstrar o caráter realmente excepcional e grave que assume a edição das medidas provisórias. Todavia, dessa consideração deriva conseqüência perniciosa, qual seja aquela que impede o controle judicial. O único juiz, pois, da legitimidade da edição de medida provisória, seria o Legislativo".[64]

Saulo Ramos deu parecer, enquanto Consultor-Geral da República, no sentido de que as medidas provisórias "resultam do exercício, pelo Presidente da República, de competência constitucional extraordinária, e representam a expressão concre-

60. José Celso de Mello Filho, ob. cit., p. 7.
61. José Celso de Mello Filho, ob. cit., p. 15.

62. Clèmerson Merlin Clève, *As Medidas Provisórias e a CF de 1988*, p. 43.
63. Cf. Clèmerson Merlin Clève, *As Medidas Provisórias e a CF de 1988*, p. 43.
64. Clèmerson Merlin Clève, *As Medidas Provisórias e a CF de 1988*, p. 44.

ta do poder cautelar geral deferido ao Chefe do Poder Executivo da União".[65]

Segundo o entendimento supra, o constituinte investiu o Presidente da República de um poder de cautela legislativa, que se traduz num "meio jurídico idôneo de impedir, de um lado, na esfera das atividades normativas estatais, a consumação do *periculum in mora* e, de outro, tornar possível e eficaz a prestação legislativa do Estado".[66] "A ação cautelar legislativa do Presidente da República pode ser efetivada uma vez presente os pressupostos autorizadores que, todavia, submetem-se ao juízo político e discricionário do Presidente, restando, então, infenso à apreciação judicial, mas não à apreciação *a posteriori* do Legislativo".[67]

Marco Aurélio Greco em monografia sobre as medidas provisórias,[68] afirma serem as mesmas "atos do Poder Executivo editados sem a participação do Poder Legislativo", pelo que entende ser a medida provisória, "(...) tal como prevista no art. 62 da Constituição, um ato administrativo geral editado pelo Presidente da República em razão da situação constitucionalmente descrita". Explica que "a previsão contida no art. 59 de que o processo legislativo compreende também as medidas provisórias não lhes outorga natureza legislativa, pois o sentido da inclusão está em que elas tendem a se converter em lei (art. 62, parágrafo único), ou seja, é uma hipótese especial de produção legislativa".[69]

Tal entendimento, no entanto, é refutado por Celso Antônio Bandeira de Mello, ao ressaltar alerta de Oswaldo Aranha Bandeira de Mello, ao dizer que "não se devem confundir atos da Administração com atos administrativos". Dentre os atos da Administração estão "os atos políticos ou de governo, praticados com margem de discrição e diretamente em obediência à Constituição, no exercício de função puramente política. Dentre tais atos conclui-se que se encontram as medidas provisórias, posto que correspondem ao exercício de função política e não administrativa, já que sua disciplina é peculiar. Inobstante também sejam controláveis pelo Poder Judiciário são amplamente discricionários, além de serem expedidos em nível imediatamente infraconstitucional e com discricionariedade – ao invés de infralegal – o que lhes confere fisionomia própria". Para o citado autor ato administrativo é uma "declaração do Estado (ou de quem lhe faça as vezes – como, por exemplo, um concessionário de serviço público) no exercício de prerrogativas públicas, manifestada mediante providências jurídicas complementares da lei a título de lhe dar cumprimento, e sujeitas a controle de legitimidade por órgão jurisdicional".[70]

A competência do Presidente da República para editar a medida provisória já está prevista. "A necessidade só autoriza o Governo a tomar a decisão política: editar ou não editar a norma. Esta, sim, a norma, é a fonte do novo direito. A fonte da norma de onde ela provém, o nascedouro é a Constituição Federal de 1988".[71]

Segundo argumentação de Clèmerson Merlin Clève,[72] também contrária à tese que dá natureza de ato administrativo para

65. Saulo Ramos, "Medidas Provisórias", Parecer n. SR-92, de 21.6.89, da Consultoria Geral da República – *DOU* de 23.6.89, in *Repertório de Jurisprudência IOB*, Ano 1989, n. 9 – Suplemento Especial.

66. Ramos, Saulo. "Medida Provisória", in *A Nova Ordem Constitucional. Aspectos Polêmicos*, Rio de Janeiro: Editora Forense, 1990, p. 530 – in Clèmerson Merlin Clève, *As Medidas Provisórias e a CF de 1988*, p. 46.

67. Idem, p. 531 – in Clèmerson, ob. cit., p. 46.

68. Marco Aurélio Greco, *Medidas Provisórias*, São Paulo: Editora Revista dos Tribunais, 1991.

69. Marco Aurélio Greco, ob. cit., pp. 14 e 16.

70. Bandeira de Mello, Celso Antônio, *Curso de Direito Administrativo*, São Paulo: Malheiros Editores, 1995, pp. 198 e 199.

71. Carlos Roberto Ramos, ob. cit., p. 39.

72. Clèmerson Merlin Clève, *As Medidas Provisórias e a CF de 1988*, p. 47.

a medida provisória, estas integram o processo legislativo em face de disposição expressa do art. 59 da Constituição, onde todas as espécies elencadas são lei. Explica que não é lei no sentido orgânico ou subjetivo, mas é lei no sentido técnico-formal, como igualmente o são as leis delegadas, as resoluções e os decretos-legislativos.

Clèmerson Merlin Clève refuta argumento utilizado por Marco Aurélio Greco – que "o fato de as medidas provisórias serem publicadas como "Atos do Executivo" no Diário Oficial; o fato de elas submeterem-se a termo (salvo a conversão); o fato de produzirem eficácia imediata, sem a intervenção do Legislativo; isso tudo não descaracteriza a natureza legislativa do instituto nem ofende o princípio da separação dos poderes. É que o conceito de lei, no mundo contemporâneo, vem sofrendo profundas alterações, daí porque é perfeitamente possível, juridicamente, aceitar-se um ato legislativo com período de eficácia e vigência programados. Os atos legislativos, igualmente, no mundo contemporâneo mais e mais vão sendo produzidos pelo Executivo". Conclui o autor pela natureza de lei das medidas provisórias, de forma que não podem as mesmas ser tidas por atos administrativos (embora com força de lei) ou projetos de lei dotados de força de lei.[73]

Carlos Roberto Ramos discorda explicitamente do entendimento de Marco Aurélio Greco, pois para aquele a medida provisória equivale à lei, de forma que ela extrapola a esfera administrativa.[74] Para aquele autor "a medida provisória é ato normativo governamental provisório, com categoria e força de lei". Diz ter categoria e força de lei porque "(...) a medida está, pela previsão constitucional, em grau hierárquico idêntico à lei ordinária (art. 59, III, CF), sendo sua decisão irresistível e suprema enquanto não for apreciada pelo Parlamento e pelo Poder Judiciário. Tem efeito *erga omnes*".[75]

Pelo citado autor, na medida provisória o poder imediato de decidir (poder político) é do Presidente da República, disse-o a Constituição de 1988, mas o juízo político final da decisão governamental é do Congresso. Quando as duas vontades coincidirem, subsumirem-se, tem-se a lei.

Concordando em parte com a solução acima está Valdir de Oliveira Rocha que não entende ter a medida provisória natureza de lei, enquanto provisória, possui "força de lei". Tampouco é projeto de lei – este é simples proposta, e a medida provisória é coisa posta. Entretanto, discorda de Carlos R. Ramos, aproximando seu entendimento, neste ponto, ao de Marco Aurélio Greco, quando escreve que a medida provisória não é resultado final de processo legislativo, como o são os outros atos normativos elencados no art. 59, pelo que conclui ser o inciso V do citado art. 59 um caso de inconstitucionalidade, dentro da Constituição, uma vez que as medidas provisórias não estão contidas no processo legislativo.[76]

Outras interpretações podem, ainda, em que pese serem variações em cima do mesmo tema, tal como "atos provisórios com força de lei",[77] serem dadas a respeito da natureza jurídica da medida provisória.

É o caso de Eros Roberto Grau[78] ao definir as medidas provisórias como "leis especiais dotadas de vigência provisória imediata"; e do Min. José Celso de Mello

73. Clèmerson Merlin Clève, *As Medidas Provisórias e a CF de 1988*, p. 48.

74. Carlos Roberto Ramos, ob. cit., p. 52.

75. Carlos Roberto Ramos, ob. cit., pp. 55-57.

76. Cf. Valdir de Oliveira Rocha, ob. cit., p. 350. Esse entendimento fica prejudicado à vista da conclusão do STF referida no tópico *Jurisprudência*, de que não há normas constitucionais inconstitucionais.

77. Michel Temer entende que a medida provisória não é lei, mas ato com "força de lei". Ob. cit., p. 145.

78. Eros Roberto Grau, "Medidas Provisórias na Constituição de 1988", in *RT* 658/241.

Filho,[79] concordando com Saulo Ramos, ao dar às medidas provisórias a natureza de um "poder cautelar geral deferido ao Chefe do Poder Executivo da União". "Este poder reveste-se de natureza política e de caráter discricionário. É o Chefe de Estado o árbitro inicial da conveniência, necessidade, utilidade e oportunidade de seu exercício".

Assim, pelo exposto, retorna-se ao ponto de partida inicial, qual seja, a necessidade de uma análise jurisprudencial para compreender o conteúdo e a eficácia do tema relativo à natureza jurídica das medidas, vez que o retrato da doutrina apenas serve como argumento para aquele que aplicará o direito ao caso concreto: o Judiciário.

Jurisprudência

• O Min. Celso de Mello já teve oportunidade de se manifestar sobre o assunto, como relator de Ação Direta de Inconstitucionalidade, e consigna que "o poder cautelar geral conferido ao Presidente para a edição de medidas provisórias, quando utilizado, faz nascer uma categoria especial de atos normativos do Poder Executivo, que se revestem de *força, eficácia e valor de lei*".

"As medidas provisórias configuram espécies normativas de natureza infraconstitucional, dotadas de força e eficácia legais. Não se confundem, porém, com a lei, embora transitoriamente se achem investidas de igual autoridade. A cláusula "com força de lei" empresta às medidas provisórias o sentido de equivalência constitucional com as leis".

"A publicação no órgão oficial faz com que as medidas provisórias desvinculem-se, no plano formal, da autoridade que as instituiu, ganhando autonomia jurídica absoluta".

79. José Celso de Mello Filho, ob. cit., p. 8.

"Medida Provisória *não é projeto de lei*, porquanto tem vigência e eficácia imediata".

(ADIn n. 293-7/600 DF, pleno, rel. Min. Celso de Mello, v.u., 6.6.90 – *RJSTF* 178/51)

• No mesmo sentido do acórdão retrocitado, já relatou o Min. Moreira Alves, que a medida provisória é "ato normativo com força de lei, e produz, com relação a seus destinatários, todos os efeitos obrigatórios desta, apenas sob a condição resolutiva de, se não convertida pelo Congresso Nacional em trinta dias, perder sua eficácia desde o início".

(STF, ADIn (ML) n. 221-0 DF, pleno, rel. Min. Moreira Alves, v.u., 29.3.90 – *JSTF* 184/5)

• Com relação à tese sobre a inconstitucionalidade do art. 59, inciso V, da Constituição Federal, já decidiu o Supremo Tribunal Federal sobre a tese da inconstitucionalidade de normas constitucionais quando da Ação Direta de Inconstitucionalidade proposta contra os §§ 1º e 2º do art. 45 da Constituição: "a tese de que há hierarquia entre normas constitucionais originárias dando azo à declaração de inconstitucionalidade de umas em face de outras é incompatível com o sistema de Constituição rígida".

"As cláusulas pétreas não podem ser invocadas para sustentação da tese da inconstitucionalidade de normas constitucionais inferiores em face de normas constitucionais superiores, porquanto a Constituição as prevê apenas como limites ao Poder Constituinte derivado ao rever ou ao emendar a Constituição elaborada pelo Poder Constituinte originário, e não como abarcando normas cuja observância se impôs ao próprio Poder Constituinte originário com relação às outras que não sejam consideradas como cláusulas pétreas, e, portanto, possam ser emendadas".

A ADIn em questão *não foi conhecida por impossibilidade jurídica do pedido.*

(STF, ADIn n. 815-3, rel. Min. Moreira Alves, in *Informativo STF*, Brasília, 15 de maio de 1996 – n. 30).

III. *Pressupostos para a edição*

"Dois valores foram previstos às claras na Constituição, de maneira simultânea, de tal modo que, se ocorrerem no mundo fático, colocarão o chefe do Poder Executivo frente a uma única conduta possível – editar medidas provisórias. São eles *relevância* e *urgência*".[80]

Trata-se de "(...) um dever do Presidente da República, mais que uma faculdade, pois sua omissão, quando nada, será interpretada como desinteresse e falta de zelo pelas coisas públicas, incluídos aí todos os valores que nos merecem apreço".[81]

Saulo Ramos, em parecer como Consultor-Geral da República, escreveu que "(...) o que justifica a edição de medidas provisórias, com força de lei, em nosso direito constitucional, é a existência de um *estado de necessidade* que impõe ao Poder Público a adoção imediata de providências, de caráter legislativo, inalcançáveis segundo as regras ordinárias de legiferação, em face do próprio *periculum in mora* que fatalmente decorreria do atraso na concretização da prestação legislativa".[82] Para o então Consultor-Geral da República, "o que legitima o Presidente da República a antecipar-se, *cautelarmente*, ao processo legislativo, editando as medidas provisórias, é o fundado receio, por ele exteriorizado, de que o *retardamento* da prestação legislativa cause grave lesão, de difícil reparação, ao interesse público".[83]

80. Marcelo Figueiredo, ob. cit., p. 23.
81. Carlos Roberto Ramos, ob. cit., p. 146.
82. No mesmo sentido José Celso de Mello Filho, ob. cit., p. 8.
83. Saulo Ramos, "Medidas Provisórias", Parecer n. SR-92, de 21.6.89, da Consultoria Geral da República – *DOU* de 23.6.89, in *IOB*, Ano 1989, n. 9 – Suplemento Especial, p. 4.

O citado parecer acaba por concluir que "os pressupostos constitucionais legitimadores dessa ação cautelar legislativa (natureza jurídica dada à medida provisória pelo autor), quais sejam, *relevância* da matéria e *urgência* na sua positivação, submetem-se ao juízo político e à avaliação discricionária do Presidente da República, razão pela qual entende estarem tais pressupostos infensos à apreciação judicial".[84]

Marcelo Figueiredo concorda que a aferição da ocorrência dos pressupostos de relevância e urgência, aptos à edição da medida provisória, não pode ser afastada do Presidente da República. No entanto, com fundamento no art. 5º, inciso XXXV da Constituição, argumenta que dos legitimados e interessados não pode ser afastado o controle jurisdicional da medida provisória após a sua edição.[85] Para o autor "a urgência e relevância, muito embora sejam discricionárias (quanto à oportunidade e à conveniência no momento da edição), são absorvidas e dissolvidas juridicamente no momento em que a medida é publicada. A urgência não desaparece com a edição, porém seu controle passa ao Congresso e ao Judiciário".[86]

Com apoio nos ensinamentos de Lucia Valle Figueiredo, o citado autor escreve que "não se deve confundir a discricionariedade política do Presidente da República com o correlato dever jurisdicional de tutela do Poder Judiciário. Onde houver ameaça ou lesão a direito individual ou coletivo, o interessado não pode ser afastado, em hipótese alguma. De fato, há certa margem de discricionariedade nos conceitos de 'relevância e urgência'".[87]

No mesmo sentido as palavras de Carlos David S. Aarão Reis: "se cabe ao Judiciário controlar a constitucionalidade das leis, emanadas do Legislativo, com mais ra-

84. Saulo Ramos, Parecer cit., p. 4.
85. Cf. Marcelo Figueiredo, ob. cit., p. 27.
86. Marcelo Figueiredo, ob. cit., p. 51.
87. Marcelo Figueiredo, ob. cit., p. 28.

zão, dada a excepcionalidade do poder conferido ao Presidente da República, pode constatar se aqueles pressupostos foram ou não verdadeiramente preenchidos, se aquela autoridade observou ou ultrapassou o balizamento determinado constitucionalmente".

"Aliás, se nenhuma lei pode subtrair dos juízes a apreciação da infringência a direito (art. 5º, XXXV, Constituição), impossível dela excluir o *judicial control* dos pressupostos para adoção de medidas provisórias, quando a inobservância destes acarretar lesão ou ameaça àquele direito".[88]

Segundo Carlos Roberto Ramos, "o caráter político das medidas provisórias está mais no seu pressuposto relevância. É o governo que decidirá, em primeira instância, se certa matéria é de grande valor, é de interesse social, é importante e conveniente, de tal forma a exigir uma tramitação extraordinária, excepcional, que requeira urgência, abreviação, rapidez de decisão".[89]

Segue o autor que o governo deve perquerir-se a respeito dos requisitos constantes do art. 62 da Constituição, para não correr o risco de ser responsabilizado ou de ver sua medida inquinada de inconstitucional.[90] "Ao Poder Legislativo compete, dentre outras coisas, o exame dos requisitos, não necessitando sequer delongar-se, se estes não estiverem presentes. Ao Judiciário, quando julgar casos concretos, provocado pelas partes, poderá adentrar a questão, decretando a inconstitucionalidade da medida, até por que "a lei não excluirá da apreciação do Poder Judiciário lesão ou ameaça de direito" – art. 5º, inciso XXXV, da Carta Magna".[91]

Concorda o Min. José Celso de Mello Filho com o citado parecer do então Consultor-Geral da República Saulo Ramos, ao entender que "o poder cautelar geral – constitucionalmente deferido ao Presidente da República – reveste-se de natureza política e de caráter discricionário. É ele, o Chefe de Estado, o árbitro inicial da conveniência, necessidade, utilidade e oportunidade de seu exercício".[92]

Todavia, divergem quanto à interferência do Judiciário. Para o segundo, está vedada a interferência valorativa dos Tribunais quanto à avaliação dos pressupostos de relevância e urgência.[93]

Já para o Ministro, não obstante o quanto consignado acima, não teve o Judiciário subtraído o poder de apreciar e valorar, até, se for o caso, os requisitos constitucionais de edição das medidas provisórias. A mera possibilidade de avaliação arbitrária daqueles pressupostos, pelo Chefe do Poder Executivo, constitui razão bastante para justificar o controle jurisdicional. Caso se reconhecesse a imunidade jurisdicional em favor do Presidente da República, restaria uma ilimitada expansão de seu poder para editar medidas provisórias, sem qualquer possibilidade de controle, o que se revelaria incompatível com o nosso sistema constitucional.[94]

Para Clèmerson Merlin Clève, "não obstante a doutrina vem trabalhando mais com o conceito de discricionariedade, caberá, por evidente, ao Judiciário delimitar o alcance e a caracterização da locução 'relevância e urgência'". Segundo seu entendimento não deve a função jurisdicional, quando provocada, deixar de se pronunciar sobre os pressupostos constitucionais da medida provisória.[95]

88. Aarão Reis, Carlos David, "Medida Provisória: Controle Jurisdicional de seus Pressupostos", in *RTDP* 8/114.

89. Carlos Roberto Ramos, ob. cit., p. 144.

90. Ressalva Michel Temer que a nossa Constituição não prevê a responsabilidade política do Presidente da República no caso de não aprovação da medida provisória pelo Congresso Nacional. In ob. cit., p. 145.

91. Carlos Roberto Ramos, ob. cit., p. 141.

92. José Celso de Mello Filho, ob. cit., p. 9.

93. Saulo Ramos, Parecer cit., p. 4.

94. José Celso de Mello Filho, ob. cit., p. 9.

95. Clèmerson Merlin Clève, *As Medidas Provisórias e a CF de 1988*, p. 54.

Celso Antônio Bandeira de Mello explica que "do fato de "relevância" e "urgência" exprimirem noções vagas, de contornos indeterminados, resulta apenas que, efetivamente, muitas vezes por-se-ão situações duvidosas nas quais não se poderá dizer, com certeza, se retratam ou não hipóteses correspondentes à previsão abstrata do art. 62. De par com elas, entretanto, ocorrerão outras tantas em que será induvidoso inexistir relevância e urgência ou, pelo contrário, induvidoso que existem. Logo, o Judiciário sempre poderá se pronunciar conclusivamente ante os casos de "certeza negativa" ou "positiva", tanto como reconhecer que o Presidente não excedeu os limites possíveis dos aludidos conceitos naquelas situações de irremissível dúvida, em que mais de uma intelecção seria razoável. Assim, fulminará as medidas provisórias, por extravasamento dos pressupostos que as autorizariam, nos casos de "certeza negativa" e reconhecer-lhe-á condições de válida irrupção nos demais".[96]

Consigna o jurista que "o Judiciário não sai de seu campo próprio nem invade discrição administrativa quando verifica se pressupostos normativamente estabelecidos para delimitar uma dada competência, existem ou não existem. Uma vez que a Constituição só admite medidas provisórias em face de situação relevante e urgente, segue-se que ambos são, cumulativamente, requisitos indispensáveis para a irrupção da aludida competência".[97]

Também Eros Roberto Grau, ao enfatizar que "a declaração de urgência, sobretudo, pode ser questionada perante o Poder Judiciário, por quem se pretenda atingido, em interesse legítimo, pela adoção da medida provisória. A circunstância de o Congresso Nacional tê-la acatado não afasta esse questionamento, que envolverá a apreciação de vício no processo legislativo".[98]

Assim, verifica-se o quão importante faz-se a caracterização dos pressupostos autorizadores para a edição da medida provisória, pois precisam estar presentes a fim de "justificar a investida governamental em área, até então, da competência legislativa".[99]

Além do mais, por ser medida dotada de vigência provisória, e por interferir, no mais das vezes, na esfera de direitos dos cidadãos, é que as hipóteses em que cabe a adoção de medidas provisórias hão de ser, todas elas, ponderadamente sopesadas.[100]

E pela maioria doutrinária, que legítima a apreciação dos pressupostos de relevância e urgência pelo Judiciário toda a vez que os mesmos estejam em desacordo com o princípio constitucional da legalidade, é de se citar lição do Prof. Paulo de Barros Cavalho, ao exigir a simultaneidade de ambos os requisitos assinalados pelo legislador constituinte, "sem o que inexistirá clima jurídico para a produção da medida".[101]

Jurisprudência

• O Supremo Tribunal Federal, quando do julgamento da Ação Direta de Inconstitucionalidade (ML) n. 293-7/600 DF, deixou assente, no voto do Min. Celso de Mello, "que os pressupostos constitucionais legitimadores dessa verdadeira ação cautelar legislativa – *relevância* da matéria e *urgência* na sua positivação – isto é, a existência de um *estado de necessidade* – submetem-se, *num primeiro momento*, ao juízo político e à avaliação discricionária do Presidente da República".

96. Bandeira de Mello, Celso Antônio, "Perfil Constitucional das Medidas Provisórias", *RDP* 95/32.

97. Celso Antônio Bandeira de Mello, "Perfil Constitucional das Medidas Provisórias", p. 31.

98. Eros Roberto Grau, ob. cit., p. 242.

99. Carlos Roberto Ramos, ob. cit., p. 142.

100. Cf. Eros Roberto Grau, ob. cit., p. 241.

101. Cf. Carvalho, Paulo de Barros, "Medidas Provisórias", in *RDP* 97/37.

"O Chefe do Executivo da União concretiza, na emanação das medidas provisórias, um *direito potestativo*, cujo exercício – *presentes razões de urgência e relevância* – só a ele compete decidir. Sem prejuízo, obviamente, de *igual* competência do Poder Legislativo, a ser exercida *a posteriori* e, quando tal se impuser, dos próprios Tribunais e juízes".

Continua o voto do Ministro no sentido de que "*o poder cautelar geral* – constitucionalmente deferido ao Presidente da República – reveste-se de natureza política e de caráter discricionário. É ele, o Chefe de Estado, o árbitro *inicial* da conveniência, necessidade, utilidade e oportunidade de seu exercício".

"Essa circunstância, contudo, *não* subtrai ao Judiciário o poder de apreciar e valorar, até, se for o caso, os requisitos constitucionais de edição das medidas provisórias. A mera possibilidade de avaliação *arbitrária* daqueles pressupostos, pelo Chefe do Poder Executivo, constitui razão bastante para justificar o controle jurisdicional. Caso contrário, haveria uma ilimitada expansão do poder do Presidente da República para editar medidas provisórias, sem qualquer possibilidade de controle, o que se revelaria incompatível com o nosso sistema constitucional".

(ADIn n. 293-7/600 DF, pleno, rel. Min. Celso de Mello, v.u., 6.6.90 – *RJSTF* 178/54)

• No regime da Constituição de 1967, nas hipóteses de expedição de Decreto-lei, a apreciação dos casos de "urgência" ou de "interesse público relevante", a que se refere o art. 58 da Constituição de 1967, assume caráter político e está entregue ao discricionarismo dos juízos de oportunidade ou de valor do Presidente da República, ressalvada apreciação contrária e também discricionária do Congresso.

(STF, RE n. 62.739 SP, rel. Min. Aliomar Baleeiro, plenário, maioria de votos, 23.8.67 – *RTJ* 44/54)

• Neste mesmo sentido, ainda sob a égide da Constituição pretérita, e considerando que exigia-se os mesmos pressupostos de relevância e urgência para a edição de um decreto-lei, tal como se exige para a edição de uma dada medida provisória, a jurisprudência era pacífica, no sentido de que "a urgência e o interesse público relevante são aspectos políticos entregues ao discricionarismo (e não ao arbítrio) do Presidente da República e do Congresso Nacional o controle do Judiciário nesse caso só poderá ocorrer excepcionalmente se o discricionarismo, praticado já no campo do absurdo, tocar ao arbítrio".

(STF, RE n. 75.935 SP, 1ª T., rel. Min. Aliomar Baleeiro, v.u., 9.10.73 – *RDA* 125/89; também RE n. 74.096 SP, 1ª T., rel. Min. Oswaldo Trigueiro, v.u., 13.6.72 – *RTJ* 62/819)

IV. Conceito de relevância e urgência

Para que o Chefe do Executivo esteja autorizado a editar uma medida provisória, pressupõe o art. 62 da Constituição Federal que haja uma situação de fato relevante e urgente.

Dada a impossibilidade material de previsão legal para todas as situações de fato – o que mesmo em tese, se fosse possível, pecaria pela incompatibilidade com o princípio da separação dos poderes – impõe-se a definição dos conceitos, vagos que são, de relevância e urgência, a fim de que se verifique no caso concreto, a legitimidade, seja pelo Legislativo ou pelo Judiciário, da medida adotada.

Paulo de Barros Carvalho explica que "os vocábulos urgência e relevância são portadores de conteúdo de significação de latitude ampla, sujeitos a critérios axiológicos cambiantes, que lhes dão timbre subjetivo de grande instabilidade (...)".[102]

102. Paulo de Barros Carvalho, ob. cit., p. 37.

Eros Roberto Grau salienta que "se impõe ao Presidente da República, na ordem constitucional vigente, a motivação da relevância e da urgência da medida, o que, evidentemente, importa em que, em cada caso, relevância e urgência deixem de ser indeterminadas".[103]

Marcelo Figueiredo ressalta que o real significado dos conceitos deve ser obtido no contexto vivo da Constituição, "prescutando seus princípios e normas, sopesando situações, de molde a aferir a que "relevância" ou a que "urgência" se referiu o constituinte".[104]

Para este autor "matéria relevante, seja de fato ou de direito, é a que se apresenta em toda exuberância, em toda evidência, para ser acatada ou apreciada como justificativa do pedido, da pretensão, ou da proteção ao direito". Já "a urgência assinala o estado das coisas que se devam fazer imediatamente, por imperiosa necessidade, e para que se evitem males, ou perdas, conseqüentes de maiores delongas ou protelações". Assim, conclui o autor, "relevância pode ser filologicamente decodificada como insuperável, importante, e urgência, como inadiável".[105]

Para Carlos Roberto Ramos "a relevância da matéria, a ser objeto da deliberação governamental, deve ser de tal forma que açambarque um interesse público fundamental, superior, inconfundível, inigualável, cuja regulação mereça prioridade". "(...) Não de aguardar, não pode esperar uma lista, mas será o primeiro, porque diz mais com os anseios coletivos". "(...) A relevância da matéria há de ser de tal monta que a omissão governamental implique em prejuízos irrecuperáveis para a Nação".[106]

Já a urgência, segundo o autor pré-citado, "diz respeito ao trato ou ao procedimento a ser observado pelo governo para antecipar-se às necessidades". É aquela que "(...) não pode esperar, que demanda solução ou medida imediata, sob pena de não acudir ou socorrer a situação de fato posta. Quando todos os meios plausíveis normais são ineficazes, dada a emergência da situação, desloca-se a competência para aquele que se encontra em situação mais favorável para acudir ou minimizar os riscos: o Poder Executivo, aquele que vivência de perto o dia-a-dia da Nação".[107]

A urgência, continua, indica uma peculiar providência, exatamente para antepor-se a um prejuízo iminente. Indica a total impossibilidade do Congresso, ele próprio ditar as providências normativas, pois se o pudesse, não mais caberiam as medidas provisórias. Já a relevância, concordando com Manoel Gonçalves Ferreira Filho, é questão de apreciação política, podendo ser avaliada objetivamente. A urgência, não. O próprio conteúdo do ato revela ser ele, ou não, urgente.

Assim, anota Clèmerson Merlin Clève, não ser admissível adotar medida provisória para produzir efeitos apenas após determinado lapso temporal.[108]

Celso Antônio Bandeira de Mello escreve sobre o pressuposto relevância, afirmando que somente "ante casos graves, ante interesses invulgarmente importantes, justifica-se a adoção de medidas provisórias". Acrescenta que "a cura de tal interesse deva ser feita sem retardamento algum, à falta do que a sociedade expor-se-ia a sérios riscos ou danos". É aqui que entra a urgência, pois que é algo "que tem que ser enfrentado imediatamente, o que não pode aguardar o decurso do tempo, caso contrário o benefício pretendido será inalcançável ou o dano que se quer evitar consumar-se-á ou no mínimo, existirão sé-

103. Eros Roberto Grau, ob. cit., p. 242.
104. Marcelo Figueiredo, ob. cit., p. 24.
105. Marcelo Figueiredo, ob. cit., p. 24.
106. Carlos Roberto Ramos, ob. cit., p. 142.
107. Carlos Roberto Ramos, ob. cit., p. 142.
108. Cf. Clèmerson Merlin Clève, *As Medidas Provisórias e a CF de 1988*, p. 56.

rios riscos de que sobrevenham efeitos desastrosos em caso de demora".[109]

V. Matérias suscetíveis de serem reguladas por Medida Provisória

O art. 62 da Constituição Federal não elenca as matérias suscetíveis de serem reguladas por medida provisória.

O Min. José Celso de Mello Filho escreveu que "o conteúdo material das medidas provisórias não abrange qualquer categoria temática, mas, tão somente, aqueles assuntos cuja disciplina jurídica, por seu intermédio, se revele compatível com o sistema e os princípios adotados por nossa Constituição".[110]

Segundo o Min. Celso de Mello, "há pelo menos, três princípios cujo valor imperativo restringe o âmbito de incidência material das medidas provisórias: o princípio da divisão funcional do poder, o princípio da Federação e o princípio da liberdade".[111]

Com efeito, o princípio da separação de poderes constitui obstáculo ao irrestrito exercício desse poder normativo excepcionalmente deferido pela Constituição ao Presidente da República. Ele impede que o Chefe do Executivo invada domínio tematicamente reservado à iniciativa dos demais Poderes do Estado. A edição de medidas provisórias configuraria, nesses casos, usurpação da competência constitucional do Legislativo e do Judiciário.

Explica o autor que pelo princípio federativo, que impõe respeito à autonomia político-jurídica das coletividades locais institucionalizadas – os Estados-membros e os Municípios – veda ao Presidente da República a interferência normativa em assuntos sujeitos à competência exclusiva daquelas unidades federadas.

E pelo sistema de tutela constitucional das liberdades, por sua vez, opõe-se à disciplina restritiva dos *status libertatis*, passível, apenas, de ação legislativa do Congresso Nacional.

Também entendendo que o art. 62 da Constituição merece ser interpretado sistematicamente, observado o todo unitário que é a Lei Fundamental, propõe Clèmerson Merlin Clève um rol de matérias incompatíveis com a medida provisória.[112]

Sendo assim, elencou o autor algumas matérias insuscetíveis de serem reguladas por medida provisória. São elas (1) as matérias que pertencem ao domínio (reserva) absoluto do legislativo, matérias estas que, inclusive, não podem ser objeto de delegação, e estão definidas no § 1º do art. 68: a) as matérias de competência exclusiva do Congresso Nacional e de competência privativa de cada uma de suas casas; b) as matérias reservadas à lei complementar; c) as que digam respeito à organização do Poder Judiciário e do Ministério Público, a carreira e a garantia de seus membros; d) a nacionalidade, cidadanias, direitos individuais, políticos e eleitorais; e) os planos plurianuais, diretrizes orçamentárias e orçamento. Ressalve-se que em relação à lei orçamentária é lícito o uso de medida provisória numa única hipótese: aquela prevista no art. 167, § 3º da Constituição, ou seja, para a abertura de crédito extraordinário para atender a despesas imprevisíveis e urgentes, como as decorrentes de guerra, comoção interna ou calamidade pública.

Também são matérias, segundo o autor, insuscetíveis de trato por meio de medida provisória (2) as matérias que não reclamam tratamento legislativo; (3) as que

109. Celso Antônio Bandeira de Mello, "Perfil Constitucional das Medidas Provisórias", *RDP* 95/29.
110. José Celso de Mello Filho, ob. cit., pp. 16 e ss.
111. José Celso de Mello Filho, ob. cit., p. 16.
112. Cf. Clèmerson Merlin Clève, *As Medidas Provisórias e a CF de 1988*, p. 57. No mesmo sentido Carlos Roberto Ramos, ob. cit., pp. 105 e ss.

se satisfazem com o tratamento regulamentar; (4) as que reclamam eficácia diferida, tal qual as matérias de direito penal e tributário, uma vez que a medida provisória tem eficácia imediata; e, inclusive (5) aquelas que desafiam eficácia normativa que por sua natureza não admite ser desfeita.

Concorda Francisco Wildo Lacerda Dantas com o citado autor ao escrever que, no campo da interpretação sistêmica, o Presidente da República não pode editar medidas provisórias que versem sobre as matérias que constem do art. 68, § 1º da Carta Constitucional, uma vez que tais matérias sequer podem ser objeto de lei delegada.[113]

Todavia, tal não é o entendimento unânime da doutrina, podendo-se citar artigo de Walter Claudius Rothenburg, onde se sustenta que as restrições ao objeto da lei delegada não são analogicamente aplicáveis à medida provisória. Para este autor não há razão que sustente uma interpretação analógica, de que as restrições à delegação devam valer também para as medidas provisórias. Escreve que "...a Constituição somente permite concluir que, caso o Presidente da República solicite ao Congresso autorização para legislar, este não poderá delegar a parcela de competência especificada no art. 68, § 1º. Não se deve pretender, a partir daí, que, se o Presidente julgar relevante e urgente a disciplina de assuntos, autorizado constitucionalmente que está a fazê-lo sem necessidade de prévia autorização congressual, valeria a mesma limitação da delegação. Os regimes jurídicos da medida provisória e da lei delegada são distintos.[114]

Quanto à vedação de edição de medida provisória que verse sobre matéria penal, manifestou-se de acordo o ex-Consultor Geral da República Saulo Ramos em parecer sobre o assunto.[115] Neste sentido, ainda, Marcelo Figueiredo,[116] José Celso de Mello Filho[117] e Walter Claudius Rothenburg.[118]

Para estes autores o Código Penal consagra a máxima *nullum crime, nulla poena sine praevia lege.* Para o Min. Celso de Mello a liberdade só pode sofrer condicionamentos normativos quando autorizados, estes, por lei formal e não por mera decisão unilateral emanada do Chefe do Poder Executivo da União.

Também Walter C. Rothenburg, ao dizer que os "crimes/penas não podem ser veiculados por medida provisória, ante o risco de o Congresso rejeitá-la, não convalidando as relações jurídicas dela decorrentes. Seriam, então, havidas por não-delituosas as condutas previstas e praticadas, com o que não existiria justificação legal para as incriminações ocorridas".

Com relação à matéria tributária, ensina Marcelo Figueiredo que a par de existir relevância e urgência em matéria tributária, ocorre que a relevância e a urgência no Direito Tributário mereceram disciplina constitucional própria. "Trata-se do princípio da segurança jurídica – também aplicável no Direito Penal –, que em matéria tributária está previsto no art. 150 e seguintes do Texto Constitucional".

"Explica o autor que as medidas provisórias têm eficácia imediata. As normas tributárias, segundo a Constituição, salvo as exceções ali previstas, são incompatíveis lógica e positivamente com as medidas provisórias".

"O art. 150, inciso III, "b", veda cobrar tributos no mesmo exercício financeiro em

113. Cf. Dantas, Francisco Wildo Lacerda. "O Estado-de-Direito e as Medidas Provisórias", *RT* 654/256 – Notas e Comentários.

114. Rothenburg, Walter Claudius, "Medidas Provisórias e suas necessárias limitações", in *RT* 690/320.

115. Saulo Ramos, Parecer cit., p. 4.

116. Marcelo Figueiredo, ob. cit., pp. 41 e ss.

117. José Celso de Mello Filho, ob. cit., p. 16.

118. Walter Claudius Rothenburg, ob. cit., p. 320.

que haja sido publicada a lei que os instituiu ou aumentou. Aí estamos, às claras, diante do princípio da anterioridade, o qual paralisa para o exercício seguinte a eficácia e a aplicabilidade da lei tributária".[119]

Neste exato sentido Paulo de Barros Carvalho, elencando dois motivos para que a União não se utilize de medidas provisórias para criar tributos, estabelecer faixas adicionais de incidência em gravames já existentes ou, ainda, majorá-los: um, pela incompatibilidade da vigência imediata, elemento essencial à índole da medida, com o princípio da anterioridade (art. 150, III, "b" da CF); outro, de cunho semântico e pragmático, pela concepção de "tributo" como algo sobre que os administrados devam expressar seu consentimento prévio. O intervalo de tempo em que vigora a medida, sem que o Poder Legislativo a aprecie, comprometendo direitos que lhes são fundamentais (propriedade e liberdade), expressamente garantidos na Carta Básica.[120-121]

Segue esse autor que não valessem tais razões e a simples invocação do princípio da segurança do direito já seria bastante em si para inibir esse mecanismo de ação fiscal.

Todavia, a doutrina não tem entendimento unânime quanto às matérias insuscetíveis de serem veiculadas por medida provisória.

Valdir de Oliveira Rocha escreveu que, "em princípio, a medida provisória poderá dispor sobre qualquer assunto que se contenha na iniciativa legislativa do Poder Executivo. A medida provisória poderá dispor sobre assunto que se regule por lei ordinária ou por lei complementar, conquanto a deliberação do Poder Legislativo, na segunda hipótese, só possa se dar pela aprovação da conversão quando obtido, iniludivelmente, o voto pessoal, nominal, favorável da maioria dos membros do Poder Legislativo (de cada uma das casas do Congresso Nacional, em se tratando da União)".[122]

Já Manoel Gonçalves Ferreira Filho escreveu que enquanto "o decreto-lei era limitado no tocante à matéria (pelo menos na letra da Constituição); as medidas provisórias não estão restritas quanto ao campo de incidência, logo, cabem sobre qualquer matéria".[123]

Pelo exposto, verifica-se o quão é divergente a doutrina, de forma que os atuais limites materiais que inibem a edição da medida provisória só poderão ser definitivamente observados através de um panorama jurisprudencial sobre o assunto.

Jurisprudência

• Quando do julgamento da Ação Direta de Inconstitucionalidade proposta contra as Medidas Provisórias ns. 153 e 156, que definiam como crime o abuso de poder econômico e condutas consideradas lesivas à Fazenda Pública, respectivamente, decidiu o Supremo Tribunal Federal que "em face da secular garantia individual de que "não há crime sem lei anterior que o defina, nem pena sem prévia cominação legal" (art. 5º XXXIX da Constituição Federal), não é possível permitir que o Chefe do Poder Executivo se substitua ao Poder Legislativo, ainda que cautelarmente, em tema de definição de crime e de cominação de pena, uma vez que o termo "lei", posto na norma garantidora do direito individual, acima aludida, há de ser interpretado restritivamente, em seu sentido ex-

119. Cf. Marcelo Figueiredo, ob. cit., pp. 41 e ss.

120. Cf. Paulo de Barros Carvalho, ob. cit., p. 42.

121. Neste sentido José Afonso da Silva, ob. cit., p. 465.

122. Valdir de Oliveira Rocha, ob. cit., p. 350.

123. Ferreira Filho, Manoel Gonçalves, "As Medidas Provisórias com Força de Lei", in *Repertório IOB de Jurisprudência* – n. 5 – p. 89 – Ano 1989.

clusivamente formal: norma criada pelo Poder Legislativo".

(STF, ADIn (ML) n. 221-0 DF, pleno, rel. Min. Moreira Alves, v.u., 29.3.90 – *JSTF* 184/5)

• A juíza Lucia Valle Figueiredo, quando relatora de Mandado de Segurança processado perante o Tribunal Regional Federal da 3ª Região, destacou a "impossibilidade de medida provisória versar matéria penal. Também não deverá dispor sobre a criação e a majoração de tributos, uma vez que a esmagadora maioria de tributos deve obedecer ao princípio da anterioridade (art. 150, III, "b", da CF), bem como não pode a medida provisória legislar sobre processo civil, posto que dificilmente poderia haver urgência, na forma do art. 62 da Constituição".

(TRF – 3ª Região, MS n. 37.658, pleno, rela. Juíza Lucia Figueiredo, v.u., 25.4.91 – *RDP* 98/275)

Terceira parte: controle parlamentar das Medidas Provisórias

I. Possibilidade de reedição

Diz o art. 62 da Constituição Federal que, nos casos de relevância e urgência, editada uma medida provisória pelo Presidente da República, deve a mesma ser submetida, de imediato, ao Congresso Nacional, que, estando em recesso, será convocado extraordinariamente para se reunir no prazo de cinco dias. O parágrafo único é expresso: perdem eficácia – desde a edição – as medidas provisórias não convertidas em lei no prazo de trinta dias, a partir de sua publicação, devendo o Congresso Nacional disciplinar as relações jurídicas delas decorrentes.

Sobre reedição, expressamente, nada diz o texto constitucional. Todavia, estabeleceu-se o prazo de trinta dias em favor do Legislativo – se não convertidas em lei, as medidas provisórias perdem eficácia, ou melhor, morrem.[124]

Deixando de existir para o ordenamento jurídico, em virtude da perda de eficácia, algumas soluções traz a doutrina, que partem da *causa mortis* da medida provisória, para teorizar sobre a sua ressurreição, na verdade, sua reedição.

Entendimento há condenando a prática da reedição nos casos de não manifestação do Congresso no prazo constitucionalmente definido. Isto porque os que assim escreveram dão à omissão congressual o significado jurídico de rejeição tácita do teor da medida provisória não apreciada.[125]

Todavia, anota Clèmerson Merlin Clève que "(...) não parece que seja assim. Se o Congresso Nacional não se manifesta a tempo e os pressupostos habilitadores da edição da medida provisória continuam presentes, nada impede a sua reedição até a decisão final do Parlamento".[126]

Calmon de Passos ensina que omissão não é rejeitar. "Normas jurídicas não são produzidas omissivamente".[127]

Neste sentido escreveu Celso Antônio Bandeira de Mello: "(...) é evidente – e da mais solar evidência – que medidas provisórias não podem ser reiteradas ante os mesmos fatos e situações. (...) O impediente, como é óbvio, tanto concerne à reprodução do teor original da medida quanto à sua reedição, seja em termos similares, seja em termos muito distintos, pois, ven-

124. Cf. Carlos Roberto Ramos, ob. cit., p. 132.

125. Clèmerson Merlin Clève anota alguns autores neste sentido: Tércio Sampaio Ferraz Junior, "Interpretação e Estudos da Constituição de 1988", p. 93; Ivo Dantas, "Aspectos Jurídicos das Medidas Provisórias"; Roque Antônio Carrazza, "Curso de Direito Constitucional Tributário", pp. 157-158. In *Atividade Legislativa do Poder Executivo no Estado Contemporâneo e na Constituição de 1988*, p. 177, nota 81.

126. Clèmerson Merlin Clève, *Atividade Legislativa do Poder Executivo no Estado Contemporâneo e na Constituição de 1988*, p. 177.

127. Calmon de Passos, "Medidas provisórias", XIII Conferência da OAB, p. 7. Citado por Carlos Roberto Ramos, ob. cit., p. 132.

cida sua vigência, o assunto escapa da alçada do Executivo já que, por força do silêncio ou da rejeição, o Congresso assume, como é normal, a senhoria exclusiva sobre a questão".[128]

Marco Aurélio Greco, inadmitindo a reedição indiscriminada de medidas provisórias, sob pena de expropriação pelo Presidente da República do poder de legislar titularizado pelo Congresso Nacional, elenca quais as hipóteses em que pode configurar a reedição. Dentre elas admite que "se a primeira medida provisória adotada não chegou a ser examinada, entendo que pode haver reedição se ainda subsistirem as razões de urgência e relevância que determinaram sua adoção".[129]

"Havendo, no entanto, rejeição expressa, em princípio não cabe reedição pois terá ocorrido o juízo específico do Congresso Nacional não admitindo a medida provisória".[130] Neste sentido também escreveu Clèmerson Merlin Clève, não sendo tolerada a reedição quando tenha o Parlamento se manifestado pela sua rejeição.[131]

Interessante o pensamento de Eros Grau: "(...) No que tange à reedição das medidas provisórias, seja porque não apreciadas, seja porque recusadas pelo Congresso, há de aplicar-se a elas, sem qualquer alteração, o quanto dispõe o art. 67 do texto constitucional: a reedição é vedada na mesma seção legislativa".[132]

O ex-Consultor-Geral da República Saulo Ramos, à revelia da maioria doutrinária, admite a reedição de medida provisória mesmo que explicitamente rejeitada. "A rejeição da proposição que objetiva a conversão do ato cautelar em lei *não inibe* o Presidente da República – único órgão constitucionalmente legitimado a agir – de editar sobre o *mesmo* tema *nova* medida provisória, desde que presentes os pressupostos constitucionais de emanação dessa espécie normativa". "(...) A rejeição parlamentar, nessa hipótese, não possui eficácia extintiva das razões de necessidade, urgência e relevância que justificaram a edição da medida provisória, sendo, por isso mesmo, insuficiente para inibir, em face da própria Constituição, o exercício dessa extraordinária competência presidencial".[133]

Discordando explicitamente sobre a tese do ex-Consultor-Geral, Tércio Sampaio Ferraz diz que "(...) a conseqüência perversa deste entendimento é óbvia. Em tese, reeditando medidas provisórias, até mesmo quando explicitamente rejeitadas, o Chefe de Estado se outorga o poder discricionário de disciplinar não importa que matéria, fazendo do Congresso um mero aprovador de sua vontade ou um poder emasculado cuja competência *a posteriori* viraria mera fachada por ocultar a possibilidade ilimitada de o Executivo impor, intermitentemente, as suas decisões. (...) A reedição de uma medida provisória rejeitada faz *tabula rasa* do princípio geral de que o Poder Legislativo é exercido pelo Congresso, cuja decisão, neste ponto, tem o caráter de última instância. Na verdade, ao contrário do que dizia a Constituição de 1967/69, na qual o decreto-lei caracterizava uma competência legislativa do Presidente que, no silêncio do Congresso, expressamente presumia a sua aprovação, a Constituição de 1988 inverte aquela presunção, fortalecendo a discricionariedade política do Congresso sobre a do Presidente".[134]

A posição mais difundida na doutrina é a defendida por Raul Machado Horta.[135]

128. Celso Antônio Bandeira de Mello, "Perfil Constitucional das Medidas Provisórias", *RDP* 95/31.

129. Marco Aurélio Greco, ob. cit., p. 52.

130. Marco Aurélio Greco, ob. cit., p. 52.

131. Cf. Clèmerson Merlin Clève, *Atividade Legislativa do Poder Executivo no Estado Contemporâneo e na Constituição de 1988*, p. 177.

132. Eros Roberto Grau, ob. cit., p. 241.

133. Saulo Ramos, Parecer cit., p. 9.

134. Ferraz Junior, Tércio Sampaio, *Interpretação e Estudos da Constituição de 1988*, São Paulo: Editora Atlas, 1990, p. 94.

135. Neste sentido: Clèmerson Merlin Clève, *Atividade Legislativa do Poder Executivo no Estado*

Segundo ele, a Constituição não vedou, expressamente, a reedição da medida provisória rejeitada pelo Congresso Nacional. "Não obstante as reservas que oponho as medidas provisórias, admito a possibilidade da reapresentação, se decorrido o prazo de trinta dias sem deliberação final do Congresso. O cabimento da reapresentação, neste caso, vincula-se à admissibilidade da medida provisória, em deliberação prévia do Congresso Nacional, concluindo pelo atendimento dos pressupostos constitucionais de relevância e urgência. A medida provisória rejeitada em deliberação final do Congresso Nacional não deverá ser reapresentada. A reapresentação fica, portanto, condicionada ao juízo de admissibilidade favorável e à ocorrência de decurso do prazo de trinta dias sem deliberação final do Congresso Nacional".[136]

Manoel Gonçalves Ferreira Filho escreveu que sendo a Constituição omissa, extrai-se deste ato omissivo a não proibição à renovação. "(...) Esta renovação, contudo, não deixa de traduzir um desafio ao Congresso Nacional, que, podendo fazê-lo, não quis converter em lei a medida provisória. Entretanto, aqui se põe um problema político, não jurídico".

"Já a hipótese de renovação de medida provisória expressamente rejeitada pelo Congresso Nacional é intolerável. Configuraria uma hipótese de crime de responsabilidade, a de tolher o "livre exercício" do Poder Legislativo (Constituição, art. 85, II). Mas esse crime não está definido na lei especial que configura os crimes de responsabilidade, presentemente".[137-138]

Contemporâneo e na Constituição de 1988, p. 177; Carlos Roberto Ramos, ob. cit. p 135.

136. Raul Machado Horta, *Revista de Informações Legislativas,* n. 107, 1990, pp. 15-16. In Carlos Roberto Ramos, ob. cit., p. 135.

137. Manoel Gonçalves Ferreira Filho, ob. cit., p. 86.

138. Neste sentido Cáio Tácito, ob. cit., p. 55; Candiota, Telmo, "Medida Provisória e Plano Econômico", in *RDP* 94/168 e Oscar Dias Correa, ob. cit., p. 132.

Fernando Leme Weiss complementa: "(...) importa ainda em quebra do juramento previsto no art. 78, em face do descumprimento da Constituição. (...) A responsabilidade no Brasil é criminal e não política, e se processa na forma do art. 86 da CF".[139]

Do exposto, feita uma fotografia doutrinária, resta saber como os Tribunais têm decidido o assunto.

Jurisprudência

• No Supremo Tribunal Federal o entendimento é pela possibilidade de reedição quando o Congresso Nacional não se manifestou a respeito da norma. Não existe rejeição tácita, pelo decurso de prazo, pelo Congresso. Todavia, "o Min. Celso de Mello, na ADIn 365/8/600, em elegante e conciso despacho, a propósito da MP 195/90, com o apoio de precedente, produzido pelo Min. Paulo Brossard (ADIn 295), contemplou o entendimento de que, se a medida não chegou a ser apreciada em tempo hábil pelo Congresso Nacional, operou-se a sua rejeição tácita ou presumida".

(Esta notícia foi dada por Clèmerson Merlin Clève, in *Atividade Legislativa do Poder Executivo*, nota 82, p. 177)

• O Supremo Tribunal Federal, em sessão realizada em 6 de junho de 1990, em Ação Direta de Inconstitucionalidade proposta pelo Procurador-Geral da República contra a reedição de medida provisória n. 185, rejeitada pelo Congresso Nacional e repetida sob o n. 190, concedeu liminar sustando os seus efeitos por unanimidade. Nessa oportunidade, o Ministro Mello Filho, em seu relatório, chegou a sugerir que "a insistência do Presidente em face de medida rejeitada pode configurar hipótese de crime de responsabilidade".

139. Weiss, Fernando Leme, "Medidas Provisórias – Reedição (Responsabilidade do Executivo – Recusa no processamento – Descumprimento)", in *RDP* 99/139-140.

(A notícia desta ADIn foi dada por Clèmerson Merlin Clève, in *As Medidas Provisórias e a CF de 1988*, p. 79.)

• Quando do julgamento da Ação Direta de Inconstitucionalidade n. 293-7/600, o voto do rel. Min. Celso de Mello suscita o problema da reedição das medidas provisórias como "elemento desestabilizador e de confronto jurídico-institucional entre os Poderes Executivo e Legislativo, de forma a justificar o desempenho, pelo Supremo Tribunal Federal, de sua função arbitradora dos conflitos entre os órgãos da soberania nacional e de seu papel de guardião eminente da ordem constitucional, vez que a Carta Federal é omissa no que tange ao tema reedição".

"É do Poder Legislativo a prerrogativa institucional de definir a permanência ou exclusão da medida provisória no direito positivo interno. O pronunciamento congressional, *se positivo*, conferirá estabilidade normativa ao ato presidencial que, por sua natureza mesma, revela-se *unilateral, instável* e *precário*".

"A *rejeição parlamentar* da medida provisória – ou de seu projeto de conversão –, além de desconstituir-lhe *ex tunc* a eficácia jurídica, opera uma *outra* relevante conseqüência de ordem político-institucional, consistente na *impossibilidade* de o Presidente da República renovar esse ato quase-legislativo, de natureza cautelar, pois o Congresso Nacional, ao assim decidir, descaracteriza, de *modo definitivo*, o juízo presidencial que, num primeiro momento, emprestou relevância e conferiu urgência àquilo que o Parlamento, como instância última, reputou irrelevante ou destituído de caráter emergencial".

O mesmo voto prossegue dizendo que esta situação "inibe o Chefe do Poder Executivo de reeditar a medida rejeitada, ainda que presente o mesmo contexto cuja realidade justificou a edição do ato não convertido. Modificações secundárias de texto, que em nada afetam os aspectos essenciais e intrínsecos da medida provisória expressamente repudiada pelo Congresso Nacional, constituem expedientes incapazes de descaracterizar a identidade temática que existe entre a medida provisória rejeitada e a nova medida provisória editada".

(ADIn n. 293-7/600 DF, pleno, rel. Min. Celso de Mello, v.u., 6.6.90 – *RJSTF* 178/54)

• O Congresso Nacional acolheu a tese (Parecer 01/89 da lavra do Dep. Nelson Jobim) de que se o referido órgão não se manifesta a tempo e os pressupostos habilitadores da edição da medida provisória continuam presentes, nada impede a sua reedição até a decisão final do Parlamento.

• O Projeto de Lei Complementar n. 10, ora tramitando no Congresso Nacional, que disciplinará a edição das medidas provisórias, admite reedição no caso da não manifestação tempestiva do Legislativo, embora por uma única vez.

(A notícia deste Projeto de Lei foi dada por Clèmerson Merlin Clève, in *Atividade Legislativa do Poder Executivo no Estado Contemporâneo e na Constituição de 1988*, p. 177, nota 82)

• Decidiu o 2º Tribunal de Alçada Civil de São Paulo, em sessão de 29 de abril de 1991, que "a reedição das medidas provisórias ainda é possível, estando em discussão a lei que regulamenta utilização, pelo Executivo, desse expediente".

Do acórdão extrai-se que "no caso dos autos, embora a MP 227 já tivesse perdido sua eficácia, quando do despacho impugnado, vigia a MP 250, e posteriormente veio a MP 267, que, finalmente, por força do Projeto de Lei de Conversão n. 55, transformou-se na Lei 8.157, de 3 de janeiro de 1991. Inexistiu qualquer intervalo entre elas pelo que se pode afirmar, que a Lei citada convalidou os atos praticados sob a égide de todas as medidas provisórias que a antecederam, e que trataram o assunto de forma idêntica".

(2º TACSP, Ag n. 310.763/9-00, 2ª C., rel. Juiz Assumpção Neves, 29.4.91 – *Re-*

pertório IOB de Jurisprudência, 1ª quinzena de julho de 1991, n. 13/91, p. 226, n. 1/4293)

II. Conversão em lei

Se as medidas provisórias para serem instituídas não dependem de procedimento algum, que não a vontade política do Governo, arrimada nos pressupostos de relevância e urgência, para validarem-se há todo um procedimento a ser seguido, para que, aprovadas as medidas provisórias, convertam-se em lei. Se, todavia, forem rejeitadas, são tidas como inexistentes, restando ao Poder Legislativo o dever de disciplinar as relações jurídicas delas decorrentes.[140-141]

Oscar Dias Correa completa dizendo que "No Brasil, o Congresso deve regular; apenas, o art. 62 não previu a forma dessa disciplina legal".[142]

A derrogação ou revogação da lei anterior por uma medida provisória seria apenas aparente. Esta suspenderia a vigência e a eficácia desta lei anterior, sobrepondo-lhe a norma que edita, mas a derrogação ou revogação propriamente ditas apenas viriam da conversão em lei da medida provisória pelo Congresso.[143]

José Celso de Mello Filho anota que "(...) o exame congressional das medidas provisórias, quer para aprová-las, quer para rejeitá-las, implica a formulação de novo juízo – desta vez na instância parlamentar – sobre os pressupostos e o próprio conteúdo desse ato normativo primário, de natureza cautelar". Por causa do comando constitucional que dá eficácia imediata à medida provisória, é que este instituto se distingue do mero projeto de lei, e que impõe, em caráter inafastável, a necessidade do pronunciamento parlamentar.[144]

A rigor, diz Marco Aurélio Greco, "não há uma 'lei *de* conversão' mas sim uma 'conversão *em* lei'". O que ocorre é a transformação da medida provisória numa lei.[145]

O ex-Consultor-Geral da República Saulo Ramos, em parecer, sustenta que "a medida provisória, enquanto *equivalente constitucional da lei,* possui vigência e eficácia imediatas, sem que disso decorra, no entanto, a revogação dos atos legislativos com ela incompatíveis. Por dispor de *eficácia temporal limitada* (trinta dias), enquanto não se der a *conversão,* em lei, da medida provisória, esta somente *paralisará* os efeitos das leis a ela anteriores e com ela conflitantes, inibindo-os completamente em seu conteúdo eficacial. Não se operando, porém, a conversão legislativa, restaurar-se-á a eficácia jurídica, até então meramente *suspensa,* dos diplomas afetados pela edição do ato normativo provisório. Essa restauração – enfatize-se, será *ex tunc.* Portanto, desde a data de edição da medida provisória não convertida".

"Só após a conversão da medida provisória em lei é que se consumará a revogação dos atos legislativos com ela incompatíveis. Até que isso ocorra, nenhum será o seu efeito derrogatório".[146-147]

140. Cf. Carlos Roberto Ramos, ob. cit., p. 123. Neste sentido, também Clark, Giovani, *Revista de Informação Legislativa,* Brasília, a. 29, n. 113, jan./mar. 1992, p. 161.

141. A Resolução n. 1/89, de 2 de maio deste, do Congresso Nacional, § 1º, inciso II do art. 7º, refere-se à utilização da espécie normativa – Decreto Legislativo (art. 59, VI da Constituição Federal) – para disciplinar as relações jurídicas decorrentes das medidas provisórias rejeitadas.

142. Correa, Oscar Dias, *A Constituição de 1988: Contribuição Crítica,* Rio de Janeiro: Ed. Forense Universitária, 1991, p. 132.

143. Por todos, Manoel Gonçalves Ferreira Filho, ob. cit., p. 87.

144. Cf. José Celso de Mello Filho, ob. cit., p. 10.

145. Marco Aurélio Greco, ob. cit., p. 41.

146. Saulo Ramos, Parecer cit., p. 5.

147. Neste sentido, concordando que a medida provisória não revoga a lei anterior, mas apenas suspende-lhe a vigência e eficácia, que se restauram se não subsiste a medida provisória: Cáio Tácito, ob. cit., p. 54.

Sustenta o referido parecer que "conseqüência *necessária* da edição de medida provisória é a apresentação ao Congresso Nacional, para sua *ratificação* ou *conversão em lei*". Ratificação, segundo o ex-Consultor Saulo Ramos é a transformação direta em lei da medida provisória, o que ocorrerá quando tratar-se de matéria simples ou não controvertida. Em razão da urgência, pode o Congresso decidir pela ratificação "(...) neste caso, o procedimento, após a aprovação, será apenas de redação, posto que onde estiver escrito 'esta ou nesta medida provisória', a ratificação direta deverá alterar para 'esta ou nesta lei'. A ratificação imediata da medida provisória exclui o projeto de conversão e, neste caso, a medida não será emendada e dispensa, por isto mesmo, a sanção".[148]

A conversão tem, no projeto de lei, o instrumento de sua realização, podendo ser total ou parcial. Daí porque "é por ele que se concretiza a determinação constitucional de transformação da medida provisória".[149]

Segundo Clèmerson Merlin Clève o procedimento de conversão disciplinado na Constituição é o que segue: "(...) Compete ao Presidente da República (CF, art. 84, IV) sancionar, promulgar e fazer publicar as leis. Cabe ao Congresso Nacional, com a sanção do Presidente da República, dispor sobre todas as matérias de competência do Congresso, ou de competência privativa do Senado e da Câmara; é o que estabelece o art. 66 *caput* da CF que concluída a votação será enviado o projeto de lei ao Presidente da República, que, aquiescendo, o sancionará. O § 7º desse artigo fixa de modo claro que o Presidente do Senado apenas promulgará aquelas leis antes promulgadas pelo Presidente da República".[150]

Em virtude das disposições constitucionais acima citadas é que o referido autor sustenta não ser correta a prática da ratificação, defendida por Saulo Ramos, a qual o Congresso Nacional tem adotado. "(...) Daí porque medidas provisórias simplesmente aprovadas pelo Congresso Nacional vêm sendo promulgadas pelo Presidente do Senado Federal (no exercício da função de Presidente do Congresso Nacional) como *lei*. Há um equívoco nesta formulação. (...) No Brasil, porém, a promulgação de medidas provisórias como lei pelo Presidente do Senado, conquanto aprovadas sem emendas, ofende, de modo límpido o texto da Constituição Federal. O art. 62 da Constituição Federal, salvo a hipótese de rejeição, exige a conversão da medida provisória em lei".[151]

"Nem se afirme que dessa prática não decorre prejuízo algum, tendo em vista que na ratificação não há inovação do texto da medida provisória, daí porque não haveria interesse do Presidente em vetá-la. Esse argumento não é convincente. É que a disciplina constitucional do processo legislativo constitui importante conquista civilizatória. A formalidade, neste ponto, não é nefasta. Por isso que vício de procedimento determinado constitucionalmente desmerece convalidação".[152]

Todavia, respaldo doutrinário há sustentando que, no caso de aprovação na íntegra da medida provisória, esta se converte em lei, a ser promulgada pelo Presidente do Congresso. Apenas no caso de mudanças no texto inicial da medida provisória poderá manifestar-se o Presidente da República sancionando-a, se de acordo, vetando-a, se contrário.[153]

Com relação ao prazo instituído no parágrafo único do art. 62 da Constituição

148. Saulo Ramos, Parecer cit., p. 6. Tal entendimento, cf. cita o autor, é de Vicente Ráo.

149. Saulo Ramos, Parecer cit., p. 5.

150. Clèmerson Merlin Clève, *Atividade Legislativa do Poder Executivo no Estado Contemporâneo e na Constituição de 1988*, p. 179.

151. Clèmerson Merlin Clève, ob. cit., p. 179.

152. Clèmerson Merlin Clève, ob. cit., p. 180.

153. Cf. Tácito, Caio, *Medidas Provisórias na Constituição de 1988*, in *RDP* 90/55; e Carlos Roberto Ramos, ob. cit., p. 126.

Federal, entendeu-se que o referido prazo de trinta dias é para a conversão, e não para a publicação da lei, posto que a publicação não é requisito de existência da lei, e sim requisito de vigência ou de eficácia.[154] Manoel Gonçalves Ferreira Filho anota que "(...) se em recesso, o Congresso deverá ser convocado para reunir-se em cinco dias, extraordinariamente. A Constituição não diz quem deverá efetuar esta convocação. Ela não toca nisto nem no art. 62 nem no art. 57, § 6º, onde se disciplinam as convocações extraordinárias do Congresso Nacional. Entretanto, por analogia, se deve entender que esta convocação cabe ao Presidente do Senado Federal."[155]

Para concluir, Celso Antônio Bandeira de Mello suscita interessante questão: "se o Presidente editar medida provisória fora das hipóteses em que o art. 62 lhe permitiria e, ainda assim, o Congresso vier a acolhê-la, convertendo-a em lei? Dita conversão sana o vício de origem, já que o Legislativo poderia livremente legislar sobre o assunto? Em tal caso, impugnações dantes, ou mesmo posteriormente, efetuadas perante o Poder Judiciário deverão ser rejeitadas, por força de convalidação da medida em decorrência da lei?"

"A resposta será negativa. É que a sobredita "conversão em lei", subseqüente à medida provisória inválida, terá se efetuado – como corresponderia ao caso – em sessão conjunta do Congresso Nacional. Ora, não é este o processo estabelecido para o exame e votação das leis. Projetos de lei, seja de quem for a iniciativa, são examinados e votados, em cada Casa do Congresso, separadamente. Portanto, apenas quando *aprovado* naquela perante a qual se iniciou é que será examinado pela outra (art. 65). Encareça-se que o Senado – Casa de representação dos Estados – tem um número de parlamentares muito inferior ao da Câmara. Assim, a votação dos senadores, em sessão conjunta, evidentemente, diminui seu peso de influência, amesquinhando a participação decisória do Senado na aprovação ou rejeição das leis".[156-157]

Tendo por base o procedimento específico de conversão das medidas provisórias – supra-referido pelo Prof. Celso Antônio Bandeira de Mello, Clèmerson Merlin Clève escreve que "(...) a conversão em lei da medida provisória não segue o mesmo procedimento de elaboração das leis ordinárias. Segue um procedimento específico, abreviado, estipulado, por ora, na Resolução n. 1-89 do CN que reduz drasticamente os prazos para estudo e deliberação, assim como determina que a apreciação final ocorra em reunião conjunta do Congresso Nacional. O Senado, neste caso, perde sua característica de instância revisora, para se transformar em instância deliberadora contemporânea da manifestação da Câmara. Por isso que a lei de conversão, por não se tratar de lei ordinária, comum, mas de lei de conversão, que, pois, resulta de medida provisória, não pode convalidar eventual vício presente naquela. Se a medida provisória com a presença ou não dos pressupostos, tratou de matéria reservada à lei ordinária (matéria não-delegável, em princípio), a conversão em lei não sana o vício. Este se mantém, e como tal pode ser pelo Judiciário reconhecido a qualquer tempo".[158]

Todavia, há entendimento doutrinário que admite outra natureza que não a de

154. Mélega, Luiz, "Medida Provisória: Conversão em lei, Promulgação e Publicação", in *Repertório IOB de Jurisprudência*, 1ª quinzena de maio de 1992, n. 9/92, p. 173.

155. Manoel Gonçalves Ferreira Filho, ob. cit., p. 87.

156. Celso Antônio Bandeira de Mello, "Perfil Constitucional das Medidas Provisórias", p. 32.

157. A mesma questão foi posta por Aarão Reis, Carlos David S., in "Medida Provisória: Controle Jurisdicional de seus Pressupostos" *RTDP* 8/113.

158. Clèmerson Merlin Clève, *As Medidas Provisórias e a CF de 1988*, p. 93.

conversão para a lei em questão: Carlos Roberto Ramos entende que "a lei de conversão é, enfim, a confirmação do ato governamental, bem como a inscrição da então medida provisória no rol das leis, que entendemos seja da categoria ordinária".[159]

Cumpre esclarecer que a Resolução n. 1 do Congresso Nacional, de 2 de maio de 1989, refere-se à utilização da espécie normativa – Decreto Legislativo (art. 59, VI da Constituição Federal) – para disciplinar as relações jurídicas decorrentes das Medidas Provisórias rejeitadas. No entanto, Carlos Roberto Ramos diz que "o Decreto Legislativo, apesar de ser ato cujo fim é regular matérias de competência exclusiva do Congresso Nacional com efeitos externos, não é *lei*, pois não prescinde de sanção ou veto, ou o à parte de outro Poder. Se por um lado, assegura as pessoas envolvidas na relação jurídica; por outro, obriga outras, estranhas à relação, a suportarem algum ônus, quem sabe? Que a disciplina das relações jurídicas compete ao Congresso, não temos dúvida".[160]

Jurisprudência

• É entendimento pacífico no Supremo Tribunal Federal que a lei de conversão é espécie jurídica diversa da medida provisória.

Quando do julgamento da Ação Direta de Inconstitucionalidade proposta contra a MP n. 160/90, decidiu-se que "a lei de conversão, derivada de medida provisória objeto de ação direta de inconstitucionalidade, tendo operado alterações no conteúdo material desse ato normativo editado pelo Presidente da República, constitui espécie jurídica diversa, não podendo ser impugnada na mesma ação, mediante simples aditamento da petição inicial".

(STF, ADIn n. 258-9/600 DF, pleno, rel. Min. Celso de Mello, por maioria de votos, 26.4.91 – *JSTF* 162/7. Nesse sentido também STF, ADIn (ML) n. 1.005-1, pleno, rel. Min. Moreira Alves, v.u., 11.11.94 – *JSTF* 200/22)

• No mesmo sentido do quanto acima citado, diversas são as decisões do Supremo Tribunal Federal no sentido de que "a medida provisória convertida em lei não é mais ato do Presidente da República, mas de lei aprovada pelo Congresso, pelo que a ação proposta contra aquela perdeu seu objeto".

Decidiu-se da mesma forma, qual seja, pela perda de objeto, "as ações diretas de inconstitucionalidades propostas contra medidas provisórias que perderam sua eficácia jurídica pelo transcurso do prazo estabelecido para a sua conversão ou quando, por não ter sido apreciada a tempo, outra foi reeditada no mesmo sentido".

Em todos esses casos o Supremo não adentrou no mérito das referidas ações, decidiu pela extinção da ação sem julgamento do mérito.

(STF, ADIn n. 292, pleno, rel. Min. Paulo Brossard, v.u., 11.3.93 – *RDA* 197/177; ADIn n. 221-0, pleno, rel. Min. Moreira Alves, v.u., 16.9.93 – *JSTF* 184/38; ADIn n. 1.118-9, rel. Min. Marco Aurélio, 31.8.94, *DJU*, Seção I, n. 172, 8.9.94, p. 23.323; STF, MS n. 20.910, pleno, rel. Min. Carlos Madeira, v.u., 12.4.89 – *RDA* 175/78)

• Decidiu o STF, em sede de Recurso Extraordinário, que "a não conversão da medida provisória em lei, no prazo de trinta dias, implica na perda retroativa de sua eficácia". Da ementa extrai-se que "a lei de conversão só produzirá, validamente, os efeitos jurídicos que lhe são peculiares, se a medida provisória que lhe deu origem houver sido transformada em ato legislativo no prazo constitucional de trinta dias. A inobservância, pelo Congresso Nacional, do prazo a que se refere o parágrafo único do art. 62 da Carta Política gera uma conseqüência de ordem radical: a perda *ex*

159. Carlos Roberto Ramos, ob. cit., p. 128.
160. Cf. Carlos Roberto Ramos, ob. cit., p. 129.

tunc de eficácia da medida provisória não convertida em lei".

(STF, RE n. 167.594-2 DF, 1ª T., rel. Min. Celso de Mello, v.u., 17.5.94 – *DJU*, Seção 1, n. 228, 2.12.94, p. 33.212)

• Do mesmo acórdão extrai-se que "a conversão parcial não descaracteriza a situação jurídica emergente da transformação da medida provisória em lei".

(Entendimento idêntico encontra-se no STF, RE n. 166.866-1 AC, 1ª T., rel. Min. Celso de Mello, v. u., 17.5.94 – *DJU*, Seção I, n. 233, 9.12.94, p. 34.098)

• "A rejeição da medida provisória despoja-a de eficácia jurídica desde o momento de sua edição, destituindo de validade todos os atos praticados com fundamento nela. Essa mesma conseqüência de ordem constitucional deriva do decurso *in albis* do prazo de 30 dias, sem que nele tenha havido qualquer expressa manifestação decisória do Congresso Nacional".

(STF, ADIn n. 365 (Agravo regimental), plenário, rel. Min. Celso de Mello, v.u., 7.11.90 – *RDA* 183/126)

• "O fato de o Congresso Nacional, na apreciação de medida provisória, suprimir ou anular certos dispositivos não a prejudica, no campo da eficácia temporal, quanto aos que subsistiram".

(STF, RE n. 178.509-8 DF, 2ª T., rel. Min. Marco Aurélio, v.u., 30.6.94 – *DJU*, Seção I, n. 53, 17.3.95, p. 5.808)

• Com relação à impugnação de medida provisória via Ação Direta de Inconstitucionalidade, o entendimento do STF é no sentido de que, "tendo ocorrido lei de conversão, e sendo esta espécie jurídica diversa da medida provisória, a ADIn impugnativa perdeu seu objeto, não sendo admitido simples aditamento da petição inicial".

Tratava-se de ADIn contra medida provisória que foi convertida em lei antes do julgamento da ação. Quando do julgamento o objeto não era mais uma medida provisória, mas a lei de conversão que introduziu alteração no conteúdo daquela espécie normativa.

O Tribunal, resolvendo questão de ordem suscitada pelo Min. Moreira Alves, indeferiu o aditamento de petição inicial de ação direta de inconstitucionalidade contra medida provisória, para sua transformação em ADIn contra a lei em que aquela se converteu, vencidos os Mins. Aldir Passarinho e Paulo Brossard que deferiam o aditamento.

O voto do Min. Celso de Mello, que acompanhou o voto do Min. Moreira Alves, analisa que os elementos subjetivo, objetivo e causal da relação processual alteraram-se com a transformação da medida provisória em lei: "o elemento subjetivo da ação se alterou, porque inseriu-se, na relação processual, um novo sujeito, que é o Presidente da República, na medida em que este sancionou o projeto de lei de conversão, aprovado pelo Congresso Nacional. Tínhamos, antes, como sujeito passivo, tão-somente o Presidente da República, autor único da medida provisória. Mas, com a transformação dessa medida provisória em lei, a partir da sanção presidencial do projeto de conversão, passaram a figurar, na dimensão subjetiva da relação processual, o Presidente da República e o Congresso Nacional". Quanto ao elemento objetivo argumenta que a questão deixou de ser uma medida provisória para ser uma lei de conversão que introduziu alterações no conteúdo normativo daquela espécie normativa.

(STF, ADIn n. 258, plenário, rel. Min. Aldir Passarinho, maioria de votos, 26.4.91 – *RDA* 187/142. Neste sentido também STF, ADIn n. 991-5, plenário, rel. Min. Ilmar Galvão, v.u., 26.5.94, *DJU*, Seção I, n. 173, 9.9.94, p. 23.439; ADIn n. 399-2/600, plenário, rel. Min. Néri da Silveira, v.u., 12.9.91 – *JSTF* 161/20)

• "Quando não houver alteração normativa na conversão da medida provisória é possível a ação direta de inconstitucionalidade, proposta contra esta, continuar contra a lei de conversão". Este é o entendimento que deflui do julgamento da ADIn n. 258, acima referida. Neste caso, não existe perda de objeto da via direta de ação.

III. O poder de emenda

O ex-Consultor-Geral da República Saulo Ramos, quando do Parecer dado para esclarecer o tema da Medida Provisória, ao se referir "ao tema da *emendabilidade* em sede de conversão", assevera que "(...) editada a medida provisória, cabe submeter ao Congresso Nacional *projeto de lei* que objetive a sua conversão em lei, para assim, *in forma legis*, incorporá-la, definitivamente, ao plano de nosso direito positivo interno".

"Objeto das emendas será, *sempre*, o projeto de lei de conversão, que admitirá qualquer tipo de emenda regimentalmente previsto, inclusive as de caráter aditivo, modificativo ou supressivo. Somente não haverá emendas quando o Congresso decidir, em razão da matéria e da urgência, pela ratificação direta".

"Aprovado o projeto de conversão, que sofrer emenda no Congresso Nacional, deverá ele ser submetido ao poder de sanção ou de veto do Presidente da República, uma vez que lhe são extensíveis os princípios que regem o processo de formação das leis".[161]

Clèmerson Merlin Clève escreve que "as medidas provisórias não admitem emendas. As emendas são apresentadas ao projeto de lei de conversão que deverá ser votado pelo Parlamento". Neste caso, diz o autor, "(...) as partes da lei de conversão não reprodutivas da medida provisória, ao entrarem em vigor, apenas operam eficácia *ex nunc*, não conseguindo, por conseqüência, produzir efeitos retrooperantes".

"(...) O Constituinte brasileiro de 1988, que não vedou a possibilidade de o Congresso Nacional modificar o texto normativo adotado pela MP, igualmente não ofereceu limites expressos a essa faculdade. Os limites seriam, ao que parece, apenas aqueles que igualmente vinculam o Parlamento na sua atividade legiferante ordinária (art. 166, §§ 3º e 4º e art. 63, I e II da CF)".[162-163-164]

A função de emendar, diz o ex-Consultor-Geral da República Saulo Ramos, é inerente à atividade legislativa, pelo que, necessariamente, as limitações a esse poder hão de ser constitucionais. O poder de emenda é um consectário natural do poder de legislar. E o fato da norma constitucional brasileira não ter vedado o oferecimento de emendas ao projeto de lei de conversão, por si só, torna invocável o princípio geral de emendabilidade das proposições legislativas. Todavia, acorda ser lícito à Mesa ou às Comissões do Congresso, ou de qualquer de suas Casas, não deferir o processamento de emendas estranhas à matéria tratada pelo projeto de conversão ou das que invertam substancialmente seu objeto, providência regimental inteiramente permitida pela boa técnica legislativa.[165]

A Profa. Monica Herman Salem Caggiano, adotando a mesma posição, diz que

161. Saulo Ramos, Parecer cit., p. 5.

162. Clèmerson Merlin Clève, *As Medidas Provisórias e a CF de 1988*, pp. 83 e 84.

163. Saulo Ramos, Parecer cit., p. 5, elenca os mesmos artigos, a título exemplificativo, e assevera que a Constituição enunciou, de modo taxativo, as únicas restrições ao poder de emenda dos congressistas. Marco Aurélio Greco, ob. cit., p. 45, no mesmo sentido, concorda que o poder de emendas à medida provisória encontra limites, sendo que as emendas ficam restritas aos contornos da matéria por ela disciplinada.

164. Manoel Gonçalves Ferreira Filho, ob. cit., p. 87, concorda que se a Constituição, ao contrário do art. 55 da Carta anterior, não proíbe, logo permite, a aprovação de emendas às medidas provisórias.

165. Cf. Saulo Ramos, Parecer cit., p. 5.

a medida provisória, uma vez submetida à apreciação do Congresso, "(...) terá que se subordinar a todas as etapas que integram o processo legislativo ordinário, inclusive recebendo emendas, sob pena de não adquirir eficácia e, conseqüentemente, deixar de produzir efeitos válidos".[166]

José Celso de Mello Filho entende, no mesmo sentido, que assiste ao Congresso Nacional, em caráter definitivo e subordinante, o poder de aprovar a medida provisória a ele encaminhada para sua apreciação, em caráter definitivo e subordinante, com ou sem emendas, transformando-a em lei, ou, então, rejeitando-a. Segue dizendo que "as Casas do Congresso Nacional dispõem, nesse contexto, de amplos poderes para verificar tanto os aspectos políticos da medida provisória, referentes aos pressupostos justificadores de sua edição ou ao próprio conteúdo material que ela exprime, quanto os aspectos jurídicos pertinentes à sua legitimidade constitucional".[167]

Carlos Roberto Ramos completa: "A medida provisória aprovada *in totum* é como se fosse lei com eficácia antecipada (...)". Ou, citando Pontes de Miranda, "decreto com eficácia adiantada em relação à deliberação do Congresso Nacional",[168] de forma que faz válido seus efeitos desde a origem.[169]

Sendo silente a atual Constituição sobre a possibilidade de emendas, importa destacar a Resolução n. 1, de 1989, do Congresso Nacional, que veda "a apresentação de emendas que versem matéria estranha àquela tratada na medida provisória, cabendo ao Presidente da Comissão o seu indeferimento liminar". Segundo Clèmerson, tal é "porque as emendas, que, afinal, integram necessariamente o procedimento legislativo, podem ser utilizadas com fins políticos (obstrucionista ou para forçar negociação)".[170]

Caio Tácito ao comentar referida Resolução escreve que "aprovada na íntegra, a medida provisória se converte em lei, a ser promulgada pelo Presidente do Congresso".[171] "Contudo, se for emendada, o projeto de lei de conversão deverá ser submetido à sanção ou veto do Presidente da República, de modo a que prevaleça a comunhão de vontades que é própria da criação da lei".[172-173]

Para Giovani Clark "estando as medidas provisórias inseridas dentro do processo legislativo, os membros do Congresso Nacional podem emendar as mesmas, que se transformadas em lei, o Presidente terá o direito de vetá-las. Tal veto também pode ser derrubado pelo Congresso, afirma Eros Grau: 'Quanto ao processo legislativo das medidas provisórias – terceiro aspecto que menciono –, parece evidente sujeitarem-se elas a emendas, e, após, a veto presidencial. Trata-se, como venho enfatizando, de lei especial dotada de vigência provisória imediata. Assim, podem ser emendadas e, ao sancioná-las, pode o Presidente da República exercer em relação a elas o direito de veto'".[174]

IV. Propostas de modificação do instituto da Medida Provisória

Diante de tantos aspectos controvertidos a respeito das medidas provisórias, de natureza doutrinária e jurisprudencial, que refletem a discrepância entre a letra da norma e a forma como o instituto vem sen-

166. Caggiano, Monica Herman Salem, "Emendas em Medidas Provisórias", in *RDP* 93/142.

167. José Celso de Mello Filho, ob. cit., p. 10.

168. Pontes de Miranda, "Do processo legislativo", in Carlos Roberto Ramos, ob. cit., p. 125.

169. Cf. Carlos Roberto Ramos, ob. cit., p. 125.

170. Clèmerson Merlin Clève, *As Medidas Provisórias e a CF de 1988*, p. 84.

171. Ver discussão sobre o assunto no item 3.II.

172. Caio Tácito, ob. cit., pp. 54-55.

173. Neste sentido, Carlos Roberto Ramos, ob. cit., p. 126; Oscar Dias Corrêa, ob. cit., p. 132.

174. Giovani Clark, ob. cit., p. 160. A citação de Eros Grau, é da obra "Medidas Provisórias na Constituição de 1988", *RT* 658/241.

do utilizado pelo Poder Executivo e apreciado pelo Legislativo, diversas críticas e algumas propostas de solução, ou melhor, de fazer coerente o texto da lei com a prática que se tornou o uso das medidas provisórias, têm sido apresentadas.

Em artigo publicado recentemente, Saulo Ramos propõe como solução uma mudança constitucional no art. 62.[175]

Sua proposta vem em resposta ao Projeto de Lei apresentado pelo Ministro da Justiça, Nelson Jobim, segundo o qual o governo não poderá editar medidas provisórias que tratem de matérias de direito tributário e penal, orçamento, estruturação do Judiciário e Lei Complementar. O Presidente da República também não poderá editar medidas provisórias para tratar de temas que estão sendo discutidos pelo Congresso. O projeto ainda estabelece que o governo terá de demonstrar que tem urgência em tratar do assunto em pauta.

Saulo Ramos argumenta que o Projeto do Ministro Jobim é "complicado, inútil, chove no molhado", posto que adverte que o próprio Supremo Tribunal Federal já proíbe a veiculação de matéria penal em medida provisória, bem como matéria de lei complementar, que nem sequer pode ser objeto de delegação legislativa. Ainda, na sua opinião, "ninguém pode regular, por normas infraconstitucionais, o processo constitucional de legislação de urgência, posto que cada caso é um caso". O ex-Consultor-Geral da República sugere que se volte à experiência do decreto-lei, limitando as matérias, disciplinando o processo constitucional sobre decurso de prazo sem deliberação pelo Congresso, rejeição por maioria simples, direito a reedição, enquanto perdurar a urgência dos casos, e o estudo dos casos onde essa urgência se enquadra.

Adotando posição diversa, o advogado José Gomes Neto, em artigo publicado, transfere a solução para o Poder Judiciário: é o Judiciário quem tem que limitar o uso indiscriminado das medidas provisórias, fazendo valor a constitucionalidade, e não a inconstitucionalidade.[176]

Outra tentativa de moralização do instituto foi apresentada por Tércio Sampaio Ferraz Junior, que escreveu uma Proposta de mudança, via Emenda Constitucional, do art. 62. Sucintamente, a referida Proposta abrange as seguintes mudanças no texto original: a) propõem-se a substituição da palavra "relevância" pela palavra "necessidade": vez que relevância atende mais a critérios subjetivos do que objetivos, e necessidade considera um contexto da realidade em face de carências objetivas, cujas provas tornam-se mais exeqüíveis e de mais fácil julgamento; b) no *caput* do artigo foi sugerido que se acrescente a expressão "e desde que não haja aumento de despesa", consignando a preocupação de impedir a manipulação de recursos públicos orçamentários sem justificativa programática aprovada em termos de decisão legislativa complexa (fusão das vontades do executivo e legislativo); c) deseja-se adicionar à expressão força de lei no *caput* o termo "ordinária", para deixar clara a exclusão, de seu campo, de matéria reservada à lei complementar; d) sugeriu-se a possibilidade de renovação das medidas provisórias, tendo em vista seu caráter excepcional, possibilitando a renovação na mesma sessão legislativa, mas estabelecendo sua ineficácia *ex tunc,* se não convertida em lei; bem como proibiu-se a reedição da medida, mesmo com modificações, dentro do prazo de sua vigência; e) sugeriu-se a dilação do referido prazo de trinta para sessenta dias, sendo expressão de conveniência política; f) e, ainda, pretendeu-se que a medida provisória revogasse ou derrogasse leis anteriores, durante sua vigência, como forma de explicitar

175. Artigo publicado no *Jornal do Advogado*, n. 203/1995, pp. 7 e 8.

176. Artigo publicado no *Jornal do Advogado*, n. 203/1995, p. 9.

jurisprudência do Supremo Tribunal Federal.[177]

Com esta Proposta o jurista não pretende restringir as matérias objeto das medidas provisórias, visto que é do Presidente o julgamento quanto à aplicação dos critérios de natureza discricionária que presidem sua gênese, cabendo à doutrina e à jurisprudência fazer as devidas delimitações.

Ainda, outro entendimento, este aprovado pelo plenário do IAB, surgiu pela eliminação das medidas provisórias na Constituição de 1988. Argumenta-se sua absoluta incompatibilidade com o sistema jurídico vigente.[178]

Conclusão

O Prof. Celso Antônio Bandeira de Mello, tornando pública a sua indignação com o uso abusivo da medidas provisórias, em artigo publicado na *Revista Veja* de 8 de maio de 1996, diz: "Estamos vivendo em plena ditadura. Somos o único país do mundo que é governado por prestações mensais e sucessivas. Nem a ditadura militar deu tantos poderes ao ditador".

A mesma reportagem que veiculou o desabafo do citado Professor, constatou um fato: até o início de maio de 1996 foram editadas 1.425 medidas provisórias. A primeira MP, de número 1, assinada por Sarney, saiu no dia em que a Constituição foi promulgada. Também foi a primeira a ser reeditada. Itamar é o autor da MP mais reeditada, a de número 327, que trata da privatização. Já foi reeditada 35 vezes, a última no dia 12 de abril. Collor, em 15 de março de 1990, data da sua posse, baixou 22 medidas provisórias para sustentar o Plano Collor. Foi Collor também o primeiro a editar medida provisória sobre tema que o Congresso já havia rejeitado. Fernando Henrique fez o mesmo em maio de 1996 ao fixar contribuição previdenciária para inativos da União. Hoje, o Presidente Fernando Henrique Cardoso edita uma medida provisória a cada 19 (dezenove) horas.

O Supremo Tribunal Federal, quando do julgamento da ADIn 293-7/600 DF, em sessão plenária de 6 de junho de 1990, e por unanimidade, fixou no voto da lavra do então relator Min. Celso de Mello que a garantia – já expressamente admitida em decisão unânime proferida no julgamento da ADIn 37-3 DF (*DJ*, de 23.6.89) – da possibilidade de controle jurisdicional de constitucionalidade da medida provisória, mediante exercício da jurisdição difusa ou concentrada, para "evitar que o exercício *indiscriminado* dessa excepcional competência do Poder Executivo se converta numa prática legiferante ordinária e substitutiva dos procedimentos comuns de formação das leis" (*JSTF* 178/60).

Compete ao mesmo Supremo Tribunal Federal explicitar o que seja o tal "exercício indiscriminado". Como se sabe, o exercício jurisdicional só funciona quando expressamente provocado. A atividade jurisdicional não nasce *ex officio*.

Muito provavelmente o Supremo Tribunal Federal não daria conta, a par de todas as suas outras atividades judicantes, de julgar uma Ação Direta de Inconstitucionalidade para cada medida provisória editada fora dos parâmetros do artigo 62 da Carta Nacional.

A discrepância, portanto, entre a lei, o Executivo e o Judiciário existe. Tudo em detrimento dos cidadãos. Estes, quando buscam o Judiciário, no mais das vezes (ressalvados os citados casos de "perda de objeto" por causa das reedições, onde se decide por extinção do processo sem julgamento de mérito), não recebem resposta. Isto comprova que, afora o direto de voto, o único outro direito que pode con-

177. Proposta publicada pelo *IASP* em "Estudos para Revisão Constitucional de 1993", p. 39.

178. Artigo, entitulado "Pela eliminação das medidas provisórias na Constituição de 1988", publicado no *Boletim para divulgação das atividades do IAB – Folha do IAB*, Rio de Janeiro, jun./95, p. 1.

ter os abusos do Poder Executivo é o de acesso ao Judiciário, porque só ele é competente para dar a interpretação autêntica ao artigo 62 da Constituição Federal, o que não implica em dizer que a mesma tenha qualquer relação com a interpretação não autêntica e literal da norma.

Por oportuno, ressalte-se que o Congresso Nacional, quando da edição da recente Emenda Constitucional de n. 6, de 15 de agosto de 1995, incluiu o art. 246 no Título IX, "Das Disposições Constitucionais Gerais", instituindo que "é vedada a adoção de medida provisória na regulamentação de artigo da Constituição cuja redação tenha sido alterada por meio de emenda promulgada a partir de 1995". Trata-se de uma limitação constitucional para a edição de medidas provisórias.

Bibliografia

AARÃO REIS, Carlos David S., "Medida Provisória: Controle Jurisdicional de seus Pressupostos", *RTDP* 8/113.

BANDEIRA DE MELLO, Celso Antônio, *Curso de Direito Administrativo*, São Paulo: Malheiros Editores, 1995.

———, "Perfil Constitucional das Medidas Provisórias", *RDP* 95/32.

BASTOS, Celso, *Curso de Direito Constitucional*, São Paulo: Editora Saraiva, 1990, 12ª edição, reformulada de acordo com a Constituição Federal de 1988.

CAGGIANO, Monica Herman Salem, "Emendas em Medidas Provisórias", in *RDP* 93/142.

CANDIOTA, Telmo, "Medida Provisória e Plano Econômico", in *RDP* 94/168.

CARVALHO, Paulo de Barros, "Medidas Provisórias". in *RDP* 97/37.

CLARK, Giovani, *Revista de Informação Legislativa*, Brasília, a. 29, n. 113, jan./mar. 1992.

CLÈVE, Clèmerson Merlin, *As Medidas Provisórias e a CF de 1988*, Curitiba: Juruá Editora, 1991, p. 97.

———, *Atividade Legislativa do Poder Executivo no Estado Contemporâneo e na Constituição de 1988*, São Paulo: Editora Revista dos Tribunais, 1993.

CORREA, Oscar Dias, *A Constituição de 1988: Contribuição Crítica*, Rio de Janeiro: Ed. Forense Universitária, 1991.

DANTAS, Francisco Wildo Lacerda, "O Estado-de-Direito e as Medidas Provisórias", *RT* 654/256 – *Notas e Comentários*.

FERRAZ JUNIOR, Tércio Sampaio, *Interpretação e Estudos da Constituição de 1988*, São Paulo: Editora Atlas, 1990.

———, "O Judiciário frente à divisão dos poderes: um princípio em decadência?", in "Dossie do Judiciário", *Revista da USP*, p. 19.

FERREIRA FILHO, Manoel Gonçalves, "As Medidas Provisórias com Força de Lei", in *Repertório IOB de Jurisprudência*, n. 5, p. 89, ano 1989.

FIGUEIREDO, Marcelo, *A Medida Provisória na Constituição*, São Paulo, Editora Atlas, 1991.

GRAU, Eros Roberto, "Medidas Provisórias na Constituição de 1988", in *RT* 658/241.

GRECO, Marco Aurélio, *Medidas Provisórias*, São Paulo: Editora Revista dos Tribunais, 1991.

MÉLEGA, Luiz, "Medida Provisória: Conversão em lei, Promulgação e Publicação", in *Repertório IOB de Jursprudência*, 1ª quinzena de maio de 1992, n. 9/92.

MELLO FILHO, José Celso de, "As Medidas Provisórias no Sistema Constitucional Brasileiro", artigo publicado na *Revista de Osasco,* vol. 1.

RAMOS, Carlos Roberto, *Da Medida Provisória*, São Paulo: Livraria Del Rey Editora, 1994.

RAMOS, Saulo, "Medidas Provisórias", Parecer n. SR-92, de 21.6.89, da Consultoria Geral da República – *DOU* de 23.6.89, in *Repertório IOB de Jurisprudência*, n. 9, Suplemento Especial, 1989.

ROCHA, Valdir de Oliveira, "Caráter da Medida Provisória, com Força de Lei", in *Repertório IOB de Jurisprudência,* n. 23, ano 1988.

ROTHENBURG, Walter Claudius, "Medidas Provisórias e suas necessárias limitações", in *RT* 690/320.

SILVA, José Afonso da, *Curso de Direito Constitucional Positivo*, São Paulo: Malheiros Editores, 1994, 9ª edição revista e ampliada de acordo com a nova Constituição.

SUNDFELD, Carlos Ari, *Fundamentos de Direito Público*, São Paulo, Malheiros Editores, 1992.

TÁCITO, Caio, "Medidas Provisórias na Constituição de 1988", in *RDP* 90/55.

TEMER, Michel, *Elementos de Direito Constitucional*, São Paulo: Malheiros Editores, 1993, 10ª edição revista e aumentada.

VELLOSO, Carlos Mário da Silva, "Delegação legislativa – a legislação por associações". *RDP*, n. 90, pp. 179-188, abr/jun. 1989.

VIEIRA, Oscar Vilhena, *Supremo Tribunal Federal – Jurisprudência Política*, São Paulo: Editora Revista dos Tribunais, 1994.

WEISS, Fernando Leme, "Medidas Provisórias – Reedição (Responsabilidade do Executivo – Recusa no processamento – Descumprimento), in *RDP* 99/139-140.

CONFERÊNCIAS & DEBATES

REFORMA ADMINISTRATIVA E MARCO LEGAL DAS ORGANIZAÇÕES SOCIAIS NO BRASIL

As Dúvidas dos Juristas sobre o Modelo das Organizações Sociais[1]

PAULO MODESTO

Assessor Especial do Ministro da Administração Federal e Reforma do Estado
– Professor de Direito da Universidade Federal da Bahia.
– Membro do Instituto Brasileiro de Direito Administrativo, do Ministério Público e do Instituto de Advogados do Estado da Bahia

1. Reforma Administrativa e Reforma na Mentalidade Administrativa – O Papel dos Juristas. 2. As Dúvidas dos Juristas sobre as Organizações Sociais. 2.1.1. Organizações Sociais e Entidades Privadas de Utilidade Pública. 2.1.2. Serviços Privados de Interesse Público e Serviços Públicos. 2.1.3. Organizações Sociais e Terceirização: o caso do Sistema Único de Saúde (SUS). 3. Conclusão.

1. *Reforma administrativa e reforma na mentalidade administrativa – o papel dos juristas*

A reforma administrativa do aparelho do Estado no Brasil tem na introdução e alteração de normas no âmbito da Constituição da República e das leis do país uma de suas etapas necessárias. Porém, a *eficácia* da reforma administrativa está condicionada ainda a uma concomitante *reforma na mentalidade* dos agentes públicos. É indispensável para a efetiva implementação da reforma pretendida que os agentes administrativos superem o tradicional *vezo burocrático* que vem convertendo a Administração, nas palavras de Dromi,

1. Texto apresentado no II Congresso Interamericano sobre a Reforma do Estado e da Administração Pública promovido pelo CLAD – Centro Latinoamericano de Administración para el Desarrollo, realizado na Ilha de Margarita, Venezuela, em outubro de 1997. Um esboço preliminar do texto foi preparado para uma reunião de trabalho com a Assessoria Jurídica da Casa Civil da Presidência a República em 1.02.1996. Agradeço ao Prof. Caio Tácito as sugestões e os comentários enviados ao autor sobre o texto deste trabalho.

numa cara "máquina de impedir", fiel ao que o mesmo autor batizou como o "código do fracasso", que dispõe: "*artigo primeiro*: não pode; *artigo segundo*: em caso de dúvida, abstenha-se; *artigo terceiro*, se é urgente, espere; *artigo quarto*, sempre é mais prudente não fazer nada" (1995:35).

A reforma administrativa iniciada no Brasil guarda semelhança com outras reformas do Estado ocorridas em várias partes do mundo, conforme se pode observar nas experiências relatadas por Palazzo, Sésin e Lembeye no livro *La Transformación del Estado* (1992).

De fato, são aspectos comuns às diversas reformas contemporâneas do Estado:

a) aplicação de novas técnicas de coordenação de serviços e atividades entre esferas políticas diversas (consórcios intergovernamentais, acordos-programas, convênios de delegação ou descentralização);

b) estímulo à privatização de serviços econômicos competitivos sustentáveis em regime de mercado;

c) transferência de funções do poder central para entes intermediários e locais;

d) ampliação dos controles de produtividade e de economicidade, vale dizer, do resultado do trabalho administrativo (controles de eficiência);

e) fortalecimento da autonomia das entidades personalizadas da administração indireta;

f) incentivo à gestão direta pela comunidade de serviços sociais e assistenciais, fora do aparato burocrático do Estado, porém com apoio direto dele e com sua assistência permanente (organizações não governamentais, associações de utilidade pública, escolas comunitárias);

g) estímulo ao pessoal administrativo no desenvolvimento de atividades-fins, com a concomitante diminuição ou terceirização de atividades-meio, acompanhada de valorização das carreiras exclusivas de Estado, inclusive mediante adequação do padrão remuneratório ao mercado de trabalho;

h) capacitação de pessoal dirigente e criação de carreiras específicas para altos gestores;

i) elaboração do conceito de planejamento estratégico e fortalecimento dos setores administrativos responsáveis pela formulação de políticas públicas;

j) consolidação e simplificação de procedimentos e processos no interior da administração;

l) estímulo ao desenvolvimento de habilitações gerenciais flexíveis do pessoal administrativo, fator a ser considerado no próprio recrutamento, mediante a ampliação do grau de generalidade das atribuições contempladas nos cargos públicos;

m) definição de novas formas de responsabilização dos agentes públicos pela gestão administrativa;

n) adoção de programas de desregulamentação ou de simplificação da legislação (consolidação e codificação legislativa);

o) ampliação dos mecanismos de participação popular na atividade administrativa e de controle social da administração pública.

Essas tarefas, apenas mencionadas para formação de um *quadro simplificado de referência*, permitem também inferir os *objetivos práticos* que servem de *base finalista* aos projetos mais conhecidos de Reforma do Estado:

a) *objetivo econômico*: diminuir o *deficit* público, ampliar a poupança pública e a capacidade financeira do Estado para concentrar recursos em áreas em que indispensável a sua intervenção direta;

b) *objetivo social*: aumentar a eficiência dos serviços sociais oferecidos ou financiados pelo Estado, atendendo melhor o cidadão a um custo menor, zelando pela interiorização na prestação dos serviços e ampliação do seu acesso aos mais carentes;

c) *objetivo político*: ampliar a participação da cidadania na gestão da coisa pública; estimular a ação social comunitária; desenvolver esforços para a coordenação efetiva das pessoas políticas no implemento de serviços sociais de forma associada;

d) *objetivo gerencial*: aumentar a eficácia e efetividade do núcleo estratégico do Estado, que edita leis, recolhe tributos e define as políticas públicas; permitir a adequação de procedimentos e controles formais e substituí-los, gradualmente, porém de forma sistemática, por mecanismos de controle de resultados.

É manifesto que este amplo quadro de tarefas e objetivos somente é alcançável com a *ação cooperativa* dos envolvidos no processo de implementação das reformas, em especial com a colaboração dos *juristas*, responsáveis imediatos pela *interpretação do direito reformado*.

Nesse sentido, recorde-se Pontes de Miranda:

"Fez-se cânon da Crítica moderna ser-lhe indispensável a *simpatia*.

"Interpretar a lei não é só criticá-la é inserir-se nela, e fazê-la viver. A exigência, portanto, cresce de ponto, em se tratando de Constituição. *Com a antipatia não se interpreta – ataca-se; porque interpretar é pôr-se do lado que se interpreta, numa intimidade maior do que permite qualquer anteposição, qualquer contraste, por mais consentinte, mais simpático, que seja, do intérprete e do texto*. Portanto, a própria simpatia não basta. É preciso compenetrar-se do pensamento que esponta nas regras jurídicas escritas; e, penetrando-se nelas, dar-lhes a expansão doutrinária e prática, que é o comentário jurídico. Só assim se executa o programa do jurista, ainda que, de quando em vez, se lhe juntem conceitos e correções de *lege ferenda*" (1987:5) (grifo nosso).

Com efeito, parece possível interpretar e refletir sobre o que representa o programa das organizações sociais para a redefinição do modo de intervenção do Estado no âmbito social apenas se adotarmos uma *atitude de abertura*, de *ânimo desarmado*, negação da mentalidade burocrática antes referida, que desconfia do novo e o renega de plano, adulterando o seu sentido próprio a partir de antigos esquemas conceituais.

Na verdade, a atitude oposta à de abertura, a *atitude de bloqueio a priori*, é impensável e inaceitável entre juristas, que são *profissionais do diálogo*, acostumados a tratar cotidianamente com *novas demandas político-sociais*.

O saber dos juristas é um *saber de protagonistas*, pois mediante o discurso dos juristas são estabelecidas *decisões* ou *condições para a tomada de decisões jurídicas*. Enquanto a maior parte das ciências opera com um objeto dado, que o cientista pressupõe como uma unidade estável, o objeto do jurista é um objeto lingüístico, socialmente condicionado, que se elabora e apresenta ao domínio público mediante a *decisão interpretativa*, amplamente influenciada pelo instrumental elaborado pela ciência do direito. Esta é a razão de se dizer, não sem algum exagero, que o objeto do saber do jurista não é algo *dado* ao seu conhecimento, mas o *resultado* do seu labor.

Essa interferência da doutrina jurídica na definição e avaliação do direito vigente aumenta a *responsabilidade social* da dogmática jurídica e dos próprios juristas individualmente. Da dogmática jurídica, pois cabe-lhe estabelecer os limites do conhecimento jurídico válido (as condições de validação científica do labor dos juristas), restringindo o arbitrário interpretativo, estabelecendo métodos de trabalho que neutralizem ao máximo as puras inclinações subjetivas ou pessoais. Dos juristas, pois como agentes sociais que monopolizam o discurso técnico sobre as normas da coletividade, têm condições de antecipar as conseqüências negativas e positivas da aplicação das normas jurídicas aprovadas, propor novas pautas de solução de conflitos, bem como capacidade de enquadrar de forma argumentativa os novos conflitos no interior do direito já existente, enfraquecendo ou eliminando temporariamente conflitos. Sobre tema da *função social da dogmática jurídica*, v. Ferraz Jr. (1994:280-1; 1980:149 e ss.).

O desafio de pensar juridicamente as organizações sociais faz crescer de importância a vocação de protagonista dos juristas, pois estes são convidados a co-participar da constituição desta nova "figura jurídica", sem reservas e sem temor de pensar o novo.

2. *As dúvidas dos juristas sobre as organizações sociais*

São basicamente *duas* as dúvidas levantadas pelos juristas durante o processo de discussão do modelo de organizações sociais apresentado pelo Ministério da Administração Federal e Reforma do Estado do Brasil. A primeira, de caráter geral, diz respeito à própria identificação do que sejam as organizações sociais e o papel que cumpririam perante a administração pública. Em termos técnicos, ao fim e ao cabo, esta primeira indagação diz também sobre a *possibilidade* e *natureza jurídica* das organizações sociais. Discute-se aqui sobre se as organizações sociais desenvolveriam atividades de *serviço público* ou *atividades privadas*, sobre se constituiriam formas de *privatização de entes públicos*, bem como sobre quais os traços diferenciais que as apartariam das tradicionais *entidades privadas de utilidade pública*. Na segunda questão, de caráter especial, indaga-se sobre se será cabível a exigência de realização de *processo licitatório* para a cessão de bens e recursos públicos às entidades reconhecidas como organizações sociais, o *regime jurídico* do apoio que lhes emprestará o Poder Público, bem como sobre o que as distinguirá das entidades privadas que prestam serviços à Administração Pública mediante contratos de *terceirização*.

2.1 *Organizações sociais e entidades privadas de utilidade pública*

Não existe ainda uma definição legal das organizações sociais no plano federal no Brasil. O projeto elaborado pelo Poder Executivo Federal, em vias de ser enviado ao Congresso Nacional, conquanto não tenha ainda sido formalmente apresentado, foi copiado e tornado lei em diversos Estados da Federação (*v.g.*, Pará, Lei n. 5.980/96; Bahia, Lei n. 7.027/97). É importante saber que o projeto federal ao longo do tempo sofreu reformulações, de conteúdo e forma, que lhe alteraram profundamente a compostura, sem embargo de uma continuidade firme nos propósitos básicos. A última versão do projeto, apresentado em anexo a este trabalho, servirá de fundamento para as definições e afirmações adiante expostas.

Uma definição operacional das organizações sociais pode ser formulada nos termos seguintes. As organizações sociais são pessoas jurídicas de direito privado, sem fins lucrativos, voltadas para atividades de relevante valor social, que independem de concessão ou permissão do Poder Público, criadas por iniciativa de particulares segundo modelo previsto em lei, reconhecidas, fiscalizadas e fomentadas pelo Estado.

Em sentido abrangente, as organizações sociais representam uma *forma de parceria do Estado com as instituições privadas de fins públicos* (perspectiva *ex parte principe*) ou, sob outro ângulo, uma *forma de participação popular na gestão administrativa* (perspectiva *ex parte populi*).

No aspecto da parceria, as organizações sociais definem-se como *instituições do terceiro setor* (pessoas privadas de fins públicos, sem fins lucrativos, constituídas voluntariamente por particulares, auxiliares do

Estado na persecução de atividades de relevante interesse coletivo), pois possuem o mesmo *substrato material* e *formal* das tradicionais pessoas jurídicas privadas de utilidade pública. Não são um novo tipo de pessoa jurídica privada nem entidades criadas por lei e encartadas na estrutura da administração pública. São pessoas jurídicas estruturadas sob a forma de *fundação privada* ou *associação sem fins lucrativos*. Ser organização social, por isso, não significa apresentar uma estrutura jurídica inovadora, mas possuir um *título jurídico especial*, conferido pelo Poder Público em vista do atendimento de requisitos gerais de constituição e funcionamento previstos expressamente em lei. Esses requisitos são de *adesão voluntária* por parte das entidades privadas e estão dirigidos a assegurar a persecução efetiva e as garantias necessárias a uma *relação de confiança e parceria* entre o ente privado e o Poder Público.

A denominação *organização social* é um enunciado elíptico. Denominam-se sinteticamente organizações sociais as entidades privadas, fundações ou associações sem fins lucrativos, que usufruem do *título de organização social*.

Essa *qualidade jurídica* conferida pelo Poder Público faz incidir sobre as instituições reconhecidas um plexo de disposições jurídicas especiais, que asseguram vantagens e sujeições incomuns para as tradicionais pessoas jurídicas qualificadas pelo *título de utilidade pública*. Em qualquer dos dois títulos referidos, porém, dá-se um *plus* à personalidade jurídica das entidades privadas, que passam a gozar de benefícios especiais não extensíveis às demais pessoas jurídicas privadas (benefícios tributários e vantagens administrativas diversas). A todo rigor, portanto, nenhuma entidade é constituída como organização social. Ser organização social não se pode traduzir em uma *qualidade inata*, mas em uma *qualidade adquirida*, resultado de um *ato formal de reconhecimento* do Poder Público, *facultativo* e *eventual*, semelhante em muitos aspectos à *qualificação* deferida às instituições privadas sem fins lucrativos quando recebem o *título de utilidade pública*.

De fato, as organizações sociais são juridicamente entidades bastante semelhantes às tradicionais entidades privadas declaradas de utilidade pública, mas com elas não se identificam de modo completo. São *traços comuns* às duas entidades:

a) a iniciativa privada voluntária na sua criação e na sua constituição;

b) a existência de *limites* gerais à livre constituição e funcionamento dos órgãos de direção ou gerência como requisito para o exercício de ato posterior de reconhecimento ou qualificação;

c) a afetação a uma finalidade de interesse público ou socialmente relevante;

d) o recebimento de favores especiais, subsídios, isenções e contribuições do Estado;

e) a submissão a uma vigilância especial e a limitações de ordem administrativa que vão além do simples poder de polícia exercido sobre as demais pessoas privadas;

f) sujeição ao controle do Tribunal de Contas;

g) a necessidade de reconhecimento formal por parte do Estado, segundo um procedimento especial regulado em lei;

h) a destinação legal do patrimônio social a outra entidade de mesma natureza, em caso de extinção da entidade, não sendo permitido seja o patrimônio repartido entre os membros da instituição;

i) a submissão ao regime jurídico das pessoas de direito privado, com derrogações de direito público.

As organizações sociais, no entanto, apresentam também características especiais que as distinguem de modo parcial das tradicionais entidades privadas declaradas de utilidade pública. Em resumo, os *traços diferenciais* básicos são os seguintes:

a) os seus estatutos devem prever e adotar determinado *modelo* de *composição* para os seus órgãos de deliberação superior, inclusive prevendo a *participação necessária de representantes do Estado*, como *requisito* para permitir o ato posterior de qualificação pelo Poder Público;

b) o trespasse de bens e recursos públicos nelas está *condicionado* à assinatura de contratos de gestão com os órgãos competentes da administração pública federal;

c) o estatuto deve prever, também como um requisito da qualificação, *sujeição* da entidade à publicação anual no *Diário Oficial da União* do *relatório de execução* do acordo ou contrato de gestão (relatório gerencial das atividades desenvolvidas, apoiadas pelo Poder Público, e não apenas do relatório formal da contabilidade da entidade);

d) o estatuto deve prever, como requisito de qualificação, regras rígidas de reforma das finalidades sociais, bem como regras para a definição impessoal das regras a serem adotadas para a remuneração do pessoal da entidade e para o sistema de compras;

e) o estatuto ainda deve prever que a entidade estará sujeita a controle externo de resultados, periódico e *a posteriori*, realizado por comissão de avaliação composta por especialistas de notória qualificação, especialmente destinado à verificação do cumprimento do contrato ou acordo de gestão firmado com o Poder Público;

f) as entidades poderão utilizar bens materiais e recursos humanos de entidades extintas do Estado, desde que a extinção tenha sido realizada por lei específica;

g) as entidades poderão também absorver atividades e contratos de entidades extintas também quando autorizados por lei, bem como os seus símbolos designativos, desde que estes sejam seguidos obrigatoriamente do símbolo OS.

As diferenças e semelhanças entre as duas entidades são manifestas, mas indicam também ser possível identificá-las como *entidades do mesmo gênero*, ainda que inconfundíveis. As organizações sociais são entidades de utilidade pública *qualificadas* por *maiores restrições e maior vigilância do Estado*, no mesmo passo em que podem receber deste *maiores benefícios e vantagens incomuns* – embora não vedadas – às atuais entidades privadas de utilidade pública.

Algumas vantagens têm surpreendido os juristas, em especial a possibilidade prevista de haver absorção, pelas entidades qualificadas, de atividade e recursos de entidades estatais *extintas por lei específica* (*ex vi* do art. 37, XIX, da Constituição Federal e do princípio da "paridade das formas"). Os bens de entidade extinta de ordinário revertem ao patrimônio da União, mas poderá haver *permissão de uso* para as organizações sociais que recebam autorização legal especial para assumirem atividades e compromissos do ente extinto. Ainda que a vantagem dependa de fato duplamente eventual (a extinção do ente público e a falta de definição na lei específica de outro destino para o patrimônio ou os bens da entidade encerrada, por ex., doação a Estados e Municípios), alguns juristas tem retirado da hipótese *duas conclusões contrapostas ou contraditórias*. Para alguns, trata-se de benefício revelador de que as organizações sociais não passarão de *entidades estatais de administração indireta*, encobertas sob a forma de pessoas privadas, mas na verdade *veículos expressivos do Poder do Estado*. Para outros, trata-se de demonstração de que as organizações sociais nada mais são do que uma nova *forma de privatização*, de dissolução do patrimônio público, em detrimento do interesse coletivo. O equívoco é duplo.

As organizações sociais, no modelo proposto, não serão autarquias veladas, nem titularizarão qualquer espécie de *prerro-*

gativa de direito público. Não gozarão de *prerrogativas processuais especiais* ou *prerrogativas de autoridade*. Não estarão sujeitas a *supervisão* ou *tutela* da administração publica direta ou indireta, respondendo apenas pela execução e regular aplicação dos recursos e bens públicos vinculados ao *acordo ou contrato de gestão* que firmarem com o Poder Público. Não serão instituídas por lei nem custeadas na sua integridade, de modo necessário, pelo Poder Público. Serão entidades privadas *reconhecidas pelo Estado*, à semelhança das atuais entidades de utilidade pública, devendo sua constituição jurídica à *iniciativa voluntária* de indivíduos. *Não* serão *criaturas do Estado*, nem *sucessoras necessárias* de entidades públicas extintas. Podem ser reconhecidas ou qualificadas como tais *independentemente da extinção de qualquer ente público existente*. Quando forem autorizadas a assumirem, porém, atividades e prédios anteriormente ocupados por entidades extintas – benefício incomum hoje, mas não inconcebível para as próprias instituições tradicionais de utilidade publica –, mediante autorização legal específica, nem por isso deixarão de ser ou agir como pessoas privadas para transformarem-se em entes do Estado. Exemplo: suponha-se que uma Santa Casa de Misericórdia, instituição tradicionalíssima no Brasil de prestação de serviços de saúde e assistência social, aceite adaptar os seus estatutos ao modelo de constituição e demais obrigações previstas na lei, recebendo posteriormente o título de organização social, bem como a permissão de uso de prédio público ocioso anteriormente utilizado por hospital público, recursos públicos de apoio ou fomento etc., desde que assumisse metas e compromissos de realizar atividades especificadas num *acordo de gestão* com o Poder Público. Essa entidade estaria, por isso, transformada em mais uma autarquia, uma fundação pública, uma repartição burocrática? Não, é certo. Do mesmo modo que permaneceria com a mesma personalidade jurídica uma universidade privada que, mesmo sem receber benefício algum de qualquer ente público extinto, atendesse aos requisitos da lei das organizações sociais, recebesse o título, assumindo compromissos de atuação com o poder público com objetivo de obter uma inversão mais intensa ou regular de recursos públicos de fomento para atividades comunitárias que pretenda ampliar. O Poder Público teria novos instrumentos para afiançar a boa utilização dos recursos investidos na atividade social ampliada e a entidade privada novos meios de planejamento a longo prazo das atividades que realiza.

As organizações sociais tampouco serão forma de privatização de entes públicos. Privatização pressupõe uma *transferência de domínio*, isto é, o trespasse de um ente do domínio estatal para o domínio particular empresarial, uma *transação de natureza econômica e uma retração do Poder Público em termos de inversão de recursos e em termos quantitativos de pessoal*. No modelo das organizações sociais esses pressupostos não comparecem. Primeiro, porque o ato de qualificação de uma entidade como organização social independe de qualquer extinção prévia ou posterior de ente público. Segundo, porque quando as entidades qualificadas recebem prédios ou bens públicos como forma de apoio ou fomento por parte do Estado não ha transferência de domínio, mas simples permissão de uso, continuando os bens a integrar o patrimônio da União. Terceiro, porque os contratos ou acordos de gestão que o Estado firmar com as entidades qualificadas não terão nem poderão ter finalidade ou natureza econômica, convergindo para uma finalidade de natureza social e de interesse público, cuja realização obrigatoriamente não pode objetivar o lucro ou qualquer outro proveito de natureza empresarial. A relação entre as organizações sociais e o Poder Público deve ter fundamento numa ética da solidariedade e numa ética do serviço. Quarto, porque o Estado não apresentará qualquer retração financeira, patrimonial ou de pessoal quando vier a qualificar ou permitir o uso de bens públicos por organizações sociais. A instituição qualificada, pelo contrário, demandará do Poder Público apoios e subvenções, tendo em vista o objetivo comum de persecução do interesse público. O modelo das organizações sociais, assim, realiza-se como estratégia em tudo oposta à de privatização, assumindo claramente uma opção de recusa à aplicação da lógica do mercado nas atividades de natureza social.

Tanto as organizações sociais quanto as atuais entidades de utilidade pública podem ser descritas como entes privados que colaboram com a Administração, mas que com ela não se identificam. Fala-se então em "descentralização por colaboração" (Andréa Ferreira, 1972:62) e em "descentralização social da administração" (Moreira Neto: 1989:98). Com estas expressões enfatizam os autores que essas entidades, conquanto privadas, possuem atuação "pública", "pública não estatal", "para-estatal", "de interesse coletivo", "de realização do bem comum", que as aproximam, como parceiras privilegiadas, da Administração Pública.

Moreira Neto (1989:98), já ao lume da Constituição Brasileira de outubro de 1988, averbava:

"A descentralização social consiste em retirar do Estado a execução direta ou indireta de atividades de relevância coletiva que possam ser cometidas a unidades sociais já existentes, personalizadas ou não, como a família, o bairro, as agremiações desportivas, as associações profissionais, as igrejas, os clubes de serviço, as organizações comunitárias etc., mediante simples incremento de autoridade e institucionalização jurídica adequada, de modo a que possam promover, elas próprias, sua execução.

"Essas unidades, também denominadas de entidades de cooperação, receberiam tais atribuições a partir de *leis específicas e de atos administrativos concretos de reconhecimento*, modalidade assemelhada à autorização e à permissão. *Tratam-se de institutos ainda em desenvolvimento, mas que têm seu lugar garantido numa sociedade dinâmica e participativa*" (grifo nosso).

As organizações sociais, em verdade, podem ser percebidas pela Administração Pública como *entidades privadas de cooperação*, mas divergimos, com respeito e temor, de qualificá-las como forma de "descentralização". Nisto modificamos entendimento que também sustentamos no passado. A rigor, tecnicamente, fala-se em *descentralização* ou, mais precisamente, *descentralização por colaboração* quando o particular atua em *atividades reservadas* ou *exclusivas do Poder Público*, sob o regime jurídico público. No domínio destas atividades, algumas podem ter sua execução *delegada* ao particular, sob as formas de *concessão, permissão ou autorização de serviço* (art. 175 da Constituição da República). No entanto, nas áreas ou atividades em que a atuação do Poder Público é expressa pelo simples "poder de polícia", uma vez que a Constituição da República reconhece a *ação autônoma* e *em nome próprio* dos particulares (ensino, saúde, pesquisa, desporto, pesquisa etc.), parece descabido falar em *delegação, descentralização* ou *transferência de execução de atividade*. Não faz sentido falar-se em transferência de funções, doutrina Cassagne, nas atividades exercidas por particulares de *iure proprio* (1994:24).

As organização sociais, por todo o exposto, são organizações especialmente vocacionadas a travar parcerias com o Poder Público para atividades de interesse coletivo. A idéia de parceria, como se sabe, é uma *idéia-força* deste final de século. Fala-se em parceria atualmente em quase todos os ramos do direito. No direito internacional, as nações fortalecem laços estratégicos, econômicos e políticos, firmando *parcerias regionais* (Mercosul, Nafta, União

Européia); no direito do trabalho, mecanismos de participação dos empregados nos lucros da empresa dão os primeiros passos no que se tem denominado *parceria entre empregadores e empregados*; no direito administrativo, renascem as concessões e permissões de serviço público como formas de parceria dos particulares com o Estado em áreas estratégicas de *natureza econômica*. Fora da esfera da ordem econômica, inclusive na âmbito dos direitos sociais, a parceria entre particulares e o Estado até o momento ressente-se de melhor institucionalização e aperfeiçoamento.

A insuficiente institucionalização da matéria tem como um dos seus principais fundamentos o caráter excessivamente lacônico da legislação básica sobre declaração de utilidade pública no Brasil. A legislação vigente no plano federal, por exemplo, trata indiferentemente todos os diversos tipos de associações e fundações sem fins lucrativos. Não diferencia o que denominamos *entidades de favorecimento mútuo* ou de *fins mútuos* (dirigidas a proporcionar benefícios a um círculo restrito ou limitado de sócios, inclusive mediante a cobrança de contribuições em dinheiro, facultativas ou compulsórias) e as *entidades de fins comunitários* (dirigidas a oferecer utilidades concretas ou benefícios especiais à comunidade de um modo geral, sem considerar vínculos jurídicos especiais, quase sempre de forma gratuita). A ambas confere o título, autorizando um tratamento mais benéfico por parte da Administração (renúncia fiscal, previsão de subvenções sociais, contratação direta etc.), deixando ainda de prever qualquer forma mais efetiva de controle de resultados (Pereira Júnior, 1973:90; Oliveira, 1996:64-8). Este caráter indiferenciado da referência às entidades e a debilidade do sistema de controle tem estimulado abusos importantes e fomentado a desconfiança em atividades e relações de parceria em que este é um valor fundamental (ex. escândalo do orçamento). Consideramos, porém, que o *modelo das organizações sociais é uma das respostas possíveis a este impasse*, pois apenas estimula a criação de *entidades de fins comunitários*, auto e hetero-limitadas para a *persecução objetiva de fins coletivos* (exigência de regras impessoais para compras e plano de salários; existência de colegiado superior composto por fundadores, personalidades da comunidade e representantes do poder público; previsão de auditorias gerenciais e controle de resultados; fomento público condicionado à assinatura de contrato ou acordo de gestão com o Poder Público, definidor de metas e tarefas a cumprir; responsabilização direta dos dirigentes pela regular utilização dos recursos públicos vinculados ao acordo de gestão, entre outras garantias atualmente não exigidas para o deferimento do título de utilidade pública para as entidades privadas sem fins lucrativos).

De outra parte, vale insistir que essas formas de cooperação privada e parceria com o Poder Público, de importância crescente na sociedade complexa dos nossos dias, estão diretamente vinculadas à idéia de *participação popular na esfera pública*. São "fórmulas cooperativas de participación", na expressão sintética de Entería e Fernandes (1989:78 e ss.). Estes autores, dissertando sobre o tema, afirmam ser este modo de atuação participativa *mais intenso* do que os demais conhecidos, uma vez que "no se refiere a actuaciones aisladas sino a conductas permanentes institucionalizadas", realizadas "mediante la creación por los cidadanos de organizaciones especiales", vocacionadas a "fines de interés general" (1989:86). Trata-se de modalidade de participação popular consentânea com o princípio fundamental da *cidadania* (art. 1º, II, da Constituição da República), fundamento do *Estado Democrático de Direito*. Entre os dispositivos constitucionais que a contemplam *diretamente* podemos indicar os seguintes:

"*Art. 199*. A assistência à saúde é livre à iniciativa privada.

§ 1º. As *instituições privadas* poderão *participar* de forma complementar do sistema único de saúde, segundo diretrizes deste, mediante contrato de direito público ou convênio, *tendo preferência as entidades filantrópicas e as sem fins lucrativos*.

Art. 204. As *ações governamentais na área da assistência social* serão realizadas com *recursos do orçamento da seguridade social*, previstos no art. 195, além de outras fontes, e organizadas com base nas seguintes diretrizes:

I – descentralização político-administrativa, cabendo a coordenação e as normas gerais à esfera federal e a coordenação e a *execução* dos respectivos programas às esferas estadual e municipal, *bem como a entidades beneficentes e de assistência social*;

Art. 205. A *educação*, direito de todos e dever do Estado e da família, será *promovida e incentivada com a colaboração da sociedade*, visando ao pleno desenvolvimento da pessoa, seu preparo para o exercício da cidadania e sua qualificação para o trabalho.

Art. 213. Os *recursos públicos* serão destinados às escolas públicas, podendo ser dirigidos a *escolas comunitárias*, confessionais ou *filantrópicas*, *definidas em lei*, que:

I – *comprovem finalidade não lucrativa e apliquem seus excedentes financeiros em educação*;

II – *assegurem a destinação de seu patrimônio a outra escola comunitária, filantrópica ou confessional, ou ao poder público, no caso de encerramento de suas atividades*.

Art. 216. (...)

§ 1º. O poder público, *com a colaboração da comunidade*, promoverá e protegerá o patrimônio cultural brasileiro, por meio de inventários, registros, vigilância, tombamento e desapropriação, e de outras formas de acautelamento e preservação.

(...)

Art. 227. É dever da família, *da sociedade* e do Estado assegurar à criança e ao adolescente, com absoluta prioridade, o direito à vida, à saúde, à alimentação, à educação, ao lazer, à profissionalização, à cultura, à dignidade, ao respeito, à liberdade e à convivência familiar e comunitária, além de colocá-los a salvo de toda forma de negligência, discriminação, exploração, violência, crueldade e opressão.

§ 1º O Estado promoverá programas de assistência integral à saúde da criança e do adolescente, admitida a *participação de entidades não governamentais* e obedecendo aos seguintes preceitos:

(...)."

Outras *disposições constitucionais* referem de forma *reflexa* esta mesma forma de colaboração de entidades particulares com a administração pública, a saber: (1) *igrejas* (arts. 19, I – colaboração, de interesse público, com a União, Estados, Distrito Federal e Municípios; art. 226, § 2º, celebração do casamento religioso com efeito civil; art. 213, escolas confessionais); (2) *instituições privadas de educação* (art. 150, VI, *c* – imunidade tributária, desde que sem fins lucrativos); (3) *instituições de assistência social beneficentes ou filantrópicas* (art. 150, VI, *c* – imunidade tributária, desde que sem fins lucrativos; art. 195, § 7º – isenção de contribuição para a seguridade social); (4) *terceiros e pessoas físicas e jurídicas de direito privado na área da saúde* (art. 197 – declaração de relevância pública das ações e serviços de saúde pelos mesmos executados); (5) *organizações representativas da população* (art. 30, X – cooperação no planejamento municipal; art. 58, II – participação de audiências públicas de comissões do Poder Legislativo); (6) *serviços notariais e de registros* (art. 236, e §§ – serviços privados mas por delegação do poder público); (7) *entidades privadas em geral* – art. 74, II (cabe ao sistema de controle interno integrado dos Poderes Legislativo, Executivo e Judiciário a comprovação da *legalidade* e avaliação dos resultados, também quanto à *eficácia* e *eficiência*, da *aplicação de recursos públicos por entidades de direito privado*).

Essas disposições revelam a extensão que tomou a cidadania participativa e a parceria público-privado na Constituição de 1988, assinalando ainda algumas das diversas modalidades de estímulo utilizadas pelo Estado para atrair e premiar a colaboração de entidades privadas em atividades de acentuada relevância social: (a) *imunidade tributária* (art. 150, VI, "c", art. 195, § 7º e art. 240); (b) *trespasse de recursos públicos* (art. 204, I; art. 213; art. 216, § 3º, art. 61, ADCT); (c) *preferência na contratação e recebimento de recursos* (art. 199, § 1º, *in fine*).

A mesma orientação foi seguida pela *legislação ordinária*. A Lei n. 8.666, de 21.6.93, por exemplo, reza no seu art. 24, *verbis*:

"*Art. 24*. É dispensável a licitação:

XIII – na contratação de *instituição nacional sem fins lucrativos*, incumbida regimental ou estatutariamente da *pesquisa, do ensino ou do desenvolvimento institucional, científico ou tecnológico*, desde que a pretensa contratada detenha inquestionável reputação ético-profissional;

XX – na contratação de *associação de portadores de deficiência física, sem fins lucrativos e de comprovada idoneidade*, por órgãos ou entidades da Administração Pública, para a prestação de serviços ou fornecimento de mão-de-obra, desde que o preço contratado seja compatível com o praticado no mercado."

A Lei Orgânica da Assistência Social, Lei n. 8.742, de 7.12.93, dispõe sobre amplo mecanismo de cooperação dos particulares nos projetos prioritários de assistência social, reconhecendo expressamente no art. 26 três categorias participantes do sistema de cooperação: organismos governamentais, não governamentais e da sociedade civil, *verbis*:

"*Art. 26*. O incentivo a projetos de enfrentamento da pobreza assentar-se-á em mecanismos de articulação e de participação de diferentes áreas governamentais e em sistema de cooperação entre organismos governamentais, não governamentais e da sociedade civil."

Nesta nova ordem de idéias, tem-se que o Estado não deve nem tem condições de *monopolizar* a prestação direta, executiva, dos serviços públicos e dos serviços de assistência social de interesse coletivo. Estes podem ser geridos ou executados por outros sujeitos, públicos ou privados, inclusive *públicos não estatais*, como associações ou consórcios de usuários, fundações e organizações não governamentais sem fins lucrativos, sempre sob a fiscalização e supervisão imediata do Estado. Poderão ainda ser operados em regime de co-gestão, mediante a formação de consórcios intergovernamentais ou entre o poder público e pessoas jurídicas privadas. O Estado deve permanecer prestando-os diretamente quando não encontre na comunidade interessados que os efetivem de modo mais eficiente ou econômico ou quando razões ponderáveis de justiça social ou segurança pública determinem sua intervenção. Não prover diretamente não quer dizer tornar-se irresponsável perante essas necessidades sociais básicas. Não se trata de reduzir o Estado a mero ente regulador. O Estado apenas regulador é o Estado Mínimo, utopia conservadora insustentável ante as desigualdades das sociedades atuais. Não é este o Estado que se espera resulte das reformas em curso em todo o mundo. O Estado deve ser regulador e promotor dos serviços sociais básicos e econômicos estratégicos. Precisa garantir a prestação de serviços de saúde de forma universal, mas não deter o domínio de todos os hospitais necessários; precisa assegurar o oferecimento de ensino de qualidade aos cidadãos, mas não estatizar todo o ensino. Os serviços sociais devem ser fortemente financiados pelo Estado, assegurados de forma imparcial pelo Estado, mas não necessariamente realizados pelo aparato do Estado. Neste contexto, crescem de importância os denominados entes "públicos não-estatais" (Bresser Pereira, 1996:285-87; 1997:25-31; Cunil Grau, 1996: 126-137)

A palavra *público*, é certo, vem utilizada nesta expressão no sentido *teleológico* de toda atividade que alcança, afeta ou interessa a todos ou à maioria e não no sentido de um determinado *regime jurídico*. É público, ainda neste sentido material, a atividade ou o produto da atividade que é tornada acessível à maioria. Por oposição, *privado* é o que é destinado a poucos ou a um só, reservado a poucos, inacessível à maioria. (Bobbio, 1987:13-31).

Na doutrina internacional do direito administrativo vem se acentuando o emprego da palavra público nesta acepção – sem embargo de sua utilização técnica para referir o regime jurídico próprio do Estado e de seus delegados. Exemplo disto vemos em Dromi (1991:6):

"La administración es pública. No es solamente ejecutiva ni únicamente estatal, sino que es más que estatal. La Administración Pública es el género y la estatal una de las especies. Lo público no está solamente en manos del Estado. El Estado no es el único dueño y soberano de lo público, pues en la 'administración de lo público', deben participar, también, los cuerpos intermedios que comprenden a las corporaciones profesionales, los sindicatos, los consorcios públicos, las cooperativas públicas, los concesionarios de servicios públicos, las universidades privadas y otros modelos organizativos que crea la sociedad, en función del pluralismo social, para que detenten la defensa del interés de algunos que, junto al de los demás, es el interés de todos."

Para este autor, a atuação de particulares em atividades de fins públicos deve ser estimulada intensamente na denominada "democracia participativa", uma vez ultrapassada a fase da democracia meramente representativa:

"No se puede pretender que el Estado monopolice la atención de todas las necesidades colectivas. El crecimiento cuantitativo y cualitativo de las mismas, propio de la complejidad vital moderna, requiere una participación más activa de los cuerpos intermedios en el quehacer de la Administración Pública. (...) La democracia, como forma civilizada de vivir, aspira a la realización plena del hombre en libertad, para ello exige una 'participación integral', no sólo política ni política simplemente electoralista, sino también administrativa, económica y social. El hombre debe ser 'partícipe' de la gestión pública en sus distintos niveles institucionales" (1995:82).

Não há, portanto, impedimento constitucional algum à assunção por particulares de tarefas e missões de interesse social em colaboração com a administração pública. Desde de que cumpridos requisitos de salvaguarda do interesse público, mais intensos e onerosos quanto mais ampla for a transferência de encargos e recursos, a cooperação é lícita e até mesmo estimulada pela Constituição da República.

Sem embargo do exposto, essa forma de atuação direta dos particulares, ou de entes privados, na gestão direta de serviços ofertados ao público, alguns até prestados concomitantemente pelo Estado, não nos deve levar a confundir duas situações jurídicas completamente distintas, a saber, a dos *serviços privados de interesse público* e a dos *serviços públicos*.

2.1.2 Serviços privados de interesse público e serviços públicos

Não basta prestar *serviços ao público*, inclusive sem objetivo de lucro, para ingressar na categoria jurídica de *serviço público*.

Bandeira de Mello (1995:418), ensina com precisão:

"Dentre o *total* de atividades ou serviços suscetíveis de serem desenvolvidos em uma sociedade alguns são públicos e outros privados.

"Para separar uns dos outros, identificando aqueles que o Estado pode colocar debaixo do regime de direito público (serviços públicos), temos que nos valer de *duas ordens de indicações* contidas no Texto Constitucional.

"A primeira delas é a de que certas atividades a própria Carta Constitucional definiu como serviços públicos: *alguns deles em todo e qualquer caso* e outros *deles apenas quando prestados pelo Estado*; pois ou (a) entregou-os expressamente à responsabilidade *privativa* do Estado, ora devendo ser prestados *exclusivamente* por ele ou por empresa sob controle acionário estatal, caso dos arrolados no art. 21, X e XI, ora cabendo sua prestação quer ao Estado, quer a terceiro, mediante autorização, concessão ou permissão, caso dos previstos no inciso XII do mesmo art. 21; ou então (b) previu-os como serviços incluíveis na categoria de serviços públicos, *quando prestados pelo Estado*. É o caso dos serviços: (I) de saúde, conforme previsão do art. 196 ("dever do Estado"), os quais, entretanto, também estão entregues à livre iniciativa como estabelece o art. 199 ("A assistência à saúde é livre à iniciativa privada"), sendo de todo modo qualificados como "serviços de relevância pública" (art. 197, primeira parte), e (II) educação, *ex vi* do art. 205 ("dever do Estado"), inobstante também eles estejam entregues à livre iniciativa, a teor do art. 209 ("O ensino é livre à iniciativa privada, atendidas as seguintes condições: I – cumprimento das normas gerias da educação nacional; II – autorização e avaliação de qualidade pelo Poder Público").

"Estes últimos, de conseguinte, *não serão serviços públicos quando desempenhados por particulares*, uma vez que a Carta Magna não limitou a prestação deles ao Estado ou a quem lhe faça as vezes. Segue-se que o Estado jamais poderia pretender outorgá-los em concessão a alguém, sob pena de ferir os direitos de prestá-los que assistem às demais pessoas que preencham os requisitos legais necessários à comprovação de suas habilitações" (grifos do Autor).

Segue-se que não podem ser nomeadas de *serviço público* atividades desempenhadas por particulares ou por pessoas de direito privado, ainda quando afetem relevantes interesses coletivos, se não foram reservadas pela Constituição da República ou por leis ordinárias ao Estado ou aos seus delegados.

Como referido, algumas atividades são exercidas sob o regime próprio do *serviço público* apenas quando "prestadas pelo Estado" (ex. saúde, educação, pesquisa científica, defesa do patrimônio ambiental). Exercidas por particulares, com ou sem fins lucrativos, não se sujeitam ao regime do *serviço público*, mas ao regime típico das pessoas privadas, o que muitas vezes lhes confere maior agilidade ou presteza no atendimento dos seus objetivos sociais.

2.1.3 Organizações sociais e terceirização: o caso do sistema único de saúde

As organizações sociais também não se confundirão com entidades que prestam serviços para a administração segundo o regime que se convencionou denominar *terceirização*. A disciplina constitucional e legal do Sistema Único de Saúde (SUS) permite uma demonstração dessa afirmação.

Como se sabe, a Constituição brasileira assegura que a saúde é um *direito de todos* e um *dever do Estado* (art. 196). Ao prever tratar-se de um *dever do Estado* obriga o estatuto maior a que o Estado *garanta o direito à saúde* e não que ofereça diretamente e de forma exclusiva o atendimento a todos os brasileiros. Por isso, logo adiante, a lei fundamental enuncia que "são de relevância pública as ações e serviços de saúde, cabendo ao poder público dispor, nos termos da lei, sobre sua regulamentação, fiscalização e controle, devendo sua execução ser feita diretamente ou através de terceiros e, também, por pessoa física ou jurídica de direito privado" (art. 197). A assistência à saúde é declarada expressamente atividade *livre à iniciativa privada* (art. 199, *caput*).

As *ações e serviços públicos de saúde*, integrados em termos nacionais, recebem a denominação de *Sistema Único de Saúde* (SUS) (art. 198). No entanto, mesmo o Sistema Único de Saúde não repele a ação privada na execução de ações e serviços, prevendo, expressamente, a participação da iniciativa privada, em caráter complementar, com *preferência para as entidades filantrópicas e as sem fins lucrativos* (art. 199, §1º, da Constituição; art. 4º, § 2º, da Lei n. 8.080, de 19 de setembro de 1990).

A *participação da comunidade* é também princípio expresso do Sistema Único de Saúde (art. 198 da Constituição; art. 7º, VIII, da Lei n. 8.080, de 19 de setembro de 1990). Essa participação privada, porém, não pode dizer respeito a formas de parceria exercidas mediante concessão ou permissão de serviço público por duas razões já mencionadas. Em primeiro lugar, porque as ações e serviços de assistência à saúde são livres à iniciativa privada (art. 199, *caput*, da Constituição da República), não constituindo atividade exclusiva de Estado, passível de delegação executiva em sentido próprio. Em segundo lugar, porque a concessão e permissão de serviço incidem sobre atividades econômicas, onerosas, financiadas pelos próprios particulares usuários mediante tarifas (art. 175 da Constituição). No Sistema Único de Saúde as ações e serviços não apresentam natureza econômica e são oferecidos de forma universal e gratuita.

Ora, a Constituição Federal prevê que "as instituições privadas poderão participar de forma complementar do sistema único de saúde, segundo diretrizes deste, mediante *contrato de direito público* ou *convênio*, tendo preferência as entidades filantrópicas e as sem fins lucrativos" (grifo nosso). *Contrato* e *convênio* são ambos acordos de vontades, distinguindo-se basicamente pela natureza dos interesses de ambas as partes. No contrato, os interesses são de regra antagônicos ou contraditórios; no convênio, os interesses são comuns ou convergentes. É evidente que a Constituição da República, na norma referida, pretendeu distinguir entre dois modos de prestação de serviços de saúde por particulares. No primeiro, mediante a referência ao instrumento do contrato, admite a *terceirização*, vale dizer, a contratação de particular empresário, com vistas ao desempenho de atividades-meio na área de saúde financiada pelo Estado. Esta prestação de serviço, é certo, revestida de caráter empresarial e lucrativo, exige prévia licitação. No segundo modo, mediante a referência ao instrumento do convênio, admite a lei maior a colaboração de entidades sem fins lucrativos, com interesses coincidentes com a administração pública, não sendo cogitada remuneração pela gerência do serviço nem reciprocidade de obrigações e, portanto, de licitação (Di Pietro, 1996:109 e 117). Na hipótese de contrato, pelo caráter próprio da terceirização, não há prestação global do serviço de saúde, mas sim atuação em simples *atividades operacionais* ou *ancilares* (serviços de vigilância, manutenção, limpeza, transporte, seguro etc.). Na hipótese de convênio, o que se pode estender também para a figura de acordo impropriamente denominada "contrato de gestão", não há impedimento à execução global do serviço pelo particular, pois trata-se de atividade livre à ação privada, fomentada ou financiada pelo Estado, mas não titularizada por ele. Pode-se, portanto, a partir da própria Constituição, apartar as duas figuras referidas, evitando mais uma espécie de incompreensão.

3. Conclusão

As organizações sociais representam uma nova estratégia de estimular parcerias de entidades privadas sem fins lucrativos com o Poder Público em serviços sociais livres à ação privada, fomentando a participação cidadã voluntária na esfera pública. Não podem ser superestimadas nem subestimadas como respostas conseqüentes à crise do aparelho do Estado no âmbito da prestação dos serviços sociais. O Estado com elas não se despede da responsabilidade de assegurar e garantir os direitos sociais básicos. O Estado continuará regulador e promotor de serviços sociais, contando porém com mecanismos de parceria renovados, ampliando a sua capacidade de direta ou indiretamente assegurar a fruição dos direitos sociais fundamentais.

As organizações sociais não consistirão em um novo tipo de pessoa jurídica, pois serão constituídas segundo as mesmas formas de constituição formal das tradicionais fundações ou associações sem fins lucrativos. Mas representarão uma "inovação institucional", porquanto desencadearão um marco legal amplamente inovador quanto ao modo de relacionamento entre o Estado e as instituições sem fins lucrativos de relevância social. Este marco legal, referido em detalhe no corpo do trabalho, vincula as organizações sociais a normas que, por um lado, estabelecem um regime de maiores restrições e maior vigilância do Estado se comparado ao atual regime jurídico aplicável às tradicionais entidades privadas de utilidade pública e, por outro, assegura-lhes também maiores benefícios e vantagens. Esse fato revela que a denominação organização social é uma expressão elíptica. Denominam-se sinteticamente organizações sociais as entidades privadas, fundações ou associações sem fins lucrativos, que usufruem do título de organização social. Este título é conferido por um ato formal de reconhecimento do Poder Público, semelhante em muitos aspectos à qualificação deferida às instituições privadas sem fins lucrativos quando recebem o título de utilidade pública.

As organizações sociais contribuirão ainda para o preenchimento de uma grave lacuna da legislação referente à concessão de títulos de utilidade pública, pois permitirão pela primeira vez uma diferenciação nítida entre entidades sem fins lucrativos dirigidas ao atendimento de demandas sociais de forma comunitária e impessoal e entidades de favorecimento mútuo (clubes, agremiações), sem fins lucrativos também, mas orientadas ao oferecimento de vantagens ou benefícios exclusivos a grupos delimitados de sócios ou clientes.

A polêmica suscitada com o modelo das organizações sociais produziu uma série de conceitos equívocos e mal fundamentados sobre a própria natureza jurídica das entidades qualificadas. Esta identificação equívoca das organizações sociais pode produzir danos irreversíveis ao modelo, pois dela depende o reconhecimento do próprio regime jurídico a que se submeterão essas entidades. O texto tenta demonstrar o erro de confundir, por um lado, as organizações sociais com os entes da administração indireta do Estado e, por outro, com mecanismos de privatização ou terceirização de serviços públicos. Neste esforço de clarificação foram tratados temas diversos, como a distinção entre serviços privados de interesse público e serviços públicos, bem como referidas diversas normas constitucionais brasileiras relacionadas ao tema da parceria do Estado com as entidades sem fins lucrativos. Em todos esses temas, porém, os juristas são convocados a interferir como protagonistas, co-participando da tarefa de construção de uma nova mentalidade administrativa. Espera-se que doravante com alguma maior simpatia, pois como enuncia Pontes de Miranda, em trecho citado neste trabalho, "com a antipatia não se interpreta – ataca-se".

Brasília, 10 de setembro de 1997.

Bibiliografia

BANDEIRA DE MELLO, Celso Antônio. *Curso de Direito Administrativo*, 7ª ed., São Paulo, Malheiros Editores, 1995.

BOBBIO, Norberto. *Estado, governo, sociedade: para uma teoria geral da política*, trad. de Marco Aurélio Nogueira, Rio de Janeiro, Ed. Paz e Terra, 1987.

BRESSER PEREIRA, Luiz Carlos. *Crise Econômica e Reforma do Estado no Brasil: para uma nova interpretação da América Latina*, trad. de Ricardo Ribeiro e Martha Jalkauska, São Paulo, Ed. 34, 1996.

_______. "A Reforma do Estado nos anos 90: Lógica e Mecanismos de Controle", in *Cadernos MARE de Reforma do Estado*, n. 1, Brasília, Ministério da Administração Federal e Reforma do Estado, 1997.

CASSAGNE, Juan Carlos. *La Intervención Administrativa*, 4ª ed., Buenos Aires, Abeledo-Perrot, 1994.

CUNILL GRAU, Nuria. "A rearticulação das relações Estado-sociedade: em busca de novos significados", in *Revista do Serviço Público*, ano 47, v. 120, n. 1, jan.-abr., 1996.

DI PIETRO, Maria Sylvia Zanella. *Parcerias na Administração Pública*, São Paulo, Ed. Atlas, 1996.

DROMI, Roberto. *Reforma del Estado y Privatizaciones*, tomo I. Buenos Aires, Editorial Astrea, 1991.

_______. *Derecho Administrativo*, 4ª ed., Buenos Aires, Ediciones Ciudad Argentina, 1995.

ENTERRÍA. Eduardo García e FERNÁNDES, Tomás-Ramón. *Curso de Derecho Administrativo*, tomo II, 2ª ed., Madrid, Editorial Civitas, 1989.

FERRAZ JR., Tércio Sampaio. *Função Social da Dogmática Jurídica*, São Paulo, Ed. Revista dos Tribunais, 1980.

_______. *Introdução ao Estudo do Direito: técnica, decisão, dominação*. 2ª ed. São Paulo, Atlas, 1994.

FERREIRA, Sérgio de Andréa. *Lições de Direito Administrativo*, Rio de Janeiro, Ed. Rio, 1972.

MIRANDA, Pontes de. *Comentários à Constituição de 1967, com a Emenda n. 1 de 1969*, tomo I, Rio de Janeiro, Ed. Forense, 1987.

MOREIRA NETO, Diogo de Figueiredo. *Curso de Direito Administrativo*, 8ª ed., Rio de Janeiro, Ed. Forense, 1989.

OLIVEIRA, Anna Cyntia. *Construindo um Marco Regulatório para a Consolidação do Setor Privado não Lucrativo e de Fins Públicos no Brasil*, Estudo elaborado a pedido do Conselho Comunidade Solidária, Brasília, original mimeografado, nov. 1996.

PALAZZO, José Luis, SESÍN, Domingo Juan e LEMBEYE, Víctor Armando Rolón. *La Transformación del Estado*, Buenos Aires, Ediciones Depalma, 1992.

PEREIRA JR., Jessé Torres. "A utilidade pública de associações privadas e das fundações de menores", in *Arquivos do Ministério da Justiça*, Ano XXX, junho, 1973, n. 126.

ANEXO
MINUTA DE ANTEPROJETO DE LEI

Projeto de Lei nº................, de .... de .... de 1997.

Dispõe sobre a qualificação de entidades como Organizações Sociais, a criação do Programa Nacional de Publicização e dá outras providências.

O Congresso Nacional decreta:

Capítulo I
Das Organizações Sociais

Seção I – Da Qualificação

Art. 1º. O Poder Executivo poderá qualificar como organizações sociais pessoas jurídicas de direito privado, sem fins lucrativos, cujas atividades sejam dirigidas ao ensino, a pesquisa científica e desenvolvimento tecnológico, à proteção e preservação do meio ambiente, a cultura e a saúde, atendidos os requisitos previstos nesta Lei.

Art. 2º. São requisitos específicos para que as entidades privadas referidas no artigo anterior habilitem-se à qualificação como organização social:

I – comprovar o registro de seu ato constitutivo, dispondo sobre:

a) natureza social de seus objetivos relativos à respectiva área de atuação;

b) finalidade não-lucrativa, com a obrigatoriedade de investimento de seus excedentes financeiros no desenvolvimento das próprias atividades;

c) previsão expressa da entidade ter, como órgãos de deliberação superior e de direção, um Conselho de Administração e uma Diretoria, definida nos termos do Estatuto assegurado àquele composição e atribuições normativas e de controle básicas previstas nesta Lei;

d) previsão de participação, no órgão colegiado de deliberação superior, de representantes do Poder Público e de membros da comunidade, de notória capacidade profissional e idoneidade moral;

e) composição e atribuições da Diretoria da entidade;

f) obrigatoriedade de publicação anual, no Diário Oficial da União, dos relatórios financeiros e do relatório de execução do contrato de gestão;

g) em caso de associação civil, a aceitação de novos associados, na forma do estatuto;

h) proibição de distribuição de bens ou de parcela do patrimônio líquido em qualquer hipótese, inclusive em razão de desligamento, retirada ou falecimento de associado ou membro da entidade;

i) previsão de incorporação integral do patrimônio, dos legados ou das doações que lhe foram destinados, bem como dos excedentes financeiros decorrentes de suas atividades, em caso de extinção ou desqualificação da entidade, ao patrimônio de outra organização social qualificada no âmbito da União, da mesma área de atuação, ou ao patrimônio da União, dos Estados, do Distrito Federal ou dos Municípios, na proporção dos recursos e bens por estes alocados;

II – ter a entidade recebido aprovação em parecer favorável, quanto à conveniência e oportunidade de sua qualificação como organização social, do Ministro ou Titular de órgão supervisor ou regulador da área de atividade correspondente ao seu objeto social e do Ministro da Administração Federal e Reforma do Estado.

Seção II – Do Conselho de Administração

Art. 3º. O Conselho de Administração deve estar estruturado nos termos que dispuser o respectivo estatuto, observados, para os fins de atendimento dos requisitos de qualificação, os seguintes critérios básicos de composição e funcionamento:

I – ser composto por:

a) vinte a quarenta por cento de membros natos representantes do Poder Público, definidos pelo estatuto da entidade;

b) vinte a trinta por cento de membros natos representantes de entidades da sociedade civil, definidos pelo estatuto;

c) até dez por cento, no caso de associação civil, de membros eleitos dentre os membros ou os associados;

d) dez a trinta por cento de membros eleitos pelos demais integrantes do Conselho, dentre pessoas de notória capacidade profissional e reconhecida idoneidade moral;

e) até dez por cento de membros indicados ou eleitos na forma estabelecida pelo estatuto;

II – os membros eleitos ou indicados para compor o Conselho devem ter mandato de quatro anos, admitida uma recondução;

III – os representantes de entidades previstos nas alíneas "a" e "b" deverão compor mais de cinqüenta por cento do Conselho;

IV – o primeiro mandato de metade dos membros eleitos ou indicados deve ser de dois anos, segundo critérios estabelecidos no estatuto;

V – o dirigente máximo da entidade deve participar das reuniões do Conselho, sem direito a voto:

VI – o Conselho deve reunir-se ordinariamente, no mínimo, três vezes a cada ano, e extraordinariamente, a qualquer tempo;

VII – os conselheiros não receberão remuneração pelos serviços que, nesta condição, prestarem à organização social, ressalvada a ajuda de custo por reunião da qual participe o conselheiro;

VIII – os conselheiros eleitos ou indicados para integrar a Diretoria da entidade devem renunciar ao assumirem as correspondentes funções executivas.

Art. 4º. Para os fins de atendimento dos requisitos de qualificação, devem estar inclusas entre as atribuições privativas do Conselho de Administração:

I – fixar o âmbito de atuação da entidade, para consecução do seu objeto;

II – aprovar a proposta de contrato de gestão da entidade;

III – aprovar a proposta de orçamento da entidade e o programa de investimentos;

IV – designar e dispensar os membros da Diretoria;

V – fixar a remuneração dos membros da Diretoria;

VI – aprovar e dispor sobre a alteração dos estatutos e a extinção da entidade por maioria, no mínimo, de dois terços de seus membros;

VII – aprovar o regimento interno da entidade, que deve dispor, no mínimo, sobre a estrutura, o gerenciamento, os cargos e as competências;

VIII – aprovar por maioria, no mínimo, de dois terços de seus membros, o regulamento próprio contendo os procedimentos que deve adotar para a contratação de obras e serviços, bem como para compras e alienações, e o plano de cargos, salários e benefícios dos empregados da entidade;

IX – aprovar e encaminhar, ao órgão supervisor da execução do contrato de gestão, os relatórios gerenciais e de atividades da entidade, elaborados pela Diretoria;

X – fiscalizar o cumprimento das diretrizes e metas definidas e aprovar os demonstrativos financeiros e contábeis e as contas anuais da entidade, com o auxílio de auditoria externa.

Seção III – Do Contrato de Gestão

Art. 5º. Para os efeitos desta Lei, entende-se por contrato de gestão o instrumento firmado entre o Poder Público e a entidade qualificada como organização social, com vistas a formação de uma parceria entre as partes para fomento e execução de atividades relativas as áreas relacionadas no art. 1º.

Art. 6º. O contrato de gestão, elaborado de comum acordo entre o órgão supervisor e a organização social, discriminará as atribuições, responsabilidades e obrigações do Poder Público e da organização social no desempenho das ações a cargo desta.

Parágrafo único. O contrato de gestão deve ser submetido, após aprovação pelo Conselho de Administração da entidade, ao Ministro de Estado ou autoridade supervisora ou reguladora da área correspondente à atividade fomentada.

Art. 7º. Na elaboração do contrato de gestão devem ser observados os princípios da legalidade, impessoalidade, moralidade, publicidade, economicidade e, também, os seguintes preceitos:

I – constar a especificação do programa de trabalho proposto pela organização social, a estipulação das metas a serem atingidas e os respectivos prazos de execução, bem como previsão expressa dos critérios objetivos de avaliação de desempenho a serem utilizados, mediante indicadores de qualidade e produtividade;

II – a estipulação dos limites e critérios para a despesa com a remuneração e vantagens de qualquer natureza a serem percebidas pelos dirigentes e empregados das organizações sociais, no exercício de suas funções.

Parágrafo único. Os Ministros de Estado ou autoridades supervisoras, observadas as peculiaridades de suas áreas de atuação, devem definir as demais cláusulas necessárias dos contratos de gestão de que sejam signatários.

Seção IV – Da Execução e Fiscalização do Contrato de Gestão

Art. 8º. A execução do contrato de gestão celebrado por organização social será fiscalizada pelo Ministério da área correspondente, permitida a delegação ao órgão da Administração diretamente vinculado à atividade desenvolvida.

§ 1º. O contrato de gestão deve permitir ao Poder Público requerer a apresentação pela entidade qualificada, ao término de cada exercício ou a qualquer momento conforme recomende o interesse público, de relatório pertinente à execução do contrato de gestão, contendo comparativo específico das metas propostas com os resultados alcançados, acompanhado da prestação de contas correspondente ao exercício financeiro.

§ 2º. Os resultados atingidos com a execução do contrato de gestão serão analisados, periodicamente, por comissão de avaliação, indicada pelo Ministro de Estado ou pelo titular mencionados no *caput* deste artigo, composta por especialistas de notória qualificação, que emitirão relatório conclusivo, a ser encaminhado ao instituidor da comissão, ao órgão de governo responsável pela supervisão ou regulação da atividade e aos órgãos de controle interno e externo da União.

Art. 9º. Os responsáveis pela fiscalização da execução do contrato de gestão, ao tomarem conhecimento de qualquer irregularidade ou ilegalidade na utilização de recursos ou bens de origem pública por organização social, dela darão ciência ao Tribunal de Contas da União, sob pena de responsabilidade solidária.

Art. 10. Sem prejuízo da medida a que alude o artigo anterior, quando assim o exigir a gravidade dos fatos ou o interesse público, havendo indícios fundados de malversação de bens ou recursos de origem pública, os responsáveis pela fiscalização representarão ao Ministério Público ou a Procuradoria do órgão para que requeira ao juízo competente a decretação da indisponibilidade dos bens da entidade e o seqüestro dos bens dos seus dirigentes, bem como de agente público ou terceiro, que possam ter enriquecido ilicitamente ou causado dano ao patrimônio público.

§ 1º. O pedido de seqüestro será processado de acordo com o disposto nos arts. 822 e 825 do Código de Processo Civil.

§ 2º. Quando for o caso, o pedido incluirá a investigação, o exame e o bloqueio de bens, contas bancárias e aplicações mantidas pelo demandado no exterior, nos termos da lei e dos tratados internacionais.

§ 3º. Até o término da ação, o Poder Público permanecerá como depositário e gestor dos bens e valores seqüestrados ou indisponíveis e velará pela continuidade das atividades sociais da entidade.

Seção V – Do Fomento às Atividades Sociais

Art. 11. As entidades qualificadas como organizações sociais ficam declaradas como entidades de interesse social e utilidade pública para todos os efeitos legais, inclusive tributários.

Art. 12. Às organizações sociais poderão ser destinados recursos orçamentários e bens públicos necessários ao cumprimento do contrato de gestão.

§ 1º. Ficam assegurados às organizações sociais os créditos previstos no orçamento e as respectivas liberações financeiras, de acordo com o cronograma de desembolso previsto no contrato de gestão.

§ 2º. Poderá ser adicionada aos créditos orçamentários destinados ao custeio do contrato de gestão parcela de recursos para compensar desligamento de servidor cedido desde que haja justificativa expressa da necessidade pela organização social.

§ 3º. Os bens de que trata este artigo serão destinados às organizações sociais dispensada licitação, mediante permissão de uso, consoante cláusula expressa do contrato de gestão.

Art. 13. Os bens móveis públicos permitidos para uso poderão ser substituídos por outros de igual ou maior valor, condicionado a que os novos bens integrem o patrimônio da União.

Parágrafo único. A permuta de que trata o *caput* deste artigo dependerá de prévia avaliação do bem e expressa autorização do Poder Público.

Art. 14. Fica facultado ao Poder Executivo a cessão especial de servidor para as organizações sociais, com ônus para a origem.

§ 1º. Não será incorporada aos vencimentos ou à remuneração de origem do servidor cedido qualquer vantagem pecuniária que vier a ser paga pela organização social.

§ 2º. Não será permitido o pagamento de vantagem pecuniária permanente por organização social a servidor cedido com recursos provenientes do contrato de gestão, ressalvada a hipótese de adicional relativo ao exercício de função temporária de direção e assessoria.

Art. 15. A Administração Pública Federal direta, autárquica e fundacional ficam dispensadas de processos licitatórios para celebração de contratos de prestação de serviços com as organizações sociais, qualificadas no âmbito da União, para atividades contempladas no objeto do contrato de gestão.

Art. 16. São extensíveis, no âmbito da União, os efeitos dos arts 11, 12, § 3º e 15, para as entidades qualificadas como organizações sociais pelos Estados, Distrito Federal e Municípios, quando houver reciprocidade e desde que a legislação local não contrarie os preceitos desta Lei e a legislação específica de âmbito federal.

Seção VI – Da Desqualificação

Art. 17. O Poder Executivo poderá proceder a desqualificação da entidade como organização social quando constatado o descumprimento das disposições contidas no contrato de gestão.

§ 1º. A desqualificação será precedida de processo administrativo, assegurado o direito de ampla defesa respondendo os dirigentes da organização social, individual e solidariamente, pelos danos ou prejuízos decorrentes de sua ação ou omissão.

§ 2º. A desqualificação importará reversão dos bens permitidos e dos valores entregues a utilização da organização social, sem prejuízo de outras sanções cabíveis.

CAPÍTULO II
Das disposições finais e transitórias

Art 18. A organização social fará publicar, no prazo máximo de noventa dias contados da assinatura do contrato de gestão, regulamento próprio contendo os procedimentos que adotará para a contratação de obras e serviços, bem como para compras com emprego de recursos provenientes do Poder Público.

Art. 19. A organização social que absorver atividades de entidade federal extinta no âmbito da área de saúde deverá considerar no contrato de gestão, quanto ao atendimento da comunidade, os princípios do Sistema Único da Saúde, expressos no art. 198 da Constituição Federal e no art. 7º da Lei n. 8.080, de 19 de setembro de 1990.

Art. 20. Será criado, mediante decreto do Poder Executivo, o Programa Nacional de Publicização – PNP, com o objetivo de estabelecer diretrizes e critérios para a qualificação de organizações sociais, a fim de assegurar a absorção de atividades desenvolvidas por entidades ou órgãos públicos da União, que atuem nas atividades referidas no art. 1º, por organizações sociais, qualificadas na forma desta Lei, observado os seguintes princípios:

I – ênfase no atendimento do cidadão-cliente:

II – ênfase nos resultados, qualitativos e quantitativos nos prazos pactuados;

III – controle social das ações de forma transparente.

Art. 21. A extinção de órgãos públicos federais e a absorção de suas atividades e serviços por organizações sociais, qualificadas na forma desta Lei, observarão os seguintes preceitos:

I – os servidores integrantes dos quadros da entidade e dos órgãos públicos cujas atividades forem absorvidas pelas organizações sociais, terão garantidos todos os direitos decorrentes do respectivo regime jurídico e integrarão quadro em extinção do Ministério correspondente ou do Ministério da Administração Federal e Reforma do Estado, quando não existir vinculação direta a Ministério, sendo facultada à Administração a cessão do servidor para a organização social, em caráter irrecusável para aquele, com ônus para a origem;

II – a desativação da entidade e dos órgãos será realizada mediante inventário simplificado de seus bens imóveis e de seu acervo físico, documental e material, bem como dos contratos e convênios; com a adoção de providências dirigidas à manutenção e ao prosseguimento das atividades sociais a cargo do órgão ou entidade em extinção, com subrogação na organização social, nos termos da legislação aplicável em cada caso;

III – os recursos e as receitas orçamentárias de qualquer natureza, destinados aos órgãos e à entidade a que se refere o artigo anterior, serão utilizados no processo de extinção e para a manutenção e o financiamento das atividades sociais durante o inventário simplificado, devendo parcela deste ser reprogramada, mediante crédito especial a ser enviado ao Congresso Nacional no prazo de 15 dias, para os órgãos ou entidades supervisoras dos contratos de gestão a serem firmados com as organizações sociais que houverem absorvido as atividades, para o fomento destas, assegurada a liberação periódica do respectivo desembolso financeiro em seu favor, nos termos dos contratos de gestão;

IV – encerrados os processos de inventário simplificado, os cargos efetivos vagos e os em comissão serão considerados extintos;

V – a organização social que tiver absorvido as atribuições da entidade ou órgão extinto poderá adotar os símbolos designativos destes, seguidos da identificação "OS".

§ 1º. Serão instaurados, com a supervisão do Ministério da Administração Federal e Reforma do Estado, processos de inventário simplificado, a cargo dos Ministérios ou do órgão a que estavam vinculados os órgãos e a entidade extinta.

§ 2º. A absorção pelas organizações sociais das atividades dos órgãos ou entidade extintos efetivar-se-á mediante a celebração de contrato de gestão, na forma dos arts. 6º e 7º desta Lei.

§ 3º. Poderá ser adicionada às dotações orçamentárias referidas no III deste artigo, parcela dos recursos decorrentes da economia de despesa incorrida pela União com os cargos e funções comissionados existentes na entidade ou nos órgãos extintos.

Art. 22. Esta Lei entra em vigor na data de sua publicação.

Brasília,........de..................de 1997; 175º da Independência e 108º da República.

RESUMO P/ABSTRACT

O modelo brasileiro das organizações sociais representa uma das respostas possíveis à crise do aparelho do Estado no âmbito da prestação dos serviços sociais. Essas entidades são percebidas como uma forma de parceria do Estado com as instituições privadas de fins públicos (perspectiva *ex parte principe*) ou, sob outro ângulo, uma forma de participação popular na gestão administrativa (perspectiva *ex parte populi*). No texto são tematizadas as diferenças e semelhanças entre o marco legal das organizações sociais e das entidades de utilidade pública no Brasil, as notas distintivas entre a disciplina dos serviços privados de interesse público e dos serviços públicos, bem como o que distingue juridicamente o modelo das organizações sociais de processos de privatização e terceirização. Em todos esses temas os juristas aparecem como protagonistas na determinação dos limites do modelo das organizações sociais, evidenciando que processos de reforma normativa exigem, para serem eficazes, uma concomitante reforma na mentalidade dos agentes públicos.

O MUNDO SOLIDÁRIO DA CORRUPÇÃO*

JOÃO FÉDER

"O segredo bancário, artigo 47 da lei federal suiça, protege com um muro dificilmente transponível, a riqueza ensangüentada dos agentes da morte".

Jean Ziegler

Ao falar em mundo solidário da corrupção estaríamos indo às raias do exagero, impulsionados pela nossa justificável e crescente indignação, ou buscando no fundo da imaginação uma figura de ficção, tão impossível seria o reconhecimento da sua concretização?

Estamos certos de que não. Mais que isso, estamos plenamente convencidos que o mundo solidário da corrupção, tem nos seus contornos o exato desenho do *mapa mundi*.

Por que essa certeza? Por duas razões tão claras quanto simples.

Primeira razão: estamos falando de corrupção praticada pelo ser humano, um ser feito de carne com todas as suas fraquezas;

Segunda razão: estamos falando de ser humano que usa bolsos e bolsos extremamente ambiciosos.

Tão ambiciosos que a corrupção não é a arte dos pobres, bem ao contrário é o privilégio dos ricos.

* Palestra proferida na IV Reunión Anual del Secretariado Permanente de Tribunales de Cuentas de la República Argentina, Bariloche – Argentina, Novembro – 1996.

Sobre que informações nos apoiamos para fazer essas afirmações?

Existe uma instituição internacional, criada para auxiliar no combate à corrupção, chamada Transparência Internacional, que tem a participação de representantes de vários países e cuja sede está situada em Berlim. Além de outras ações a Transparência Internacional passou a elaborar o *ranking* mundial da corrupção. E no *ranking* deste ano de 1996, divulgado no mês de junho, nós encontramos como 10 países mais corruptos, pela ordem, Nigéria, Paquistão, Quênia, Bangladesh, China, Camarões, Venezuela, Rússia, Índia e Indonésia. E como os 10 países menos corruptos, pela ordem, Nova Zelândia, Dinamarca, Suécia, Finlândia, Canadá, Noruega, Cingapura, Suíça (pessoalmente, não concordo com a Suíça e, mais tarde, veremos porque), Holanda e Austrália.

O nosso Brasil, no *Ranking* de 1995 ocupava o quinto lugar em corrupção, com, 2,70. Melhorou um pouco e passou para o 15º lugar na classificação deste ano com 2,96.

A Argentina? A Argentina estava em 24º lugar em 1995, mas também melhorou, caiu para 35º em 96 com 3,41 pontos. A Bolívia está em 36º, o México, 38º, e Colômbia, 42º.

O importante, porém, é que esse levantamento nos dá uma grande lição, quando nos revela que, numa pesquisa em que se atribuiu notas de zero a dez, o primeiro lugar anticorrupção, a Nova Zelândia, obteve a nota 9,43. Ou seja comprova-se, tristemente, mais uma vez que não há nação imune à corrupção.

Naturalmente a solidariedade à corrupção pode se manifestar tanto por ação, quanto por omissão. E até, curiosamente, pelas dificuldades que se antepõem a quantos se aventuram a colaborar no seu combate.

Essa colaboração no combate à corrupção geralmente se faz através da denúncia, institucionalizada que foi, no Brasil, pelo art. 74, § 2º da Constituição de 88.

Não obstante institucionalizada, ainda há entre nós, muito preconceito contra a denúncia, talvez pela estigma que, popular e historicamente, acompanha o vocábulo.

No que respeita à denúncia contra a corrupção, todavia, é tempo de superar o preconceito. Na verdade, aqui a denúncia não é uma simples delação comparável a de Silvério dos Reis ao delatar os conjurados de Minas Gerais; bem ao reverso, a minha visão pessoal qualifica a denúncia neste particular como uma reação que pode ser induvidosamente tipificada como legítima defesa. Ou seja, o cidadão ao tomar conhecimento de que o dinheiro público, que nasce do seu trabalho, está sendo desviado, fraudado ou alvo de qualquer tipo de corrupção, tem o legítimo direito de denunciar o fato, porque, numa perspectiva mais ampla, tem ele inegavelmente o direito de querer que o seu dinheiro seja bem aplicado o que significa dizer seja aplicado tendo em vista unicamente o interesse da comunidade.

Não é porém, só o preconceito que complica a denúncia; esse instituto de legítima defesa é vítima também da solidariedade passiva que beneficia a corrupção.

Os senhores hão de convir comigo que os obstáculos que se impõem e as dificuldades que se criam a qualquer cidadão que pretenda fazer chegar às autoridades, uma denúncia, constituem, inconsciente ou não, manifestação de inteira solidariedade à corrupção.

Acompanhem com atenção a novela que resultou a iniciativa de um periodista de *O Estado de São Paulo*, Moisés Rabinovici, que em dezembro de 1995, época em que a sociedade ganhou a impressão de que as denúncias estariam ajudando a moralizar o país, tentou fazer chegar uma denúncia de corrupção ao Departamento de Polícia Federal no Brasil.

Vamos seguir o seu esforço, depois de ser informado pela porta-voz da Polícia Federal de que deveria telefonar para o número 315-300, em Brasília.

Jornalista – Alô? 315-300?

Mulher – Sim.

Jornalista – Quero denunciar um corrupto.

Mulher – Isso é noutro ramal. Vou transferir.

Homem atende – Sim.

Jornalista – Eu queria denunciar um corrupto.

Homem – De que área?

Jornalista – Como assim?

Homem – Política? Econômica? Colarinho Branco?

Jornalista – Colarinho Branco.

Homem – Federal ou estadual?

Jornalista – Federal.

Homem – Você tem que ligar para a Fazendária, no 3352 ou no 3369. Vou transferir. Se cair ligue direto.

A ligação caiu e foi feito novo chamado:

Jornalista – Alô? 315-3352?

Homem – Fazendária.

Jornalista – Por favor, como faço para denunciar um corrupto?

Homem – Ih, rapaz, espera aí... Olha o sr. tem que ligar para o Dr. Ney. O ramal dele é o 3340.

O jornalista não desistiu e fez nova ligação:

Jornalista – Alô. É 315-3340?

Homem – O que é?

Jornalista – O Dr. Ney está?

Homem – O que você quer com ele?

Jornalista – Quero denunciar um corrupto.

Homem – É um outro número: 245-5300.

Jornalista – Mas aí não é a Fazendária?

Homem – É, mas aqui é o setor normativo. O senhor tem que ligar para o setor executivo.

Nova tentativa com mais uma ligação:

Jornalista – Alô? Fazendária?

Homem – Sim.

Jornalista – Eu queria denunciar um corrupto. Como é que faço?

Homem – O senhor tem que vir aqui e preencher uma denúncia.

Jornalista – Não pode ser pelo telefone?

Homem – Momento... Não, não pode. Tem que ser pessoalmente.

Jornalista – Mas esse caso do grampo que derrubou assessores íntimos do Presidente não começou por denúncias anônimas e por telefone?

Homem – Momento... Falei com o delegado: tem que ser pessoalmente.

Jornalista – Obrigado.

Homem – O senhor não quer adiantar o nome do corrupto?

Jornalista – Não.

No dia seguinte o jornalista voltou a insistir.

Jornalista – 245-5300?

Mulher – Fazendária.

Jornalista – Queria fazer uma denúncia de corrupção.

Mulher – Momento, vou lhe transferir.

Homem – Sim.

Jornalista – Como faço para denunciar um corrupto?

Homem – Não é aqui.

Jornalista – Mas ontem me disseram que era aí, só que não aceitavam denúncias anônimas pelo telefone.

Homem – Positivo. Você tem que ligar para 245-5122 ou 245-5300, ramais 420 ou 424.

Jornalista – De onde são esses números?

Homem – Do Dops.

Jornalista – Então vou tentar.

Homem – Hoje não adianta. Não tem ninguém lá porque estão dedetizando. Só na segunda-feira.

Portanto aprendemos mais uma lição. Denúncia contra a corrupção só na próxima segunda feira. Se o Flamengo não perder...

Esse desinteresse pela verdade, esse desestímulo ao raro corajoso cidadão que ainda acredita nas instituições e se atreve e arrisca a denunciar a corrupção é mais do que manifestação de solidariedade aos corruptos; é quase uma co-autoria.

Recentemente o próprio Fundo Monetário Internacional se deu conta disso. Segundo um estudo realizado por Vito Tanzi e Peter Quirk, especialistas do FMI, o dinheiro sujo proveniente da corrupção, fraudes fiscais, tráfico de drogas ou de substâncias radioativas, exploração da prostituição e agiotagem, alcança um volume astronômico de 500 bilhões de dólares por ano, o que equivale a 2% do Produto Interno Mundial.

Afirmaram nesse trabalho os auditores do FMI que esse dinheiro é suficiente para desestabilizar qualquer mercado financeiro mundial e destruir políticas macroeconômicas do mais controlado dos países.

A sugestão de Vito Tanzi, que é responsável pelo Departamento Fiscal do FMI, ao final do seu estudo, é a adoção de normas rígidas a serem aplicadas ao mercado financeiro internacional.

Aliás, como seria inevitável dada a proporção que o problema alcança, a corrupção passou a preocupar também o Banco Mundial. E, para minha satisfação pessoal, na reunião realizada no mês passado com o FMI, o presidente do Banco Mundial, em seu pronunciamento, utilizou-se de uma sentença que eu já venho repetindo há muito anos: "A corrupção é um câncer".

A afirmação do presidente James Wolfensohn foi a seguinte: "A corrupção é um câncer. Em todos os países o povo está exigindo ação. Sabe que a corrupção desvia recursos dos pobres para os ricos, aumenta os custos da administração das empresas, distorce os gastos públicos e impede o investimento estrangeiro".

O presidente Wolfensohn não criticou ainda a solidariedade que apóia esse câncer. Mas, certamente ele por igual não a ignora. Embora possa parecer um paradoxo, a própria justiça, eventualmente, pode emprestar solidariedade à corrupção, quando decide mal, seja por aplicação equivocada da exegese legal, seja quando intencionalmente procura favorecer a esta ou aquela situação, o que, ainda que excepcionalmente, também tem ocorrido. E tanto o tem que, em outubro último, o juiz presidente do Tribunal de Justiça de São Paulo, desembargador Yussef Said Cahali tomou a iniciativa de publicar na primeira página do *Diário da Justiça* as punições aplicadas a magistrados que são afastados, colocados em disponibilidade ou perdem o cargo, pelo exercício incorreto de suas funções.

Seria despiciente aludir, mas a desorganização é também uma fonte de solidariedade à corrupção, precipuamente num país como o nosso onde a falta de organização e de controle atinge nível tal que permite a ocorrência de fatos inimagináveis.

No início deste ano o Prefeito Municipal da cidade de Marmeleiro, no Paraná, submeteu a apreciação do Tribunal de Contas a nomeação da funcionária Neusa Barbieri. O Tribunal examinou o ato e considerou-o ilegal, porquanto o nome dessa funcionária não aparecia entre aqueles que haviam sido aprovados no concurso público.

O Prefeito ingressou com recurso de revista e, nas suas alegações, explicou que de fato a portaria estava errada, pois a nomeada deveria ter sido a concursada Ivete Inês Maliski. A única hipótese admitida pelo Prefeito para a nomeação indevida, é a de que, Neusa, que não fez o concurso e nem mora na cidade, tenha ido à prefeitura para tratar de algum assunto e, não se sabe como, o seu nome acabou sendo incluído na portaria de nomeação.

Do porteiro do Congresso Nacional ao Presidente da República, ninguém tem a mínima dúvida: a maior solidariedade à corrupção está nas grandes firmas empreiteiras de obras públicas. No Brasil e, creio, também na Argentina, e alhures.

É, na verdade, uma solidariedade injustificável e criminosa, porquanto essas empresas poderiam perfeitamente disputar os mesmos contratos, realizar as mesmas obras e ganhar provavelmente o mesmo dinheiro, sem recorrer ao péssimo hábito de aplicar dinheiro na corrupção, notadamente no suborno.

É incrível admitir-se, para nos lembrarmos apenas do mais grave exemplo brasileiro, como essas firmas, sem a menor cerimônia e possivelmente até com prazer, despejaram milhões e milhões de moedas numa firma de consultoria quase fantasma, a EPC. Empresa do porte da Norberto Odebrecht, de capacidade reconhecida internacionalmente, de repente, pagou à EPC, uma das cabeças do esquema P.C., mais de três milhões de reais, para receber consultoria, como se fosse possível a um botequim prestar orientação a um *shopping center*. Para obter consultoria no mesmo botequim, também pagaram muito dinheiro a Andrade Gutierrez, a C.R. Almeida, a Encol, a Mercedes-Benz do Brasil, o Credicard, a Viação Itapemirim, a Cooperativa de Açúcar e Álcool de Alagoas, a

Coopersucar de São Paulo, mais estranhamente ainda, um grupo de assessoria, a Ampla Trading Ltda. e até o grupo Votorantim, além de inúmeras outras empresas que acreditaram – se é que ainda não acreditam – que o mais fácil caminho de se chegar a um contrato com a administração pública é o da corrupção e, por isso, se tornam solidários com ela.

E a publicidade? Na publicidade oficial a corrupção encontra terreno fértil para colher. A Constituição brasileira estabeleceu, no § 1º do artigo 37, que "a publicidade dos atos, programas, obras, serviços e campanhas dos órgãos públicos deverá ter caráter educativo, informativo ou de orientação social, dela não podendo constar nomes, símbolos ou imagens que caracterizem promoção pessoal de autoridades ou servidores públicos".

Essa emenda ao projeto da Constituição de 88 foi de autoria de um jornalista, meu amigo que era então deputado federal e que resistiu bravamente a uma violenta carga de pressão para que a retirasse, tanto resistiu que acabou não se reelegendo. Se não houvesse resistido talvez fosse parlamentar até hoje.

Ora bem, essas pressões não partiram de políticos preocupados com a promoção pessoal, mas, sim, dos meios publicitários tão habituados a obter lucros fáceis nos contratos com o poder público. Sabe-se que o mercado publicitário é um mercado complexo, flexível, instável e não isento da corrupção nem nas relações particulares. Imaginem o que pode ocorrer, e ocorre, na sua relação com a administração pública.

A bem da verdade, a publicidade do governo deveria ser unicamente aquela do *Diário Oficial* e, quando muito, editais e avisos eventualmente necessários. Se o governo é bom não precisa de publicidade pois o povo o sente e se é ruim a propaganda é enganosa, punida pelo Código de Defesa do Consumidor. Todo o resto, pois, deveria ser proibido. Graças a tudo isso, o dinheiro público se transformou em grande cliente da publicidade brasileira. O governo anuncia (e aqui se fala tanto do federal como dos estaduais e municipais), os ministérios anunciam e, principalmente, anunciam muito as empresas estatais. Em 1996, o Banco do Brasil pela primeira vez pediu socorro público para não quebrar; o governo fez uma injeção financeira e o primeiro ato da diretoria foi lançar uma milionária campanha de publicidade na qual o principal personagem do anúncio era o próprio presidente do Banco.

Há tipos incrivelmente curiosos de solidariedade a corrupção. Em 1994, o ex-diretor da polícia civil de Madri, Luis Roldan, que se encontrava foragido, eis que fora acusado de corrupção, do seu esconderijo divulgou uma carta afirmando que se viesse a ser preso, contaria todos os podres do governo. Roldan anunciara que possuía prova de que Ministros e Secretários de Estado haviam recebido dinheiro do "caixa dois" da polícia. Ou seja um corrupto é sempre solidário com outro corrupto, desde que não seja preso. E, a propósito, será que todas as polícias do mundo têm um "caixa dois"? Ou só a da Espanha?

Existem até orçamentos públicos, devidamente aprovados e legitimamente transformados em lei, que contêm solidariedade à corrupção.

Vejam comigo o exemplo do nosso Distrito Federal. Até a Constituição de 88, Brasília não possuía Câmara Legislativa. Pois esse novo Legislativo incluiu no seu orçamento de 1996 uma verba de três milhões e seiscentos e setenta e dois mil reais para atender despesas com... publicidade. A Câmara do Distrito Federal tem 24 deputados. A Assembléia Legislativa de São Paulo, com 94 parlamentares, incluiu no seu orçamento para o mesmo fim menos de dois milhões de reais. Não que esta seja uma importância pequena, mas como parâmetro dá bem idéia de como o estímulo à corrupção pode nascer no próprio orçamento. Aliás, na Câmara Federal brasileira, os "anões" já nos haviam alertado disso anteriormente. Essa mesma novel Câmara, do Distrito Federal em junho deste ano abriu licitação para comprar um painel eletrônico para controlar a votação de 24 membros. Não há de ser pelo estigma do número!...

Com o maior respeito, não há ninguém que empreste maior solidariedade à corrupção do que um grupo especial de pessoas: as amantes.

O ex-presidente da Venezuela, Carlos Andrés Pérez, que foi condenado e preso pela prática de corrupção quando no exercício do poder, tinha (o verbo está no passado apenas por dedução pessoal) uma amante de nome Cecília Matos, trinta anos mais nova que o presidente. O romance era público e notório, o que tornava Cecília figura de real importância no governo. A sociedade, contudo, não era apenas extraconjugal. O presidente mantinha com ela conta bancária conjunta. Evidentemente, em bancos dos Estados Unidos e da Suíça. E foi nessa conta que auditorias descobriram elevados e misteriosos depósitos. Além do que Cecília era cumulada de presentes por banqueiros e empresários. Todos solidários tanto com o romance como com a corrupção.

O raciocínio dos corruptos – sim, eles também raciocinam e com tamanha criatividade que por vezes fazem de nós verdadeiros mentecaptos – o raciocínio deles é o seguinte: há uma amante no poder, portanto aí está o caminho mais fácil para conseguir o que desejamos. E o pior: geralmente dá certo.

Foi oportuno falar em contas na Suíça, esse admirado país, de decantada civilidade e invejável qualidade de vida. A Suíça e outros chamados paraísos fiscais, são a mais descarada e criminosa manifestação de solidariedade à corrupção.

É ali, na encantadora Suíça, que o dinheiro da corrupção tem morada tranqüila e proteção absoluta. E, por paradoxal que pareça, ninguém condena, ninguém protesta, talvez pela idéia de que a qualquer momento também venha a necessitar daquela proteção. Que outras razões poderiam levar o mundo inteiro a concordar com o procedimento suíço?

Aliás, me permitam uma correção. Eu afirmei que ninguém protesta, mas isso hoje já não é verdade. Houve alguém que protestou. E o fez em voz alta para que o mundo inteiro ouvisse.

Esse alguém se chama Jean Ziegler. E, pasmem, é suíço.

Jean Ziegler, deputado helvético e professor de sociologia na Universidade de Genebra, combativo militante da esquerda, depois de muito denunciar no parlamento e nos veículos de comunicação social, escreveu um livro ao qual deu o significativo título *A Suíça lava mais branco*, no qual faz surpreendentes revelações e demonstra que a Suíça não é apenas um paraíso fiscal, mas, na realidade, um covil inexpugnável da corrupção.

Já no prefácio ele nos adverte: "Terra de paisagens de assombrosa beleza, a Suíça modelou profundamente minha visão do mundo, dos homens e da história, enquanto foco de crime, constitui para mim um enigma.

"Em nosso planeta, a Suíça é hoje o principal centro de circulação da lavagem e da reciclagem do dinheiro da morte. Durante gerações, fora o símbolo da higiene, da saúde, da limpeza. Hoje é um foco de infecção. Provida de administradores, de financistas, de advogados de admirável imoralidade, as organizações multinacionais da droga e do crime, constituem inimigos praticamente invisíveis para as sociedades democráticas."

Depois de lembrar que nos EUA qualquer pessoa que chegue a um guichê bancário com mais de 10 mil dólares tem que provar a origem legal desse dinheiro, Ziegler ironiza: "Felizmente, a Suíça não conhece tais mesquinharias. A Suíça é o país da livre conversão. Os bilhões mais duvidosos entram e saem do país, passam e repassam a fronteira (em cédulas grandes e pequenas, em cheques, sob a forma de divisa do mundo inteiro), sem que jamais alguém lhe faça a menor pergunta".

"Contrariamente a todos os outros Estados civilizados, prossegue destemidamente, a Suíça – receptadora há séculos de todo o dinheiro suspeito do planeta não conhece nenhuma lei que proíba a entrada, a saída, a limpeza, o reinvestimento dos capitais da droga". Ou seja, da droga, do crime, da corrupção ou de qualquer origem ilegítima.

Pior, no depoimento insuspeito de Jean Ziegler, a Suíça não apenas é solidária para com a corrupção, oferecendo proteção para todo dinheiro de procedência duvidosa, como ainda a estimula, na medida em que convida corruptos e marginais a que passem a fixar residência na Suíça, com o atrativo de isenções fiscais.

E a acusação é ainda mais grave: também a justiça suíça trata com especial carinho os chamados barões da criminalidade.

À página 117 do seu estarrecedor livro, o autor afirma: "Centenas de bilhões de dólares que deixam o Zaire, as Filipinas e o Brasil, dormem, transformados em francos suíços sob o calçamento da Bahnhofstrasse de Zurique".

Enquanto isso, a corrupção, abrigada sob a mais indisfarçável solidariedade, prospera, agradece e continua a lesar os menos favorecidos.

Chamado de paraíso fiscal, a Suíça é a principal fortaleza de solidariedade à corrupção, mas não a única.

Há Liechtenstein, há as Bahamas, há o nosso vizinho Uruguai, e há alguns novos que imaginaram, se outros podem por que nós não, e abriram suas pequenas fronteiras como as ilhas Nauru e Vannatu, no pacífico sul. Os nomes ainda parecem estranhos mas logo serão familiarizados.

Grand Cayman, a maior das três ilhas Cayman, no Caribe, que pertencia à Jamaica até 1962 e que hoje é administrada pela coroa inglesa, tendo um governador inglês, tem apenas 33 mil habitantes, mas tem 550 bancos à disposição da corrupção.

Um pequeno detalhe que nos diz respeito mais diretamente, segundo informação da revista *Veja*, em abril de 96, só os brasileiros mantêm depositados nesses paraísos fiscais, mais de 40 bilhões de dólares. Não temos dados sobre os demais países do Mercosul...

O significado dessa solidariedade sobre o controle do Estado não é tênue.

Basta saber que o prof. Robert Klitgaard, mestre das universidades de Yale e Harvard e consultor internacional no combate à corrupção, informa em seu livro *A corrupção sob controle*, que o mais eficaz mecanismo contra a corrupção é a inversão do ônus da prova.

Ou seja, o homem público que ficou milionário de repente, tem que provar a origem do seu dinheiro.

Foi assim que se conseguiu reduzir esse problema nos três maiores centros de corrupção do mundo, Coréia, Hong Kong e Cingapura.

Mas, para aplicar a inversão do ônus da prova é necessário que, primeiramente, se descubra o enriquecimento ilícito.

E quando o dinheiro está, mui espertamente, refugiado na trincheira de um paraíso fiscal, é quase impossível descobri-lo e, assim, a inversão do ônus da prova perde o seu efeito.

Na verdade, se os corruptos não encontrassem tanta facilidade e até atrativos, para investir o dinheiro sujo, a corrupção mundial seria um mal menor.

Também a *operativo mani pulite*, demonstrou claramente exemplos de solidariedade à corrupção. Roberto Mongini, jovem advogado e presidente da Democracia Cristã, em Milão, um dos presos na operação, em entrevista à imprensa, registrada no livro *Itália – Operação mãos limpas*, declarou o seguinte:

"No nosso caso específico, nunca pedimos dinheiro às empresas, elas traziam – e basta. Claro, o fenômeno do comissionamento é muito vasto, pode ter acontecido de tudo. Veja, os empresários e os políticos são como um homem e uma mulher que decidem ir para a cama. Um dos dois toma a iniciativa, mas, depois, ao leito vão os dois. Não existe a violência. Se você soubesse quantas ofertas de corrupção por parte das empresas eu recebi! Se as tivesse aceitado eu teria milhões de dólares no exterior. Eu disse muito mais vezes não, do que sim. Existem dois tipos de empresas: aquela virtualmente sã, que pagava para facilitar seus negócios nos meios públicos, e aquelas que fizeram suas fortunas apenas trabalhando para concessões conseguidas por políticos, sem ter capacidade de concorrência. Estas estão fadadas a desaparecer neste furacão de processos contra os comissionamentos. O político, quando eleito, tem apenas uma culpa maior do que a empresa: trai o seu eleitorado. O resto vai caso por caso, pode ter maior culpa o político ou a empresa, mas o maior responsável é o próprio sistema. Porém, esse sistema nojento – o adjetivo é do próprio Roberto Mongini – foi uma criação conjunta de políticos e empresários" (p. 103).

Ou seja, o que ele está nos dizendo – e isso é uma afirmação alarmante – é que o próprio sistema é solidário com a corrupção.

Um relatório publicado pelo Instituto Enaudi, de Turim, calcula que a corrupção consumiu em 12 anos de livre movimentação, entre 10 e 20 bilhões de dólares.

Para que se tenha uma idéia de a que ponto chegou a corrupção na Itália basta citar o exemplo de Abruzzo, na região central italiana, localidade onde foram presos, no dia 30 de setembro de 1992, o governador e todos os secretários. Como se sabe, a "operação" começou nesse mesmo ano, em fevereiro, com a prisão do socialista milanês Mário Chiesa.

Quando alguns jornais proclamaram que a famosa "operação mãos limpas" havia conseguido vencer a corrupção na Itália, o renomado escritor Humberto Eco reagiu com ceticismo, afirmando o seguinte:

"Hoje noventa e cinco por cento das pessoas estão enraivecidas e gritam "pega ladrão!" em direção aos parlamentares que andam na rua. Mas o que essas mesmas pessoas estavam fazendo antes? Organizando algum Comitê de Salvação Pública? Não vamos nos deixar iludir com essa idéia de um país com um atestado de ter sido passado a limpo em revolta contra o Templo da Corrupção. Se fizermos um exame de consciência, nós encontraremos um país que, em sua maior parte, é corrupto."

A Itália é uma nação com uma quantidade enorme de santos, entre eles Santa Brígida. Santa Brígida nasceu, contudo, na Suécia, onde foi primeira dama da rainha na primeira metade do século XIV.

Indignada contra a corrupção que se alastrava entre os governantes, ela se recolheu a um convento em Roma, de onde passou a denunciar os maus gestores do dinheiro do povo.

Pertence a Santa Brígida, uma frase registrada pelo *L'Osservatore romano*, o jornal oficial do Vaticano: "As esmolas não valem nada, o que é preciso é restituir o dinheiro injustamente acumulado".

Seis séculos depois, os costumes continuando os mesmos, é hora de invocar a proteção de Santa Brígida para que ela possa operar o tão esperado milagre de implantar a honra e a responsabilidade em todos aqueles que manejam os dinheiros públicos, princípio do qual nenhuma nação pode se orgulhar.

Não é incomum também a corrupção encontrar solidariedade na doutrina. Ainda que a literatura do gênero seja recente, assim como se editaram obras de denúncias, editaram-se igualmente obras que, numa visão dita acadêmica, chegam a indicar justificativas para a corrupção.

R. K. Merton, em seu livro *Sociologia: teoria e estrutura*, defende uma teoria de que, academicamente, a corrupção pode ser considerada, sob um aspecto pelo qual o ponto de vista funcional se opõe ao individualista, no qual as condutas divergentes não se devem à personalidade dos agentes, mas são resultado da pressão da própria estrutura social e cultural. Assim, as estruturas oficiais apresentando deficiências, permitem – ou até exigem – uma outra estrutura, não oficial, capaz de satisfazer as necessidades da comunidade.

Essa visão, dita funcionalista, acredita não serem sempre ruins os resultados da corrupção. Esses resultados seriam, por vezes, positivos mesmo, pois atenderiam ao próprio interesse público.

A professora Zeni Andrade Brei, da Universidade de Minas Gerais, afirma que essa tese é apoiada também por Wetheim, Lys, Huntington, Abueva, Tillman, Klaveren, Lippmann e Scott, e esclarece, ainda: "Considera-se que as reações emocionais e as noções populares prejudicam a análise mais racional do fenômeno. Em algumas sociedades em fase de transição, determinadas práticas, como o nepotismo, espoliação e suborno, podem mesmo contribuir para certos aspectos de desenvolvimento político, em termos de unificação e estabilidade, participação da população nos negócios públicos e desenvolvimento de partidos políticos viáveis. Tais práticas não constituem danos irreparáveis, podendo ser amplamente boas e aceitáveis, desempenhando funções importantes para uma sociedade em dado momento histórico. A corrupção pode, assim, ser vista mais como um canal normal de atividade política do que como um caso patológico ou desviante que requeira punição: é parte regular e integral da operação da maioria dos sistemas políticos".

E, mais adiante, sem tirar nem por: "Numa visão extrema, a corrupção é vista até como forma de melhorar a qualidade do funcionalismo pela suplementação salarial, que retém os mais capazes em face das forças cooptativas do mercado externo".

Nessa mesma pesquisa, está citado o escritor J. P. Dobel, para quem "a maior parte dos atos corruptos requer escolha moral do indivíduo e depende de sua avareza e maldade. Entretanto, a corrupção no Estado resulta das conseqüências da natureza humana individual interagindo com sistemáticas e permanentes desigualdades em riqueza, poder e "status". Estas são sempre injustas e corruptas. Considere-se contudo que o fim da desigualdade não assegura a eliminação da corrupção, por ser ela também parte da condição humana. A corrupção do Estado e a corrupção do povo caminham juntas. Por isso, a solução do problema está tanto na educação moral do povo quanto na sua participação no processo político, acompanhada de maior igualdade econômica".

Faltou acrescentar que a solução seria menos difícil se a corrupção não encontrasse tão generosa solidariedade entre os estudiosos da questão.

Sejamos realistas. Quando o Congresso brasileiro nega licença para a instauração de processo contra os seus membros, está, ele próprio, o poder titular do controle da boa aplicação do dinheiro do povo, se tornando solidário com a corrupção.

A legislação dá ao parlamentar foro privilegiado, ele só pode ser processado pelo Supremo Tribunal Federal. Além disso, ele desfruta da chamada imunidade parlamentar, instituto teoricamente adotado para que o parlamentar possa exercer o seu mandato com integral independência. Esse instituto, entretanto, se transformou em autêntica armadura a assegurar a impunidade de parte da corrupção.

Em agosto deste ano apurou-se que havia mais de 40 pedidos no Congresso do Brasil pelos quais o STF solicitava autorização para processar deputados ou senadores. E entre eles menos de uma dúzia por crimes contra a honra, todos os demais por outros tipos de delito, inclusive corrupção.

Na mesma época tornou-se pública uma denúncia de que o banheiro do Ministério da Administração do Brasil estava entupido de processos e que mais da metade desses processos trata de corrupção praticada por funcionários.

Pela legislação brasileira enquanto corre o processo administrativo, o funcionário é afastado da função mas não do cargo e nem do seu salário, o que ocorre só depois da condenação. Há, portanto, motivos claros para que os processos administrativos permaneçam escondidos nos banheiros das repartições públicas. Com total e irrestrita solidariedade.

E os países mais ricos, que tanto reclamam da corrupção nos países em desenvolvimento ou ainda mais pobres, se comportam como se da parte deles não houvesse a menor culpa. Quando nós sabemos que as grandes multinacionais são pródigas em lançar mão do suborno para obter este ou aquele contrato internacional.

Na verdade, a Alemanha, por exemplo, permitia às grandes empresas, descontar do imposto de renda as importâncias gastas com propinas para conseguir contratos no exterior. Pode haver melhor solidariedade à corrupção?

Last but not the least, el tiempo. É no passar do tempo que a corrupção encontra seu maior aliado e, via de conseqüência, gratificante solidariedade.

É cediço em direito que quando um advogado é contratado para defender um réu em processo no qual não resta dúvida quanto autoria e dolo, a estratégia utilizada é "vamos ganhar tempo".

E é igualmente cediço quão fácil é ganhar tempo nos escaninhos da justiça; ouvi certa vez de uma nossa autoridade judiciária a afirmação jocosa mas não incorreta de que "o processualista é o motoqueiro do direito".

E essa circunstância é ainda mais adequada para o delito de corrupção, onde a vítima não tem individualidade para ser pranteada, já que essa vítima é o dinheiro público, dinheiro que por ser público, é considerado, ainda que equivocadamente, por muita gente como um dinheiro sem dono, um dinheiro que cairia do céu todos os dias. Aqui, então, manipular os prazos para ganhar tempo é tarefa que qualquer amador cumpre com a maior facilidade.

O maior antídoto para combater esse terrível veneno que é a corrupção não é, como seria legítimo imaginar, um sistema rigoroso de controle, ainda que este seja indispensável e não possa fechar os olhos por um só minuto. O que exige eterna vigilância dos Tribunais de Contas.

Mas o maior antídoto é a indignação dos homens de bem; a reação pronta e corajosa dos homens sérios.

E, para não fazer apologia política, já que há também políticos extremamente sérios, me permitiria citar dois exemplos, com os nomes de dois dos mais estimados intelectuais brasileiros.

José de Alencar, o escritor de *Iracema*, que, quando deputado, lutou bravamente para que se criasse no Brasil um Tribunal de Contas. Lutou bastante, discursou, debateu, apelou, argumentou com sua privilegiada inteligência, e não conseguiu seu intento. Deixou, contudo, a marca da sua preocupação com o sério manuseio dos recursos públicos, desde a época do Império.

E Graciliano Ramos, o imortal escritor de Memórias do Cárcere.

Graciliano Ramos foi eleito, graças a 433 votos, prefeito de Palmeira dos Índios, Alagoas, em 1927. Assim que assumiu o cargo, por todos considerado uma posição elevada, Graciliano, em carta a Heloisa Ramos, desabafa:

"A propósito, que história é essa de posição elevada? Enganaram-te minha filha. Para os cargos de administração municipal escolhem de preferência os imbecis e os gatunos. Eu, que não sou gatuno, que tenho na cabeça uns parafusos de menos, mas não sou imbecil, não dou para o ofício e qualquer dia renuncio. Por tua culpa, meu amor, toco num assunto desagradável e idiota. Isto aqui não vale nada."

Na verdade, só alguém com esse desapego ao poder, é capaz de produzir uma administração honrada.

E é nos Relatórios de Graciliano, encaminhados ao Conselho Municipal de Palmeira dos Índios, que vamos conhecer as suas reações em face das questiúnculas administrativas.

Depois de relacionar despesas com iluminação pública, limpeza pública, cemitério etc. e de afirmar que, como a prefeitura não tinha tesoureiro, havia depositado uma parte do dinheiro no banco e a outra havia confiado ao secretário, ele nos conta:

"Nada tenho dispendido com estradas, obras públicas e instrução, porque tenciono empregar nelas o que sobrar dos gastos ordinários e quero evitar serviços que, por falta de numerário, possam vir a ser interrompidos. Consegui salvar, em 70 dias, 9 contos e 500. É pouco. Entretanto, fiz esforço imenso para acumular soma tão magra, para impedir que ela sobrecarregasse de cá; suprimi despesas e descontentei bons amigos e compadres que me fizeram pedidos."

Depois de reclamar contra as dívidas que herdara e de novos credores que inesperadamente apareciam, condena o gasto de dois contos de réis com a banda de música, quando o município não havia aplicado nada em ensino e informa que "dos funcionários que encontrei em janeiro restam poucos. Saíram os que faziam política e os que não faziam coisa nenhuma". E faz uma reflexão: "Não sei se a administração do município é boa ou má. Talvez pudesse ser pior".

E – curioso, mas legítimo! – revolta-se contra as despesas em telegrama, o mais nobre meio de comunicação da época. E expõe a sua posição:

"Relativamente à quantia orçada, os telegramas custaram pouco. De ordinário vai para eles dinheiro considerável. Não há vereda aberta pelos matutos, forçados pelos inspetores, que prefeitura do interior não ponha no arame, proclamando que a coisa foi feita por ela; comunicam-se as datas históricas ao governo do Estado, que não precisa disso, todos os acontecimentos políticos são badalados. Porque se derrubou a Bastilha, um telegrama; porque se deitou uma pedra na rua, um telegrama; porque o deputado federal esticou as canelas, um telegrama. Dispêndio inútil. Toda gente sabe que isto por aqui vai bem, que o deputado morreu, que nós choramos e que em 1559 D. Pero Sardinha foi comido pelos Caetés."

É fácil imaginar a indignação que se abateria sobre Graciliano Ramos se ele pudesse testemunhar, nos dias presentes, não apenas o desperdício com comunicações inúteis, mas com a montanha de dinheiro que os homens públicos gastam para "pôr no arame", que hoje chamamos mídia, menos os seus feitos e mais os seus próprios nomes.

Mesmo antes dos protestos dos nossos e dos intelectuais de todas as partes, desde os tempos da formação da vida em sociedade, é predominante a idéia, nascida da vontade do corpo social, de que todo aquele que aplica dinheiros públicos quer deseje ou não, está sujeito à fiscalização e tem o dever irrecusável de prestar contas.

Essa é a norma desde a Carta de João Sem Terra, o inglês João Laxkland, irmão e sucessor de Ricardo Coração de Leão, em 1215; desde o reinado de Aragon, na Espanha, por volta de 1300; desde o governo de D. Diniz, em Portugal, que, em 1389, instituiu a chamada Casa dos Contos, embrião do Tribunal de Contas português; desde 1300 na França, que, ao tempo de Felipe, o Belo, possuía uma Corte de Contas que tinha ao seu lado um pátio onde eram decapitados os malversadores do erário.

Mais tarde a França insculpiu a obrigação de prestação de contas na Declaração dos Direitos do Homem, em 1789, art. 15º.

Antes, ainda, porém, na antiga Grécia, já havia os Helenotomiai, os 10 tesoureiros da deusa Atenas, perante os quais as autoridades prestavam contas de sua gestão.

E ao tempo do império romano, os latinos já sustentavam o seguinte princípio:

"E um, qui aliena negotia sive ex tutela, sive ex quacunque alio titulo administravit: ubi haec gestit, rationem oportet reddere".

Com efeito, "é necessário que aquele que administrou os negócios alheios, quer por tutela, quer a qualquer outro título, preste conta aí onde administrou tais negócios".

É incrível imaginar que, no limiar do terceiro milênio ainda exista quem acredite que possa ser diferente.

Quando os ventos, não só do Mercosul, mas dos quatro cantos do mundo nos falam sobre a necessidade de reformar o Estado, por estar em descompasso com a sociedade que o instituiu, é de se alertar que, quanto ao controle, essa reforma só pode ser aquela do aperfeiçoamento, buscando invariavelmente a aplicação dos recursos públicos com métodos que resultem em maiores benefícios para o governado, a fim de que, a prazo mais longo, se possa ter a esperança de um Estado menos oneroso para o contribuinte.

É mais incrível ainda que mesmo na histórica França, cantada em prosa e verso, ainda na semana última, o executivo estivesse tentando dificultar a ação do judiciário e assim também proteger a corrupção.

A França, lamentavelmente, está vivendo dias de crise política e moral, uma fase de descrença na sua elite dirigente.

Entre outros escândalos, apurou-se que Xaviera Tiberi, esposa do prefeito de Paris Jean Tiberi, recebeu 40 mil dólares para elaborar um insignificante relatório de 36 páginas repletas de erros para o Conselho Regional da Essone.

Diante da denúncia, o juiz Eric Halphen preparou-se para iniciar o processo, quando o Ministério da Justiça, para impedir que isso ocorresse, afastou-o do caso, passando-o a um procurador que abafaria a questão. Esse procurador, no entanto, entrou em férias e seu substituto, o jovem procurador Hubert Dujardin decidiu reativar o processo. Diante dessa ameaça, o Ministério de Justiça começou uma busca ao procurador que estava em férias no Nepal, para que reassumisse o caso. Os diplomatas franceses em Katmandu foram mobilizados e um helicóptero alugado sobrevoou o Himalaia, durante três horas, tentando localizá-lo, sem sucesso.

Quando o procurador voltou ao cargo o processo já estava instaurado.

A título de curiosidade, a imprensa francesa informou que só o aluguel do helicóptero custou 3 mil dólares. Ou seja dinheiro do povo utilizado na solidariedade à corrupção.

Quanto aos Tribunais de Contas, seja qual for o tamanho da solidariedade à corrupção, é relevante ter presente a lição de Leslie Normanton, auditor da OTAN, que foi transcrita por Ruben Cardón, estimado amigo e laborioso secretário executivo do Secretariado Permanente de Tribunales de Cuentas da Argentina, na revista *Régimen de la Administración Pública*, n. 50. Normanton declarou e Cardón anotou: "Los organismos de auditoria gubernamental deben optar por el desarollo progresivo de su actividad o permanecerán con el transcurso del tiempo, como antiguos monumentos".

De fato, como em qualquer nação, *verbi gratia* esta linda nação, toda a riqueza argentina, o algodão do Chaco, os vinhedos de Mendoza, as frutas do piemonte andino, o petróleo de Comodoro Rivadávia e toda a sua crescente industrialização só reverterão em favor do povo se a aplicação dos tributos se fizer com correção e produtividade.

Há poucos dias a imprensa brasileira publicou um artigo do presidente Carlos Saul Ménem, no qual ele afirmou o seguinte: "Os homens são bons, mas, se vigiados, são melhores ainda". A afirmação só não é perfeita porque nem todos os homens são bons e, bem por isso, a vigilância a que ele se refere, torna-se o elemento de maior relevância na organização da vida em sociedade.

Antes de finalizar, permitam-me invocar o pensamento de um escritor argentino, Manuel Mojica Lainez, o autor de *Bomarzo*, e que nos deixou em 1984. Mojica Lainez dizia: "O crime e a santidade são as duas supremas desembocaduras na sina do homem, e ambas, conhecidas ou não, estão presentes em todos os elos humanos".

Infelizmente, ele está correto quanto ao crime; e, felizmente, também está correto quanto à santidade.

Sabemos todos, e o sentimos a cada passar, que o tempo é curto para o sonho dos homens. Ainda que, neste particular, o nosso sonho se faça desde logo acompanhar de mais uma concessão. Sim, não queremos mais acabar com a corrupção; limitamo-nos agora a nos conformar em reduzi-la ao nível ótimo. E aqui nos entregamos ainda a uma nova concessão: vá lá que o nível ótimo não seja igual a zero.

Se este sonho, já tão mutilado, for igualmente impossível, então estaremos próximos de perder a esperança no ser humano. E só nos restará, a título de consolo, aquele remédio que certo dia nosso irmão de coração, o sempre admirado mestre Celso Antônio Bandeira de Mello, não impunemente, porquanto sentiu de imediato a reação que a sua palavra provocou, sugeriu ao final de uma indignada fala: só nos restará rezar. Oremos, pois, pela complexidade de viver em sociedade, pela luta eterna dos idealistas e pelo nosso pobre sonho.

Senhor Dr. Hugo Alberto Molina, distinguido presidente do Secretariado Permanente de Tribanales de Cuentas de la República Argentina, e presidente do T.C. de Entre Rios.

Senhores Dr. Pedro Osvaldo Casariego, presidente do Tribunal de Contas de Rio Negro; Dr. Héctor Giecco, do Tribunal de Contas de Buenos Aires; Cr. Rubén Edgardo Quijano, do Tribunal de Contas do Chaco; Dr. Sérgio Gonzalez, do Tribunal de Contas de Jujuy; Cr. Alberto Zeballos, do Tribunal de Contas de Mendoza; Dr. Pedro Perpétuo Flores, do Tribunal de Contas de Misiones; Dr. Fermin Ricardo Aranda e Cr. Miguel Angel Jorge, do Tribunal de Contas de Salta; Dr. Mario Tello Lujan, do Tribunal de Contas de San Juan; Cr. Eduardo Rodolfo Leonida e Dra. Estela Maris Vandoni, do Tribunal de Contas de Tierra del Fuego, Antártida e Islas del Atlantico Sur; Cr. Jorge Olmos e Dr. Pedro León Cornet, do Tribunal de Contas de Tucuman; Cra. Leonor Zamborain e Cr. Rubén Dario Gianni, do Tribunal de Contas de Rio Negro; Cr. Jorge Yañez e Cr. José Guillaumet, do Tribunal de Contas de Bariloche.

Quando nos reunimos fraternalmente, em San Carlos de Bariloche, *envueltos por la exuberancia tipica de sus retamas amarillas*, nesta brava província de Rio Negro, na distante Patagônia, quarta região em extensão da terra argentina, da terra e da literatura de Domingos Sarmiento, a cujos escritos devemos o regionalismo que deu origem ao gaúcho, mais tarde de presença marcante no sul do Brasil, quando já era cantado na poesia de José Hernandez, notadamente em "Martin Fíerro", cujo talento seria sucedido pelo inesquecível Jorge Luis Borges, pioneiro da poesia moderna argentina; quando nesta incomparável atmosfera austral nos reunimos, é extremamente honroso e mui gratificante abraçar os nossos confrades argentinos na labuta pela fiscalização dos gastos governamentais.

Estas províncias unidas do sul, são proclamadas pelo glorioso hino nacional argentino e é nos versos desse hino que nós brasileiros encantados vamos buscar uma estrofe para traduzir o nosso abraço e o nosso agradecimento: *Al gran pueblo argentino salud*.

JURISPRUDÊNCIA

SUPREMO TRIBUNAL FEDERAL

Ação Direta de Inconstitucionalidade n. 1.458-7-Distrito Federal (Medida Liminar)

Relator: Ministro Celso de Mello

Requerente: Confederação Nacional dos Trabalhadores na Saúde-CNTS

Requeridos: Presidente da República; Congresso Nacional

Ementa: Desrespeito à Constituição – Modalidades de Comportamentos Inconstitucionais do Poder Público.

– O desrespeito à Constituição tanto *pode ocorrer mediante* ação *estatal* quanto *mediante* inércia *governamental. A situação de inconstitucionalidade pode derivar de um* comportamento ativo *do Poder Público, que* age *ou* edita *normas em desacordo com o que dispõe a Constituição, ofendendo-lhe, assim, os preceitos e os princípios que nela se acham consignados. Essa conduta estatal, que importa em um* facere *(atuação positiva), gera a inconstitucionalidade* por ação.

– Se o Estado deixar de adotar *as medidas* necessárias *à realização concreta dos preceitos da Constituição, em ordem a torná-los efetivos, operantes e exeqüíveis, abstendo-se, em conseqüência, de cumprir o dever de prestação que a Constituição lhe impôs, incidirá em* violação negativa *do texto constitucional. Desse* non facere *ou* non praestare, *resultará a inconstitucionalidade* por omissão, *que pode ser* total, *quando é* nenhuma *a providência adotada, ou* parcial, *quando é* insuficiente *a medida efetivada pelo Poder Público.*

Salário mínimo – Satisfação das necessidades vitais básicas – Garantia de preservação de seu poder aquisitivo.

– A cláusula constitucional inscrita no art. 7º, IV, da Carta Política – para além da proclamação da garantia social do salário mínimo – consubstancia verdadeira imposição legiferante, *que, dirigida ao Poder Público, tem por finalidade* vinculá-lo *à efetivação de uma* prestação positiva *destinada (a) a* satisfazer *as necessidades essenciais do trabalhador e de sua família e (b) a* preservar, *mediante reajustes periódicos, o valor intrínseco dessa remuneração básica,* conservando-lhe *o poder aquisitivo.*

– O legislador constituinte brasileiro delineou, no preceito consubstanciado no art. 7º, IV, da Carta Política, um nítido programa social destinado a ser desenvolvido pelo Estado, mediante atividade legislativa vinculada. Ao dever de legislar *imposto ao Poder Público – e de legislar com* estrita *observância dos* parâmetros constitucionais *de índole jurídico-social e de caráter econômico-financeiro (CF, art. 7º, IV) –, corresponde o* direito público subjetivo *do trabalhador a uma legislação*

que lhe assegure, efetivamente, *as necessidades vitais básicas individuais e familiares e que lhe garanta a revisão periódica do valor salarial mínimo, em ordem a preservar, em caráter permanente, o poder aquisitivo desse piso remuneratório.*

Salário mínimo – Valor insuficiente – Situação de inconstitucionalidade por omissão parcial.

– A insuficiência *do valor correspondente ao salário mínimo, definido em importância que se revele* incapaz *de atender as necessidades vitais básicas do trabalhador e dos membros de sua família,* configura um claro descumprimento, *ainda que parcial,* da Constituição da República, *pois o legislador, em tal hipótese, longe de atuar como o sujeito concretizante do postulado constitucional que* garante *à classe trabalhadora um piso geral de remuneração (CF, art. 7º, IV), estará realizando,* de modo imperfeito, *o programa social assumido pelo Estado na ordem jurídica.*

– A omissão do Estado – que deixa de cumprir, *em maior ou em menor extensão,* a imposição *ditada pelo texto constitucional* – qualifica-se *como comportamento revestido da maior gravidade político-jurídica, eis que,* mediante inércia, *o Poder Público* também *desrespeita a Constituição,* também *ofende direitos que nela se fundam e* também *impede, por ausência de medidas concretizadoras, a própria aplicabilidade dos postulados e princípios da Lei Fundamental.*

– As situações configuradoras de omissão inconstitucional – ainda que se cuide de omissão parcial, *derivada da* insuficiente *concretização, pelo Poder Público, do conteúdo material da norma impositiva fundada na Carta Política, de que é destinatário – refletem comportamento estatal que deve ser repelido, pois a inércia do Estado qualifica-se,* perigosamente, *como um dos* processos informais de mudança da Constituição; expondo-se, *por isso mesmo, à censura do Poder Judiciário.*

Inconstitucionalidade por omissão – Descabimento de medida cautelar.

– A jurisprudência do Supremo Tribunal Federal firmou-se no sentido de proclamar incabível *a medida liminar nos casos de ação direta de inconstitucionalidade* por omissão *(*RTJ *133/569, Rel. Min. Marco Aurélio; ADIn 267-DF, Rel. Min. Celso de Mello), eis que não se pode pretender que mero provimento cautelar antecipe efeitos positivos* inalcançáveis *pela própria decisão final emanada do STF.*

– A procedência *da ação direta de inconstitucionalidade* por omissão, *importando em reconhecimento judicial do estado de inércia do Poder Público, confere ao Supremo Tribunal Federal,* unicamente, *o poder de* cientificar *o legislador inadimplente, para que este adote as medidas necessárias à concretização do texto constitucional.*

– Não assiste *ao Supremo Tribunal Federal, contudo, em face dos próprios limites fixados pela Carta Política em tema de inconstitucionalidade por omissão (CF, art. 103, § 2º), prerrogativa de expedir provimentos normativos com o objetivo de suprir a inatividade do órgão legislativo inadimplente.*

ACÓRDÃO

Vistos, relatados e discutidos estes autos, acordam os Ministros do Supremo Tribunal Federal, em Sessão Plenária, na conformidade da ata de julgamentos e das notas taquigráficas, por unanimidade de votos, em conhecer da ação e indeferir o pedido de medida liminar.

Brasília, 23 de maio de 1996. Sepúlveda Pertence (Presidente). Celso de Mello (Relator).

RELATÓRIO

O Senhor Ministro Celso de Mello: Trata-se de *ação direta de inconstitucio-*

nalidade por omissão ajuizada pela Confederação Nacional dos Trabalhadores na Saúde-CNTS, que, com fundamento no art. 102, I, *p*, e art. 103, § 2º, todos da Constituição, pretende o reconhecimento da ilegitimidade constitucional do art. 1º e respectivo parágrafo único da Medida Provisória n. 1.415, de 29.4.96, cujo conteúdo normativo é o seguinte:

"Art. 1º. O salário mínimo será de R$ 112,00 (cento e doze reais), a partir de 1º de maio de 1996.

"Parágrafo único. Em virtude do disposto no *caput* deste artigo, o valor diário do salário mínimo corresponderá a R$ 3,73 (três reais e setenta e três centavos) e o seu valor horário a R$ 0,51 (cinqüenta e um centavos)."

A Confederação autora da presente ação sustenta que o Presidente da República, ao fixar o novo valor do salário mínimo em apenas R$ 112,00, valeu-se, na Medida Provisória em referência, de índice absolutamente inadequado (porque conjuga componentes de variação de preços ao consumidor, ao produtor e ao construtor), incapaz, conseqüentemente, de refletir, com fidelidade, a perda inflacionária sofrida pelos trabalhadores.

O *argumento de inconstitucionalidade* da autora reside na alegada transgressão estatal da norma inscrita no art. 7º, IV, da Constituição, que dispõe, em comando imperativo destinado ao Poder Público, que o salário mínimo, nacionalmente unificado, a ser estabelecido em lei, deverá atender às necessidades vitais básicas do trabalhador e dos membros de sua família com moradia, alimentação, educação, saúde, lazer, vestuário, higiene, transporte e previdência social, além de sofrer reajustes periódicos que visem a preservar-lhe o poder aquisitivo.

A Confederação promovente desta ação direta, depois de *enfatizar* que as normas impugnadas eliminam a garantia constitucional de preservação do poder aquisitivo do salário mínimo, *critica* a absoluta impropriedade do índice de reajuste adotado pela Medida Provisória n. 1.415/96 (IGP-DI), salientando (fls. 3/4):

"(...)

"O salário mínimo que até a data de 30 de abril era de R$ 100,00 (cem reais), acaba de ser reajustado por índice aleatório, inferior a variação de todos os índices mensurados por institutos oficiais e privados, de reconhecida idoneidade.

"A omissão da metodologia de cálculo, ou do processo de apuração do índice utilizado para alterar-se o valor do salário mínimo, importa grave violação de três princípios constitucionais que são o sustentáculo da administração pública, da qual o Excelentíssimo Senhor Presidente da República é servidor público número um (n. 1).

"(...)

"As razões de ordem econômica, que não se fundamentam no interesse ou na segurança nacional, ao se sobreporem ao ordenamento jurídico vigente, corroem as estruturas democráticas, pondo em risco o Estado de Direito, além de gerar insegurança jurídica à parcela significativa da população, que reclama, também, como outros segmentos da sociedade, o exercício pleno de sua cidadania, pedindo o cumprimento da Constituição, no caso particular, a preservação do poder de compra do *salário mínimo*, assegurado pelo disposto no inciso IV do art. 7º da CF.

"Diz o art. 7º, inciso IV da CF '... *com reajustes periódicos que lhes preservem o poder aquisitivo...*'.

"O novo salário mínimo ofende à Constituição, porque deixa de *reajustar* o seu valor anterior de R$ 100,00. Através de um artifício, fixa-se um novo valor para o mesmo, desconectado da realidade, burlando, de forma flagrante, expressa disposição constitucional, que reclama o *reajuste*.

"Tanto é assim, que o valor fixado, considerada variação nominal, é inferior a todos os índices, oficiais e não-oficiais atualmente disponíveis, capazes de refletir, de maneira aproximada, a desvalorização do poder de compra do salário.

"O índice que mais se aproxima, nos últimos doze meses, é o Índice Geral de Preços-Disponibilidade Interna-IGP-DI, calculado por instituição privada (Fundação Getúlio Vargas), que conjuga componentes de variação de preços ao consumidor, ao produtor e ao construtor. Este mesmo índice é adotado, nos termos do art. 2º da Medida Provisória em comento, para reajustar os benefícios mantidos pela Previdência Social.

"Ao referir-se a reajuste, a norma constitucional deixa implícito a necessidade de um parâmetro a ser utilizado para tal finalidade que tenha relação com a preservação do poder aquisitivo do valor do salário mínimo. A adoção de qualquer outro critério, esbarra na norma constitucional.

"A fixação do salário mínimo em R$ 112,00 (cento e doze reais) significa um reajuste igual a 12%, inferior, inclusive, ao concedido aos trabalhadores inativos, beneficiários da Previdência Social, o que é inconstitucional a teor do disposto no art. 5º, *caput*, da CF. Não se concebe que um trabalhador na atividade possa receber menor salário do que o trabalhador inativo. Tal situação colide com o princípio insculpido no *caput* do art. 170 da CF, que dispõe que 'a ordem econômica, fundada na valorização do trabalho humano e na livre iniciativa, tem por fim assegurar a todos existência digna, conforme os ditames da justiça social, observados os seguintes princípios:'.

"Não se concebe, portanto, reajuste diferenciado, para o salário mínimo e para o aposentado e pensionista, até porque, segundo dispõe o art. 201, § 5º da CF, estabelece que 'nenhum benefício que substitua o salário de contribuição ou o rendimento de trabalho do segurado terá valor mensal inferior ao salário mínimo'.

"(...)."

Com tais fundamentos – e não obstante reconhecendo a autora a ocorrência de hipótese de inconstitucionalidade *por omissão* (fls. 2) – *requer* seja concedida medida cautelar para *suspender*, liminarmente, a eficácia das normas ora impugnadas, a fim de que (fls. 5):

"(a) seja declarada a omissão inconstitucional do Excelentíssimo Senhor Presidente da República e do Congresso Nacional, determinando-se o imediato reajuste do salário mínimo, por índice que demonstre a variação real do poder aquisitivo do mesmo, nos últimos doze meses; ou, alternativamente,

"(b) que seja declarada a omissão inconstitucional do Senhor Presidente da República e do Congresso Nacional, para que o salário mínimo seja reajustado no mesmo índice dos benefícios da Previdência Social, a teor do que dispõe o art. 2º da MP nº 1.415, de 1996, a teor do que dispõe o art. 5º, *caput*, 170, *caput* e 201, § 5º da CF."

Havendo pedido de medida cautelar, submeto o pleito à apreciação do Plenário desta Suprema Corte.

É o relatório.

VOTO

O Senhor Ministro Celso de Mello (Relator): A autora sustenta que a Medida Provisória n. 1.415/96, ao fixar o *novo* salário mínimo (*R$ 112,00*), *teria vulnerado* a norma inscrita no art. 7º, IV, da Constituição, que assim dispõe:

"Art. 7º. São direitos dos trabalhadores urbanos e rurais, além de outros que visem à melhoria de condição social:

"(...)

"IV – salário mínimo, fixado em lei, nacionalmente unificado, capaz de atender às suas necessidades vitais básicas e às de sua família com moradia, alimentação, educação, saúde, lazer, vestuário, higiene, transporte e previdência social, com reajustes periódicos que lhe preservem o poder aquisitivo, sendo vedada sua vinculação para qualquer fim (...)."

O fundamento em que se apóia a pretensão de inconstitucionalidade deduzida pela autora nesta sede processual residiria, em essência, na *alegada* vulneração, *pelo ato normativo presidencial*, do princípio constitucional que, em nosso sistema jurídico, consagra e protege a preservação do poder de compra do salário mínimo.

A Confederação autora, *ao enfatizar* a eiva de inconstitucionalidade que *contaminaria* a MP n. 1.415/96 (art. 1º e seu parágrafo único), argumenta que o Poder Executivo da União *adotou* índice inadequado (*IGP-DI*) na definição do valor salarial ora impugnado, *que não reflete*, por isso mesmo, a variação inflacionária registrada ao longo do período de um ano.

Ante a situação exposta, a autora ajuíza ação direta de inconstitucionalidade *por omissão* do Poder Público na efetivação de medidas reputadas imprescindíveis ao adimplemento de determinada prestação estatal imposta pela Constituição da República.

A Carta Política, ao inscrever a *garantia jurídica* concernente ao salário mínimo dentre os direitos sociais da classe trabalhadora, *determinou* ao Poder Público que editasse lei veiculadora de valor remuneratório *capaz de atender* as necessidades vitais básicas do trabalhador e dos membros de sua família, em ordem a permitir-lhes a satisfação dos gastos essenciais com moradia, alimentação, educação, saúde, lazer, vestuário, higiene, transporte e previdência social.

Mais do que o reconhecimento formal do direito ao salário mínimo, a Constituição da República promulgada em 1988 – demonstrando extrema preocupação com as perdas salariais geradas pelo processo inflacionário – impôs ao Estado a obrigação de adotar mecanismos destinados a preservar o próprio poder aquisitivo do salário mínimo.

Com efeito, a cláusula constitucional inscrita no art. 7º, IV, da Carta Política – para além da proclamação da garantia social do salário mínimo – consubstancia verdadeira *imposição legiferante*, que, dirigida ao Poder Público, tem por finalidade *vinculá-lo* à efetivação de uma prestação positiva destinada (a) a *satisfazer* as necessidades essenciais do trabalhador e de sua família e (b) a *preservar*, mediante reajustes periódicos, o valor intrínseco dessa remuneração básica, *conservando-lhe* o poder aquisitivo.

A preservação do poder aquisitivo do salário mínimo, com a conseqüente conservação de seu valor real, *constitui a grande inovação* introduzida no tema pela Assembléia Constituinte de 1987/1988, eis que os *anteriores* documentos constitucionais republicanos, embora inspirados pelo sentimento de solidariedade que emana da idéia social – *1934* (art. 121, § 1º, *b*), *1937* (art. 137, *h*), *1946* (art. 157, I), *1967* (art. 158, I) e *1969* (art. 165, I) – nada dispuseram sobre o princípio em referência.

Na realidade, a nova Constituição Federal de 1988, *nesse específico ponto*, nada mais fez senão *reiterar* compromisso assumido pelo Estado brasileiro na esfera internacional. É que o Brasil subscreveu em 1970, no âmbito da OIT, a *Convenção n. 131*, já incorporada ao sistema de direito positivo interno (Decreto n. 89.686/84), *comprometendo-se* a adotar, *no plano nacional*, mecanismos vocacionados a operar reajustamentos periódicos necessários à preservação do real valor do salário mínimo (*art. 3º, da Convenção OIT n. 131*).

Vê-se, portanto, que o legislador constituinte brasileiro delineou um nítido programa social destinado a ser desenvolvido pelo Estado, mediante atividade legislativa vinculada. Ao *dever de legislar* imposto ao Poder Público – e de legislar com *estrita* observância dos *parâmetros constitucionais* de índole jurídico-social e de caráter econômico-financeiro (CF, art. 7º, IV) –, corresponde o *direito público subjetivo* do trabalhador a uma legislação que lhe assegure, *efetivamente*, as necessidades vitais básicas individuais e familiares e que lhe garanta a revisão periódica do valor salarial mínimo, em ordem a preservar, em caráter permanente, o poder aquisitivo desse piso remuneratório.

É por essa razão que Luis Roberto Barroso, ao versar o tema ora em análise, *discutindo-o na perspectiva da efetividade dos direitos e garantias de ordem social*, expende considerações que devem constituir objeto de necessária reflexão (*O Direito Constitucional e a Efetividade de suas Normas*, pp. 151-152, 2ª ed., 1993, Renovar):

"Esta não é, definitivamente, uma norma programática. Não apenas porque o *caput* do dispositivo refere-se expressamente a um direito assegurado, como também porque o preceito descreve a utilidade a ser fruída – salário capaz de satisfazer as necessidades vitais básicas de um trabalhador e sua família – e especifica, embora de modo implícito, a conduta devida: pagar salário que atenda aos requisitos enunciados.

"Descumprindo o comando constitucional, um trabalhador, individualmente, ou o sindicato, representando a categoria, poderão requerer ao Judiciário a observância forçada da norma. A efetividade desse preceito é, tecnicamente, menos intrincada do que pode parecer à primeira vista. Confirme-se.

"No regime constitucional anterior, o salário mínimo era fixado por decreto presidencial. Atualmente, tal competência transferiu-se para o Congresso Nacional. Se algum empregador pagar valor inferior ao estabelecido, qualquer trabalhador, em dissídio individual, obterá, através da Justiça do Trabalho, a diferença devida. Aqui não se apresenta nenhuma dificuldade.

"*Quid iuris*, se o vício se contiver, não no ato em si do empregador, mas no do Congresso Nacional, por fixar um salário mínimo que desatenda os requisitos constitucionais? Em outras palavras: existe remédio jurídico a ser utilizado contra o ato legislativo que institua um salário mínimo incapaz de satisfazer as necessidades normais de um trabalhador e sua família?

"A resposta é afirmativa. Tanto mais agora que o novo texto constitucional simplificou a tarefa jurisdicional ao estabelecer uma série de parâmetros objetivamente aferíveis. No regime da Carta de 1969, a cláusula 'necessidades normais', sem qualquer outro detalhamento, padecia de um conteúdo fluido, algo impreciso, ainda que não indeterminável. Presentemente, todavia, o próprio inciso IV enuncia os fatores a serem tomados em conta na fixação do salário mínimo: moradia, alimentação, educação, saúde, lazer, vestuário, higiene, transporte e previdência social. E muito embora seja impossível erradicar-se totalmente um certo grau de subjetividade, é plenamente possível a um juiz, por dados oficiais ou mediante prova técnica, estimar, *v.g.*, o valor de aluguel de uma habitação modesta em bairro operário, o custo de alimentação valorado por uma cesta básica, as despesas de transporte tendo em vista o preço da passagem, etc. Mesmo quando os valores pudessem oscilar significativamente, de acordo com o que cada um viesse a considerar como padrão mínimo de dignidade, o fato é que há um núcleo central em relação ao qual haverá consenso em qualquer circunstância.

"Seria puramente ideológica, e não científica, a negação da possibilidade de o Judiciário intervir em tal matéria. Porque em diversas outras situações em que a Constituição ou a lei utilizam conceitos vagos e imprecisos, é exatamente ao juiz que cabe integrar, com sua valoração subjetiva, o comando normativo. Assim se passa, por exemplo, quando ele fixa o valor da 'justa indenização' na desapropriação (CF/88, art. 5º, XXIV); quando nega eficácia a ato, lei ou sentença estrangeira por ofensa à nossa 'ordem pública' (LICC, art. 17); ou quando fixa alimentos 'na proporção das necessidades do reclamante e dos recursos da pessoa obrigada' (C. Civil, art. 400).

"Assentada a premissa, *é bem de ver que se a União*, por seu órgão legislativo, *fixa o valor do salário mínimo em quantitativo insuficiente* para o atendimento das necessidades vitais básicas de um trabalhador e de sua família, *o ato que o institui vicia-se por inconstitucionalidade*" (grifei).

Tudo isso significa, na perspectiva do preceito consubstanciado no art. 7º, IV, da Carta Política, que a *insuficiência* do valor correspondente ao salário mínimo, definido em importância que se revele incapaz de atender as necessidades vitais básicas do trabalhador e dos membros de sua família, *configurará* um claro descumprimento, ainda que parcial, da Constituição da República, pois o legislador, em tal hipótese, longe de atuar como o sujeito concretizante do postulado constitucional que *garante* à classe trabalhadora um piso geral de remuneração, estará realizando, *de modo imperfeito*, o programa social assumido pelo Estado na ordem jurídica.

Não se pode ignorar, neste ponto – tal como adverte Amauri Mascaro Nascimento (*Direito do Trabalho na Constituição de 1988*, p. 117, item n. 19, 1989, Saraiva) – que a Carta Federal em vigor no Brasil *ampliou* o quadro das necessidades vitais básicas consideradas essenciais à composição do valor inerente ao salário mínimo, *impondo* ao Poder Público o dever de definir o *quantum* apto a *satisfazer* as exigências indispensáveis de moradia, de alimentação, de educação, de saúde, de lazer, de vestuário, de higiene, de transporte e de previdência social.

A questão do salário mínimo não é uma simples questão de ordem técnica. É, sobretudo, um problema de natureza social, com graves implicações de caráter político, pois revela, *na exata definição do seu valor*, o real compromisso do programa governamental com a justa remuneração do trabalho e com a plena emancipação da classe trabalhadora de sua *inaceitável* condição de opressão social e de arbitrária exploração econômica.

O Estado *não pode* dispensar tratamento inconseqüente às diretrizes constitucionais que definem, a partir da identificação das necessidades sociais básicas do trabalhador e de sua família, os critérios que devem orientar o legislador na fixação do salário mínimo, sob pena de se admitir que a classe operária seja titular de direitos abstratos e destinatária de proclamações retóricas tão elegantes na forma quanto vazias de significação em sua própria essência.

Há, na realidade, *em tema de salário mínimo*, uma inderrogável *obrigação estatal* que vincula o Poder Público ao *dever* de fixar um piso remuneratório *capaz de satisfazer* as necessidades primárias de subsistência do trabalhador e dos membros de sua família.

O valor que emerge da norma ora impugnada *não realiza* os propósitos visados pelo legislador constituinte, eis que basta mera constatação objetiva – independentemente de qualquer discussão técnica sobre os índices aplicáveis – para concluir-se, sem qualquer dúvida, sobre a absoluta insuficiência do *quantum* fixado pelo Governo para o satisfatório atendimento das *necessidades vitais básicas* do trabalhador e de sua família.

A Medida Provisória n. 1.415/96 *decididamente* não guarda fidelidade à Constituição Federal no ponto em que esta *impõe* ao Governo da República a *dupla* obrigação de (a) estipular, para o salário mínimo, importância suficiente e necessária à satisfação das exigências vitais básicas relacionadas pelo próprio legislador constituinte e (b) de proceder a revisões periódicas que *efetivamente* preservem o poder aquisitivo do salário mínimo.

O exame dos *diversos* índices resultantes de pesquisas efetuadas por instituições idôneas *revela*, a partir de uma simples análise comparativa, que a opção governamental pelo valor estipulado na norma impugnada – considerada a realidade sócio-econômica prevalecente na sociedade brasileira – *não resiste a um confronto liminar com o texto da Constituição*.

Enquanto o Governo Federal, na fixação do salário mínimo, utilizou-se do índice de 12%, as pesquisas efetuadas por instituições qualificadas revelam os seguintes números, todos eles desprezados pelo Poder Público:

ICV/DIEESE:	33,74%
IPC/FIPE:	20,03%
INPC/IBGE:	18,30%
IGP-M/FGV:	13,62%

Em suma: o valor mensal de R$ 112,00 – que corresponde a um valor salarial diário de R$ 3,73 – *é aviltante e é humilhante*. Ele, na verdade, reflete importância evidentemente insuficiente para propiciar ao trabalhador e aos membros de sua família um padrão digno de vida.

A quantia em referência confere atualidade à critica do eminente Professor Osíris Rocha, para quem "a consciência nacional sabe que o trabalhador brasileiro, com o mínimo, não atende nem ao mínimo. Faz mágica de sobrevivência" (*Enciclopédia Saraiva do Direito*, v. 66/452-457, verbete "Salário").

Tenho para mim que a norma em causa, precisamente por haver fixado valor insuficiente à integral realização do comando inscrito no art. 7º, IV, da Carta Política, configura típica hipótese de inconstitucionalidade por omissão parcial, que admite e autoriza, como instrumento válido de impugnação, a utilização da via jurisdicional, *inclusive da própria ação direta de inconstitucionalidade por omissão* (CF, art. 103, § 2º).

Impõe-se ressaltar que, na tipologia das situações inconstitucionais, *também* inclui-se aquela que deriva do descumprimento, *por inércia estatal*, de norma impositiva de determinado comportamento atribuído ao Poder Público pela própria Constituição.

O desrespeito à Constituição *tanto* pode ocorrer mediante *ação* estatal *quanto* mediante *inércia* governamental. A situação de inconstitucionalidade, portanto, pode derivar de um *comportamento ativo* do Poder Público, que *age* ou *edita* normas em *desacordo* com o que dispõe a Constituição, *ofendendo-lhe*, assim, os preceitos e os princípios que nela se acham consignados. Essa conduta estatal, que importa em um *facere*, gera, *mediante violação positiva*, a inconstitucionalidade *por ação*.

Pode ocorrer, no entanto, que o Poder Público *deixe de adotar* as medidas *que sejam necessárias* para tornar efetivos, operantes e exeqüíveis os próprios preceitos da Constituição. Em tal situação, o Estado *abstém-se de cumprir* o dever de prestação que a Constituição lhe impôs. Desse *non facere* ou *non praestare*, resulta a inconstitucionalidade *por omissão*, que pode ser *total*, quando é *nenhuma* a providência adotada, ou *parcial*, quando é *insuficiente* a medida efetivada pelo Poder Público.

Cumpre ter presente, neste ponto, a *advertência* de Jorge Miranda (*Manual de Direito Constitucional*, t. II/406 e 409, 2ª ed., 1988, Coimbra Editora), que, ao versar o tema, observa:

"Por omissão entende-se a falta de medidas legislativas necessárias, falta esta que pode ser *total* ou *parcial*. A *violação da Constituição*, na verdade, provém umas vezes da *completa inércia* do legislador e outras vezes da sua *deficiente actividade*, competindo ao órgão de fiscalização pronunciar-se sobre a adequação da norma legal à norma constitucional.

"(...)

"A inconstitucionalidade por omissão não surge apenas por carência de medidas legislativas, *surge também por deficiência delas*" (grifei).

A omissão do Estado – *que deixa de cumprir*, em maior ou em menor extensão, a *imposição* ditada pelo texto constitucional – *qualifica-se* como comportamento revestido da maior gravidade político-jurídica, eis que, *mediante inércia*, o Poder Público *também* desrespeita a Constituição, também ofende direitos que nela se fundam e *também* impede, por ausência de medidas concretizadoras, a própria aplicabilidade dos postulados e princípios da Lei Fundamental.

É por essa razão que J. J. Gomes Canotilho e Vital Moreira (*Fundamentos da Constituição*, p. 46, item n. 2.3.4, 1991, Coimbra Editora), *analisando a força normativa da Constituição* – e assinalando que a eficácia preponderante e subordinante de suas cláusulas *impede* o reconhecimento de situações inconstitucionais –, *acentuam*, na perspectiva da inquestionável preeminência normativa da Carta Política, que:

"(...) tanto se viola a Lei fundamental quando as acções estaduais não estão em conformidade com as suas normas e princípios, como quando os preceitos constitucionais não são 'actuados', dinamizados ou concretizados pelos órgãos que constitucionalmente estão vinculados a fornecerem-lhe operatividade prática.

"A Constituição impõe-se normativamente, não só quando há uma *acção inconstitucional* (fazer o que ela proíbe), mas também quando existe uma *omissão inconstitucional* (não fazer o que ela impõe que seja feito)" (grifei).

As situações configuradoras de omissão inconstitucional – *ainda que se cuide de omissão parcial*, derivada da *insuficiente* concretização, pelo Poder Público, do conteúdo material da norma impositiva fundada na Carta Política, de que é destinatário – refletem comportamento estatal que deve ser repelido, pois a inércia do Estado qualifica-se, *perigosamente*, como um dos *processos informais de mudança da Constituição*, *expondo-se*, por isso mesmo, à censura do magistério doutrinário (Anna Cândida da Cunha Ferraz, *Processos Informais de Mudança da Constituição*, pp. 230-232, item n. 5, 1986, Max Limonad), *verbis*:

"A inércia caracteriza-se pela não aplicação intencional, provisória mas prolongada, das disposições constitucionais pelos poderes incumbidos de lhes dar cumprimento e execução.

"Configura inegável processo de mudança constitucional; embora não altere a letra constitucional, altera-lhe o alcance, na medida em que paralisa a aplicação constitucional. Tal paralisação, não desejada ou prevista pelo constituinte, é de ser tida como inconstitucional.

"Afeta, também, o sentido da Constituição.

"Destinada esta à aplicação efetiva, qualquer obstáculo que se lhe anteponha desvirtua sua finalidade, resultando numa inconstitucionalidade (...). Por outro lado, indiretamente, a inércia dá causa à ocorrência de outros processos de mutação constitucional. O distanciamento, no tempo, entre a elaboração constitucional e a sua efetiva aplicação, sofre, inexoravelmente, a influência das transformações sociais diuturnas e constantes, de tal sorte que, após uma prolongada dilatação na aplicação do texto, é provável que esta, quando se efetivar, dê à Constituição sentido e significado diversos daqueles acolhidos no momento da formação da norma fundamental.

"Como modalidade de mutação constitucional a inércia é processo pernicioso, que acarreta conseqüências desastrosas à vida constitucional dos Estados.

"De um lado, porque, ao contrário dos demais processos de mutação constitucional, raramente busca adaptar a Constituição à realidade. Na maioria das vezes serve como instrumento exatamente para evitar tal adaptação.

"De outro lado, porque a inércia arrasta consigo a descrença na Constituição."

Dentro desse contexto, foi instituída a ação direta de inconstitucionalidade *por omissão*, vocacionada a preservar a supremacia da Carta Política e destinada, enquanto instrumento de controle abstrato, a impedir o *desprestígio* da própria Constituição, eis que – tal como adverte Pontes de Miranda, em magistério revestido de permanente atualidade (*Comentários à Constituição de 1967 com a Emenda n. 1, de 1969*, t. I/15-16, 2ª ed., 1970, Ed. RT) – "nada mais perigoso do que fazer-se Constituição sem o propósito de cumpri-la. Ou de só se cumprir nos princípios de que se precisa, ou se entende devam ser cumpridos – o que é pior (...). No momento, sob a Constituição que, bem ou mal, está feita, o que nos incumbe, a nós, dirigentes, juízes e intérpretes, é cumpri-la. Só assim saberemos a que serviu e a que não serviu, nem serve. Se a nada serviu em alguns pontos, que se emende, se reveja. Se em algum ponto a nada serve – que se corte nesse pedaço inútil. Se a algum bem público desserve, que pronto se elimine. Mas, sem na cumprir, nada saberemos. Nada sabendo, nada poderemos fazer que mereça crédito. Não a cumprir é estrangulá-la ao nascer".

O sentido da preocupação do legislador constituinte, *com a possível desconsideração de sua obra pelos poderes constituídos*, foi bem realçado por Ritinha Stevenson, ilustre Magistrada federal na Seção Judiciária de São Paulo, que, em passagem referente à Constituição brasileira de 1988 e ao tema da normatização de sua supremacia dispensou-lhe lúcida análise, *verbis*:

"A Constituição brasileira de 1988 foi prodigamente dotada de normas consagradoras de sua supremacia, o que não deixa de ser um sinal indicador da preocupação ou apreensão do constituinte (e dos cidadãos, indiretamente) com a possibilidade da sua desobediência, ou da desconsideração de tal supremacia pelos encarregados de lhe dar cumprimento" (*Constituição de 1988: Legitimidade – Vigência e Eficácia – Supremacia*, obra escrita em conjunto com Tércio Sampaio Ferraz Jr. e Maria Helena Diniz, p. 105, 1989, Atlas, SP).

É preciso proclamar que as Constituições consubstanciam ordens normativas cuja eficácia, autoridade e valor *não podem* ser afetados ou inibidos pela *voluntária inação* ou por *ação insuficiente* das instituições estatais. *Não se pode tolerar* que os órgãos do Poder Público, descumprindo, *por inércia e omissão*, o dever de emanação normativa que lhes foi imposto, infrinjam, *com esse comportamento negativo*, a própria autoridade da Constituição e afetem, em conseqüência, o conteúdo eficacial dos preceitos que compõem a estrutura normativa da Lei Maior.

O grande publicista do Império, José Antônio Pimenta Bueno, Marquês de São Vicente, teve, *já no século passado*, a exata percepção da gravidade e das conseqüências lesivas derivadas do *gesto infiel* do Poder Público que *transgride*, por omissão total ou por insatisfatória concretização de seu dever político-jurídico, os encargos de que se tornou depositário por efeito de expressa determinação constitucional.

Pimenta Bueno, em obra clássica de nossa literatura constitucional (*Direito Público Brasileiro e Análise da Constituição do Império*, p. 45, 1958, Ministério da Justiça), ao cuidar do tema referente ao desenvolvimento da Constituição e à realização de suas promessas, asseverou:

"*Convém*, e é justo contar sempre com a razão pública, *desenvolver o sistema constitucional, não parar na inação*, promover a confecção das leis, das instituições, dos melhoramentos necessários (...), isto é, deduzir as conseqüências lógicas das promessas constitucionais, *para que não permaneçam só em letras mortas*" (grifei).

Também Anna Cândida da Cunha Ferraz, em precisa análise dos graves efeitos decorrentes da inércia do Estado no plano constitucional, adverte:

"*A Constituição*, obra de um Poder mais alto, solenemente promulgada, *destina-se a ser efetivamente observada, cumprida e aplicada* (...). E, com efeito, se se aceita a Constituição como obra de compromisso posta pelos constituintes no exercício do Poder Constituinte Originário, que lhes é conferido pelo povo, é de se esperar que a Constituição escrita seja aplicada plenamente, em especial pelos detentores dos poderes constituídos – Legislativo, Executivo e Judiciário – que, em regra, são titulados, pelo Constituinte, guardiães da Constituição" (*Processos Informais de Mudança da Constituição*, pp. 217-218, 1986, Max Limonad, SP).

Perfilha o mesmo entendimento, *de repulsa à "inatividade consciente na aplicação da Constituição"* (v. Anna Cândida da Cunha Ferraz, ob. loc. cits.), o ilustre Professor José Afonso da Silva, *para quem não basta* "ter uma Constituição promulgada e formalmente vigente; impende atuá-la, completando-lhe a eficácia para que seja totalmente cumprida" (*Aplicabilidade das Normas Constitucionais*, p. 212, 2ª ed., 1982, Ed. RT).

O *comportamento negativo* dos poderes constituídos, *que deixam* de editar normas regulamentadoras do texto constitucional previstas na própria Constituição, torna inviável – *numa típica e perversa relação de causa e efeito* – o exercício de direitos, liberdades e prerrogativas assegurados às pessoas pelo estatuto fundamental.

O *desprestígio da Constituição* – por inércia de órgãos meramente constituídos – representa um dos mais graves aspectos da *patologia constitucional*, além de evidenciar o inaceitável desprezo das liberdades públicas pelos poderes do Estado.

Essa constatação, feita por Karl Loewenstein (*Teoría de la Constitución*, p. 222, 1983, Ariel, Barcelona), coloca em pauta um fenômeno que esse autor denominou de *erosão da consciência constitucional*, que decorre do processo de desvalorização funcional da Constituição escrita.

A guarda da Constituição incumbe, *precipuamente*, ao Supremo Tribunal Federal, em cujas funções institucionais inclui-se, como magna prerrogativa político-jurídica, o *poder de verificação* da compatibilidade vertical que *necessariamente* deve haver entre normas e comportamentos estatais, *de um lado*, e o texto da Carta Política, *de outro*, em ordem a preservar a supremacia do estatuto constitucional.

Os processos de controle de constitucionalidade existentes no ordenamento jurídico brasileiro encontram fundamento de caráter teórico e de índole jurídico-positiva (a) no *sistema difuso*, que permite a fiscalização incidental e (b) no *modelo concentrado*, que faz instaurar o controle normativo abstrato.

A fiscalização abstrata de constitucionalidade, por sua vez, tem, *como instrumentos formais de sua realização*, (1) a ação direta de inconstitucionalidade (CF, art. 102, I, *a*), (2) a ação direta de inconstitucionalidade por omissão (CF, art. 103, § 2º) e (3) a ação declaratória de constitucionalidade (CF, art. 102, I, *a*).

A hipótese versada nos presentes autos refere-se – como já precedentemente enfatizado – *a uma alegação de típica situação de inconstitucionalidade por omissão parcial*, eis que o Poder Público, considerado o valor que estipulou para o salário mínimo, cumpriu, *de maneira imperfeita e insatisfatória*, o encargo que lhe foi imposto pela própria Constituição.

É por essa razão que a Confederação autora, *sustentando* que as normas impugnadas violaram o princípio da preservação do poder de compra do salário mínimo, *pretende*, em face do que dispõe o art. 7º,

IV, da Carta Política, o reconhecimento do estado de omissão inconstitucional do Poder Público.

A autora, não obstante reconhecendo a existência de omissão inconstitucional na espécie, postula concessão de medida liminar *para que se determine*, ao Presidente da República e ao Congresso Nacional, *desde logo*, o imediato reajuste do salário mínimo, por índice que se revele adequado à demonstração da real variação da inflação (fls. 6).

Tratando-se de ação direta de inconstitucionalidade *por omissão parcial*, como no caso, torna-se inviável a concessão de provimento liminar, eis que o eventual deferimento da medida cautelar importaria em revivescência da legislação revogada (*RTJ* 101/499 – *RTJ* 120/64 – *RTJ* 146/461-462), o que – na hipótese ora em exame – implicaria imediata redução do valor (*insuficiente*) de R$ 112,00 para o valor (*inaceitável*) de R$ 100,00 por mês, a título de salário mínimo, o que agravaria ainda mais o estado deplorável em que se acham extensos segmentos da formação social brasileira.

Teve nítida percepção da *absoluta inviabilidade da medida liminar* em sede de controle abstrato, *nas hipóteses de inconstitucionalidade por omissão parcial*, o ilustre Professor Clèmerson Merlin Clève (*A Fiscalização Abstrata de Constitucionalidade no Direito Brasileiro*, pp. 243-244, 1995, Ed. RT), que assim apreciou, *em obra doutrinária*, com expressa citação do autorizado magistério de Gilmar Ferreira Mendes, a própria questão ora versada na presente ação direta de inconstitucionalidade:

"Nos termos do art. 7º, IV, da Constituição, o trabalhador faz jus a 'salário mínimo, fixado em lei, nacionalmente unificado, capaz de atender às suas necessidades vitais básicas e às de sua família, com moradia, alimentação, educação, saúde, vestuário, higiene, transporte e previdência social, com reajustes periódicos que lhe preservem o poder aquisitivo' (...).

"Essa norma contém expresso dever constitucional de legislar, obrigando o legislador a fixar salário-mínimo que corresponda às necessidades básicas do trabalhador.

"Se o Supremo Tribunal Federal chegar à conclusão, em processo de controle abstrato da omissão ou no processo de controle abstrato de normas – tal como ocorreu com o *Bundesverfassungsgericht*, a propósito da lei de retribuição dos funcionários públicos, em processo de recurso constitucional (*Verfassungsbeschwerde*) (*BVerfGE* 8, 1 (19) que a lei que fixa o salário mínimo não corresponde às exigências estabelecidas pelo constituinte, configurando-se, assim, típica inconstitucionalidade em virtude de omissão parcial, a suspensão de aplicação da lei inconstitucional – assim como sua eventual cassação no controle de normas – acabaria por agravar o estado de inconstitucionalidade. É que, nesse caso, não haveria lei aplicável à espécie."

Nesse *específico* contexto – e tal como adverte Gilmar Ferreira Mendes (*Jurisdição Constitucional*, pp. 297-298, item n. 4, 1996, Saraiva) –, *torna-se imperioso preservar*, ainda que em caráter excepcional, a norma que realiza, posto que de maneira insatisfatória, o comando constitucional que impõe ao Poder Público a adoção de determinadas medidas.

Em tal caso – *e com expressa referência ao problema do salário mínimo* –, observa Gilmar Ferreira Mendes que a superação do estado de inconstitucionalidade por omissão parcial *reclamará*, durante determinado período de transição, como medida indispensável, *a conservação da norma jurídica imperfeita*, até que, *mediante formal apelo ao legislador*, sobrevenha a promulgação do ato estatal que dê efetiva concreção ao texto da Constituição.

Cumpre enfatizar que a própria jurisprudência do Supremo Tribunal Federal firmou-se no sentido de proclamar *incabível* a medida liminar nos casos de ação direta de inconstitucionalidade *por omissão* (*RTJ* 133/569, Rel. Min. Marco Aurélio; ADIn 267-DF, Rel. Min. Celso de Mello), eis que não se pode pretender que mero provimento cautelar antecipe efeitos positivos *inalcançáveis* pela própria decisão final desta Corte que, julgando procedente a ação direta, venha a reconhecer o estado de inércia do Poder Público. Em tal hipótese, caberá ao Supremo Tribunal Federal *cientificar* o legislador inadimplente para que este adote as medidas necessárias à concretização da imposição constitucional.

Na realidade, o reconhecimento formal do estado de omissão inconstitucional imputável ao Poder Público *somente* pode gerar, nos precisos termos do que prescreve o art. 103, § 2º, da Carta Política, *mera comunicação*, ao órgão estatal inadimplente, de que este se acha em *mora* constitucional.

É inequívoco o sentido da norma inscrita no § 2º do art. 103 da Carta Política, que, *ao assinalar a única e exclusiva providência a cargo desta Suprema Corte*, assim dispõe, *verbis*: "Declarada a inconstitucionalidade por omissão de medida para tornar efetiva norma constitucional, será dada ciência ao Poder competente para a adoção das providências necessárias e, em se tratando de órgão administrativo, para fazê-lo em trinta dias".

Vê-se, portanto, que, *em tema de controle abstrato de omissão inconstitucional*, são extremamente limitados os poderes deferidos pela Carta da República ao Supremo Tribunal Federal, que não poderá, *em hipótese alguma*, substituindo-se ao órgão estatal inadimplente, expedir provimentos normativos que atuem como sucedâneo da norma reclamada pela Constituição, mas não editada – ou editada de maneira insatisfatória – pelo Poder Público. Daí a impossibilidade de concessão de medida liminar em sede de controle concentrado de omissão estatal, eis que, *reduzindo-se o pronunciamento final da Corte à mera cientificação do órgão em situação de mora*, torna-se evidente que o provimento cautelar não poderá revestir-se de força maior e mais abrangente que a própria decisão concernente ao mérito da causa, a ponto de *determinar* ao Presidente da República e ao Congresso Nacional a adoção das medidas legislativas adequadas.

Cumpre *não desconhecer*, neste ponto, a advertência de José Afonso da Silva (*Mandado de Injunção e "Habeas Data"*, p. 26, item 9, 1989, Ed. RT), cujo magistério, ao versar o controle concentrado de inconstitucionalidade *por omissão*, salienta:

"*A ação direta de inconstitucionalidade por omissão* visa obter o reconhecimento de falta de medida para tornar efetiva norma constitucional, dando-se ciência ao Poder competente para adoção das providências necessárias e, em se tratando de órgão administrativo, para fazê-lo em trinta dias (art. 103, § 2º). Quer-se, com o reconhecimento da omissão inconstitucional, que o Poder omisso supra a omissão, expedindo a medida requerida para integrar a eficácia da norma constitucional, a fim de que se torne imediatamente aplicável. Mas a *decisão judicial*, no caso, *se limitará a dar ciência* ao Poder competente para as providências cabíveis. *Não pode obrigar a produção da medida supridora da omissão, mormente se a medida requerida for lei*. Esta é ato político, por excelência. Depende da vontade discricionária do legislador, a quem cabe decidir do seu conteúdo e do momento de sua produção" (grifei).

Mesmo em Portugal – para referir fonte histórica próxima –, em cujo estatuto fundamental o legislador constituinte brasileiro inspirou-se para conferir positividade à disciplina normativa do tema pertinente às omissões inconstitucionais, não são outros, senão os já assinalados, os efeitos derivados do reconhecimento formal da inércia estatal. Daí a observação de J. J. Gomes Canotilho (*Direito Constitucio-*

nal, p. 833, 4ª ed., 1987, Almedina, Coimbra): "A verificação de não cumprimento da Constituição, derivado de omissões legislativas inconstitucionais, obriga o Tribunal Constitucional a *dar conhecimento* da inconstitucionalidade por omissão ao órgão competente...".

É por tal razão que não se pode, na situação exposta pela autora, sequer cogitar da concessão de medida liminar.

Desse modo, Sr. Presidente – e tendo em consideração as razões expostas –, *conheço* da presente ação de inconstitucionalidade *por omissão*, que se revela perfeitamente viável em face da própria natureza da postulação nela deduzida, mas *indefiro*, por incabível, o pedido de suspensão cautelar de eficácia das normas impugnadas.

É o meu voto.

Extrato de Ata

Ação Direta de Inconstitucionalidade n. 1.458-7 (medida liminar)
Origem: Distrito Federal
Relator: Min. Celso de Mello
Reqte.: Confederação Nacional dos Trabalhadores na Saúde-CNTS
Advs.: Josilma Batista Saraiva e outros
Reqdos.: Presidente da República e Congresso Nacional

Decisão: Por votação unânime, o Tribunal conheceu da ação e indeferiu o pedido de medida liminar. Votou o Presidente. Ausentes, justificadamente, os Ministros Ilmar Galvão e Moreira Alves, e, neste julgamento, o Ministro Carlos Velloso. Plenário, 23.5.96.

Presidência do Senhor Ministro Sepúlveda Pertence. Presentes à sessão os Senhores Ministros Néri da Silveira, Sydney Sanches, Octávio Gallotti, Celso de Mello, Carlos Velloso, Marco Aurélio, Francisco Rezek e Maurício Corrêa.

Procurador-Geral da República, Dr. Geraldo Brindeiro. Luiz Tomimatsu (Secretário).

TRIBUNAL REGIONAL FEDERAL DA 5ª REGIÃO

Remessa "ex officio" n. 79.128–CE (95.05.09662-3)

Parte A: Viação Pernambucana S/A – Transporte e Turismo

Advogado (s): Francisco Wantuil de Castro Chagas

Parte R: União Federal

Remetente: Juízo Federal da 3ª Vara–CE

Relator: O Exmo. Sr. Juiz José Delgado

RELATÓRIO

O Exmo. Sr. Juiz José Delgado (Relator): Trata-se de remessa oficial decorrente de sentença relatada, fielmente, do modo seguinte:

"1 – Trata-se de ação cautelar interposta contra a União federal, onde o requerente aduz, em suma, que há mais de trinta anos oferece o serviço de transporte de passageiros de Juazeiro do Norte/CE para Juazeiro da Bahia/BA, bem como para outras cidades da região, sendo permissionária de várias linhas interestaduais. Aduz, ainda, que solicitou administrativamente (Processo n. 20103001379/91-3) junto ao Departamento de Transportes Rodoviários da Secretaria de Produção do Ministério dos Transportes, autorização para a execução dos serviços em relação à linha Juazeiro do Norte/Juazeiro da Bahia, via Cabrobó/PE, sem que até o momento referido órgão deliberasse a respeito. Acrescenta, contudo, que já está executando tais serviços, de acordo com o art. 43 do Decreto n. 92.353/86 (*DOU* 3.2.86), mas vislumbra a paralisação abrupta de tais serviços por parte do DNER, pelo que requer liminar e posterior confirmação por sentença, no sentido da requerente ser autorizada a continuar operando na linha Juazeiro do Norte-CE/Juazeiro da Bahia/BA, via Cabrobó até o julgamento da ação principal, que anuncia, juntando documentos.

"2 – Custas pagas às fls. 26;

"3 – Liminar concedida às fls. 35;

"4 – Citada, a União Federal contestou a presente ação aduzindo, em síntese, que a permissão ou concessão de serviço público é ato discricionário do Poder Público e que se ainda não foi realizada nenhuma licitação a respeito da linha Juazeiro do Norte/Juazeiro da Bahia, via Cabrobó, é que não vislumbrou-se a conveniência e a oportunidade para tanto. Aduz ainda, a União Federal, que não pode o Poder Judiciário, nem o Executivo, dispor de liberdade absoluta na escolha de prestadores de serviços públicos delegados, pelo que requer a improcedência do pleito;

"5 – O Departamento Nacional de Estradas de Rodagem-DNER, às fls. 50, contesta a presente ação argüindo, em suma, sua ilegitimidade passiva, uma vez que os serviços de concessão, permissão, autorização, fiscalização e controle dos serviços interestaduais e internacionais de passageiros são afetos à Secretaria de Produção do Ministério dos Transportes, segundo a Lei 8.490 e o Decreto n. 731, de 25.1.93, e Convênio n. PG-058/93-00. Aduz, ainda o DNER, a obrigatoriedade de licitação para concessões e permissões, segundo o art.

175 da Carta Magna e art. 22 da Lei 8.666/93.

"6 – Intimada a manifestar-se sobre as contestações, a Requerente quedou-se inerte (fls. 53, 55, verso);

"7 – As partes não especificaram provas (fls. 56);

"8 – Documento de fls. 62/77 junto pelo DNER atendendo determinação deste juízo."

O eminente julgador, ao considerar procedente o pedido cautelar, o fez sob o fundamento de existência da fumaça do bom direito e do perigo da demora do processo principal.

É o relatório.

VOTO

O Exmo. Sr. Juiz José Delgado (Relator): O douto julgador, após tecer sólidas considerações sobre os pressupostos teóricos para a concessão de medida cautelar, entendeu existi-los com base nos fatos assim descritos:

"24 – A requerente, efetivamente vem prestando os serviços de transporte na rota que especifica desde 1991 sem qualquer impedimento da União, substituindo, mesmo que sem autorização, concessão ou permissão estatal, a própria Administração.

"25 – Vislumbra-se, pois, que, o *periculum in mora* arguído pelo impetrante parece-nos existir, uma vez que estão presentes situações que autorizam a conclusão de que o direito do impetrante periclita, bem como não vislumbramos nenhum prejuízo a ser acarretado à União quando do julgamento do mérito. Ademais vislumbramos o *fumus boni iuris* pelos argumentos empreendidos na inicial, que ora nos reportamos e tomamos como fundamento desta, bem como pela documentação anexada.

"26 – Outrossim, não se está substituindo o discricionarismo do administrador, mas garantindo-se a continuidade de um serviço público enquanto não decidido administrativamente a realização de licitação.

"III – Decisão

"27 – Assim, ante o exposto, *julgo procedente* a presente Cautelar, confirmando a liminar concedida, no sentido de ser determinado à União federal, através de seus prepostos, que se abstenha de impedir a requerida de explorar a linha Juazeiro do Norte/Juazeiro da Bahia, via Cabrobó, enquanto não for julgado o mérito da ação principal ou realizada licitação, nos moldes do art. 21, XII, *e* e 175 da Constituição Federal."

É a partir da afirmação posta na sentença de que a autora, sem autorização, concessão ou permissão estatal, vem explorando a rota que especifica, desde 1991, que passo a examinar se existe ou não fumaça do bom direito a merecer o deferimento cautelar.

De início, há de ser homenageada a Constituição Federal, ao prescrever, no art. 21, XII, *e* que "compete à União explorar, diretamente ou mediante autorização, concessão ou permissão, os serviços de transporte rodoviário interestadual e internacional de passageiros".

A seguir, não se pode deixar de se obedecer ao ditame constitucional posto no art. 175, da Carta Magna, de que "incumbe ao Poder Público, na forma da lei, diretamente ou sob o regime de concessão ou permissão, sempre através de licitação, a prestação de serviços públicos".

Postos tais comandos constitucionais, é necessário, também, se cumprir as regras da Lei n. 8.666/93, art. 2º, pelas quais, "as obras, serviços, inclusive de publicidade, compras, alienações, concessões, permissões e locação da Administração Pública, quando contratados com terceiros, serão, necessariamente, precedidos de licitação, ressalvadas as hipóteses previstas nesta Lei".

A douta sentença remetida, ao julgar procedente o pedido cautelar, afastou a aplicação dos comandos jurídicos positivados acima referidos.

Sem qualquer conformidade com o ordenamento jurídico legislado, entendeu existir fumaça do bom direito em decorrência do fato da autora se encontrar explorando o transporte interestadual, desde 1991, sem qualquer proibição do DNER, bem como, por ter requerido a concessão ou exploração da referida linha.

Inexiste, no meu pensar, qualquer fumaça do bom direito a proteger a autora.

Primeiro, à administração não é permitida a atribuição de conceder liberalidade, nem de compactuar com procedimentos administrativos e contratuais que violem, como é o caso, expressamente, a Constituição Federal e a lei ordinária.

Segundo, os princípios da legalidade e moralidade, da impessoalidade e da obediência ao processo licitatório foram desrespeitados, haja vista não ser possível, de acordo com a estrutura jurídica existente para a situação, ter outro comportamento à administração, senão o que tomou de impedir exploração de transporte interestadual sem que tenha havido concessão ou permissão para a sua execução, mediante processo licitatório.

Colho, na oportunidade, pelo seu caráter judicioso, as razões de fls. 51/52, assim expressos:

"Assim, um requerimento apenas à Secretaria de Produções-MT, para concessão ou exploração da referida linha, como fez a empresa em referência, não é suficiente, pois, como de lei, a licitação haverá de preceder a ato de concessão.

"Desta forma, a exploração de transporte coletivo de passageiros, está claro, é da competência exclusiva da autoridade administrativa para conceder e/ou permitir, não competindo, mesmo, ao Judiciário, decidir sobre a matéria, porque, assim fazendo, está, o Judiciário, promovendo indevida incursão a campo de competência exclusiva da Administração Pública, raciocínio em reforço do qual colige jurisprudência.

"Neste sentido, decidiu o Egrégio Tribunal Regional Federal da 1ª região, nas Apelações Cíveis ns. 90.01.089836-DF, 90.01.0890844-DF e Agravo de Instrumento n. 92.01.14018-DF.

"A respeito, já temos a Sentença de n. 698/93, proferida em 8 de novembro de 1993, com aprumo e profundeza legal pelo MM. Juiz Federal da 8ª Vara-Seção Judiciária do Ceará, Dr. Napoleão Nunes Maia Filho, quando indeferiu o pedido de tutela cautelar concedido, e julgou improcedente a Ação Cautelar no Processo n. 93.15212-2 da empresa BRAGATUR-Braga Transportes e Turismo Ltda., "por inexistir possibilidade de a parte vir a titular, em termos definitivos, o direito invocado".

Ao mais, a jurisprudência dos Tribunais é pacífica quanto ao aqui alegado. Veja-se, por exemplo, os julgados a seguir transcritos:

"Administrativo, constitucional e processual civil – Mandado de segurança – Ato judicial liminar autorizando exploração de linha de transporte rodoviário interestadual – Sua cassação por sentença ulterior – Subsistência da liminar – Impossibilidade.

"1. *A 1ª Seção do TRF 1ª Região firmou entendimento pela ilegitimidade de liminar que, em ação cautelar, concede permissão para exploração de linha de transporte rodoviário interestadual de passageiros, porquanto a autorização, concessão ou permissão de serviço de transporte rodoviário é ato exclusivamente administrativo dependente de prévia licitação consoante art. 175 da Constituição Federal, sendo defeso ao Judiciário substituir-se a autoridade administrativa, em providência de tal natureza.*

"2. *Inexiste ilegalidade na sentença judicial que cassa anterior liminar que, em ação cautelar, autorizara a exploração de linha de transporte rodoviário interestadual.*

"3. *Impossível subsistir-se a liminar ilegítima, com atribuição de efeito suspensivo a apelação, mesmo porque sequer restou provada a possibilidade de dano irreparável ou de difícil reparação à impetrante, que confessa não ser autorizada a explorar regularmente o trecho pretendido. Se, portanto, direito não possuía àquela exploração, não se pode presumir dano irreparável de decisão que não ampara a pretendida exploração.*

"4. Segurança denegada" (grifei) (TRF 1ª Região, MS 101066-MG, 1ª Turma, Rel. Juíza Assusete Magalhães, *DJ* 22.8.94, p. 44.920).

"Constitucional. Administrativo e processual civil. Liminar em ação cautelar concedendo permissão para exploração de serviço de transporte rodoviário interestadual. Ilegalidade. Segurança concedida para atribuição de efeito suspensivo ao agravo aviado contra a liminar ilegal.

"Autorização, concessão ou permissão de serviços de transporte rodoviário é ato exclusivamente administrativo, não cabendo, jamais, ao juiz, substituir a autoridade administrativa em providência dessa natureza. Ilegalidade flagrante de liminar que, em Ação Cautelar, concede, 'inaudita altera partes', permissão para exploração de linha de transporte rodoviário interestadual.

"Segurança concedida para atribuição de efeito suspensivo ao Agravo aviado contra a liminar ilegal" (grifei) (TRF 1ª Região, MS 118108, Rel. Juiz Hercules Quasímodo, 1ª Turma, *DJ* 6.1.92, p. 15.106, decisão unânime).

"Constitucional. Administrativo. *Concessão de serviço público através de liminar. Ilegalidade flagrante.* Mandado de segurança.

"1. Cautelar deferida liminarmente, autorizando empresa a explorar linha de transporte coletivo, por razões de conveniência e oportunidade pessoais do juiz. Ato ilegal susceptível de ser atacado por mandado de segurança.

"2. *Writ* deferido" (grifei) (TRF 1ª Região, MS 118157-MG, Rel. Juiz Eustáquio Nunes da Silveira, *DJ* 19.10.92, p. 32.958).

"Administrativo, constitucional processual civil – Mandado de segurança – *Ato judicial – Liminar autorizando exploração de linha de transporte rodoviário interestadual – Ilegalidade flagrante.*

"1. A 1ª Seção do TRF 1ª Região firmou entendimento pela ilegitimidade de liminar que, em Ação Cautelar, concede permissão para exploração de linha de transporte rodoviário interestadual de passageiros, porquanto a autorização, concessão ou permissão de serviço de transporte rodoviário é ato exclusivamente administrativo, dependente de prévia licitação, consoante art. 175 da Constituição Federal, sendo defeso ao Judiciário substituir-se à autoridade administrativa, em providencia de tal natureza.

"2. Ademais, a decisão impugnada no *writ* afronta, ainda, o art. 1º, § 3º, da Lei n. 8.437/92, que veda a concessão de liminar, em Ação Cautelar, que esgote, no todo ou em parte, o objeto da Ação.

"3. Sendo flagrantemente ilegal a decisão liminar hostilizada, atacada por recurso, sem efeito suspensivo, e existindo prejuízo irreparável ou de difícil reparação ao direito da impetrante, com a execução da decisão impugnada, já que o trecho concedido pela liminar e explorado por linhas regulares de transporte coletivo, o *writ* deve instrumento interposto contra a decisão concessiva da liminar.

"4. Segurança concedida" (grifei) (TRF 1ª Região, MS 134743-MG, 1ª Turma, Rel. Juíza Assusete Magalhães, *DJ* 26.9.94, p. 54.042, decisão unânime).

Por tais fundamentos, dou provimento à remessa oficial, cassando a cautelar deferida. Oficie-se urgentemente para imediato cumprimento.

É como voto.

Ementa: Constitucional. Administrativo. Medida cautelar. Exploração de transporte interestadual de passageiros. Ausência de licitação.

1. Inexiste fumaça do bom direito a proteger pretensão cautelar formulada por empresa de transporte interestadual de passageiros que pretende continuar explorando linha, sem que tenha se submetido a procedimento licitatório.

2. A função maior do Poder Judiciário é de homenagear a Constituição Federal e legislação ordinária com ela compatível.

3. Aplicação dos arts. 21, XII, *e* , e 175, da CF, bem como do art. 2º, da Lei n. 8.666/93.

4. Remessa oficial provida para cassar a medida cautelar deferida.

ACÓRDÃO

Vistos, relatados e discutidos os presentes autos, em que são partes as acima identificadas.

Decide a Segunda Turma do Tribunal Regional Federal da 5ª Região, por maioria, dar provimento à remessa oficial, nos termos do relatório, voto do Juiz Relator e notas taquigráficas constantes nos autos, que passam a integrar o presente julgado. Vencido o Exmo. Sr. Juiz José Maria Lucena.

Custas, como de lei.

Recife, 6 de junho de 1995 (data do julgamento). Juiz José Delgado (Relator).

JURISPRUDÊNCIA

TRIBUNAL REGIONAL FEDERAL DA 5ª REGIÃO

Apelação cível n. 80.250 – Al (Registro n. 95.05.11568-7)

Apelante(s): União Federal

Apelado(s) : Manoel Cavalcante de Lima Neto

Advogado(s): Dr. Sebastião Silva Lessa

Remetente : Juízo Federal da 3ª Vara-Al

Relator : O Exmo. Sr. Juiz José Delgado

O Exmo. Sr. Juiz José Delgado (Relator): Manoel Cavalcante de Lima Neto ajuizou perante a 3ª Vara da Seção Judiciária/AL, Ação Ordinária contra a União Federal, objetivando a anulação da questão n. 94 do 13º concurso público de Procurador da República, atribuindo a pontuação dela decorrente, assegurando-lhe definitivamente a participação na segunda etapa do certame.

Alega, na inicial, que a invalidade pretendida decorre do fato da citada questão apresentar duas alternativas certas, muito embora a comissão examinadora tenha reconhecido como correta a alternativa "a". Tendo o autor assinalado a alternativa "d" por entender igualmente correta, por tratar-se de matéria controvertida, onde a doutrina e a jurisprudência divergem. Transcreve as duas posições demonstrando que se faz necessário a invalidade da questão, por não ser possível existir duas alternativas certas num único quesito.

Devidamente citada, aduz a União Federal a impossibilidade do controle judicial postulado, por se enquadrar o ato praticado pela comissão do concurso no campo do direito administrativo, afirmando ainda que havia uma reposta absolutamente correta, escolhida pela comissão do concurso, qual seja a alternativa "a".

Na réplica, alega que seu direito foi reconhecido pela ré que não "ousou discutir se a assertiva 'd' estava errada". Alega, ainda, que cuidando-se de prova objetiva, só poderia existir uma das alternativas certas e não uma "absolutamente certa" e outra "mais ou menos certa", por tais motivos deve ser a questão anulada.

O douto juiz monocrático, julgou procedente o pedido, declarando a invalidade da questão ensejadora da polêmica, qual seja, a de n. 94, assegurando ao autor, o direito de participação na segunda fase do certame.

Apelando para esta Corte de Justiça, a União Federal, requer a reforma da sentença monocrática alegando que a banca examinadora ao indicar a alternativa "a" como correta, utilizou-se de sua discricionariedade técnica, em estrita legalidade.

Alega, ainda que não cabe ao Poder Judiciário considerar outra alternativa correta, bem como a alternativa "d" marcada pelo candidato não encontrar "seguidores de parte da doutrina e da jurisprudência, ensejando controvérsia". Por último, que, numa prova objetiva só se admite "uma resposta correta, e absolutamente correta", como a alternativa "a" se apresenta.

Sem contra-razões.

É o relatório.

VOTO

O Exmo. Sr. Juiz José Delgado (Relator): Trata-se de recurso de apelação interposto pela União Federal com o fito de reformar a douta sentença monocrática que declarou a invalidade da questão n. 94 do 13º concurso público para provimento de cargos de Procurador da República, assegurando ao autor, o direito de participação na segunda fase do certame.

Constata-se que a Banca Examinadora, ao opinar sobre o recurso interposto pelo apelado, quando da discussão estava na via administrativa, examinou questão por questão, e de modo convincente demonstrou as respostas que serviram de base para a correção.

O documento de fls. 19 contém todas as razões justificadoras das posições assumidas pela Comissão do Concurso, com suporte em citações doutrinárias do ilustre mestre Celso Delmanto e ainda, em decisão do Supremo Tribunal Federal, pelo que não cabe ao Poder Judiciário penetrar no mérito de tais conclusões. Ao Judiciário não é permitido implantar discussões técnicas ou imperfeições com a banca examinadora, pois lhe cabe, tão-somente, apreciar da ilegitimidade do ato administrativo, onde está contido, também, o exame, unicamente, da compatibilidade entre as questões formuladas e as respostas oferecidas como alternativas aos candidatos.

Não se prova na questão discutida que a banca examinadora tenha considerado qualquer resposta à questão sem consonância com os princípios jurídicos da área explorada, nem que pretenda impor uma verdade sem premissas sólidas.

A contestação oferecida pela União federal (fls. 40/44) contêm elementos de convicção que coadunam com o meu pensamento, os quais merecem ser transcritos:

"O ato praticado pela comissão do concurso que indeferiu recurso administrativo interposto pelo autor se enquadra no campo do denominado mérito administrativo, sobre o qual é defesa a revisão por parte do Poder Judiciário. A respeito deste intricado conceito, discorrem os insignes Hely Lopes Meirelles e Maria Sylvia Zanella Di Pietro, respectivamente:

"'Ao Poder Judiciário é permitido perquirir todos as aspectos de legalidade e legitimidade para descobrir e pronunciar a nulidade do ato administrativo onde ela se encontre, e seja qual for o artifício que a encubra. O que não se permite ao Judiciário é pronunciar-se sobre o mérito administrativo, ou seja, sobre a conveniência, oportunidade, *eficiência* ou justiça do ato, porque, se assim agisse, estaria emitindo pronunciamento de administração, e não de jurisdição judicial. O mérito administrativo, relacionando-se com conveniências do governo ou *como elementos técnicos*, refoge ao âmbito do Poder Judiciário, cuja missão é a lei escrita, ou, na sua falta, com os princípios gerais do Direito' (*Direito Administrativo Brasileiro*, ed. 1989, p. 605, grifos meus).

"Com relação aos atos discricionários, o controle judicial é possível mas terá que respeitar a discricionariedade administrativa nos limites em que ela é assegurada à Administração Pública pela lei.

"Isto ocorre precisamente pelo fato de ser a discricionariedade um poder delimitado previamente pelo legislador; este, ao definir determinado ato, *intencionalmente deixa um espaço para livre decisão da Administração Pública, legitimidade previamente a sua opção; qualquer delas será legal*. Daí por que não pode o Poder Judiciário invadir esse espaço reservado, pela lei, ao administrador, pois, caso contrário, estaria substituindo por seus próprios critérios de escolha, a *opção legítima* feita pela autoridade competente com base em razões de oportunidade e conveniência que ela, melhor do que ninguém, pode decidir diante de cada caso concreto" (*Direito Administrativo*, ed. 1994, pp. 180-181, grifos meus).

Os dois autores citados tocaram em pontos fundamentais que evidenciam o enquadramento do ato que se pretende anular no conceito de mérito administrativo. O primeiro, ao aludir ao critério de eficiência, bem como ao controle relativo a elementos técnicos. Observe-se que, com a anulação da questão, à revelia da resposta considerada correta pela Comissão, estaria o Estado-Juiz pronunciando-se acerca da eficiência do ato, do ponto de vista técnico-jurídico.

Quanto à segunda, é sintomática quando se refere à impossibilidade de o Judiciário rever opção legítima feita pelo administrador, dentre duas possíveis.

No caso dos autos, havia uma resposta absolutamente correta, escolhida pela comissão do concurso, que agiu legitimamente, do ponto de vista técnico-jurídico, ao desconsiderar como correta uma assertiva que enseja divergência doutrinária e jurisprudencial. Outrossim, também exerceu a comissão opção legítima, ao considerar apenas o item "a" correto, e não o "a" e o "d".

Assim, evidencia-se, por esta linha de argumentação, que tal ato é insuscetível de apreciação pelo Judiciário, por dizer respeito ao mérito administrativo.

Todavia, mesmo que o ato fosse passível de controle pelo Judiciário, não assistiria razão ao autor, ao pretender a anulação da questão, pelo seguinte.

Ao contrário do que alega, o seu direito não se apresenta com tanta evidência, muito pelo contrário. De fato, como bem reconhece, a questão que se pretende anular suscita acalorada controvérsia doutrinária e jurisprudencial. Pois bem. Em se tratando de uma prova objetiva, que tem por escopo a escolha da alternativa correta, nunca deve o candidato, sabendo que há uma opção absolutamente certa, escolher outra que se apresenta polêmica.

A questão em comento apresentava pelo gabarito oficial, uma alternativa correta, a do item "a", qual seja: "a) o homicídio privilegiado é incompatível com as qualificadoras subjetivas, mas é compatível com as qualificadoras objetivas". Ora, se esta assertiva se apresenta como verdadeira, caberia ao candidato optar por ela, e não por qualquer outra que suscite dualidade interpretativa, tanto em sede doutrinária quanto jurisprudencial.

Assim deve ser porque, em provas de múltipla escolha, somente deve haver uma resposta correta, e absolutamente correta. Não há meio termo, como permitir que o candidato opte por uma alternativa mais ou menos correta, ou que seja passível de discussão. Em outras palavras, o que não pode haver, em provas deste jaez, são duas alternativas absolutamente corretas. Em casos que tais, urge a necessidade de anulação. Porém, em se trancado de assertiva que comporte mais de uma interpretação, em cotejo com outra que enseja correção extreme de dúvidas, deve-se optar por esta, jamais por aquela.

Analisando a fundamentação do requerente, quanto ao seu suposto direito, verifica-se a admissão, pelo mesmo, de que a opção "a", da questão que se pretende anular na ação principal, está correta. Ora, mesmo tendo reconhecido isto como pacífico, pretende a anulação, apenas por haver escolhido a alternativa "d", que comporta divergência doutrinária e jurisprudencial. Assim, há que se questionar: que direito à anulação é este, quando na questão existe apenas uma assertiva absolutamente correta?

O acatamento dos argumentos postos na respeitável decisão singular conduziria ao Poder Judiciário a enfrentar aspectos não objetivos e pertinentes ao critério didático adotado pela Comissão Examinadora do concurso para julgamento das provas. Outrossim, importaria em serem valorizadas as respostas da questão em debate, por entendimento diferente do da Banca examinadora, o que quebraria o princípio da igualdade, pois, se a opção foram exigidas para todos os candidatos, todos foram tratados igualmente.

Aliás, a jurisprudência de nossos Tribunais tem se posicionado de acordo com o acima enunciado.

Registro as seguintes ementas:

"Concurso público. Múltipla escolha. Provas. Opções. Numa prova de Direito, em forma de múltipla escolha, nem todos os juristas costumam ficar de acordo com as respostas consideradas, pela Banca Examinadora, como certas. Essa divergência, todavia, não autoriza revisão judicial, em nome da garantia do juiz natural (CF, art. 153, § 4º) das opções adotadas pela Banca. O que o Judiciário examina, em caso tal, é se ocorreu ilegalidade no procedimento administrativo. Porque, se as opções foram exigidas para todos os candidatos, todos foram tratados igualmente. Em caso assim, não há que se falar em lesão a direito individual" (AMS n. 88.699, Rel. Min. Carlos Velloso, in *DJ* de 26.3.80).

"Ementa. Não cabe ao Juiz do Tribunal, no exercício da Jurisdição, entrar em controvérsia com bancas examinadoras quanto ao acerto ou desacerto de seus critérios na formulação das questões e perguntas de provas de conhecimento e na avaliação das respostas" (AMS 89.278-DF, Rel. Min. Romildo Bueno de Souza, in *DJ* de 6.5.82).

"Concurso público. Opções de múltipla escolha. Não cabe ao Judiciário rever critério de correção de provas de concurso público organizado sob a forma de múltipla escolha, salvo se verificar ilegalidade (AC n. 97.049-DF, Rel. Min. Carlos Madeira, in *DJ* de 3.2.84).

"I – Administrativo. Concurso Público. Correção de prova escrita e anulação de questões. Impossibilidade. Não cabe ao Judiciário entrar em discussões sobre o acerto ou não de questões teóricas baseadas em teorias jurídicas divergentes, postas nas Bancas Examinadoras de Concurso Público. Precedentes do E. extinto TFR.

"II – Apelação improvida" (AMS n. 210.265/92-RJ, 2ª Região, *DJ* 20.5.93, Rel. Juiz Frederico Queiros).

"Administrativo. Concurso público. Posicionamento classificatório dos concorrentes. Correção de prova. Anulação de questões.

"I – Não cabe ao Poder Judiciário valorar o conteúdo das questões formuladas nas provas do concurso ou corrigir falhas em sua elaboração.

"II – Remessa oficial provida. Segurança cassada" (REO n. 107.403/90-DF, 1ª Região, *DJ* 24.6.91, p. 14.687, Rel. Juiz Eustáquio da Silveira).

Além dos precedentes jurisprudenciais acima revelados, transcrevo dois outros contidos às fls. 63 (apelo da União Federal):

"Concurso Público. O critério de correção de provas a atribuições de notas estabelecido pela Banca Examinadora não pode ser discutido pelo Judiciário, inocorrendo questão de legalidade do ato. Não pode o Judiciário substituir-se à Banca Examinadora na valoração das respostas em termos a discutir com os próprios examinadores. Isto conduziria, se admissível, a abrir-se exceção inclusive quanto à forma de julgar certas questões da prova, tão-somente em relação ao candidato autor, o que constituiria quebra ao princípio da igualdade de todos os candidatos" (Emb. na AC n. 30.675, Rel. Min. José Néri da Silveira, *DJU* de 29.9.79).

"Administrativo. Auditor-fiscal do Tesouro Nacional (Edital ESAF/CRS/DPMF/n. 35/84). Concurso público. Forma, critérios e conteúdo dos quesitos. Competência da banca examinadora. Alcance da apreciação judicial.

"1. Em tema de concurso público de provas, é cediço que o Poder Judiciário, aprisionado à verificação da legalidade, não deve substituir os examinadores quanto aos objetivos, fontes e bases de avaliação das questões. As comissões examinadoras organizam e avaliam as provas com discricionariedade técnica.

"2. Edital escoimado de ilegalidade.

"3. Recurso improvido" (1ª Turma do STJ, REsp 11.211-0-PE, Rel. Min. Mílton Luiz Pereira, *DJU* de 26.9.94, p. 25.599, unânime).

Por todo o exposto, dou provimento à apelação e à remessa oficial.

É como voto.

Ementa: Administrativo. Concurso público. Anulação de questão. Atuação do Judiciário.

1. Ao poder Judiciário não cabe anular questão de concurso, salvo se, objetivamente, ficar demonstrado que a resposta considerada correta pela Banca Examinadora está em desacordo total com o ramo de conhecimento investigado.

2. O critério de correção de provas, a corrente científica adotada e a atribuição de notas são incumbências específicas da Banca Examinadora, insusceptível de controle Judiciário, salvo se ficar demonstrada evidente ilegalidade.

3. A divergência doutrinária sobre determinado assunto não autoriza revisão judicial de nota atribuída por Banca Examinadora de Concurso, em nome da garantia do Juiz Natural.

4. O exame do judiciário, em caso tal, fica limitado à ocorrência de ilegalidade objetiva no procedimento administrativo.

5. Apelação e remessa oficial providas.

ACÓRDÃO

Vistos, relatados e discutidos os presentes autos, entre partes acima identificadas.

Decide a Segunda Turma do Tribunal Regional Federal da 5ª Região, por maioria, dar provimento à apelação e à remessa oficial, vencido o Juiz José Maria de Lucena, nos termos do relatório, voto do Juiz Relator e notas taquigráficas constantes dos autos, que ficam fazendo parte integrante do presente julgado.

Custas, como de lei.

Recife, 1995 (data do julgamento). Juiz José Delgado (Relator).

JURISPRUDÊNCIA

1ª INSTÂNCIA

CRÉDITO EXTRAORDINÁRIO – ABERTURA SEM A OCORRÊNCIA DE MOTIVO – AÇÃO POPULAR PROCEDENTE

VISTOS

Trata-se de ação popular movida por Oswaldo Tonelo contra Carlos Arruda Garms e Prefeitura Municipal de Paraguaçu Paulista. Alega em síntese, que, após a realização das eleições municipais o prefeito encaminhou à Câmara Municipal projeto de lei, visando autorização legislativa para elevar o limite de abertura de créditos suplementares em 275% do valor do orçamento, com a finalidade de pagamento dos salários dos servidores, enquanto a lei orçamentária permite abertura de créditos suplementares, por meio de decreto do Executivo em até 50% do orçamento.

Referido projeto foi rejeitado pela Câmara Municipal e por isso no dia 15 de outubro de 1992 ocorreu uma greve dos servidores municipais, razão porque o prefeito decretou ponto facultativo, além de baixar dois Decretos que receberam os números 3.425 que declara estado de comoção interna no município e 3.426 que abre um crédito extraordinário de CR$ 19.781.025.000,00 para atender despesas com pagamento de servidores, terreno, guias, sarjetas e pavimentação de ruas.

Assim, busca o autor decisão de declaração de nulidade dos referidos decretos, porque ilegais e lesivos ao patrimônio público.

Sustenta ainda, que o Prefeito Municipal não tem poderes para decretar estado de comoção interna, atribuição esta exclusiva do Presidente da República, mas ainda que tivesse, não estavam presentes os motivos autorizadores da medida, além de ter ocorrido desvio de finalidade, porque autorizou recursos para outras atividades, além do pagamento dos salários dos servidores.

Argumenta, por outra face que, o segundo Decreto é nulo, porquanto o limite fixado para a abertura de créditos suplementares pela lei orçamentária anual é inalterável, apenas admitindo-se, uma vez superado este limite, a especificação de cada crédito.

Por fim, requer a suspensão dos efeitos dos decretos liminarmente e a final a procedência da ação para declará-los nulos, bem como condenar os réus a restituir aos cofres públicos os pagamentos, além de perdas e danos, com os acréscimos legais.

Com a petição inicial vieram os documentos (fls. 16/68).

Não foi concedida a liminar portulada (fls. 70).

Citado, o Prefeito Municipal apresentou contestação. Alega, em preliminar ilegitimidade do autor para figurar no pólo ativo da ação, porque não está em pleno gozo dos direitos políticos.

Enfatiza que realmente encaminhou projeto de lei à Câmara Municipal para abertura de créditos suplementares, mas foi rejeitado, por isso os servidores iniciaram a greve que foi contida, contudo, por ele próprio.

Sustenta que o ato foi legítimo e não houve lesão ao patrimônio público, porque a Prefeitura nada mais fez senão pagar as dívidas já empenhadas, tanto com relação aos salários dos servidores, como também outras. Não havendo lesão ao patrimônio público, está ausente um dos requisitos da ação popular.

Alega, outrossim, que não compete ao Poder Judiciário controlar atos editados pelo Poder Executivo, quando são eles de natureza pertinente à conveniência e oportunidade.

Argumenta ainda que não houve qualquer beneficiário direto dos atos praticados, senão os servidores e os credores. Pede então a citação deles e a final a improcedência da ação.

Com a contestação vieram os documentos (fls. 85/102).

Foi apresentada réplica (fls. 104/106).

Por sua vez, a Prefeitura Municipal, concordou com o pedido do autor.

O réu noticiou nos autos a "convalidação" dos Decretos pela Câmara Municipal, promulgando a Lei n. 1.727/93 (fls. 127/140), cujos efeitos foram suspensos pelo Presidente do Tribunal de Justiça do Estado de São Paulo em ação direta de inconstitucionalidade (fls. 166/172).

Foram juntados aos autos laudo pericial da Delegacia de Polícia (fls. 173/187); relatório do Tribunal de Contas (fls. 173/187); relatório das contas do Município (fls. 264/342); acórdão do Tribunal de Justiça julgando a ação direta de inconstitucionalidade (fls. 407/420) e notícia de aprovação das contas pelo Prefeito (fls. 344/345).

As partes se manifestaram em alegações finais, mantendo o posicionamento inicial.

O Dr. Promotor de Justiça emitiu parecer a fls. 422/439 no sentido da improcedência da ação.

É o relatório.

Fundamento e decido.

Em princípio, convém relembrar que a ação popular é o instrumento constitucional colocado à disposição de qualquer pessoa do povo, de qualquer cidadão, para invalidação de ato, desde que haja ilegalidade ou lesividade ao patrimônio da Administração direta ou indireta.

Extrai-se, assim, seus requisitos, como bem salientado pelo Dr. Promotor de Justiça, quais sejam: a legitimidade ou a condição de eleitor da pessoa física que entra em juízo, em defesa da coletividade, a ilegalidade do ato e a lesividade ao patrimônio público.

Estão presentes todos os requisitos da ação popular.

Com efeito, é manifesta a legitimidade do autor para a propositura da presente ação, razão pela qual fica afastada a preliminar argüida e ainda não apreciada.

O autor apresentou seu título de eleitor à fls. 16. Além disso, o ofício de fls. 125 demonstra que ele está em pleno gozo de seus direitos políticos.

Tudo o mais não passa de mera alegação, despida de qualquer elemento de prova neste sentido.

Somente pode ser considerado carecedor da ação o sujeito que, sem título de eleitor, pretenda anular ato lesivo ao erário, já que os inalistáveis e os inalistados não tem qualidade para propor ação popular, conforme Súmula 365 do STF.

A ação popular não ampara direitos inerentes ao autor, mas sim da coletividade, tendo como beneficiário não o autor, mas o povo.

Assim, uma vez superada a preliminar, passa-se à análise do mérito, iniciando-se pelo segundo requisito da ação popular, a ilegalidade do ato.

Em resumo, emerge dos autos, que o Prefeito Municipal, após realizar despesas que superaram a receita, encaminhou projeto de lei à Câmara, visando autorização de crédito extraordinário de 50%, permitido pela lei orçamentária, para 275% do orçamento, com a finalidade de efetuar os pagamentos dos servidores referentes ao mês de setembro.

Entretanto, face à rejeição do projeto, o Prefeito editou dois decretos, um deles declarando estado de "comoção interna" e outro autorizando a abertura de créditos extraordinários não só para pagamento dos salários dos servidores, mas também para pagamento de várias e diversas despesas em todos os setores da Administração.

Como exaustivamente demonstrado nos autos, seja pelo brilhante parecer do Prof. Adílson Abreu Dallari (fls. 38/68), pelo parecer do Tribunal de Contas (fls. 197/248) ou seja pelo não menos judicioso acórdão encartado à fls. 407/420 que julgou ação direta de inconstitucionalidade, esses atos afrontam flagrantemente a Constituição Federal, a Estadual, bem como a lei ordinária.

Primeiro porque, a lei orçamentária permite a abertura de créditos suplementares, sem autorização do legislativo somente até o percentual de 50% do orçamento.

Segundo porque não existiu qualquer motivo que autorizasse a decretação de "estado de comoção interna", ainda que tivesse o Prefeito competência para tanto, conforme comprovam os documentos juntados a fls. 33/34.

Aliás, o próprio réu confessa tal fato em contestação ao afirmar que realmente a greve foi pacífica e facilmente controlada por ele próprio, *in verbis*: "Não era mesmo um problema policial (a greve foi pacífica). Era problema administrativo municipal" (fls. 79, *in fine*).

Ora, se a greve foi pacífica não houve qualquer perturbação da ordem pública que autorizasse a medida extrema tomada pelo Prefeito Municipal, aliás, como já se concluiu inúmeras vezes nestes autos (fls. 232 – conclusão do Tribunal de Contas; fls. 407/420).

Na verdade, tal Decreto criou uma situação inexistente apenas para convalidar despesas ilegais praticadas pelo prefeito.

Ademais, o Prefeito Municipal não poderia ter editado tal decreto, porque não tinha poderes para tanto.

Adverte José Afonso da Silva, citando Diego Valadés, que o "equilíbrio é o elemento que caracteriza a ordem constitucional e ele consiste na existência de uma distribuição relativamente igual do poder, de tal maneira que nenhum grupo ou combinação de grupos, possa dominar sobre os demais" (*Curso de Direito Constitucional Positivo*, São Paulo, Ed. RT, 1989, 5ª ed.).

Fora desses parâmetros as competições pelo poder geram situação de crise constitucional. Para reestabelecer o equilíbrio, existem normas constitucionais extraordinárias que regem o estado de exceção, cujos princípios são a necessidade e a temporariedade.

Sem que se verifique estes princípios, o estado de exceção configurará puro golpe de estado, simples arbítrio, mera ditadura.

As duas instituições previstas na Constituição são: a) estado de sítio: possível em dois casos, comoção grave de repercussão nacional ou ocorrência de fato que comprovem a ineficácia de medidas tomadas durante o estado de defesa; declaração de estado de guerra ou resposta a agressão armada estrangeira.

A instauração do estado de sítio depende dos requisitos formais: audiência ao

Conselho da República e ao Conselho de Defesa Nacional; autorização por voto da maioria absoluta do Congresso Nacional e decreto do Presidente da República.

b) estado de defesa: possível no caso de existência de grave e iminente instabilidade institucional que ameace a ordem pública ou a paz social ou a manifestação de calamidade de grandes proporções da natureza que atinja a mesma ordem pública e paz social.

Depende dos seguintes requisitos formais: prévia manifestação do Conselho da República e de Defesa Nacional e decreto do Presidente da República.

Salienta Hely Lopes Meirelles que por óbvio não se tomar a existência de greve, por mais prolongada e intensa que seja, como uma ameaça à ordem que justifique a decretação da medida, pois se a Constituição reconhece o direito de greve, é evidente que ela não pode ser tomada como algo fora da normalidade.

O denominado estado de comoção interna pode ser enquadrado no estado de defesa, mas não é permitido ao Prefeito Municipal decretá-lo, posto que tal ato é de competência do Presidente da República, conforme acima exposto.

Daí decorre que também é ilegal o decreto que autorizou a abertura de crédito extraordinário, posto que tal somente é permitido para atender despesas urgentes e imprevisíveis, decorrentes de guerra, subversão da ordem interna e calamidade pública.

Ora, já foi demonstrado que nenhuma dessas situações existiu, que o decreto originou-se de autoridade sem poderes para tanto e ainda desviou-se da finalidade para a qual foi editado, posto que o Prefeito autorizou abertura de créditos outros, além daqueles destinados ao pagamento dos servidores, mola propulsora, segundo ele, da medida extrema.

As irregularidades dos Decretos incorreram em todas as hipóteses autorizadoras da Ação Popular (art. 2º, *a* a *e*, da Lei de Ação Popular): incompetência, vício de forma, ilegalidade do objeto, inexistência dos motivos e desvio de finalidade.

São portanto nulos de pleno direito os decretos editados pelo Chefe do Executivo local.

Resta agora analisar a ocorrência da lesividade ao patrimônio público.

Discordo, *data venia*, neste aspecto, do parecer do representante do Ministério Público, posto que tamanha ilegalidade só foi cometida para cobrir *deficits*, oriundos de realização de despesas, por parte do Sr. Prefeito Municipal, sem previsão na lei orçamentária e sem a existência de recursos disponíveis, tanto que o exercício findou-se com um *defict* na ordem de CR$ 7.612.194.031,10, ainda com a abertura do crédito extraordinário.

Toda e qualquer espécie de abertura de crédito adicional do orçamento, salvo o extraordinário (sejam suplementares ou especial) dependem da existência de recursos disponíveis, provenientes do *superavit* financeiro apurado em balanço patrimonial do exercício anterior, do excesso de arrecadação; da anulação total ou parcial de dotações orçamentárias ou de créditos adicionais autorizados e não utilizados, além de previsão em lei especial (o primeiro) e autorização legislativa (o segundo).

Sabe-se que a lesão pode ser real, efetiva, como também presumida, caso em que basta a prova da existência do ato, naquelas circunstâncias, para considerar-se lesiva a medida, e, pois, nula de pleno direito.

Assim entende José Cretella Júnior ao dizer que "a ação popular destina-se a invalidar ato, inicialmente lícito, mas editado com ilegalidade, o que dá origem à lesividade do erário" (ob. cit.).

Não prospera a alegação do réu de que o Judiciário estaria analisando a conveniência e oportunidade do ato administrativo, consistente na realização das despesas.

Na verdade, a análise não é da conveniência ou oportunidade, mas sim da legalidade dos atos, consistentes também na realização aleatória de despesas sem respaldo na receita.

Mas antes de se adentrar nesta questão cumpre consignar algumas considerações a respeito do controle do ato administrativo pelo Judiciário.

A possibilidade de controle judicial é a mola propulsora do Estado de Direito.

A abertura constitucional de acesso ao Judiciário, por força do inciso XXXV, do art. 5º, da Constituição Federal, faz com que a Administração seja contida dentro de suas competências constitucionais e legais, que não possa desbordar; senão será conduzida a seu limite.

O ato discricionário também tem limites, com o que todos concordam e pode ser controlado pelo Judiciário.

Discricionariedade consiste no "poder-dever de o administrador, no caso concreto, após a interpretação, valorar, dentro de critério de razoabilidade e afastado de seus próprios *standars* ou ideologias – portanto, dentro de critério da razoabilidade geral – dos princípios e valores do ordenamento, qual a melhor maneira de concretizar a utilidade pública postulada pela norma" (Lucia Valle Figueiredo, *Curso de Direito Administrativo*, São Paulo, Malheiros Editores, p.123).

A palavra discricionariedade acabou por se desvirtuar, culminou por ser uma porta aberta a desmandos administrativos. É comum até mesmo o próprio Judiciário furtar-se ao controle de determinados atos administrativos por temer adentrar seu mérito e acaba deixando de examinar os próprios postulados da legalidade.

Seabra Fagundes admitiu, às claras, que todos os atos administrativos eram subsumíveis ao controle jurisdicional, embora o mérito do ato não pudesse ser sindicado.

Na Lei de Ação Popular verifica-se que a afirmação de impossibilidade de controle residia muito mais em arraigado preconceito do que em decorrência de qualquer imposição normativa (arts. 1º, 2º e 3º).

Se o Judiciário deve conhecer qualquer lesão a direito, por óbvio, está titulado a dizer quando a conduta administrativa quedou-se dentro da moldura legal ou não.

Do princípio da legalidade, tal como consagrado no texto constitucional, resultam as vedações abrangendo a realização de despesas que excedam os créditos orçamentários ou adicionais; a transposição de recursos de uma dotação orçamentária para outra sem prévia autorização legal, a abertura de crédito especial ou suplementar também sem anterior autorização legislativa e sem indicação dos recursos correspondentes, salvo nos casos de guerra, comoção interna ou calamidade pública (CF art. 167, § 3º).

Na hipótese em apreço foi o que ocorreu; o réu realizou despesas que excederam os créditos orçamentários e os adicionais, assim como abriu crédito suplementar (e não extraordinário, porque o motivo não existiu), sem autorização legislativa.

Não afasta a lesividade a alegação de que as despesas já estavam empenhadas e portanto deveriam ser pagas.

Primeiro porque jamais deveriam ter sido realizadas, como já exposto acima e segundo porque "empenho" não cria obrigação de pagamento, conforme dispõe a lei.

É o que ensina Hely Lopes Meirelles:

"Empenho, segundo a Lei 4.320/64, é o ato emanado de autoridade competente que cria para o estado obrigação de pagamento, pendente ou não de implemento ou de condição (art. 58). A conceituação legal labora em erro, pois a obrigação de pagamento precede o empenho e resulta da lei ou do contrato gerador da despesa. O empenho, que se formaliza na denominada nota de empenho (art. 61, da Lei 4.320/

64, não constitui obrigação nem compromisso de pagamento, pois é operação financeira de caráter contábil, visando à reserva de numerário para o pagamento das despesas comprometidas, dentro da dotação específica. A sua finalidade é evitar que, pela dedução da parcela legalmente comprometida, a Administração venha a ultrapassar as dotações orçamentárias. O empenho não cria, pois, a obrigação de pagamento" (*Direito Municipal Brasileiro*, São Paulo, 1993, Malheiros Editores, 6ª ed.).

E continua o mestre.

"Os pagamentos em geral devem ser efetuados até o último dia do ano financeiro, sob pena de cair em exercício findo ou exercício encerrado, mas as despesas empenhadas e não pagas até 31 de dezembro são classificadas como restos a pagar, podendo ser realizadas e quitadas a qualquer tempo, enquanto não se verificar a prescrição qüinqüenal a favor da Fazenda Pública" (ob. cit.).

Tudo está a demonstrar que as despesas não poderiam ser realizadas da forma que o foram, mas ainda assim, não havia necessidade de abertura de créditos naquelas condições para efetuar o pagamento, posto que poderia ser feito a qualquer tempo, salvo os salários dos servidores.

Tanto houve lesão que até mesmo o Tribunal de Contas emitiu parecer desfavorável à aprovação das contas do Prefeito no ano de 1992 (fls. 196/260).

Do relatório extrai-se que não houve comoção interna (fls. 232); as despesas e empenhos são nulos, porque ilegais (fls. 233); houve déficit na execução orçamentária na ordem de Cr$ 7.424.492.346,20 (fls. 234) e ainda que a conta "restos a pagar" representou 93,95% do passivo, ou seja, cresceu 37,28% em relação ao ano anterior (fls. 238).

O laudo pericial realizado pela polícia técnica nada concluiu quanto à existência ou não de lesão ao erário público e nem poderia, posto que a análise deve ser feita conjugando-se vários conceitos, como acima exposto.

Saliente-se que embora a Câmara Municipal tenha aprovado as contas do Prefeito, deixou uma ressalva, justamente no tocante a presente matéria (fls. 344/345).

Se essas despesas não tivessem sido realizadas, certamente haveria numerário suficiente para efetuar o pagamento dos salários dos servidores.

Não há falar-se em ausência de lesão patrimonial. É que o administrador não pode efetuar gastos de forma indiscriminada, sem previsão orçamentária e no final do exercício abrir créditos sem autorização legislativa, para legitimar os atos até então praticados sem qualquer conseqüência.

Nada influencia o julgamento a alegada boa-fé, posto que dela não se cogita, no tocante à lesão, porque mesmo de boa-fé, o agente político pode dar origem ao ato lesivo, como ocorre em casos de incompetência do agente ou vício de forma (José Cretella Júnior, *Direito Administrativo perante os tribunais*, Rio de Janeiro, FU, p. 193).

Aliás tal conduta se enquadra até mesmo no art. 10, inciso XI, da Lei 8.429/92, *in verbis*:

"Constitui ato de improbidade administrativa que causa lesão ao erário, qualquer ação e omissão, dolosa ou culposa, que enseje perda patrimonial, desvio, apropriação, mal barateamento ou dilapidação dos bens ou haveres das entidades referidas no art. 1º desta Lei, e notadamente: XI – liberar verba pública sem a estrita observância das normas pertinentes ou influir de qualquer forma para sua aplicação irregular;..."

Sob o título emprego irregular de rendas públicas o mesmo Hely dispõe como consectários dos crimes de responsabilidade do prefeito previstos no Decreto-lei 201/67, inciso V, despesas não autorizadas por lei ou em desacordo com as normas financeiras pertinentes (ob. cit., p. 223).

O mesmo não ocorre quanto aos pagamentos efetuados aos servidores, porque realmente neste aspecto não houve lesão ao erário. Os pagamentos deveriam ter sido efetuados, embora não houvesse necessidade, para tanto, de abertura de crédito, nos moldes em que foi feita.

O que o Município paga mensalmente aos funcionários é a mesma quantia que estava devendo no mês de setembro. Não houve alteração, porque esta despesa era previsível e assim não houve lesividade.

A quantia que sairia do erário é a mesma.

Lesividade haveria se o funcionário recebesse sem prestar serviços, tal como ocorreu no malfadado dia em que o Prefeito decretou ponto facultativo.

Neste dia houve lesão aos cofres públicos.

Quanto aos demais não, porque os funcionários já haviam prestado os serviços e não houve saída de dinheiro dos cofres públicos sem a contraprestação dos serviços. Pagar por serviços prestados é pagar trabalho humano, não fazendo sentido que o Poder Público viesse a se locupletar com o serviço gratuito de outrem, apenas por ter o Administrador cometido ilegalidade, porque tal fato configuraria o enriquecimento ilícito ou sem causa.

Assim, por qualquer ângulo que se examine a questão, fica patente a responsabilidade dos requeridos, face a lesão que causaram aos cofres públicos, impondo-se a procedência parcial da ação.

Isto posto, julgo parcialmente procedente a presente Ação Popular, proposta por Oswaldo Tonelo, contra Carlos Arruda Garms e Prefeitura Municipal de Paraguaçu Paulista, para o fim de declarar nulos, e, portanto, de nenhum efeito os atos pelo primeiro praticados, ou seja, os Decretos ns. 3.425 e 3.426, de 15 de outubro de 1992. Em conseqüência, condeno o primeiro réu a restituir aos cofres públicos a quantia correspondente à abertura do crédito extraordinário, incluindo o valor relativo a um dia de trabalho dos servidores, salvo o montante pago aos servidores a título de salários quanto aos demais dias trabalhados. O valor total será apurado em liquidação de sentença, nestes moldes. Tudo acrescido de correção monetária desde a data dos desembolsos até efetivo pagamento pelo réu, além de juros de mora a partir da citação. Valores que já englobam as denominadas perdas e danos.

Condeno ainda o réu a pagar 80% das custas e despesas processuais, bem como honorários de Advogado, que fixo em 10% sobre o valor da condenação.

Sem condenação do autor na verba restante, porque ausente má-fé.

Por ora, deixo, de examinar a questão relativa à suspensão dos direitos políticos porque essa matéria decorre automaticamente do julgamento definitivo da ação.

P.R.L.

Paraguaçu Paulista, 5 de junho de 1996

Emilio Gimenez Filho (Juiz de Direito).

JURISPRUDÊNCIA

1ª INSTÂNCIA

AÇÃO DE REINTEGRAÇÃO DE POSSE – PRETENSÃO MORAL E JURIDICAMENTE IMPOSSÍVEL – ESTADO QUE NÃO FEZ A SUA PARTE, DANDO AO CIDADÃO CONDIÇÕES DE CUMPRIR A LEI, NÃO PODE EXIGIR DESTE A SUA OBSERVÂNCIA*

Ação de Reintegração de Posse – Processo n. 95.0003154-0

Autor: Departamento Nacional de Estradas de Rodagem-DNER

Réus: Itamar Pereira da Costa e outros

Juízo Federal da Oitava Vara de Minas Gerais

Vistos etc.

"Não tinham pressa em chegar, porque não sabiam aonde iam. Expulsos do seu paraíso por espadas de fogo, iam, ao acaso, em descaminhos, no arrastão dos maus fados. Não tinham sexo, nem idade, nem condição humana. Eram os retirantes. Nada mais" (José Américo de Almeida, em *A Bagaceira*).

Várias famílias (aproximadamente 300 – 11.10) invadiram uma faixa de domínio ao lado da Rodovia BR 116, na altura do Km 405,3, lá construindo barracos de plástico preto, alguns de adobe, e agora o DNER quer expulsá-los do local.

"Os réus são indigentes", reconhece a autarquia, que pede reintegração liminar na posse do imóvel.

E aqui estou eu, com o destino de centenas de miseráveis nas mãos. São os *excluídos*, de que nos fala a Campanha da Fraternidade deste ano.

Repito, isto não é ficção. É um processo. Não estou lendo Graciliano Ramos, José Lins do Rego ou José do Patrocínio.

Os personagens existem de fato. E incomodam muita gente, embora deles nem se saiba direito o nome. É Valdico, José Maria, Gilmar, João Leite (João Leite???). Só isso para identificá-los. Mais nada. Profissão, estado civil (CPC, art. 282, II) para quê, se *indigentes* já é qualificação bastante?

Ora, é muita inocência do DNER se pensa que eu vou desalojar este pessoal, com a ajuda da polícia, de seus moquiços, em nome de uma mal arrevesada segurança nas vias públicas. O autor esclarece que

* Ao prolator desta sentença foi atribuído, em razão dela, o prêmio anual do Instituto de Defesa das Instituições Democráticas – IDID, outorgada aos que se salientaram na defesa dos valores objetivados por aquela Instituição.

quer proteger a vida dos próprios invasores, sujeitos a atropelamento.

Grande opção! Livra-os da morte sob as rodas de uma carreta e arroja-os para a morte sob o relento e as forças da natureza.

Não seria pelo menos mais digno – e menos falaz – deixar que eles mesmos escolhessem a maneira de morrer, já que não lhes foi dado optar pela forma de vida?

O Município foge à responsabilidade "por falta de recursos e meios de acomodações" (fl. 16v).

Daí, esta brilhante solução: aplicar a lei.

Só que, quando a lei regula as ações possessórias, mandando defenestrar os invasores (arts. 920 e ss. do CPC), ela – *como toda lei* – tem em mira o *homem comum*, o *cidadão médio*, que, no caso, tendo outras opções de vida e de moradia diante de si, *prefere* assenhorear-se do que não é dele, por esperteza, conveniência, ou qualquer outro motivo que mereça a censura da lei e, sobretudo, repugne a consciência e o sentido do justo que os seres da mesma espécie possuem.

Mas este não é o caso no presente processo. Não estamos diante de pessoas comuns, que tivessem recebido do Poder Público razoáveis oportunidades de trabalho e de sobrevivência digna (v. fotografias).

Não. Os "invasores" (propositadamente entre aspas) definitivamente não são pessoas comuns, como não são milhares de outras que "habitam" as pontes, viadutos e até redes de esgoto de nossas cidades. São *párias* da sociedade (hoje chamados de *excluídos*, ontem de *descamisados*), resultado do perverso modelo econômico adotado pelo país.

Contra este exército de excluídos, o Estado (aqui, através do DNER) não pode exigir a rigorosa aplicação da lei (no caso, reintegração de posse), enquanto ele próprio – o Estado – não se desincumbir, pelo menos razoavelmente, da tarefa que lhe reservou a *Lei Maior*.

Ou seja, enquanto não construir – ou pelo menos esboçar – "uma sociedade livre, justa e solidária" (CF, art. 3º, I), erradicando "a pobreza e a marginalização" (n. III), promovendo "a dignidade da pessoa humana" (art. 1º, III), assegurando "a todos existência digna, conforme os ditames da Justiça Social" (art. 170), emprestando à propriedade sua "função social" (art. 5º, XXIII; e 170, III), dando à família, base da sociedade, "especial proteção" (art. 226), e colocando a criança e o adolescente "a salvo de toda forma de negligência, discriminação, exploração, violência, maldade e opressão" (art. 227), enquanto não fizer isso, elevando os marginalizados à condição de cidadãos comuns, pessoas normais, aptas a exercerem sua cidadania, o Estado não tem autoridade para deles exigir – diretamente ou pelo braço da Justiça – o reto cumprimento da lei.

Num dos braços a Justiça empunha a espada, é verdade, o que serviu de estímulo a que o Estado viesse hoje pedir a reintegração. Só que, no outro, ela sustenta a balança, em que pesa o direito. E as duas – lembrou Rudolf von Ihering há mais de 200 anos – hão de trabalhar em harmonia:

"A espada sem a balança é força brutal; a balança sem a espada é a impotência do direito. Uma não pode avançar sem a outra, nem haverá ordem jurídica perfeita sem que a energia com que a justiça aplica a espada seja igual a habilidade com que maneja a balança".

Não é demais observar que o compromisso do Estado para com o cidadão funda-se em *princípios*, que têm matriz constitucional. Verdadeiros dogmas, de cuja fiel observância dependem a eficácia e a exigibilidade das leis menores.

Se assim é – vou repetir o raciocínio – enquanto o Estado não cumprir a sua parte (e não é por falta de tributos que deixará de fazê-lo), dando ao cidadão condições de cumprir a lei, *feita para o homem comum*, não pode de forma alguma exigir que ela seja observada, muito menos pelo homem "incomum".

Mais do que deslealdade, trata-se de pretensão moral e juridicamente impossível, a conduzir – quando feita perante o Judiciário – ao indeferimento da inicial e extinção do processo, o que ora decreto nos moldes dos arts. 267, I e VI, 295, I, e parágrafo único, III, do CPC, atento à recomendação do art. 5º da LICCB e olhos postos no art. 25 da Declaração Universal dos Direitos do Homem, que proclama: "Todo ser humano tem direito a um nível de vida adequado, que lhe assegure, assim como à sua família, a saúde e o bem estar e, em especial, *a alimentação, o vestuário e a moradia*".

Quanto ao risco de acidentes na área, parece-me oportuno que o DNER sinalize convenientemente a rodovia, nas imediações. Devendo ainda exercer um policiamento preventivo a fim de evitar novas "invasões".

P.R.I.

Belo Horizonte, 3 de março de 1995

Antônio Francisco Pereira (Juiz Federal da 8ª Vara).

Impresso nas oficinas da
Gráfica Palas Athena

REVISTA TRIMESTRAL DE

DIREITO PÚBLICO

DOUTRINA: VARIAÇÕES SOBRE O CONCEITO DE POVO NO REGIME DEMOCRÁTICO — *Fábio Konder Comparato* • AÇÃO CIVIL PÚBLICA. AÇÃO POPULAR. A DEFESA DOS INTERESSES DIFUSOS E COLETIVOS. POSIÇÃO DO MINISTÉRIO PÚBLICO — *Lucia Valle Figueiredo* • SOBRE A PRODUÇÃO LEGISLATIVA E SOBRE A PRODUÇÃO NORMATIVA DO DIREITO OFICIAL: O CHAMADO "EFEITO VINCULANTE" — *Eros Roberto Grau* • O CONSTITUCIONALISMO CONTEMPORÂNEO E A INSTRUMENTALIZAÇÃO PARA A EFICÁCIA DOS DIREITOS FUNDAMENTAIS — *Cármen Lúcia Antunes Rocha* • CONSIDERAÇÕES SOBRE A AÇÃO POPULAR — *Celso Antônio Bandeira de Mello* • *PARECERES*: CONCESSÃO DE SERVIÇO DE TRANSPORTE AÉREO — EQUILÍBRIO FINANCEIRO — *Caio Tácito* • COMPETÊNCIA DO MINISTÉRIO PÚBLICO PARA A DEFESA DO CONSUMIDOR DE SERVIÇOS BANCÁRIOS — *Paulo Brossard* • CONCESSÃO DE SERVIÇO PÚBLICO — GARANTIAS EXIGÍVEIS DOS PROPONENTES — LEGISLAÇÃO APLICÁVEL — *Adilson Abreu Dallari* • *ESTUDOS E COMENTÁRIOS*: A EFICÁCIA DOS PRECATÓRIOS — *Marco Aurélio* • CIDADANIA E *RES PUBLICA*: A EMERGÊNCIA DOS DIREITOS REPUBLICANOS — *Luiz Carlos Bresser Pereira* • LEGITIMIDADE PROCESSUAL DOS PODERES DO ESTADO — REFLEXÕES — *Bernardo Olavo Gomes de Souza* • MEDIDA PROVISÓRIA: PANORAMA DOUTRINÁRIO E JURISPRUDENCIAL — *Vera Cristina Gaspari Monteiro* • *CONFERÊNCIAS E DEBATES*: REFORMA ADMINISTRATIVA E MARCO LEGAL DAS ORGANIZAÇÕES SOCIAIS NO BRASIL — AS DÚVIDAS DOS JURISTAS SOBRE O MODELO DAS ORGANIZAÇÕES SOCIAIS — *Paulo Modesto* • O MUNDO SOLIDÁRIO DA CORRUPÇÃO — *João Féder* • *JURISPRUDÊNCIA*

MALHEIROS EDITORES

REVISTA TRIMESTRAL DE DIREITO PÚBLICO

15/1996

M